Christine Altemark

# Wahrnehmung von Online-Musikrechten im Europäischen Wirtschaftsraum

## Unter besonderer Berücksichtigung des Systems der Rechtewahrnehmung seit der Empfehlung der Kommission vom 18. Oktober 2005

PETER LANG
Internationaler Verlag der Wissenschaften

**Bibliografische Information der Deutschen Nationalbibliothek**
Die Deutsche Nationalbibliothek verzeichnet diese Publikation in der Deutschen Nationalbibliografie; detaillierte bibliografische Daten sind im Internet über http://dnb.d-nb.de abrufbar.

Zugl.: Münster (Westfalen), Univ., Diss., 2011



D 6
ISSN 1860-076X
ISBN 978-3-631-63564-3



www.peterlang.de

# Inhaltsverzeichnis

# Abkürzungsverzeichnis

| | |
|---|---|
| a. A. | anderer Ansicht |
| Abs. | Absatz |
| AEPI | Société Hellénique pour la Protection de la Propriété Intellectuelle S.A. |
| AEUV | Vertrag über die Arbeitsweise der Europäischen Union |
| a. F. | alte Fassung |
| AG | Aktiengesellschaft |
| AGB | Allgemeine Geschäftsbedingungen |
| AKKA/LAA | Copyright and Communication Consulting Agency/ Latvian Copyright Agency |
| AktG | Aktiengesetz |
| ARD | Arbeitsgemeinschaft der öffentlich-rechtlichen Rundfunkanstalten der Bundesrepublik Deutschland |
| Art. | Artikel |
| ASCAP | American Society of Authors, Composers and Publishers |
| Bd. | Band |
| Begr. | Begründer |
| BerV | Berechtigungsvertrag |
| Beschl. | Beschluss |
| BGB | Bürgerliches Gesetzbuch |
| BGBl. | Bundesgesetzblatt |
| BGH | Bundesgerichtshof |
| BGHZ | Entscheidungen des Bundesgerichtshofs in Zivilsachen |
| BIEM | Bureau International des Sociétés gérant les Droits d'Enregistrement et de Reproduction Mécanique |
| BMI | Broadcast Music Inc. |
| BMJ | Bundesministerium der Justiz |
| BReg | Bundesregierung |
| bspw. | beispielsweise |
| BT-Drucks. | Bundestagsdrucksache |

| | |
|---|---|
| BUMA | Het Bureau voor Muziek-Auteursrecht |
| BVerfG | Bundesverfassungsgericht |
| BVerfGE | Entscheidung des Bundesverfassungsgerichts |
| BVMI | Bundesverband Musikindustrie e.V. |
| bzgl. | bezüglich |
| ca. | circa |
| CD | Compact Disc |
| CELAS | Centralised European Licensing and Administrative Service |
| CISAC | Confédération International des Sociétés d'Auteurs et Compositeurs |
| CPI | Code de la propriété intellectuelle |
| CR | Computer und Recht |
| DDEX | Digital Data Exchange |
| DEAL | Direct European Administration and Licensing |
| d. h. | das heißt |
| DLRL | Dienstleistungsrichtlinie |
| DOV | Deutsche Orchestervereinigung |
| DPMA | Deutsches Patent- und Markenamt |
| DRM | Digital Rights Management |
| EAÜ | Eesti Autorite Ühing |
| EBU | European Broadcasting Union |
| ECSA | Dachverband europäischer Komponisten und Texter |
| EDiMA | European Digital Media Association |
| EG (in Kommentaren auch EG-Vertrag, EGV) | Vertrag zur Gründung der Europäischen Gemeinschaft |
| E.I.P.R. | European Intellectual Property Review |
| ELIAMEP | Hellenic Foundation for European and Foreign Policy |
| E-Musik | Ernste Musik |
| endg. | endgültig |
| EP | Europäisches Parlament |
| eu. | europäisches |
| EU | Europäische Union |
| EuG | Gericht Erster Instanz der Europäischen Gemeinschaften |
| EuGH | Europäischer Gerichtshof |
| EuGVVO | Verordnung über die gerichtliche Zuständigkeit und die Anerkennung und Vollstreckung von Entscheidungen in Zivil- und Handelssachen |

| | |
|---|---|
| EWR | Europäischer Wirtschaftsraum |
| FAQ | Frequently Asked Questions |
| FAZ | Frankfurter Allgemeine Zeitung |
| FG | Festgabe |
| F-Musik | Funktionale Musik |
| Fn. | Fußnote |
| FS | Festschrift |
| FuR | Film und Recht |
| GbR | Gesellschaft bürgerlichen Rechts |
| GEMA | Gesellschaft für musikalische Aufführungs- und mechanische Vervielfältigungsrechte |
| GESAC | Groupement Européen des Sociétés d'Auteurs et Compositeurs |
| GesV | Gesellschaftsvertrag der GVL |
| GG | Grundgesetz |
| ggf. | gegebenenfalls |
| GmbH | Gesellschaft mit beschränkter Haftung |
| GmbHG | GmbH-Gesetz |
| grds. | grundsätzlich |
| GRUR | Gewerblicher Rechtsschutz und Urheberrecht |
| GRUR e.V. | Deutsche Vereinigung für gewerblichen Rechtsschutz und Urheberrecht e.V. |
| GRUR Int | Gewerblicher Rechtsschutz und Urheberrecht, Internationaler Teil |
| GRUR-RR | Gewerblicher Rechtsschutz und Urheberrecht, Rechtsprechungs-Report |
| GVL | Gesellschaft zur Verwertung von Leistungsschutzrechten |
| GWB | Gesetz gegen Wettbewerbsbeschränkungen |
| Hrsg. | Herausgeber |
| Hdb. | Handbuch |
| IDM Music | Intelligent Digital Media & Music Ltd. |
| IFPI | International Federation of Phonogram and Videogram Producers |
| IIC | International Review of Industrial Property and Copyright Law |
| IMPEL | Independent Music Publishers' European Licensing |
| ISP | Internet Service Provider |
| i. H. v. | in Höhe von |
| i. S. v. | im Sinne von |

| | |
|---|---|
| i. V. m. | in Verbindung mit |
| Kap. | Kapitel |
| KEA | KEA European Affairs |
| KODA | Selskabet til Forvalting af Internationale Komponistrettigheder i Danmark |
| K&R | Kommunikation und Recht |
| LATGA-A | Lietuvos Autoriu Teisiu Gynimo Asoclacijos Agentura |
| LG | Landgericht |
| lit. | litera |
| ltd. | limited |
| MCPS | Mechanical Copyright Protection Society |
| Mio. | Millionen |
| MMR | Multimedia und Recht |
| MOD | Music-On-Demand |
| MPA | Music Publishers' Association |
| MPI | Max-Planck-Institut für Geistiges Eigentum, Wettbewerbs- und Steuerrecht |
| Mrd. | Milliarden |
| MR-Int | Medien und Recht International |
| m. w. N. | mit weiteren Nachweisen |
| NCB | Nordisk Copyright Bureau |
| NJOZ | Neue Juristische Online-Zeitschrift |
| NJW | Neue Juristische Wochenschrift |
| NJW-RR | NJW-Rechtsprechungs-Report |
| NOCC | Nordic Online Coordination Commitee |
| Nr. | Nummer |
| OECD | Organisation for Economic Co-operation and Development |
| OLG | Oberlandesgericht |
| PAECOL | Pan-European Central Online Licensing GmbH |
| PEDL | Pan-European Digital Licensing Initiative |
| PEL | Pan-European Licensing Initiative of Latin American Repertoire |
| PIK | Praxis der Informationsverarbeitung und Kommunikation |
| PRS | Perfoming Right Society Ltd. |
| puk | Politik und Kultur |
| RAM | Random Access Memory |
| RBÜ | Revidierte Berner Übereinkunft |

| | |
|---|---|
| RIAA | Recording Industry Association of America |
| Rom I | Verordnung über das auf vertragliche Schuldverhältnisse anzuwendende Recht |
| Rom II | Verordnung über das auf außervertragliche Schuldverhältnisse anzuwendende Recht |
| Rn. | Randnummer |
| Rs. | Rechtssache |
| S. | Satz, Seite |
| SABAM | Société Belge des Auteurs, Compositeurs et Editeurs |
| SACD | Société des Auteurs et Compositeurs Dramatiques |
| SACEM | Société des Auteurs, Compositeurs et Editeurs de Musique |
| S.A.R.L. | Société à responsabilité limitée |
| SDRM | Société pour administration du droit des reproductions mécaniques des auteurs, compositeurs et éditeurs |
| Sec. | Section |
| SESAC | Society of European Stage Authors and Composers |
| SGAE | Sociedad General de Autores de Espana |
| SIAE | Società Italiana degli Autori ed Editori |
| Slg. | Sammlung der Rechtsprechung des Gerichtshofs der Europäischen Gemeinschaften |
| sog. | sogenannte(r) |
| SPA | Sociedade Portuguesa de Autores |
| STEF | Samband Tónskálda og Eigenda Flutningsréttar |
| STEMRA | Stichting tot Exploitatie van Mechanische Reproductierechten der Auteurs |
| STIM | Svenska Tonsättares Internationella Musikbyra |
| SUISA | Schweizerische Gesellschaft für die Rechte der Urheber musikalischer Werke |
| TEOSTO | Säveltäjäin Tekijänoikeustoimisto |
| TMG | Telemediengesetz |
| TONO | Norsk Komponistforenings Internasjonale Musikkbyra |
| TRIPS | Agreement on Trade-Related Aspects of Intellectual Property Rights, Including Trade in Counterfeit Goods |
| u. a. | unter anderen |
| UFITA | Archiv für Urheber- und Medienrecht |
| UMPG | Universal Music Publishing Group |
| U-Musik | Unterhaltungsmusik |
| UNESCO | United Nations Educational, Scientific and Cultural Organisation |

| | |
|---|---|
| UrhG | Urheberrechtsgesetz |
| UrhR | Urheberrecht |
| URL | Uniform Resource Locator |
| USA | United States of America |
| U.S.C. | United States Code |
| u. U. | unter Umständen |
| v. | vom, von |
| Var. | Variante |
| VerlG | Verlagsgesetz |
| VG Musikedition | Verwertungsgesellschaft Musikedition |
| VG Werbung + Musik | Verwertungsgesellschaft Werbung und Musik |
| VG Wort | Verwertungsgesellschaft Wort |
| VO 1/2003 | Verordnung zur Durchführung der in den Artikeln 81 und 82 des Vertrags niedergelegten Wettbewerbsregeln |
| VPRT | Verband Privater Rundfunk und Telekommunikation e.V. |
| WahrnG (in Kommentaren auch UrhWG, UrhWahrnG) | Urheberrechtswahrnehmungsgesetz |
| WM | Wertpapiermitteilungen, Zeitschrift für Wirtschafts- und Bankrecht |
| WUA | Welturheberrechtsübereinkommen |
| WuW | Wirtschaft und Wettbewerb |
| WWW | World Wide Web |
| ZAIKS | Zwiazek Autorow I Kompozytorow Scenicznych |
| z. B. | zum Beispiel |
| Ziff. | Ziffer |
| ZIP | Zeitschrift für Wirtschaftsrecht |
| ZPO | Zivilprozessordnung |
| ZPÜ | Zentralstelle für private Überspielungsrechte |
| z. T. | zum Teil |
| ZUM | Zeitschrift für Urheber- und Medienrecht |

# Literaturverzeichnis


| | |
|---|---|
| v. Albrecht, Martin | Kommentar zu LG München I – Online-Nutzungsrecht<br>K&R 2009, 661 |
| Alich, Stefan | Neue Entwicklungen auf dem Gebiet der Lizenzierung von Musikrechten durch Verwertungsgesellschaften in Europa<br>GRUR Int 2008, 996 |
| Alich, Stefan | Europäische Union – Kartellrechtliche Beurteilung der Gegenseitigkeitsverträge zwischen Verwertungsgesellschaften durch die Europäische Kommission<br>GRUR Int 2009, 91 |
| Alich, Stefan | Das Recht der Verwertungsgesellschaften in Lateinamerika – Eine Untersuchung der kollektiven Wahrnehmung von Musikrechten in Chile, Argentinien, Kolumbien und Mexiko unter urheberrechtlichen und kartellrechtlichen Gesichtspunkten<br>Baden-Baden 2010 |
| Alich, Stefan/ Schmidt-Bischoffshausen, Albrecht | Deutsche Landesgruppe der ALAI und Fachausschuss für Urheber- und Verlagsrecht – Protokoll der gemeinsamen Sitzung vom 27.4.2007 in München<br>GRUR 2008, 43 |
| Altemark, Christine | GNU- und Creative Commons-Lizenzen – Einführung in zwei Formen der Public Licenses<br>PIK 2010, 179 |

| | |
|---|---|
| Arlt, Christian | Digital Rights Management Systeme – Der Einsatz technischer Maßnahmen zum Schutz digitaler Inhalte<br>München 2006 |
| Arnold, Claudius/<br>Rehbinder, Manfred | Zur Rechtsnatur der Staatsaufsicht über die deutschen Verwertungsgesellschaften<br>UFITA Bd. 118 (1992), 203 |
| Augenstein, Christof | Rechtliche Grundlagen des Verteilungsplans urheberrechtlicher Verwertungsgesellschaften<br>Baden-Baden 2003 |
| Bauer, Stephan/<br>v. Einem, Götz | Handy-TV – Lizenzierung von Urheberrechten unter Berücksichtigung des „2. Korbs“<br>MMR 2007, 698 |
| Bechtold, Stefan | Vom Urheber- zum Informationsrecht – Implikationen des Digital-Rights-Managements<br>2. Aufl.<br>München 2002 |
| Becker, Jürgen | Verwertungsgesellschaften als Träger öffentlicher und privater Aufgaben<br>in: Kreile/Becker/Riesenhuber, Recht und Praxis der GEMA<br>Berlin 2008<br>Kapitel 4 |
| Bernau, Patrick | So spielt die Musik<br>FAZ vom 8.4.2007, 47 |
| Bezzenberger, Gerold/<br>Riesenhuber, Karl | Die Rechtsprechung zum „Binnenrecht“ der Verwertungsgesellschaften – dargestellt am Beispiel der GEMA<br>GRUR 2003, 1005 |

Bing, Friederike — Die Verwertung von Urheberrechten – Eine ökonomische Analyse unter besonderer Berücksichtigung der Lizenzvergabe durch Verwertungsgesellschaften
Berlin 2002

Block, Ulrich — Die Lizenzierung von Urheberrechten für die Herstellung und den Vertrieb von Tonträgern im Europäischen Binnenmarkt
Baden-Baden 1995

Boytha, György — Zur Entwicklung des Urheberrechts in der Europäischen Union
MR-Int 2008, 53

Bröcker, Tim/ Czychowski, Christian/ Schäfer, Detmar (Hrsg.) — Praxishandbuch Geistiges Eigentum im Internet – gewerblicher Rechtsschutz, Urheberrecht, angrenzende Rechtsgebiete
München 2003

Brownlow, Peter/ Miksche, Helene/ Forsyth, Emily — Collective licensig of online music in Europe
Intellectual Asset Magazin
October/November 2008, 69
abrufbar unter: www.iam-magazine.com/issues/article.ashx?g=b38269c1-42e0-4b05-8bf6-07452042a6d5 (letzter Abruf am 25.1.2011)

Brunner, Richard — Urheber- und leistungschutzrechtliche Probleme der Musikdistribution im Internet – unter besonderer Berücksichtigung der Richtlinie 2001/29/EG und ihrer Umsetzung in deutsches Recht
Berlin 2004

Butler, Susan — Universal Partners With SACEM For Pan-Euro Licenses
Billboard.biz – Meldung v. 28.1.2008
abrufbar unter: www.billboard.biz/bbbiz/content_display/industry/news/e3i1fe3c2dd05a1be9680b5b858e589fb25 (letzter Abruf am 25.1.2011)

Capobianco, Antonio — Licensing of Music Rights
E.I.P.R. 2004, 113

Corbet, Jan — Authors' societies in Europe
in: Peeperkorn/van Rij, Collecting societies in the music business – Reports presented at the meeting of the International Association of Entertainment Lawyers, Midem 1989
Cannes 1989
S. 22

Dietz, Adolf — Das Urheberrecht in der Europäischen Gemeinschaft – Studie im Auftrag der Generaldirektion „Forschung, Wissenschaft und Bildung" der Kommission der Europäischen Gemeinschaften
Baden-Baden 1978

Dietz, Adolf — Kinderkomponisten und die GEMA – Zugleich Anmerkung zum Urteil des BGH vom 13.12.2001 – BGH 13.12.2001 Aktenzeichen I ZR 41/99 – Klausurerfordernis
ZUM 2003, 41

Dietz, Adolf — Marketing and Enforcing Intellectual Property in Europe – European Parliament Versus Commission: How to Deal with Collecting Societies
IIC 2004, 809

Dietz, Adolf — Der Einbruch der kulturellen Vielfalt in das Urheberrecht
MR-Int 2008, 59

Dillenz, Walter — Harmonisierung des Rechts der Verwertungsgesellschaften in Europa
GRUR Int 1997, 315

Dördelmann, Jörg-Eckhard — Gedanken zur Zukunft der Staatsaufsicht über Verwertungsgesellschaften
GRUR 1999, 890

| | |
|---|---|
| Dreier, Thomas/ Schulze, Gernot (Hrsg.) | Urheberrechtsgesetz – Urheberrechtswahrnehmungsgesetz Kunsturhebergesetz 3. Aufl. München 2008 |
| Drexl, Josef | Auf dem Weg zu einer neuen europäischen Marktordnung der kollektiven Wahrnehmung von Online-Rechten der Musik? – Kritische Würdigung der Kommissionsempfehlung vom 18.Oktober 2005, in: Riesenhuber, Wahrnehmungsrecht in Polen, Deutschland und Europa Berlin 2006 S. 193 |
| Drexl, Josef | Das Recht der Verwertungsgesellschaften in Deutschland nach Erlass der Kommissionsempfehlung über die kollektive Verwertung von Online-Musikrechten in: Hilty/Geiger: Impulse für eine europäische Harmonisierung des Urheberrechts – Urheberrecht im deutsch-französischen Dialog Berlin 2007 S. 369 |
| Dreyer, Gunda/ Kotthoff, Jost/ Meckel, Astrid (Hrsg.) | Urheberrecht – Urheberrechtsgesetz, Urheberrechtswahrnehmungsgesetz, Kunsturhebergesetz 2. Aufl. Heidelberg 2009 |
| Drobnig, Ulrich | Originärer Erwerb und Übertragung von Immaterialgüterrechten im Kollisionsrecht Rabels Zeitschrift, 40. Jahrg. 1976, 195 |

Dünnwald, Rolf — Die Verpflichtung der Verwertungsgesellschaften zur Rechtewahrnehmung zu angemessenen Bedingungen
in: Becker/Lerche/Mestmäcker, Wanderer zwischen Musik, Politik und Recht – Festschrift für Reinhold Kreile zu seinem 65. Geburtstag
Baden-Baden 1994
S. 161

Dünnwald, Rolf — GVL
in: Moser/Scheuermann, Handbuch der Musikwirtschaft
6. Aufl.
2003
S. 708

Dünnwald, Rolf — Satellitensendungen und Leistungsschutzrechte im Europäischen Binnenmarkt
in: Becker, Die Verwertungsgesellschaften im Europäischen Binnenmarkt
Baden-Baden 1990
S. 79

Düsing, Torben — Die Gestaltung einer europäischen Lizenzierungspraxis für Online-Musikrechte
Hamburg 2009

EBU — Modern copyright for digital media: EBU Policy Paper
Genf 2010
abrufbar unter: www.ebu.ch/registration/policy2010/images/EBU%20POLICY%20Paper_EN_FINAL.pdf (letzter Abruf am 27.1.2011)

van Eechoud, Mireille/Hugenholtz, P. Bernt/van Gompel, Stef/Guibault, Lucie/Helberger, Natali — Harmonizing European Copyright Law – The Challenges of Better Lawmaking
Alphen aan den Rijn 2009

v. Einem, Götz — Grenzüberschreitende Lizenzierung von Musikwerken in Europa – Auswirkungen der Empfehlung der EU-Kommission zur Rechtewahrnehmung auf das System der Gegenseitigkeitsverträge
MMR 2006, 647

v. Einem, Götz — Verwertungsgesellschaften im deutschen und internationalen Musikrecht – Rechtliche und praktische Probleme bei der Lizenzierung von Musik angesichts der Digitalisierung und Internationalisierung der Rechteverwertung
Köln 2007

ELIAMEP — Collecting Societies and Cultural Diversity in the Music Sector
Study
Brüssel 2009
abrufbar unter: www.europarl.europa.eu/studies
(letzter Abruf am 25.1.2011)

Ende, Peter — Die konzerngebundenen Verlage
in: Moser/Scheuermann, Handbuch der Musikwirtschaft
6. Aufl.
Starnberg 2003
S. 296

Enzinger, Michael — Der europäische Rechtsrahmen für kollektive Rechtewahrnehmung
GRUR Int 2006, 985

Ermert, Monika — Universal Music und französische Verwertungsgesellschaft schließen Lizenzabkommen
heise online – Meldung v. 19.1.2009, abrufbar unter:
www.heise.de/newsticker/meldung/Universal-Music-und-franzoesische-Verwertungsgesell schaft-schliessen-Lizenzabkommen-199635.html
(letzter Abruf am 25.1.2011)

| | |
|---|---|
| Euhus, Fabian | Die Gegenseitigkeitsverträge der Verwertungsgesellschaften im Musikbereich<br>Baden-Baden 2008 |
| Evers, Jörg | „Kulturgut contra Handelsware: Wird der Wettbewerb Europäischer Musikverwertungsgesellschaften auf dem Rücken der Urheber ausgetragen?"<br>GEMA-Nachrichten 11/2006, 10 |
| Fikentscher, Wolfgang | Urhebervertragsrecht und Kartellrecht<br>in: Beier/Götting/Lehmann/Moufang, Urhebervertragsrecht – Festgabe für Gerhard Schricker zum 60. Geburtstag<br>München 1995<br>S. 149 |
| Fiscor, Mihály | Collective Management of Copyright in the International Environment<br>ZUM 2003, 3 |
| Fringuelli, Pietro | Internet TV – Filmurheberrecht im Internet<br>Frankfurt 2004 |
| Fromm, Friedrich K./<br>Nordemann, Wilhelm | Urheberrecht – Kommentar zum Urheberrechtsgesetz Verlagsgesetz Urheberrechtswahrnehmungsgesetz<br>10. Aufl.<br>Stuttgart 2008 |
| v. Gamm, Otto-Friedrich, Freiherr | Urheberrechtsgesetz – Kommentar<br>München 1968 |
| Gaster, Jens | Das urheberrechtliche Territorialitätsprinzip aus Sicht des Europäischen Gemeinschaftsrechts<br>ZUM 2006, 8 |

| | |
|---|---|
| Geiger, Christophe/ Engelhardt, Tim/ Hansen, Gerd/ Markowski, Kristina | Urheberrecht im deutsch-französischen Dialog – Impulse für eine europäische Rechtsharmonisierung – Bericht von der Abschlussveranstaltung der deutsch-französischen Vortragsreihe zum Urheberrecht am 13. Januar 2006 im Europäischen Patentamt, München<br>GRUR Int 2006, 475 |
| Geiger, Rudolf/ Khan, Daniel-Erasmus/ Kotzur, Markus | EUV/EGV – Vertrag über die Europäische Union und Vertrag über die Arbeitsweise der Europäischen Union<br>5. Aufl.<br>München 2010 |
| Gerlach, Thilo | Lizenzrecht und Internet – Statement aus Sicht der GVL<br>ZUM 2000, 856 |
| Gerlach, Thilo | Verwertungsgesellschaften und europäischer Wettbewerb<br>in: Schertz/Omsels, Festschrift für Paul W. Hertin zum 60. Geburtstag<br>München 2000<br>S. 119 |
| Gilliéron, Phillippe | Collecting Societies and the Digital Environment<br>IIC 2006, 939 |
| Goette, Wulf/ Habersack, Mathias (Hrsg.) | Münchener Kommentar zum Aktiengesetz<br>Bd. 1<br>3. Aufl.<br>München 2008 |
| Goldmann, Bettina | Die kollektive Wahrnehmung musikalischer Rechte in den USA und Deutschland – Eine vergleichende Studie zu Recht und Praxis der Verwertungsgesellschaften<br>München 2001 |

Goldmann, Bettina — Die Regulierung der Urheberverwertungsgesellschaften in den USA – Kollektive Wahrnehmung im Konflikt mit dem Wettbewerbsrecht
GRUR Int 2001, 420

Gorscak, Robert — Der Verlagsvertrag über U-Musik
Baden-Baden 2003

Gotzen, Frank — A New Perspective for the Management of Copyright and Competition Law in the Internal Market
in: Ohly/Bodewig/Dreier/Götting/Haedicke/Lehmann, Perspektiven des Geistigen Eigentums und Wettbewerbsrechts – Festschrift für Schricker zum 70. Geburtstag
München 2005
S. 299

Graber, Christoph B. — Copyright and Access – a Human Rights Perspective
in: Graber/Govoni/Girsberger/Nenova, Digital Rights Management: The End of Collecting Societies?
Bern 2005
S. 71

Grabitz, Eberhard/ Hilf, Meinhard — Das Recht der Europäischen Union
Bd. I
Stand: Juli 2010
München 2010

Grewenig, Claus — Rechteerwerb und Rechteinhaberschaft im digitalen Zeitalter – Probleme von Nutzern beim Rechteerwerb aus Sicht privater Medienunternehmen
ZUM 2011, 27

Grützmacher, Malte — Anmerkung zu BGH, Urt. v. 30.10.2003 – I ZR 59/00 – Produktvermarktung
CR 2004, 814

Guibault, Lucie/
van Gompel, Stef
Collective Management in the European Union
in: Gervais, Collective Management of Copyright and Related Rights
Alphen aan den Rijn 2006
S. 117

Guibault, Lucie/
van Gompel, Stef
Collective Management in the European Union
in: Gervais, Collective Management of Copyright and Related Rights
2. Aufl.
Alphen aan den Rijn 2010
S. 135

Gyertyánfy, Peter
Collective Management of Music Rights in Europe After the CISAC Decision
IIC 2010, 59

Haedicke, Maximilian Wilhelm
Urheberrecht und die Handelspolitik der Vereinigten Staaten von Amerika – Urheberrechtliche Abhandlungen des Max-Planck-Instituts für ausländisches und internationales Patent-, Urheber- und Wettbewerbsrecht, München
München 1997

Haller, Albrecht
Urheber- und Verwertungsgesellschaftenrecht für Online-Medien
in: Berka/Grabenwarter/Holoubek, Medien im Web
Wien 2009
S. 49

Haller, Jochen
Urheberrechtsschutz in der Musikindustrie – Eine ökonomische Analyse
Lohmar 2005

Hansen, Gerd/
Schmidt-Bischoffshausen, Albrecht
Ökonomische Funktionen von Verwertungsgesellschaften – Kollektive Wahrnehmung im Lichte von Transaktionskosten- und Informationsökonomik
GRUR Int 2007, 461

Hansen, Katja — Recht der Verwertungsgesellschaften
in: Ensthaler/Weidert, Handbuch Urheberrecht und Internet
2. Aufl.
Frankfurt 2010
Kapitel 6

Hauptmann, Christian — Der Zwangseinbehalt von Tantiemen der Urheber und ihre Verwendung für soziale und kulturelle Zwecke bei der GEMA und der VG Wort
UFITA Bd. 126 (1994), 149

Hauptmann, Christian — Die Vergesellschaftung des Urheberrechts
Baden-Baden 1994

Hauptmann, Christian — Die Zukunft von musikalischen Urheberrechten nach den Entscheidungen der EU-Kommission zu CELAS und CISAC
in: Kölner Tage zum Urheber- und Medienrecht – Arbeitsunterlage
Köln: 13. November 2009
Köln 2009
S. 25

Häußer, Erich — Praxis und Probleme der Aufsicht über Verwertungsgesellschaften
FuR 1980, 57

Heckmann, Dirk — juris Praxiskommentar – Internetrecht
3. Aufl.
Saarbrücken 2011

Heine, Edward/ Hauptfleisch, Norbert — Subpublishing
in: Moser/Scheuermann, Handbuch der Musikwirtschaft
6. Aufl.
Starnberg 2003
S. 310

| | |
|---|---|
| Heine, Robert | Wahrnehmung von Online-Musikrechten durch Verwertungsgesellschaften im Binnenmarkt<br>Berlin 2008 |
| Heine, Robert/<br>Eisenberg, Sonja | Verwertungsgesellschaften im Binnenmarkt – Die kollektive Wahrnehmung von Urheberrechten nach der Dienstleistungsrichtlinie<br>GRUR Int 2009, 277 |
| Heinemann, Andreas | Immaterialgüterschutz in der Wettbewerbsordnung<br>Tübingen 2002 |
| Herrmann, Günter | Rundfunkrecht – Fernsehen und Hörfunk mit Neuen Medien<br>2. Aufl.<br>München 2004 |
| Herschel, Wilhelm | Verwertungsgesellschaften als Träger staatsentlastender Tätigkeit<br>UFITA Bd. 50/Teil A (1967/II), 22 |
| Hiestand, Thomas | Besprechung von „Die Vergesellschaftung des Urheberrechts“ von Christian Hauptmann<br>UFITA Bd. 126 (1994), 293 |
| Himmelmann, Ulrich | Die Aufsicht über die GEMA<br>in: Kreile/Becker/Riesenhuber, Recht und Praxis der GEMA<br>2. Aufl.<br>Berlin 2008<br>Kapitel 18 |
| Hoeren, Thomas/<br>Sieber, Ulrich<br>(Hrsg.) | Handbuch Multimedia-Recht – Rechtsfragen des elektronischen Geschäftsverkehrs<br>Stand: August 2010<br>München 2010 |
| Hoeren, Thomas | Internet- und Kommunikationsrecht – Praxis-Lehrbuch<br>Köln 2008 |

| | |
|---|---|
| Hoeren, Thomas | Urheberrecht und Peer-to-Peer-Dienste<br>in: Schoder/Fischbach/Teichmann, Peer-to-Peer – Ökonomische, technologische und juristische Perspektiven<br>Berlin 2002<br>S. 255 |
| Hoeren, Thomas | Urheberrecht 2000 – Thesen für eine Reform des Urheberrechts<br>MMR 2000, 3 |
| Hoeren, Thomas/<br>Altemark, Christine | Musikverwertungsgesellschaften und das Urheberrechtswahrnehmungsgesetz am Beispiel der CELAS<br>GRUR 2010, 16 |
| Hoppe | Ungeschützter Musikverkehr – Downloads ohne Kopierschutz<br>zeit online – Meldung v. 15.4.2007<br>abrufbar unter: www.zeit.de/2007/16/EMI (letzter Abruf am 24.1.2011) |
| Hubmann, Heinrich | Die Idee vom geistigen Eigentum, die Rechtsprechung des Bundesverfassungsgerichts und die Urheberrechtsnovelle von 1985<br>ZUM 1988, 4 |
| Immenga, Ulrich/<br>Mestmäcker, Ernst-Joachim<br>(Hrsg.) | Gesetz gegen Wettbewerbsbeschränkungen (GWB) – Kommentar<br>3. Aufl.<br>München 2001 |
| Immenga, Ulrich/<br>Mestmäcker, Ernst-Joachim<br>(Hrsg.) | Wettbewerbsrecht – Bd. 1 EG/Teil 2<br>Kommentar zum Europäischen Kartellrecht<br>4. Aufl.<br>München 2007 |

| | |
|---|---|
| Jani, Ole | Alles eins? – Das Verhältnis der öffentlichen Zugänglichmachung zum Vervielfältigungsrecht – zugleich Anmerkung zu LG München I ZUM 2009, 788 – myvideo<br>ZUM 2009, 722 |
| Jehoram, Herman C. | Urheberrecht und Freiheit der Meinungsäußerung, Rechtsmissbrauch und Standardschikane<br>GRUR Int 2004, 96 |
| Jobs, Steve | Thoughts on Music<br>apple – Meldung v. 6.2.2007<br>abrufbar unter:<br>www.apple.com/hotnews/thoughtsonmusic/<br>(letzter Abruf am 11.1.2011) |
| Karbaum, Michael/<br>Oeller, Georg/<br>Wolf, Alexander/<br>Evert, Till | Rechtsbeziehungen der GEMA zu ausländischen Verwertungsgesellschaften<br>in: Kreile/Becker/Riesenhuber, Recht und Praxis der GEMA<br>2. Aufl.<br>Berlin 2008<br>Kapitel 17 |
| Katzenberger, Paul | Die verschiedenen Systeme des Aufsichtsrechts über die kollektive Verwertung von Urheberrechten in den europäischen Staaten<br>in: Hilty, Die Verwertungsgesellschaften von Urheberrechten in Europa<br>Basel 1995<br>S. 1 |
| KEA | The Collective Management of Rights in Europe – The Quest for Efficiency<br>Brüssel 2006<br>abrufbar unter: www.europarl.europa.eu/meetdocs/2004_2009/documents/dv/study-collective-management-rights-/study-collective-management-rights-en.pdf (letzter Abruf am 25.1.2011) |

| | |
|---|---|
| Kellenter, Wolfgang | Schutzrechtslizenzen in der Insolvenz des Lizenzgebers<br>in: Keller/Plassmann/v. Falck, Festschrift für Winfried Tilmann – Zum 65. Geburtstag<br>Köln 2003<br>S. 807 |
| Kraßer, Rudolf | Verpflichtung und Verfügung im Immaterialgüterrecht<br>GRUR Int 1973, 230 |
| Kreile, Reinhold | Die Zusammenarbeit der Verwertungsgesellschaften<br>in: Kreile/Becker/Riesenhuber, Recht und Praxis der GEMA<br>2. Aufl.<br>Berlin 2008<br>Kapitel 16 |
| Kreile, Reinhold/<br>Becker, Jürgen | Verwertungsgesellschaften<br>in: Moser/Scheuermann, Handbuch der Musikwirtschaft<br>6. Aufl.<br>Starnberg 2003<br>S. 593 |
| Kreile, Reinhold/<br>Becker, Jürgen | GEMA<br>in: Moser/Scheuermann, Handbuch der Musikwirtschaft<br>6. Aufl.<br>Starnberg 2003<br>S. 687 |
| Kreile, Reinhold/<br>Becker, Jürgen | Das Internet und digitales Rechtemanagement aus Sicht der GEMA<br>in: Moser/Scheuermann, Handbuch der Musikwirtschaft<br>6. Aufl.<br>Starnberg 2003<br>S. 632 |

| | |
|---|---|
| Krempl, Stefan | EU-Gesetz zu Lizenzierung von Online-Musik gefordert<br>heise online – Meldung v. 25.1.2010, abrufbar unter: www.heise.de/newsticker/meldung/EU-Gesetz-zur-Lizenzierung-von-Online-Musik-gefordert-912445.html (letzter Abruf am 25.1.2011) |
| Krempl, Stefan | Musikportal Roccatune bekommt paneuropäische Lizenz fürs EMI-Repertoire<br>heise online – Meldung v. 1.10.2008, abrufbar unter: www.heise.de/newsticker/meldung/116770 (letzter Abruf am 25.1.2011) |
| Kurth, Undine | Verwertungsgesellschaften sozial und kulturell in die Pflicht nehmen – Das Urheberrecht aus der Sicht der Fraktion BÜNDNIS 90/Die Grünen<br>puk Nr. 06/07, 27 |
| Lerche, Peter | Verwertungsgesellschaften als Unternehmen sui generis<br>ZUM 2003, 34 |
| Leßmann, Thomas | Verwertungsgesellschaften nach deutschem und europäischem Kartellrecht und deren Herausforderungen im Hinblick auf digitale Techniken<br>Münster 2001 |
| Lettl, Tobias | Kartellrecht<br>2. Aufl.<br>München 2007 |
| Leutheusser-Schnarrenberg, Sabine | Urheberrecht am Scheideweg? Von der politischen Verantwortung für Urheber<br>ZUM 1996, 631 |

| | |
|---|---|
| v. Lewinski, Silke | Gedanken zur kollektiven Rechtewahrnehmung<br>in: Ohly/Bodewig/Dreier/Götting/Haedicke/<br>Lehmann, Perspektiven des Geistigen Eigentums<br>und Wettbewerbsrechts – Festschrift für Gerhard<br>Schricker zum 70. Geburtstag<br>München 2005<br>S. 401 |
| Lisch, Karsten | Das Abstraktionsprinzip im deutschen Urheber-<br>recht<br>Frankfurt a. M. 2007 |
| Loewenheim, Ulrich/<br>Meessen, Karl M./<br>Riesenkampff, Alexander<br>(Hrsg.) | Kartellrecht – Kommentar<br>2. Aufl.<br>München 2009 |
| Loewenheim, Ulrich<br>(Hrsg.) | Handbuch des Urheberrechts<br>2. Aufl.<br>Frankfurt 2010 |
| Lüder, Tilmann | First Experience With EU-wide Online Music<br>Licensing<br>GRUR Int 2007, 649 |
| Mäger, Stefan | Schutz des Urhebers im internationalen Vertrags-<br>recht: zur Anknüpfung zwingenden deutschen<br>Urheberrechts<br>Berlin 1995 |
| Magnani, Paola/<br>Montagnani, Maria Lillá | Digital Rights Management Systems and Competi-<br>tion – What Developments Within the Much De-<br>bated Interface Between Intellectual Property and<br>Competition Law?<br>IIC 2008, 83 |

| | |
|---|---|
| Mahlmann, Carl | Struktur des deutschen Tonträgermarktes<br>in: Moser/Scheuermann, Handbuch der Musikwirtschaft<br>6. Aufl.<br>Starnberg 2003<br>S. 178 |
| Majer, Ludwig | Handlungsoptionen der EU-Politik im Bereich der Verwertungsgesellschaften<br>in: Riesenhuber, Wahrnehmungsrecht in Polen, Deutschland und Europa – INTERGU-Tagung 2005<br>Berlin 2006<br>S. 147 |
| Mauhs, Angela | Der Wahrnehmungsvertrag<br>Baden-Baden 1991 |
| Melichar, Ferdinand | Anmerkung zu OLG München, Urteil vom 29. April 2010 – 29 U 3698/09<br>ZUM 2010, 713 |
| Melichar, Ferdinand | Verleger und Verwertungsgesellschaften<br>UFITA Bd. 117 (1991), 5 |
| Menzel, Hans-Jürgen | Die Aufsicht über die GEMA durch das Deutsche Patent- und Markenamt – ein Beispiel für die Aufsicht über Verwertungsgesellschaften<br>Heidelberg 1986 |
| Mestmäcker, Ernst-Joachim/<br>Schulze, Erich<br>(Hrsg.) | Kommentar zum deutschen Urheberrecht – unter Berücksichtigung des internationalen Rechts und des Gemeinschaftsrechts in den Mitgliedstaaten der EU<br>Bd. 1.2<br>Stand: August 2010<br>Köln 2010 |

Mestmäcker, Ernst-Joachim/ Schweitzer, Heike | Europäisches Wettbewerbsrecht
2. Aufl.
München 2004

Mestmäcker, Ernst-Joachim | Urheberrechte und Verwertungsgesellschaften im europäischen Gemeinschaftsrecht
in: Riesenhuber, Ernst-Joachim Mestmäcker – Beiträge zum Europäischen Urheberrecht
Berlin 2006
S. 55

Mestmäcker, Ernst-Joachim | Collecting Societies in Law and Economics
in: Riesenhuber, Ernst-Joachim Mestmäcker – Beiträge zum Europäischen Urheberrecht
Berlin 2006
S. 407

Mestmäcker, Ernst-Joachim | Geistiges Eigentum und Kultur im Spannungsfeld von nationaler Regelungskompetenz und europäischem Wirtschafts- und Wettbewerbsrecht aus Sicht der Verwertungsgesellschaften
in: Schwarze/Becker, Geistiges Eigentum und Kultur im Spannungsfeld von nationaler Regelungskompetenz und europäischem Wirtschafts- und Wettbewerbsrecht,
Baden-Baden 1998
S. 53

Mestmäcker, Ernst-Joachim | Gegenseitigkeitsverträge von Verwertungsgesellschaften im Binnenmarkt – Die Leistungsschutzrechte der Tonträgerhersteller als Testfall (Simulcasting)
WuW 2004, 754

Meyer, Alfred | DRMS Do Not Replace Collecting Societies
in: Graber/Govoni/Girsberger/Nenova, Digital Rights Management: The End of Collecting Societies?
Bern 2005
S. 61

Möhring, Philipp/ Schulze, Erich/ Ulmer, Eugen/ Zweigert, Konrad (Begr.) — Quellen des Urheberrechts – Gesetzestexte aller Länder
Bd. 1
Stand: Juli 2005
München 2005

Möller, Simon/ Feidt, Jean-Paul — Kurznachrichten – GEMA und CISAC klagen gegen Kommissions-Entscheidung
MMR 2008 (Heft 12), XXXI

Moritz, Hans-Werner/ Dreier, Thomas (Hrsg.) — Rechts-Handbuch zum E-Commerce
2. Aufl.
Köln 2005

Möschel, Wernhard/ Bechtold, Stefan — Copyright-Management im Netz
MMR 1998, 571

MPI — Stellungnahme zuhanden des Bundesministeriums der Justiz betreffend die Empfehlung der Europäischen Kommission über die Lizenzierung von Musik für das Internet vom 18. Oktober 2005 (2005/737/EG)
GRUR Int 2006, 222

Müller, Stefan — Der Verteilungsplan der GEMA – Rechtliche Grundlagen und Prinzipien der Verteilung
Baden-Baden 2006

Müller, Stefan — Rechtewahrnehmung durch Verwertungsgesellschaften bei der Nutzung von Musikwerken im Internet
ZUM 2009, 121

Müller, Stefan — Die Rechteinhaberschaft an Musikwerken bei Online-Nutzungen
ZUM 2011, 13

Neuhaus, Heinrich — Freiheit und Gleichheit im internationalen Immaterialgüterrecht
Rabels Zeitschrift, 40. Jahrgang 1976, 191

Nolden, Christoph | Das Abstraktionsprinzip im urheberrechtlichen Lizenzverkehr
Göttingen 2005

Nordemann, Jan Bernd | Urhebervertragsrecht und neues Kartellrecht gem. Art. 81 EG und § 1 GWB
GRUR 2007, 203

Nordemann, Wilhelm/ Nordemann, Jan Bernd | Die US-Doktrin des „work made for hire“ im neuen deutschen Urhebervertragsrecht – ein Beitrag insbesondere zum Umfang der Rechtseinräumung für Deutschland
in: Ohly/Bodewig/Dreier/Götting/Haedicke/ Lehmann, Perspektiven des Geistigen Eigentums und Wettbewerbsrechts – Festschrift für Gerhard Schricker zum 70. Geburtstag
München 2005
S. 473

OECD | Digital Broadband Content: Music
Paris 2005
abrufbar unter:
www.oecd.org/dataoecd/13/2/34995041.pdf
(letzter Abruf am 25.1.2011)

Palfrey, John | Holding Out for an Interoperable DRM Standard
in: Graber/Govoni/Girsberger/Nenova: Digital Rights Management: The End of Collecting Societies?
Bern 2005
S. 1

Pfennig, Gerhard | Die Wahrnehmung der Urheberrechte Bildender Künstler in Deutschland
in: Jacobs/Papier/Schuster, Festschrift für Peter Raue zum 65. Geburtstag am 4. Februar 2006
München 2006
S. 593

| | |
|---|---|
| Pickrahn, Günter | Verwertungsgesellschaften nach deutschem und europäischem Kartellrecht<br>Frankfurt 1995 |
| Poll, Günter | Neue internetbasierte Nutzungsformen – Das Recht der Zugänglichmachung auf Abruf (§ 19a UrhG) und seine Abgrenzung zum Senderecht (§§ 20, 20b UrhG)<br>GRUR 2007, 476 |
| Poll, Günter | CELAS, PEDL & Co.: Metamorphose oder Anfang vom Ende der kollektiven Wahrnehmung von Musik-Online-Rechten in Europa?<br>ZUM 2008, 500 |
| Poll, Günter | Grenzüberschreitende Lizenzierung von Musikwerken in Europa – Weiterführende Überlegungen<br>MMR 2007 (Heft 2), XXVII |
| Prütting, Hanns/<br>Wegen, Gerhard/<br>Weinreich, Gerd<br>(Hrsg.) | BGB – Kommentar<br>5. Aufl.<br>Köln 2010 |
| Rabe, Hans-Jürgen | Grenzen gemeinschaftsweiter Lizenzierung durch das Territorialitätsprinzip des internationalen Urheberrechts<br>in: Riesenhuber, Wahrnehmungsrecht in Polen, Deutschland und Europa – INTERGU-Tagung 2005<br>Berlin 2006<br>S. 174 |
| Rauscher, Thomas/<br>Wax, Peter/<br>Wenzel, Joachim<br>(Hrsg.) | Münchener Kommentar zur Zivilprozessordnung<br>Bd. 1<br>3. Aufl.<br>München 2008 |

Reber, Nikolaus — Aktuelle Fragen zu Recht und Praxis der Verwertungsgesellschaften
GRUR 2000, 203

Rebmann, Kurt/ Säcker, Franz J./ Rixecker, Roland (Hrsg.) — Münchener Kommentar zum Bürgerlichen Gesetzbuch
Bd. 5
5. Aufl.
München 2009

Rehbinder, Manfred — Urheberrecht – ein Studienbuch
16. Aufl.
München 2010

Reinbothe, Jörg — Die kollektive Wahrnehmung von Rechten in der Europäischen Gemeinschaft
in: Ganea/Heath/Schricker: Urheberrecht Gestern – Heute – Morgen – Festschrift für Adolf Dietz zum 65. Geburtstag
München 2001
S. 517

Reinbothe, Jörg — Schlichtung im Urheberrecht – die Schiedsstelle nach dem Wahrnehmungsgesetz
München 1978

Riesenhuber, Karl — Die Auslegung und Kontrolle des Wahrnehmungsvertrages
Berlin 2004

Riesenhuber, Karl — Transparenz der Wahrnehmungstätigkeit – Die Pflicht der Verwertungsgesellschaften zu Rechnungslegung, Publizität und Information ihrer Berechtigten
ZUM 2004, 417

Riesenhuber, Karl — Die gerichtliche Kontrolle von Verteilungsregeln der Verwertungsgesellschaften
GRUR 2006, 201

Riesenhuber, Karl — Perspektiven des Geistigen Eigentums und Wettbewerbsrechts
ZUM 2006, 85

Runge, Philipp — Die kollektive Lizenzierung von Onlinenutzungsrechten für Musik im Europäischen Binnenmarkt
Kassel 2010

Schack, Haimo — Urheber- und Urhebervertragsrecht
5. Aufl.
Tübingen 2010

Schack, Haimo — Rechtsprobleme der Online-Übermittlung
GRUR 2007, 639

Schaefer, Martin — Alles oder nichts! – Erwiderung auf Jani, Alles eins? – Das Verhältnis der öffentlichen Zugänglichmachung zum Vervielfältigungsrecht, ZUM 2009, 722
ZUM 2010, 150

Schindler, Gösta — Grenzen der „dinglichen Aufspaltbarkeit" urheberrechtlicher Nutzungsrechte – Ein Beitrag zur Neuorientierung des Urhebervertragsrechts
Berlin 2009

Schliesche, Thorsten — Tauschbörsen und Downloadplattformen
in: Rodriguez/v. Rothkirch/Heinz, www.musikverkaufen.de – Die Digitale Musikwirtschaft
München 2007
S. 179

Schmidt, Manuela M. — Die kollektive Wahrnehmung der Online-Musikrechte im Europäischen Binnenmarkt – Anmerkungen zur Studie der Europäischen Kommission über eine Initiative zur grenzüberschreitenden kollektiven Verwertung der Urheberrechte im Musiksektor
ZUM 2005, 783

| | |
|---|---|
| Schmid, Matthias/ Wirth, Thomas/ Seifert, Fedor | Urheberrechtsgesetz – mit Urheberrechtswahrnehmungsgesetz<br>2. Aufl.<br>Baden-Baden 2009 |
| Scholz, Lothar | GEMA, GVL & KSK – Alles über die Institutionen für Musiker und Musikverwerter – Know-How und Praxisbeispiele für Komponisten, Texter, Verleger und Labels<br>2. Aufl.<br>Bergkirchen 2006 |
| Schricker, Gerhard/ Loewenheim, Ulrich (Hrsg.) | Urheberrecht – Kommentar<br>4. Aufl.<br>München 2010 |
| Schricker, Gerhard | International Encyclopedia of Comparative Law, Volume XIV – Copyright and Industrial Property, Chapter 6 – Collective Administration of Copyrights and Neighbouring Rights<br>Tübingen 2006 |
| Schricker, Gerhard | Anmerkung zu BGH, Urt. v. 2.10.1997 – I ZR 88/95 – Spielbankaffaire<br>MMR 1998, 39 |
| Schröter, Helmuth/ Jakob, Thinam/ Mederer, Wolfgang (Hrsg.) | Kommentar zum Europäischen Wettbewerbsrecht<br>Baden-Baden 2003 |
| Schulze, Erich | Das Recht der Verwertungsgesellschaften in der jüngsten Rechtsprechung des Gerichtshofs der Europäischen Gemeinschaften<br>in: Scheuermann/Strittmatter, Urheberrechtliche Probleme der Gegenwart<br>Baden-Baden 1990<br>S. 193 |

| | |
|---|---|
| Schulze, Erich | Mitgliedsausschluß aus einem wirtschaftlichen Verein am Beispiel der GEMA<br>NJW 1991, 3264 |
| Schütt, Christoph | Fortschritt bei europaweiter Lizenzierung von Online-Musikrechten<br>MMR 2008 (Heft 4), XVIII |
| Schwarz, Mathias/<br>Klingner, Norbert | Rechtsfolgen der Beendigung von Filmlizenzverträgen – zugleich eine Erwiderung auf Wente/Härle, GRUR 1997, 96 ff.<br>GRUR 1998, 103 |
| Schwarze, Jürgen | Urheberrechte und deren Verwaltung im Lichte des europäischen Wettbewerbsrechts<br>ZUM 2003, 15 |
| Schwenzer, Oliver | Offener Brief<br>Musikwoche 34/2008, 38 |
| Simpson, Shane | Review of Australian Copyright Collecting Societies: A Report to the Minister for Communications and the Arts and the Minister for Justice<br>Canberra 1995 |
| Sommerfeld, Jan | Aktuelle Musik-flatrate-Angebote im Vergleich<br>teltarif.de 2008<br>abrufbar unter: teltarif.de/musik-flatrate (letzter Abruf am 24.1.2011) |
| Spohn, Kolja/<br>Hullen, Nils | Lizenzierung von Musik zur Online-Verwertung – Statt One-Stop-Shop ein Rechte-Puzzle<br>GRUR 2010, 1053 |
| Srocke, Marc-Oliver | Das Abstraktionsprinzip im Urheberrecht<br>Frankfurt 2008 |
| Srocke, Marc-Oliver | Das Abstraktionsprinzip im Urheberrecht<br>GRUR 2008, 867 |

Staudt, Monika/ Czapla, Mathias — Der Berechtigungsvertrag
in: Kreile/Becker/Riesenhuber, Recht und Praxis der GEMA
2. Aufl.
Berlin 2008
Kapitel 10

Steden, Robin C. — Das Monopol der GEMA – Zur Frage der kollektiven Wahrnehmung von Musikverwertungsgesellschaften im 21. Jahrhundert
Baden-Baden 2003

Strittmatter, Angelika — Tarifwesen
in: Moser/Scheuermann, Handbuch der Musikwirtschaft
6. Aufl.
Starnberg 2003
S. 729

Strömholm, Stig — Alte Fragen in neuer Gestalt – das internationale Urheberrecht im IT-Zeitalter
in: Ganea/Heath/Schricker, Urheberrecht Gestern – Heute – Morgen – Festschrift für Adolf Dietz zum 65. Geburtstag
München 2001
S. 533

Stickelbrock, Barbara — Urheberrechtliche Nutzungsrechte in der Insolvenz – von der Vollstreckung nach §§ 112 ff. UrhG bis zum Kündigungsverbot des § 112 InsO
WM 2004, 549

Thum, Dorothee — Internationalprivatrechtliche Aspekte der Verwertung urheberrechtlich geschützter Werke im Internet – Zugleich Bericht über eine WIPO-Expertensitzung in Genf
GRUR Int 2001, 9

| | |
|---|---|
| Thurow, Norbert | Lizenzierung von Tonträgern durch Verwertungsgesellschaften für den Bereich der EG<br>in: Becker, Die Verwertungsgesellschaften im Europäischen Binnenmarkt – Symposium für Reinhold Kreile zum 60. Geburtstag<br>S. 95 |
| Toft, Torben | Kollektives Rechtemanagement in der Online-Welt – Überblick über aktuelle Initiativen der EU-Kommission<br>MR-Int 2006, 63 |
| Ulbricht, Johannes | Digital Rights Management<br>in: Moser/Scheuermann, Handbuch der Musikwirtschaft<br>6. Aufl.<br>Starnberg 2003<br>S. 130 |
| Ullrich, Jan N. | Alles in einem – Die Einräumung eines Nutzungsrechtes i. S. d. § 31 Abs. 1 UrhG für einen On-Demand-Dienst im Internet – Zugleich zum Unterschied zwischen Verwertungsrechten, Nutzungsrechten, Nutzungsarten und Nutzungen<br>ZUM 2010, 311 |
| Ulmer, Eugen | Urheber- und Verlagsrecht<br>3. Aufl.<br>Berlin 1980 |
| Ulmer, Eugen | Fremdenrecht und internationales Privatrecht im gewerblichen Rechtsschutz und Urheberrecht<br>in: Holl/Klinke, Internationales Privatrecht Internationales Wirtschaftsrecht<br>Köln 1985<br>S. 257 |
| Ventroni, Stefan | CELAS – Revolution bei der Musikrechtewahrnehmung<br>MMR 2008, 273 |

Ventroni, Stefan/ Poll, Günter — Musiklizenzerwerb durch Online-Dienste
MMR 2002, 648

Ventroni, Stefan — Urheberrechtliche Probleme der Musiknutzung im Internet
in: Moser/Scheuermann, Handbuch der Musikwirtschaft
6. Aufl.
Starnberg 2003
S. 951

Vianello, Mirko — Lizenzierung von Musik in nutzergenerierten Videos – Der steinige Weg zur Verwendung im Internet
MMR 2009, 90

Vogel, Martin — Wahrnehmungsrecht und Verwertungsgesellschaften in der Bundesrepublik Deutschland – Eine Bestandsaufnahme im Hinblick auf die Harmonisierung des Urheberrechts in der Europäischen Gemeinschaft
GRUR 1993, 513

Vogel, Martin — Wahrnehmungsrecht und Verwertungsgesellschaften in der Bundesrepublik Deutschland
GRUR 1993, S. 513

von der Groeben, Hans/ Schwarze, Jürgen (Hrsg.) — Kommentar zum Vertrag über die Europäische Union und zur Gründung der Europäischen Gemeinschaft
Bd. 2 – Art. 81 – 97 EGV
6. Aufl.
Baden-Baden 2003

von der Groeben, Hans/ Schwarze, Jürgen (Hrsg.) — Kommentar zum Vertrag über die Europäische Union und zur Gründung der Europäischen Gemeinschaft
Bd. 4 – Art. 198 – 314 EGV
6. Aufl.
Baden-Baden 2003

| | |
|---|---|
| Wallner, Jürgen | Softwarelizenzen in der Insolvenz des Lizenzgebers<br>ZIP 2004, 2073 |
| Wallraf, Georg | Urheberrecht für die Praxis<br>5. Aufl.<br>Köln 2009 |
| Walter, Michel M. | Europäisches Urheberrecht – Kommentar<br>Wien 2001 |
| Wandtke, Artur-Axel/<br>Bullinger, Winfried | Praxiskommentar zum Urheberrecht<br>3. Aufl.<br>München 2009 |
| Weiche, Jens | US-amerikanisches Urhebervertragsrecht<br>Baden-Baden 2002 |
| Wente, Jürgen K./<br>Härle, Philipp | Rechtsfolgen einer außerordentlichen Vertragsbeendigung auf die Verfügung in einer „Rechtekette" im Filmlizenzgeschäft und ihre Konsequenzen für die Vertragsgestaltung – Zum Abstraktionsprinzip im Urheberrecht –<br>GRUR 1997, 96 |
| de Werra, Jaques | Access Control or Freedom of Access?<br>in: Graber/Govoni/Girsberger/Nenova: Digital Rights Management: The End of Collecting Societies?<br>Bern 2005<br>S. 111 |
| Wichary, Stefan | Diskussionsbericht zu §§ 9 und 10<br>in: Riesenhuber, Wahrnehmungsrecht in Polen, Deutschland und Europa – INTERGU-Tagung 2005<br>Berlin 2006<br>S. 243 |

| | |
|---|---|
| Wirtz, Martin | Die Kontrolle von Verwertungsgesellschaften – eine rechtsvergleichende Studie des deutschen, britischen und europäischen Rechts<br>Frankfurt 2002 |
| Wittmann, Heinz | Behindern die Verwertungsgesellschaften die Entfaltung der Online-Musikangebote? – Eine Studie der EU-Kommission stellt das System national tätiger Verwertungsgesellschaften in Frage<br>MR-Int 2005, 84 |
| Wittmann, Heinz | Grenzüberschreitende Lizenzierung von Online-Musikdiensten<br>MR-Int 2005, 136 |
| Wittmann, Heinz | Die CISAC-Entscheidung der Kommission – Die Gegenseitigkeitsverträge der Verwertungsgesellschaften am kartellrechtlichen Prüfstand<br>MR-Int 2008, 63 |
| Wolff, Hans J./<br>Bachof, Otto/<br>Stober, Rolf/<br>Kluth, Winfried | Verwaltungsrecht I<br>12. Aufl.<br>München 2007 |
| Wünschmann, Christoph | Die kollektive Verwertung von Urheber- und Leistungsschutzrechten nach europäischem Wettbewerbsrecht<br>Baden-Baden 2000 |
| Zapf, Daniel Alexander | Kollektive Wahrnehmung von Urheberrechten im Online-Bereich – Rechtliche Rahmenbedingungen für ein Tarifmodell zur Nutzung von Musik im Internet<br>Münster 2002 |
| Zimmermann, Olaf | Europäisches Soft Law – Gefahr für kulturelle Vielfalt<br>puk Nr. 06/07, 11 |

# Einleitung

Gegenstand der Untersuchung ist die Wahrnehmung von Online-Musikrechten im EWR unter besonderer Berücksichtigung des Systems der Rechtewahrnehmung, das sich seit der Empfehlung der Kommission vom 18.10.2005 entwickelt hat. Musik hat nicht nur aus kulturellen Erwägungen eine besondere Stellung in Europa inne. Sie ist auch als Wirtschaftsgut bedeutsam. In Europa werden ca. fünf bis sieben Prozent des Bruttoinlandprodukts durch Produkte und Dienstleistungen erwirtschaftet, welche urheberrechtlich geschützt sind.[1] Über drei Prozent aller Erwerbstätigen sind im Bereich der Urheberrechtsindustrie beschäftigt. Damit ist das Urheberrecht als Wirtschaftssektor doppelt so groß wie die Automobilbranche.[2] Der Musikmarkt in Europa wird von Großbritannien, Deutschland und Frankreich angeführt[3]. In Deutschland hat der Bereich der Musikindustrie im Jahre 2008 mit 63 Mrd. zur Bruttowertschöpfung beigetragen. Damit lag dieser Bereich in Deutschland noch vor der chemischen Industrie.[4] Dabei macht der digitale Musikverkauf einen immer größeren Teil des Musikverkaufs insgesamt aus und wächst stetig. So lagen die Umsatzanteile der Musikkäufe über das Internet im Jahre 2009 bei ca. 30 Prozent, wohingegen sie 2002 noch bei ca. neun Prozent lagen.[5] Für die Wertschöpfung essentiell ist dabei die Tätigkeit der Verwertungsgesellschaften, welche die Rechte der Künstler und Verlage wahrnehmen. So hat die GEMA für Rechteinhaber weltweit Erlöse in Höhe von 841 Millionen Euro erwirtschaftet und 713 Mio. Euro an ihre Mitglieder und die anderen Rechteinhaber ausgeschüttet.[6]

Die Wahrnehmung von Online-Musikrechten im EWR unterliegt einer rasanten Entwicklung. Zurückzuführen ist diese Entwicklung auf unterschiedliche Faktoren. Das System der Verwertungsgesellschaften stößt im Online-Bereich, der sich insbesondere durch Deterritorialisierung auszeichnet, an seine Grenzen.

---

1 *EP*, Entwurf einer Entschließung v. 7.11.2006 zur Empfehlung der Kommission vom 18. Mai 2005 für die länderübergreifende kollektive Wahrnehmung von Urheberrechten und verwandten Schutzrechten, die für legale Online-Musikdienste benötigt werden (2006/2008(INI)).

2 Single Market News 37, Mai 2005, Spezial Dossier, S. 11.

3 Jahreswirtschaftsbericht 2009 des BVMI, S. 56 Abbildung 29.

4 Angaben des BVMI, abrufbar unter: www.musikindustrie.de/musik_wirtschaft/ (letzter Abruf am 24.1.2011).

5 Jahreswirtschaftsbericht 2009 des BVMI, S. 9.

6 GEMA-Jahrbuch 2010/2011, S. 34.

Nicht nur die fortschreitende Technik, sondern auch die politischen Entwicklungen innerhalb Europas spielen dabei eine Rolle. So hat die Empfehlung der Europäischen Kommission vom 18. Oktober 2005[7] die Diskussion rund um die europaweite Wahrnehmung von Online-Musikrechten angefacht. Diese möchte vor allem wirtschaftliche Gesichtspunkte berücksichtigen und verfolgt einen wettbewerbsrechtlichen Lösungsansatz. Da im Bereich der Rechtewahrnehmung von Musikrechten jedoch auch kulturelle und soziale Aspekte zu berücksichtigen sind und ein gerechter Ausgleich der Interessen der beteiligten Parteien fraglich ist, stößt diese Empfehlung auf Kritik, nicht nur von Seiten des Europäischen Parlaments. Die Empfehlung der Kommission, die das ursprüngliche Konzept der Rechtewahrnehmung der Verwertungsgesellschaften in Europa infrage stellt, hat dabei den Anstoß für die Gründung von Initiativen gelegt, welche nun Rechtewahrnehmung betreiben.

Die Rechtewahrnehmung durch diese Initiativen nimmt diese Arbeit in den Blick. Grundlage für die Darstellung des Systems der Rechtewahrnehmung seit der Empfehlung ist die Herausarbeitung der Grundlagen der Verwertung von Online-Musik und der Rechtewahrnehmung. Diese sollen im ersten Kapitel dargestellt werden. Hier wird erörtert, wie Musik online genutzt wird, also welche Formen der Nutzung es gibt, welche Rechte betroffen sind und welche Parteien an der Verwertung eines Musikstückes beteiligt sind. Sodann werden die Formen der Rechtewahrnehmung erörtert. Das Recht der Verwertungsgesellschaften wird im nächsten Teil erläutert bevor auf die kulturellen und sozialen Gesichtspunkte der Rechtewahrnehmung eingegangen wird. Insbesondere im Bereich der Online-Musik werden dabei territoriale Grenzen überschritten. Daher werden abschließend mögliche kollisionsrechtliche Problemfelder aufgegriffen.

Im zweiten Kapitel wird die Rechtewahrnehmung im EWR dargestellt. Hier stellt sich die Frage, ob und wie Verwertungsgesellschaften europaweit agieren und miteinander vernetzt sind. Traditionell wird die europaweite Zusammenarbeit durch Gegenseitigkeitsverträge realisiert. Im Bereich der Online-Musik besteht ein Bedürfnis nach Mehrgebietslizenzen. Um diesem Bedürfnis gerecht zu werden, wurden für den Online-Bereich spezielle Gegenseitigkeitsvereinbarungen getroffen. Entscheidend beeinflusst wurde die europaweite Rechtewahrnehmung dabei insbesondere von der Empfehlung der Kommission und von dem CISAC-Verfahren[8]. Der Erörterung der Entwicklung der Rechtewahrnehmung

7 *Kommission,* Empfehlung vom 18. Mai 2005 für die länderübergreifende kollektive Wahrnehmung von Urheberrechten und verwandten Schutzrechten, die für legale Online-Musikdienste benötigt werden (2005/737/EG), ABl. L 276/54 v. 21.10.2005 (im Folgenden: Empfehlung); Berichtigung, ABl. L 284/10 v. 27.10.2005.

8 Siehe unten Kap. 2, B.IV.

im Online-Bereich schließt sich die Darstellung des Systems an, welches auf diesen Entwicklungen beruht. Hier werden die Initiativen dargestellt, über die Rechtewahrnehmung stattfindet. Sodann werden fünf Modelle der Rechtewahrnehmung herausgearbeitet. Auf diese Modelle bezieht sich die Darstellung der wesentlichen Fragestellungen rechtlicher und praktischer Art. Abschließend wird untersucht, wie sich das System der Rechtewahrnehmung auf die an der Verwertung von Online-Musik Beteiligten und auf die kulturelle Vielfalt in Europa auswirkt.

# Kapitel 1: Verwertung von Online-Musik und Rechtewahrnehmung

Im ersten Kapitel werden die Verwertung von Online-Musik und die Rechtewahrnehmung in ihren rechtlichen Rahmen eingeordnet. Der urheberrechtliche Schutz der Rechteinhaber und Leistungsschutzberechtigten indiziert deren Rechtsstatus und bildet die Causa der Rechtewahrnehmung. Im Online-Bereich gibt es verschiedene Formen der Nutzung von Musik. Die Einordnung der Nutzungsformen ist Voraussetzung für die Konstatierung der betroffenen Rechte. Denn durch die Verwertung von Musik im Internet sind regelmäßig Rechte des Urhebers oder Leistungsschutzberechtigten betroffen. Dabei wird durch die verschiedenen Nutzungen in unterschiedliche Rechte eingegriffen. Doch nicht ausschließlich Nutzer und Rechteinhaber sind von der Verwendung von Musik im Online-Bereich betroffen. Auch Verleger, ISP und Verwertungsgesellschaften sind an der Online-Nutzung beteiligt. Die durch die Online-Nutzung von Musik betroffenen Rechte von Urhebern und Leistungsschutzberechtigten müssen wahrgenommen werden, um den wirtschaftlichen Wert der Musikwerke ausschöpfen zu können. Bei der Rechtewahrnehmung lassen sich zwei Formen unterscheiden, die individuelle und die kollektive Rechtewahrnehmung. Deren Differenzierung ist insbesondere im Online-Bereich angezeigt, denn dort ist eine individuelle Rechtewahrnehmung eher denkbar, als im klassischen Bereich der Musikverwertung. Dennoch dominiert die kollektive Rechtewahrnehmung durch Verwertungsgesellschaften den Musikmarkt nach wie vor auch im Online-Bereich. Wie kollektive Rechtewahrnehmung in Deutschland und in der EU stattfindet, regelt primär das Recht der Verwertungsgesellschaften. Verwertungsgesellschaften kommt eine besondere Bedeutung bei der Musikwahrnehmung zu. Sie übernehmen verschiedene Funktionen und Aufgaben. Das WahrnG regelt Rechte und Pflichten der Verwertungsgesellschaften. Dabei müssen die Verwertungsgesellschaften bestimmte Handlungsgrundsätze beachten. Verwertungsgesellschaften in Europa haben regelmäßig ein Monopol inne. Dadurch wird eine Kontrolle der Verwertungsgesellschaften erforderlich. Zu dem Recht der Verwertungsgesellschaften gehört auch deren Binnenrecht. Dabei unterscheiden sich die einzelnen europäischen Verwertungsgesellschaften voneinander. Bei der Wahrnehmung von Musikrechten werden auch kulturelle und soziale Aspekte berücksichtigt. Gerade im Bereich der Online-Musik geschieht Rechtewahrnehmung international, was zu kollisionsrechtlichen Problemen führt.

# A. Urheber- und Leistungsschutz

Der Schutz von Urhebern und Leistungsschutzberechtigten ist im UrhG normiert. Damit regelt das UrhG den materiellen Gehalt der Rechtewahrnehmung. Der erste Teil des UrhG enthält Normen den Schutz des Werkschöpfers betreffend. Der 2. Teil des UrhG regelt die sog. verwandten Schutzrechte von Tonträgerherstellern und ausübenden Künstlern (sog. Leistungsschutz). Dabei knüpfen die Rechte der Tonträgerhersteller und ausübenden Künstler jeweils an ein bereits bestehendes Werk an[9].

## I. Urheberrechtsschutz

Der urheberrechtliche Schutz ist das Fundament der Rechtewahrnehmung. Der Urheber wird im deutschen Urheberrecht umfassend geschützt. Seinem Schutz und der Verbindung zu seinem Werk fühlt sich das Urheberrecht in erster Linie verantwortlich.[10] Nach der monistischen Theorie ist das Urheberrecht als Immaterialgüterrecht ein einheitliches Recht mit doppelter Funktion, nämlich dem Schutz sowohl der ideellen als auch der materiellen Interessen.[11] Es besteht also aus dem Schutz der Persönlichkeitsrechte (sog. „droit moral") des Urhebers, welche in §§ 12 ff. UrhG ihren Niederschlag gefunden haben und dem Schutz seiner vermögensrechtlichen Interessen, welchen vor allem durch die Einräumung von Nutzungsrechten Rechnung getragen wird. Dabei überschneiden sich diese Interessen bzw. sie sind im Sinne der „Baumtheorie" von Ulmer[12] Teil voneinander. Für die Rechtewahrnehmung ist vor allem der Schutz der vermögensrechtlichen Interessen von Bedeutung.[13] Urheberrechte können nur an „Werken der Literatur, Wissenschaft und Kunst" bestehen (§ 1 UrhG). Nach § 2 Abs. 1 Nr. 2 UrhG gehören hierzu auch Musikstücke. Ein Werk wird in § 2 Abs. 2 UrhG als „persönlich geistige Schöpfung" definiert.[14] Der Urheber eines Werkes ist in Deutschland gem. § 7 UrhG stets derjenige, der das Werk, also das Musikstück, geschaffen hat (sog. Schöpferprinzip)[15]. Er muss den Akt der

---

9 Sog. verwandte Schutzrechte, angrenzende Schutzrechte, droits voisins oder neighbouring rights, *Schack*, Rn. 67.

10 *Nordemann/Nordemann*, in: Ohly u. a., FS für Schricker, S. 473.

11 *Rehbinder*, Rn. 31.

12 *Ulmer*, UrhR, S. 114 ff.

13 Siehe unten Kap. 1, D.II.

14 *Schack*, Rn. 2.

15 *Rehbinder*, Rn. 248.

Schöpfung vollzogen haben[16]. Der Schöpfungsakt setzt als Realakt keine Geschäftsfähigkeit (§§ 104 ff. BGB) voraus. Dabei kann ausschließlich eine natürliche Person Urheber sein. Das Urheberrecht ist ein höchstpersönliches Recht und soll als Mutterrecht stets beim Urheber verbleiben. Dem entsprechend ist das Urheberrecht in Deutschland[17] nicht übertragbar (§ 29 Abs. 1 UrhG). Der Urheber kann ausschließlich bestimmte Rechtsbefugnisse einräumen.[18] Die Verwertungsrechte an einem Werk stehen dem Urheber zu. Das Urheberrecht möchte so nicht nur die persönliche Bindung des Künstlers zu seinem Werk schützen, sondern auch die wirtschaftliche Verwertbarkeit für den Urheber sichern. Er soll „einen gerechten Lohn für seine schöpferische Leistung (…) erzielen“[19].[20]

## II. Schutz der Leistungsschutzberechtigten

Im 2. Teil des UrhG „verwandte Schutzrechte“ (§§ 70 ff. UrhG) unterstellt der Gesetzgeber Leistungen kulturvermittelnder Art dem urheberrechtlichen Schutz. Diese Leistungen sind dem Urheberrecht verwandt, da sie sich auf ein urheberschutzfähiges Werk beziehen. Ein Leistungsschutzrecht ist anders als das Urheberrecht eines Autors grundsätzlich[21] kein umfassendes oder einheitliches Recht, sondern bezeichnet eine Summe einzelner, getrennt übertragbarer Befugnisse der aufgelisteten Leistungsschutzberechtigten (Enumerationsprinzip).[22]

Der Leistungsschutz bezieht sich sowohl auf die persönlichen Leistungen künstlerischer Art des ausübenden Künstlers als auch auf die unternehmerischen Leistungen auf organisatorisch-technischem Gebiet.[23] Hiervon sind bei der Wahrnehmung von Online-Musik insbesondere die Leistungen von Tonträgerherstellern (§§ 85 f. UrhG) und Sendeunternehmen (§ 87 UrhG) von Belang[24].

Ausübender Künstler ist der Interpret eines vom Urheber geschaffenen Werkes. Das Vorliegen von Leistungsschutzrechten des ausübenden Künstlers ist an die Darbietung eines urheberschutzfähigen Werkes (§ 73 UrhG) geknüpft[25]. In

16 *W. Nordemann*, in: Fromm/Nordemann, UrhR, § 7 UrhG Rn. 5.
17 Anders ist dies insbesondere im angloamerikanischen Copyright.
18 *W. Nordemann*, in: Fromm/Nordemann, UrhR, § 7 UrhG Rn. 12.
19 BGHZ 17, 266 (278) – Grundig-Reporter.
20 *Schack*, Rn. 5.
21 Ausnahmen hiervon sind die Leistungsschutzrechte von Verfassern wirtschaftlicher Ausgaben und der Lichtbilder (§§ 70, 72 UrhG).
22 *Schack*, Rn. 658.
23 *Schack*, Rn. 656; zu den Leistungsschutzberechtigten zählen auch Veranstalter, Sendeunternehmen und Filmhersteller.
24 Siehe unten Kap. 1, B.III.1.
25 *Schack*, Rn. 661.

den §§ 73 ff. UrhG werden dem ausübenden Künstler Persönlichkeitsrechte, Verwertungsrechte und Vergütungsansprüche gewährt.

Den Tonträgerhersteller schützen die §§ 85 f. UrhG. Ein Tonträger ist gem. § 16 Abs. 2 UrhG eine Vorrichtung zur wiederholbaren Wiedergabe von Bild- oder Tonfolgen. Tonträgerhersteller kann sowohl eine natürliche als auch eine juristische Person sein[26]. Schließlich ist der Anknüpfungspunkt seines Schutzes nicht die künstlerische Leistung, sondern die im Tonträger verkörperte wettbewerbliche Herstellerleistung als immaterielles Gut[27]. Dem Tonträgerhersteller werden Verwertungsrechte (§ 85 UrhG) an den von ihm hergestellten Tonträgern zugestanden und ein Anspruch auf angemessene Beteiligung an der Vergütung (§ 86 UrhG) eingeräumt.

Dem Sendeunternehmen wird in § 87 UrhG ein selbstständiges Leistungsschutzrecht zuerkannt. Auch bei dem Sendeunternehmen wird dabei die unternehmerische Leistung geschützt. Sendeunternehmen ist, wer die Entscheidung über das gesendete Programm trifft, nicht derjenige, der die Sendeanlage bereitstellt.[28] Die Art und Weise der Verbreitung einer Sendung ist unerheblich. Das Recht des Sendeunternehmens an der Funksendung besteht auch, wenn darin fremde Tonträger oder urheberrechtliche Werke zum Einsatz kommen. Der Schutz der Sendeunternehmen sollte sich jedoch „auf das unbedingt Erforderliche (...) beschränken". Dementsprechend werden den Sendeunternehmen bestimmte Verwertungsrechte zuteil; § 81 Abs. 4 UrhG verweigert ihnen allerdings die Vergütungsansprüche aus §§ 47 Abs. 2 S. 2, 54 Abs. 1 UrhG.[29]

## III. Zusammenfassung

Das UrhG gewährt dem Urheber, der nach dem Schöpferprinzip ermittelt wird, ein umfassendes, einheitliches Urheberrecht. Aber auch Leistungen kulturvermittelnder Art werden im UrhG als schützenswert anerkannt. Ihnen kommt allerdings kein umfassendes Recht zu, sondern nur bestimmte Rechte, die im UrhG aufgelistet sind. Schützenswert ist nach dem UrhG die interpretatorische Leistung des ausübenden Künstlers und die unternehmerisch-organisatorische Leistung von Tonträgerherstellern und Sendeunternehmen.

---

26 *Schack*, Rn. 703.

27 *BGH*, GRUR 2010, 620 (622) – Film-Einzelbilder; *Vogel*, in: Schricker/Loewenheim, UrhR, § 85 Rn. 18.

28 *Schack*, Rn. 706.

29 BGHZ 140, 94 (99 f.); BT-Drucks. IV/270, S. 97; *Schack*, Rn. 708.

# B. Online-Nutzung von Musik

Mittlerweile[30] werden Musikstücke immer mehr im Internet konsumiert. Dadurch ist die Online-Musik in wirtschaftlicher Hinsicht der größte Hoffnungsträger der Musikbranche. So macht die Online-Nutzung von Musik international mehr als ein Viertel des Gesamtumsatzes der Branche aus.[31] In Deutschland lagen die Umsatzanteile der Musikkäufe über das Internet im Jahre 2009 bei ca. 30 Prozent.[32]

## I. Nutzungsformen von Musik im Internet

Für die Online-Nutzung von Musik kann auf mannigfaltige Internetangebote zurückgegriffen werden. Dabei kann regelmäßig zwischen Abrufsystemen und Zugriffsystemen unterschieden werden[33]. Als Abrufsysteme werden Angebote bezeichnet, bei denen der Nutzer zu einer beliebigen Zeit ein bestimmtes Musikwerk abrufen kann, die also von einer Interaktion des Nutzers abhängen. Dabei sind Abrufsysteme regelmäßig MOD-Angebote. Vor allem Download-Angebote sowie Musikangebote in Tauschbörsen und Abonnement-Angebote zählen zu den Abrufsystemen. Bei den sog. Zugriffsystemen kann der Nutzer auf ein im Internet übertragenes feststehendes Programm zugreifen. Insbesondere die Webradios gehören somit zu den Zugriffsystemen. Auf die Differenzierung von Abruf- und Zugriffsystemen weist die gesetzliche Regelung hin. So erfasst § 19a UrhG solche Angebote, bei denen die Nutzer „zu Zeiten ihrer Wahl" Musik abrufen können und § 20 UrhG auf solche, bei denen der Zeitpunkt des Abrufs festgelegt ist[34]. Im Folgenden sollen einige Nutzungsformen von Musik im Internet exemplarisch vorgestellt werden.

---

30 Seit 2004 ist das Geschäft mit Online-Musik um 940 Prozent gestiegen, *IFPI,* Digital Music Report 2010, S. 7.

31 *IFPI,* Digital Music Report 2010, S. 3.

32 Jahreswirtschaftsbericht 2009 des BVMI, S. 9.

33 Ähnlich unterscheidet *Müller*, ZUM 2009, 121 (121 f.), dabei differenziert er zwischen „nicht interaktiven (linearen) Nutzungen" und „interaktiven Nutzungen"; *Spohn/Hullen,* GRUR 2010, 1053 (1053 f.); *Runge,* S. 13 ff; *Fringuelli*, S. 12 ff. und S. 167 ff.; *Düsing*, S. 6 ff.

34 Siehe unten Kap. 1, B.I.1. und 2.

## 1. Download-Angebote

Oftmals werden Audiodateien zum Download im Internet angeboten. Dabei existieren sowohl Portale, die den illegalen Download von Musikdateien ermöglichen als auch legale Online-Music-Stores[35], wie iTunes Germany oder Amazon MP3. Dort werden Werke zum Download angeboten. Insbesondere den sog. A-la-carte-Diensten, bei denen für das Werk unmittelbar gezahlt wird und dessen Nutzung ohne Beschränkungen[36] ermöglicht wird, kommt auf dem Musikmarkt eine große Bedeutung zu[37]. Beim Download wird die entsprechende Datei vom Server des Anbieters auf die Festplatte des Nutzers übertragen[38]. Dadurch wird dem Nutzer nicht nur die Möglichkeit eröffnet, das entsprechende Musikstück anzuhören; ihm wird das Musikwerk vielmehr dauerhaft zur Verfügung gestellt. Der Nutzer kann mit dem Stück also grds. verfahren, wie er will. Daher ist der Download mit dem Kauf eines Tonträgers vergleichbar[39].

## 2. Tauschbörsen

Auch sog. Tauschbörsen[40], in denen User Musikdateien im MP3-Format untereinander austauschen (sog. Filesharing), ermöglichen einen – allerdings meist illegalen – Download von Musik.[41] Beim Filesharing erlaubt ein User einem anderen Teilnehmer der Plattform den Abruf der auf dem eigenen Computer bereitgehaltenen Musikdateien[42]. Sog. Koppelsysteme wie z. B. eDonkey verknüpfen den Download von Dateien mit dem Angebot, indem der User während des Downloadvorgangs die bereits herunter geladenen Datenfragmente wiederum anderen Usern zum Abruf zur Verfügung stellt[43]. Dabei kann der Nutzer die

---

35 Eine Liste der legalen Music-Stores findet sich in *IFPI,* Digital Music Report 2010, S. 28 f.

36 Bspw. durch DRM-Systeme. Siehe unten Kap. 1, C.I.

37 *IFPI,* Digital Music Report 2010, S. 8.

38 *Bullinger*, in: Wandtke/Bullinger, UrhR, § 19a UrhG Rn. 27.

39 *Heine*, S. 9.

40 Oftmals innerhalb von Peer-to-Peer-Netzwerken, mittlerweile häufig über einen kostenlosen Webspace, der von sog. Sharehostern zur Verfügung gestellt wird; Ausführlich hierzu *Hoeren,* in: Schoder u. a., P2P, S. 255 ff.

41 *Müller,* in: Hoeren/Sieber, Hdb. Multimedia-Recht, Teil 7.5. Rn. 61 f.

42 *Dustmann,* in: Fromm/Nordemann, UrhR, § 19a UrhG Rn. 18.

43 *Dustmann,* in: Fromm/Nordemann, UrhR, § 19a UrhG Rn. 18; *J.B. Nordemann/Dustmann,* CR 2004, 380 (380 ff.).

Freigabe der eigenen Musikdateien bewusst freigeben oder durch die Software zur Freigabe gezwungen werden.[44]

## 3. Streaming-Angebote

Musik wird im Internet vielfach im Wege des Streamings konsumiert. Bekannte Streaming-Portale sind youtube, Spotify und RealNetwork. Aber auch Rundfunk- und Fernsehsender zählen zu den Streaming-Anbietern. So verfügen Fernsehsender häufig über eine sog. Mediathek, in der aktuelle Sendungen durch Streaming abgerufen bzw. angeschaut werden können. Unter Streaming versteht man einen Datenfluss, der gezielt vom Server verschickt wird und dann vor seiner Nutzungsmöglichkeit nicht zunächst vollständig geladen, sondern schon ab Übertragungsbeginn audiovisuell wiedergegeben wird[45]. Beim Streaming kann eine Musikdatei zwar beliebig oft abgerufen werden, sie wird allerdings nicht dauerhaft beim Empfänger gespeichert. Um einen konstanten Datenstrom und dadurch eine verzögerungsfreie Wiedergabe zu gewährleisten, müssen die Dateien jedoch zumindest für die Dauer von einigen Sekunden auf dem Computer im Arbeitsspeicher oder Cache des Empfängers lokal zwischengespeichert werden. Bei der Nutzung von Musik über Streaming ist eine differenzierte Betrachtung notwendig, die für die rechtliche Einordnung dieser Nutzungsart essentiell ist[46]. Insofern sind zwei Arten des Streamings zu unterschieden: das Live-Streaming und das On-Demand-Streaming. Das Live-Streaming bietet die Dateien (ausschließlich) in Echtzeit an, also parallel zu einer laufenden Veranstaltung oder Sendung. Hierzu zählen auch Webcasting und Simulcasting[47]. Im Rahmen von Webcasting wird eine Sendung ausschließlich im Internet zugänglich gemacht, während beim Simulcasting eine Sendung parallel in Internet und Fernsehen stattfindet.[48] Bei einem Live-Streaming kann der Nutzer lediglich zu dem Zeitpunkt auf die Datei zugreifen, zu der die Veranstaltung oder die Sendung stattfindet. Daher ist das Live-Streaming den Zugriffsystemen zuzuordnen. Im Rahmen des On-Demand-Streamings kann der Nutzer das Angebot dagegen unabhängig vom Zeitpunkt des Abschlusses der Aufzeichnung abrufen. Mithin zählt das On-Demand-Streaming zu den Abrufsystemen. Ein Streaming-Angebot besteht aus zwei getrennt voneinander zu beurteilenden Vorgängen: dem Upload

44 *Dustmann*, in: Fromm/Nordemann, UrhR, § 19a UrhG Rn. 18.

45 *Bullinger*, in: Wandtke/Bullinger, UrhR, § 19a UrhG Rn. 34; *Bortloff*, GRUR Int 2003, 669 (670).

46 *Bullinger*, in: Wandtke/Bullinger, UrhR, § 19a UrhG Rn. 34

47 Siehe unten Kap. 1, B.I.4.

48 *Bullinger*, in: Wandtke/Bullinger, UrhR, § 19a UrhG Rn. 34.

der Musikdatei, also die Speicherung auf dem Server, und dem Anhören der Datei. Die Unterscheidung zwischen Upload und Download ist auch für die rechtliche Beurteilung von Bedeutung[49].

## 4. Webradio

Unter Webradios versteht man das internetbasierte Angebot von Radiosendungen[50]. Bei Angeboten von sog. Webcastern wählt sich der Nutzer in eine laufende Sendung ein (Webcasting)[51]. Webcaster verfügen dabei nicht über eine Radiostation im Sinne einer physischen Präsenz, sondern sind ausschließlich im Internet vertreten.[52] Aber auch die Hörfunksender der ARD-Landesrundfunkanstalten stellen ihre Hörfunkprogramme regelmäßig zeitgleich im Internet zur Verfügung (Simulcasting).[53] Gegenüber den Webcastern profitieren die Rundfunkanstalten von dem hohen Bekanntheitsgrad ihrer „Offline-Marke"[54].

## 5. Abonnement-Angebote

Im Rahmen von Abonnement-Angeboten, zu denen z. B. die Dienste von T-Online mit Musicload oder Napster und Yahoo! gehören, können Nutzer gegen Zahlung eines monatlichen Entgelts unbeschränkt auf das Musikrepertoire des jeweiligen Anbieters zugreifen. Dabei zählen auch die Flatrate-Angebote zu den Abonnement-Angeboten. Die Nutzung der Musik wird je nach Anbieter durch Download der Dateien und/oder durch Streaming ermöglicht. Die Titel können jedoch in der Regel[55] nur solange genutzt werden, wie das Abonnement läuft.[56] Dies wird auch für bereits herunter geladene Titel sichergestellt[57], insoweit unterscheiden sich die Abonnement-Angebote also von den Download-Angeboten. Auf dem Musikmarkt besitzen Abonnement-Angebote noch keine große Bedeutung.[58]

---

49 Siehe Kap. 1, B.II.

50 *Heine,* S. 14.

51 *Dustmann,* Fromm/Nordemann, UrhR, § 19a UrhG Rn. 25; *Gerlach,* ZUM 2000, 856 (857).

52 *Bortloff,* GRUR Int 2003, 669 (670).

53 *Gerlach,* ZUM 2000, 856 (857).

54 *Bortloff,* GRUR Int 2003, 669 (670).

55 Eine Ausnahme bildet insoweit das Flatrate-Angebot von MusicMonster, *Sommerfeld,* teltarif.de, S. 2.

56 *Schliesche,* in: www.musikverkaufen.de – Die Digitale Musikwirtschaft, S. 179 (184 f.).

57 Zu den technischen Abläufen *OECD*, Digital Broadband Content: Music, S. 57 f.

58 *Heine*, S. 11 f.; *Bortloff,* GRUR Int 2003, 669 (672).

### 6. Podcasting

Musikdateien werden im Internet auch durch Podcasting[59] angeboten. Mit Podcasting wird die Bereitstellung von Audio- (oder Video-)dateien über Online-Abonnements bezeichnet. Der Podcast-Anbieter vermittelt die Information über die Verfügbarmachung, also den Inhalt und den Speicherort der Datei, aktiv im Wege des sog. RSS-Feed. Die Integrierung in den RSS-Feed ermöglicht also das Abonnement der entsprechenden Inhalte. Der Nutzer kann die Inhalte dann zu Zeiten seiner Wahl abrufen.[60]

### 7. Sonstige Nutzungsformen

Neben den geschilderten Nutzungsformen gibt es eine Reihe von Nutzungsformen im Internet, bei denen nicht das Anhören der Musik im Vordergrund steht. Dies ist bspw. bei der Verwendung von Audiodateien als Hintergrundmusik einer Website, im Rahmen von Fernsehsendungen, Filmen (Video-On-Demand) oder in Computerspielen der Fall.

## II. Betroffene Rechte

Fraglich ist, inwieweit die Online-Nutzung von Musik Urheber- und Leistungsschutzrechte tangiert. Durch die Nutzung eines Musikwerkes in den oben beschriebenen Formen könnte in die Verwertungsrechte des Urhebers bzw. Leistungsschutzberechtigten eingegriffen werden[61]. Die Verwertungsrechte von Urhebern und Leistungsschutzberechtigten sind in den §§ 15–23, §§ 77 f. und § 85 UrhG geregelt. Sie sollen die materiellen Interessen des Urhebers und Leistungsschutzberechtigten schützten, ihn also an den Erträgen, die Dritte mit seinem Werk erzielen, teilhaben lassen[62]. Durch die Musiknutzung im Internet können insbesondere das Recht der öffentlichen Zugänglichmachung (§ 19a UrhG), das Senderecht (§ 20 UrhG) und das Vervielfältigungsrecht (§§ 15, 16 UrhG) verletzt werden. Ein selbständiges Internet-Verwertungsrecht existiert

59 Zusammengesetzt aus „iPod“ und „Broadcasting“.

60 *Dustmann,* in: Fromm/Nordemann, UrhR, § 19a UrhG Rn. 25.

61 Das Urheberrecht schützt neben den Verwertungsrechten auch die Persönlichkeitsrechte der Urheber. Wirtschaftlich und daher für die Rechtewahrnehmung relevant sind die Verwertungsrechte. Daher wird im Folgenden ausschließlich auf diese eingegangen.

62 *Jehoram,* GRUR Int 2004, 96 (96).

im Urheberrecht nicht.[63] Ob ein Verwertungsrecht betroffen ist, hängt von der Erfüllung der gesetzlichen Voraussetzungen ab.

## 1. Recht der öffentlichen Zugänglichmachung

Zunächst könnte durch die verschiedenen Nutzungsformen das Recht der öffentlichen Zugänglichmachung des Urhebers nach § 15 Abs. 2 Nr. 2 i. V. m. § 19a UrhG betroffen sein. Ausübende Künstler werden über § 78 Abs. 1 Nr. 1 i. V. m. § 19a UrhG geschützt und Tonträgerherstellern steht das Recht der öffentlichen Zugänglichmachung gem. § 85 Abs. 1 S. 1 Var. 3 UrhG i. V. m. § 19a UrhG zu[64]. Für die Rechteinhaber gilt sämtlich demnach § 19a UrhG. § 19a UrhG gewährt ihnen das Recht, das Werk drahtgebunden oder drahtlos der Öffentlichkeit in einer Weise zugänglich zu machen, dass es Mitgliedern der Öffentlichkeit an Orten und zu Zeiten ihrer Wahl zur Verfügung steht[65]. Zugänglichmachen liegt vor, wenn einem Dritten der Zugriff auf ein Musikstück eröffnet wird[66]. Geschützt wird durch § 19a UrhG das Recht, eine Musikdatei zum Abruf in digitalen Netzen bereitzuhalten und zu übermitteln[67]. Maßgebliche Verwertungshandlung ist dementsprechend das Zugänglichmachen eines Werkes zum interaktiven Abruf[68].

Zunächst wird die Möglichkeit des interaktiven Abrufs beim On-Demand-Streaming[69] eröffnet. Beim On-Demand-Streaming kann der Nutzer frei wählen, an welchem Ort und zu welcher Zeit er das Werk sehen bzw. hören möchte. Daher betrifft die Bereitstellung einer Datei für ein Streaming-Angebot das Recht der öffentlichen Zugänglichmachung aus §§ 15 Abs. 2 Nr. 2 i. V. m. 19a UrhG.[70]

Auch durch Download-Angebote könnte in das Recht der öffentlichen Zugänglichmachung eingegriffen werden. Dafür müssen die zum Abruf bereitgestellten Musikdateien dem User zu Zeiten seiner Wahl zur Verfügung gestellt werden, was bei Music-Stores und bei Abonnement-Angeboten regelmäßig der Fall ist.

---

63 *Dreier/Buhrow,* in: Moritz/Dreier, E-Commerce, B. Rn. 800.

64 *Dustmann,* in: Fromm/Nordemann, UrhR, § 19a UrhG Rn. 6.

65 *Hoeren,* Rn. 158.

66 *Dreier,* in: Dreier/Schulze, UrhG, § 19a Rn. 6.

67 *Hoeren,* in: Loewenheim, Hdb. d. UrhR, § 21 Rn. 52.

68 *Dreier,* in: Dreier/Schulze, UrhG, § 19a Rn. 6.

69 Siehe oben Kap. 1, B.I.3.

70 *Dreier,* in: Dreier/Schulze, UrhG, § 19a Rn. 6; *Dustmann,* in: Fromm/Nordemann, UrhR, § 19a Rn. 20.

Nutzer von Peer-to-Peer-Diensten ermöglichen den Abruf von Musikdateien auf ihren Computern innerhalb des Nutzerkreises. Damit ist es den Nutzern zu Zeiten und an Orten ihrer Wahl möglich, auf die entsprechenden Dateien zuzugreifen. Für das Erfordernis der „Öffentlichkeit" i. S. v. § 15 Abs. 3 UrhG ist dabei ausreichend, wenn der potentielle Adressatenkreis der Öffentlichkeit zuzuordnen ist, deren Mitglieder also weder mit dem Anbieter noch untereinander persönlich verbunden sind[71]. Demnach fällt das Angebot von Musikwerken in Tauschbörsen ebenso unter § 19a UrhG[72].[73]

Auch beim Podcasting wird dem Nutzer durch den Anbieter das Abrufen des Titels zu Zeiten seiner Wahl ermöglicht[74]. Das gilt auch für Audio-Podcasts, die auf Sendeportalen eingestellt werden und einen Zugriff auf bestimmte Sendeformate ermöglichen[75]. Somit wird auch durch diese Nutzungsform in das Recht der öffentlichen Zugänglichmachung eingegriffen.

## 2. Senderecht

Das Senderecht ist in § 20 UrhG geregelt. Dem Urheber wird dieses Recht über § 15 Abs. 2 Nr. 3 UrhG zugestanden. Dem ausübenden Künstler gewährt § 78 Abs. 1 Nr. 2 UrhG das Senderecht. Der Tonträgerhersteller verfügt hingegen über kein Senderecht[76]. Per definitionem wird als Senderecht das Recht verstanden, sein Werk „durch Funk, wie Ton- und Fernsehrundfunk, Satellitenrundfunk, Kabelfunk oder ähnliche technische Mittel, der Öffentlichkeit zugänglich zu machen." (§ 20 UrhG). Ebenso wie das Recht der öffentlichen Zugänglichmachung ist das Senderecht somit ein Recht, das an dem öffentlichen Zugänglichmachen des Werkes besteht. Daher ist eine Abgrenzung dieser Rechte notwendig. Charakteristisch für eine Sendung ist eine einzige Ausstrahlung des Werkes und seine gleichzeitige Wahrnehmung durch den Nutzer[77]. Immanent ist dem Senderecht im Unterschied zu dem Recht der öffentlichen Zugänglichmachung gem. § 19a UrhG, dass der Anbieter die zeitliche Reihenfolge der Programmbestandteile festlegen können muss, der Nutzer hierauf also keine Einwirkungs-

71 *Dustmann,* in: Fromm/Nordemann, UrhR, § 19a UrhG Rn. 12.

72 *Dustmann,* in: Fromm/Nordemann, UrhR, § 19a UrhG Rn. 18.

73 *Dreier,* in: Dreier/Schulze, UrhG, § 19a Rn. 6.

74 *Dreier,* in: Dreier/Schulze, UrhG, § 19a Rn. 6; *Dustmann,* in: Fromm/Nordemann, UrhR, § 19a Rn. 21.

75 *Ehrhardt,* in: Wandtke/Bullinger, UrhR, §§ 20–20b UrhG Rn. 14.

76 *Boddien,* in: Fromm/Nordemann, UrhR, § 86 UrhG Rn. 1. Dem Tonträgerhersteller wird insoweit ein Vergütungsanspruch nach § 86 UrhG gewährt.

77 *Hoeren,* in: Loewenheim, Hdb. d. UrhR, § 21 Rn. 55.

möglichkeit hat. Er kann nicht zu Zeiten seiner Wahl auf eine Musikdatei zugreifen, wie es ihm im Rahmen der öffentlichen Zugänglichmachung möglich ist. Der wesentliche Unterscheid zwischen den beiden Rechten besteht demnach im Zeitmoment. Während das Senderecht die Nutzungshandlungen betrifft, bei denen das Werk durch die Sendung zeitgleich der Öffentlichkeit wahrnehmbar gemacht wird, ist § 19a UrhG einschlägig, wenn der Nutzer selbst über den Zeitpunkt des Werkgenusses entscheidet.[78]

Daraus folgt, dass sämtliche On-Demand-Dienste[79] dem § 19a UrhG und nicht dem § 20 UrhG zuzuordnen sind, da diese stets die Nutzung on demand, also auf Anforderung eröffnen.

Das Senderecht könnte allerdings durch Nutzungshandlungen betroffen sein, die dem Live-Streaming zuzuordnen sind, denn dort kann der Nutzer keinen Einfluss auf den Zeitpunkt des Werkgenusses nehmen. Nutzungen von Musik im Wege des Live-Streamings sind nach obiger Differenzierung Simulcasting und Webcasting. Die Sendung eines Musikprogramms fällt nur dann unter den Anwendungsbereich des § 20 UrhG, wenn sich der Nutzer in ein laufendes Programm einschalten kann und ihm dabei keine weiteren Downloadmöglichkeiten zur Verfügung stehen[80]. Mithin ist das Senderecht regelmäßig beim Simulcasting und Webcasting betroffen.[81]

### 3. Vervielfältigungsrecht

Auch das Vervielfältigungsrecht könnte durch die Online-Nutzung von Musik betroffen sein. Das Vervielfältigungsrecht des Urhebers ist dabei in § 15 Abs. 1 Nr. 1 UrhG i. V. m. § 16 Abs. 1 UrhG geregelt. § 77 Abs. 2 S. 1 i. V. m. § 16 Abs. 1 UrhG gewährt das Vervielfältigungsrecht auch dem ausübenden Künstler. Dem Tonträgerhersteller steht das Vervielfältigungsrecht nach § 85 Abs. 1 S. 1 Var. 1 UrhG zu. Das Vervielfältigungsrecht ist das Recht des Urhebers bzw. des Leistungsschutzberechtigten, Vervielfältigungsstücke seines Werkes herzustellen (§ 16 Abs. 1 UrhG). Eine Vervielfältigung i. S. v. § 16 Abs. 1 UrhG ist eine körperliche Festlegung eines Werkes, die geeignet ist, das Werk den menschli-

---

78 *Dustmann*, in: Fromm/Nordemann, UrhR, § 19a UrhG Rn. 39; *Ehrhardt*, in: Wandtke/Bullinger, UrhR, §§ 20–20b UrhG Rn. 14.

79 On-Demand-Streaming, Podcasting, Tauschbörsen, Download-Angebote und Abonnement-Angebote, die Nutzung der Musik on demand ermöglichen.

80 *Schack*, GRUR 2007, 639 (641); *Poll*, GRUR 2007, 476 (480); *Dustmann*, in: Fromm/Nordemann, UrhR, § 20 UrhG Rn. 13.

81 *Bauer/v. Einem*, MMR 2007, 698 (699); *Poll*, GRUR 2007, 476 (481); *Schack*, GRUR 2007, 639 (641 f.).

chen Sinnen auf irgendeine Weise unmittelbar oder mittelbar wahrnehmbar zu machen.[82] Dabei ist es unerheblich, welches technische Verfahren dem Vorgang der Vervielfältigung zugrunde liegt. Dementsprechend stellt nicht nur das – physische – Brennen oder Stempeln von CDs eine Vervielfältigung dar, die das Vervielfältigungsrecht des Urhebers berührt, sondern auch die Nutzung von Musik im Internet.

Zunächst könnte das Vervielfältigungsrecht der Rechteinhaber durch die Digitalisierung des Musikstückes, welche für jede Form der Nutzung im Internet notwendig ist, betroffen sein. Bereits die Digitalisierung ist eine körperliche Festlegung, durch die das Musikstück den menschlichen Sinnen wahrnehmbar gemacht wird und stellt mithin eine Vervielfältigung dar[83].

Vorgelagert ist den beschriebenen Nutzungsformen ebenfalls der Upload der Musikdatei, also die Speicherung auf dem Server des Anbieters. Bei einer Speicherung wird stets eine körperliche Festlegung geschaffen, durch die das Musikstück dem Nutzer zumindest mittelbar wahrnehmbar gemacht wird. Wird ein Musikwerk gespeichert, so ist eine Vervielfältigung mithin zu bejahen.[84] Auch bei einem Upload handelt es sich demnach um eine Vervielfältigung nach § 16 UrhG[85].[86]

Fraglich ist allerdings, ob die Digitalisierung und der Upload einer Musikdatei bei der Online-Nutzung von Musik eine eigenständige Bedeutung neben der Verletzung des Rechts der öffentlichen Zugänglichmachung aus § 19a UrhG besitzen. Dies wird insbesondere im Hinblick auf den Upload einer Musikdatei diskutiert.

### *a) Vervielfältigungshandlung als Teil der öffentlichen Zugänglichmachung*

Nach einer Ansicht[87] hat das Vervielfältigungsrecht bei Online-Nutzungen neben dem Recht der öffentlichen Zugänglichmachung keine eigenständige Bedeutung.

---

82 BGHZ, 17, 266 (270); *Heerma,* in: Wandtke/Bullinger, UrhR, § 16 UrhG Rn. 2; *Dustmann,* in: Fromm/Nordemann, UrhR, § 15 UrhG Rn. 19.

83 *Vianello,* MMR 2009, 90 (90 f.).

84 *Heerma,* in: Wandtke/Bullinger, UrhR, § 16 UrhG Rn. 13.

85 *Vianello,* MMR 2009, 90 (90).

86 *OLG München*, ZUM 2001, 420 (426); *Heerma,* in: Wandtke/Bullinger, UrhR, § 16 UrhG Rn. 13; *Schack,* Rn. 461; *Hoeren,* in: Schoder u. a., P2P, S. 255 (272).

87 *Dreier,* in: Dreier/Schulze, UrhG, § 19a Rn. 6; *Dustmann,* in: Fromm/Nordemann, UrhR, § 19a UrhG Rn. 9. Das *LG München* vertritt nicht diese Ansicht. Die Ausführungen des LG München beziehen sich ausschließlich auf die Frage der dinglichen Aufspaltbarkeit von Nutzungsrechten bzw. der Einheitlichkeit von Nutzungsrechten. Es verdeutlicht in seiner Entscheidung lediglich, dass aufgrund der Einheitlichkeit der Verwertungshandlungen bereits in Frage gestellt werden könnte, ob beide Rechte betroffen sind. Dieser Ansicht (hier unter a)) möchte das LG München

Nach dieser Ansicht ist die Vervielfältigungshandlung im Recht auf öffentliche Zugänglichmachung enthalten. Der Uploadvorgang und die nachfolgende Bereithaltung bildeten vielmehr eine einheitliche Verwertungshandlung[88]. Eine Vervielfältigungshandlung, die durch den Upload erfolge, werde durch § 19a UrhG abgedeckt und bilde keinen eigenständigen Eingriff[89]. Diese Ansicht gelangt also zu dem Ergebnis, dass bei der Online-Nutzung von Musik regelmäßig ausschließlich das Recht der öffentlichen Zugänglichmachung betroffen ist.

*b) Eigenständige Bedeutung des Vervielfältigungsrechtes*

Die andere Ansicht[90] geht davon aus, dass bei der Online-Nutzung das Vervielfältigungsrecht eine eigenständige Bedeutung neben dem Recht auf öffentliche Zugänglichmachung besitzt. Eine Trennung zwischen Vervielfältigungsrecht und Recht der öffentlichen Zugänglichmachung sei notwendig[91]. Somit gelangt diese Ansicht zu dem Ergebnis, dass bei der Online-Nutzung regelmäßig sowohl das Vervielfältigungsrecht nach § 16 UrhG als auch das Recht der öffentlichen Zugänglichmachung betroffen sind.

*c) Stellungnahme*

Gegen die erstgenannte Ansicht spricht zunächst die Systematik der urheberrechtlichen Verwertungsrechte[92]. Das UrhG unterscheidet zwischen körperlichen und unkörperlichen Nutzungen. Dabei ist das Vervielfältigungsrecht den körperlichen Verwertungsrechten (§ 15 Abs. 1 Nr. 1 UrhG) und das Recht der öffentlichen Zugänglichmachung den unkörperlichen Verwertungsrechten (§ 15 Abs. 2 Nr. 2 UrhG) zuzuordnen. Diese beiden Nutzungen überschneiden sich nicht. Eine unkörperliche Wiedergabe kann also nicht zugleich eine Vervielfältigung sein[93]. Der Uploadvorgang ist demnach unter § 16 UrhG einzuordnen, während die nachfolgende Bereitstellung im Internet dem Recht der öffentlichen Zugänglichmachung unterfällt. Mithin ist der zweiten Ansicht zu folgen, wonach dem

---

jedoch nur „im Rahmen der gebotenen wirtschaftlich technischen Abgrenzung (...) folgen", *LG München*, ZUM 2009, 788 (793). Diese Einschätzung wurde vom *OLG München*, ZUM 2010, 709 (711) bestätigt. Siehe zur Frage der dinglichen Aufspaltbarkeit unten Kap. 2, C.III.1.b)bb).

88 *Dustmann*, in: Fromm/Nordemann, UrhR, § 19a UrhG Rn. 9.

89 *Dustmann*, in: Fromm/Nordemann, UrhR, § 19a UrhG Rn. 38.

90 *Dreyer*, in: Dreyer u. a., UrhR, § 16 UrhG Rn. 30; *Heerma*, in: Wandtke/Bullinger, UrhR, § 16 UrhG Rn. 14; *Jani*, ZUM 2009, 722 (723); *Loewenheim*, in: Schricker/Loewenheim, UrhR, § 16 UrhG Rn. 23; *Schaefer*, ZUM 2010, 150 (150 f.).

91 *Jani*, ZUM 2009, 722 (723).

92 *Jani*, ZUM 2009, 722 (723).

93 *Heerma*, in: Wandtke/Bullinger, UrhR, § 16 UrhG Rn. 2.

Vervielfältigungsrecht bei der Online-Nutzung neben dem Recht der öffentlichen Zugänglichmachung eine eigenständige Bedeutung zukommt. Somit sind beide Rechte nebeneinander betroffen.

Als Vervielfältigungshandlung kommt neben der Digitalisierung und dem Upload das Anhören der Datei durch den Nutzer im Rahmen des Streamings[94] in Betracht. Auch hierdurch könnte das Vervielfältigungsrecht betroffen sein. Nach überwiegender Ansicht[95] ist schon durch die bloße Wiedergabe der Streaming-Datei das Vervielfältigungsrecht des Urhebers berührt. Begründet wird diese Meinung damit, dass bei der Wiedergabe der Streaming-Datei die übertragenen Daten auf dem Rechner des Empfängers gepuffert und zumindest für eine kurze Zeit auf dem Arbeitsspeicher zwischengespeichert werden müssten (sog. RAM-Speicher). Da es für das Vorliegen einer Vervielfältigung im Rechtssinne nicht erforderlich ist, dass die Vervielfältigung einer dauerhaften Festlegung entspricht (§ 69c Nr. 1 UrhG), stellt bereits diese Zwischenspeicherung eine Vervielfältigungshandlung nach §§ 15 Abs. 1 Nr. 1, 16 UrhG dar[96]. Solange jedoch das Streaming-Angebot an sich, also im eigentlichen Sinne der Upload der Audiodatei urheberrechtlich zulässig ist, ist § 44a UrhG einschlägig, welcher klarstellt, dass Vervielfältigungshandlungen nicht zustimmungspflichtig sind, die unlösbar mit dem technischen Prozess verbunden sind und für keinen anderen Zweck getätigt werden, als den rechtmäßigen Gebrauch zu ermöglichen, keine wirtschaftliche Bedeutung haben und lediglich vorübergehend erfolgen (§ 44a UrhG).[97]

Auch durch die Nutzung von Musik im Rahmen von Download-Angeboten kann das Vervielfältigungsrecht betroffen sein. Beim Download wird die entsprechende Datei vom Server des jeweiligen Anbieters der Musikdatei auf die Festplatte des Nutzers übertragen. Dadurch wird dem Nutzer nicht nur die Möglichkeit eröffnet, das entsprechende Musikstück anzuhören; ihm steht das Musikwerk durch die Speicherung auf der Festplatte dauerhaft zur Verfügung. Der Nutzer kann mit dem Stück also verfahren, wie er will. Daher kann man ein Download-Angebot mit dem Kauf einer CD vergleichen.[98] Das Vervielfältigungsrecht ist demnach bei einem Download einer Musikdatei betroffen. Erfasst sind demnach Downloads im Rahmen von legalen Angeboten durch entsprechende Music-Stores auch bei den beschriebenen Abonnement-Angeboten oder

---

94 Die folgenden Ausführungen gelten für On-Demand und für Live-Streaming (Webcasting und Simulcasting).

95 *Heerma,* in: Wandtke/Bullinger, UrhR, § 16 UrhG Rn. 16 m. w. N.

96 *Heerma,* in: Wandtke/Bullinger, UrhR, § 16 UrhG Rn. 16.

97 *Bullinger,* in: Wandtke/Bullinger, UrhR, § 19a UrhG Rn. 34; *Loewenheim,* in: Loewenheim, Hdb. d. UrhR, § 20 Rn. 11, 15.

98 *Heine,* S. 9.

beim Podcasting durch den Nutzer, aber auch Downloads im Rahmen von Tauschbörsen stellen Vervielfältigungen dar.[99]

Fraglich erscheint, ob ein Download, der bei Tauschbörsen regelmäßig nicht von der Einwilligung der Rechteinhaber gedeckt ist, von den Schrankenregelungen des UrhG erfasst ist. § 44a UrhG, der eine vorübergehende Zwischenspeicherung voraussetzt, greift hier nicht. Der Download könnte allerdings nach § 53 Abs. 1 S. 1 UrhG zulässig sein[100], wenn der Nutzer den Download zu privaten Zwecken vornimmt und der Nutzer zur Vervielfältigung nicht eine offensichtliche rechtswidrig hergestellte oder öffentlich zugänglich gemachte Vorlage verwendet. An letzterem Merkmal scheitert häufig die Rechtmäßigkeit des Downloads bei illegalen Angeboten im Internet. Die Kopiervorlage darf danach nicht offensichtlich rechtswidrig öffentlich zugänglich gemacht worden sein. Offensichtlich ist das rechtswidrige öffentliche Zugänglichmachen, wenn eine Erlaubnis durch den Rechteinhaber oder nach gesetzlichen Regelungen aller Wahrscheinlichkeit nach ausgeschlossen ist.[101] Das wird beim Filesharing zu bejahen sein. Es darf als allgemein bekannt gelten, dass die jeweiligen Anbieter keine Lizenz besitzen, um Nutzer entsprechende Werke in Filesharing-Netzwerken zum (kostenlosen) Download anzubieten und damit öffentlich zugänglich zu machen.[102] Ein Download im Rahmen von Tauschbörsen ist somit regelmäßig nicht von den Schrankenregelungen des UrhG erfasst.

## 4. Ergebnis

Durch die Online-Nutzung von Musik werden die Verwertungsrechte der Rechteinhaber betroffen. Bevor das jeweilige Musikstück öffentlich zugänglich gemacht wird – sei es im Wege der öffentlichen Zugänglichmachung (§ 19a UrhG) oder der Sendung (§ 20 UrhG) – erfolgt die Digitalisierung und Abspeicherung des Stückes. Die Abspeicherung stellt eine Vervielfältigung nach § 16 UrhG dar, für die § 44a UrhG nicht greift. Wird das Werk daraufhin dem Nutzer hörbar gemacht, so liegt daneben eine öffentliche Zugänglichmachung gem. § 19a UrhG oder eine Sendung i. S. v. § 20 UrhG vor. Es sind also in der Regel zwei Verwertungsrechte betroffen, die entsprechend der getroffenen Streitentscheidung auch eigenständige Bedeutung besitzen. Dabei spielt das Recht der öffentlichen Zugänglichmachung in der Praxis eine bedeutendere Rolle als das Senderecht, da das Senderecht lediglich bei Simulcasting und Webcasting betroffen ist. Der

99 *Heerma,* in: Wandtke/Bullinger, UrhR, § 16 UrhG Rn. 14.

100 *Hoeren,* in: Schoder u. a., P2P, S. 255 (288 f.).

101 *Heckmann,* Kap. 3.2 Rn. 58 ff.

102 *Lüft,* in: Wandtke/Bullinger, UrhR, § 53 UrhG Rn. 16.

Anbieter muss die Einwilligung des Rechteinhabers somit grundsätzlich[103] bezüglich dieser beiden Nutzungsrechte einholen. Der Nutzer hingegen greift, soweit er die Datei nicht dauerhaft auf seinem Rechner speichert, in kein Verwertungsrecht ein, da die vorübergehende Speicherung durch § 44a UrhG abgedeckt ist. Wird die Datei dauerhaft gespeichert, so greift der Nutzer in das Vervielfältigungsrecht des Rechteinhabers ein, er benötigt dann die Einwilligung des Urhebers. Insbesondere bei Musikstücken, die im Rahmen von Tauschbörsen heruntergeladen werden, ist die Vervielfältigung nicht von § 53 Abs. 1 S. 1 UrhG gedeckt.

## III. Beteiligte Parteien

An der Online-Nutzung von Musik sind unterschiedliche Parteien beteiligt. Ausgangspunkt der Erstellung von Musik sind stets die Urheber. Ihnen folgen die ausübenden Künstler, Tonträgerhersteller und Sendeunternehmen. Eine vergleichbare Stellung nehmen die Musikverleger ein. Die Verwertungsgesellschaften sind regelmäßig mit der Rechtewahrnehmung der Urheber und Leistungsschutzberechtigten betraut. Sie stehen bei der Nutzung von Musik also regelmäßig auf der Seite der Urheber und Leistungsschutzberechtigten. Kommerzielle und private Nutzer stehen als Konsumenten auf der anderen Seite der Musiknutzung. Die ISP ermöglichen den Zugang zu der Nutzung von Musikwerken.

### 1. Urheber und Leistungsschutzberechtigte

Zu den Musikautoren zählen Textdichter und Komponisten. Leistungsschutzberechtigte sind die ausübenden Künstler, Tonträgerhersteller und Sendeunternehmen.

#### *a) Musikautoren*

Ausgangspunkt der Musikverwertung sind die Werkschöpfungen der Musikautoren. Die Komponisten und Textdichter von Musikstücken sind durch die Nutzung von Musik in ihren urheberrechtlich festgelegten Verwertungsrechten[104] betroffen. Sie müssen in die jeweilige Nutzung ihrer Musik einwilligen, damit

103 Zu der Frage, welche Konsequenzen es für die Einräumung von Nutzungsrechten hat, wenn im Rahmen einer einheitlichen Verwertungshandlung mehrere Verwertungsrechte betroffen sind siehe unten Kap. 2, C.III.1.b).

104 Siehe oben Kap. 1, B.II.

sie urheberrechtlich zulässig ist. Haben sie in eine Nutzung nicht eingewilligt, die auch keiner gesetzlichen Schranke (§§ 44a ff. UrhG) unterfällt, stehen ihnen verschiedene Ansprüche gegen den Nutzer ihrer Musik zu (§§ 97 ff. UrhG). So können sie u. a. ein Unterlassen nach § 97 Abs. 1 UrhG der Rechtsverletzung und Schadensersatz gem. § 97 Abs. 2 UrhG fordern[105]. Unter bestimmten Umständen steht ihnen auch ein Auskunftsanspruch über die Person des Rechtsverletzers nach § 101 Abs. 2 Nr. 3 UrhG gegen den ISP zu. Ihre Rechte nehmen die Urheber allerdings zumeist nicht selbst wahr[106]. In der Regel sind die Musikautoren kollektiv in Verwertungsgesellschaften[107] organisiert, die dementsprechend gegenüber den Nutzern agieren. Bei Komponisten und Textdichtern übernimmt die GEMA diese Aufgabe. Die Vermarktung der Musik der Musikautoren übernimmt hingegen nicht die GEMA, sondern zumeist ein Musikverlag[108].

*b) Ausübende Künstler*

Auch die Interpreten der Werke der Urheber werden durch die Online-Nutzung in ihren Rechten betroffen[109]. Ihnen stehen dabei ebenfalls die Rechte nach §§ 97 ff. UrhG gegen eine illegale Nutzung ihrer Leistung zu[110]. Wie die Musikautoren sind auch die ausübenden Künstler in einer Verwertungsgesellschaft, der GVL, organisiert.

*c) Tonträgerhersteller*

Die GVL übernimmt in Deutschland ebenso die Rechtewahrnehmung für die Tonträgerhersteller. Dabei nimmt die GVL ausschließlich die sog. Zweitverwertungsrechte[111] der Tonträgerhersteller wahr. Ausschließliche Rechte für die Erstverwertung[112] werden von den Tonträgerherstellern i. d. R. individuell wahrgenommen.[113] Tonträgerhersteller werden durch die Online-Nutzung von Musik ebenfalls in ihrer urheberrechtlich geschützten Position betroffen[114], indem ihre Tonträger in digitalisierter Form im Internet zur Verfügung gestellt werden. Der

---

105 *Ventroni*, in: Moser/Scheuermann, Hdb. der Musikwirtschaft, S. 951 (952).
106 Siehe unten Kap. 1, C.III.
107 Siehe unten Kap. 1, B.III.3.
108 Siehe hierzu ausführlich unten Kap. 1, B.III.2.
109 Siehe oben Kap. 1, B.II.
110 Siehe oben Kap. 1, B.II.
111 Siehe unten Kap. 1, D.III.1.b).
112 Siehe unten Kap. 1, D.III.1.b).
113 *Gerlach*, ZUM 2000, 856 (856 f.). Dies gilt auch für die ausübenden Künstler.
114 Siehe oben Kap. 1, B.II.

Markt der Tonträgerhersteller wird dabei von vier großen internationalen Medienkonzernen (sog. Majors) dominiert, zu denen Universal Music Group, Sony Music Entertainment, EMI Music Publishing und die Warner Music Group gehören. Die Majors beherrschen dabei nicht nur den Tonträgermarkt, sondern sind vertikal so integriert, dass sie die Kontrolle über die großen Musikverlage ausüben.[115] Die großen Tonträgerhersteller agieren oftmals international. Auf nationaler Ebene werden sie hierbei durch ihre Tochterfirmen gestützt. Ob und welche Rechte ihnen zugestanden werden, richtet sich dabei nach den jeweiligen nationalen Rechtsordnungen[116]. Den Tonträgerherstellern stehen als Leistungsschutzberechtigten die Rechte aus §§ 97 ff. UrhG gegen eine unzulässige Nutzung zu[117].

*d) Sendeunternehmen*

Auch ein Sendeunternehmen kann als Inhaber der Rechte an seiner Funksendung von einer Online-Nutzung betroffen sein z. B., wenn die von ihm entworfene Sendung ohne Einwilligung des Sendeunternehmens im Internet zur Verfügung gestellt wird. Wesentlich häufiger jedoch wird das Sendeunternehmen selbst nicht als Rechteinhaber in die Nutzung involviert sein, sondern als gewerblicher Nutzer[118], z. B. wenn es Musikwerke im Wege des Simulcastings oder Webcastings sendet.

## 2. Musikverlage

Musikverlage agieren als Mittler und Promoter der Musikautoren. Sie sind also für die Vermarktung und effektive Verwertung der Musik verantwortlich. Aufgabe von Musikverlagen ist es, neue talentierte Künstler zu entdecken, mit dem Ziel, deren Rechte an ihren Werken zu erwerben und diese kommerziell zu verwerten. Zudem unterstützen sie die Künstler finanziell und werbetechnisch. Dabei werden Musikaufnahmen erstellt und deren Verbreitung gefördert.[119] Es gibt Musikverlage, die diese Aufgabe im Bereich der U-Musik ausführen und solche, die sie im Bereich der F-Musik (sog. Gebrauchsmusik) wahrnehmen[120]. Um

---

115 *Heine*, S. 37 f.

116 *Bortloff*, GRUR Int 2003, 669 (673); zum anwendbaren Recht siehe unten Kap. 1, F.II.

117 Siehe oben Kap. 1, B.II.

118 Siehe unten Kap. 1, B.III.4.

119 *Kommission*, Entscheidung v. 22.5.2007, Fall COMP/M.4404 – Universal/BMG Music Publishing, Rn. 11.

120 *Gorscak*, S. 16 ff.; *Heine*, S. 37.

neben der Vermarktung und Promotion auch der Aufgabe der Auswertung der Urheberrechte nachzukommen, lassen sich die Verlage von den Urhebern in Musikverlagsverträgen Nutzungsrechte einräumen[121]. Das ist jedoch nur dann möglich, wenn der Urheber seine Rechte nicht zuvor der Verwertungsgesellschaft übertragen hat[122]. Auch bei der Online-Nutzung verfügen die Verlage im Falle eines Musikverlagsvertrages über die Befugnis, „Lizenzen" für die Online-Verwertung zu vergeben. Teilweise nehmen die Verlage die Rechte selbst wahr. Z. T. bringen sie die Rechte in eine Verwertungsgesellschaft ein[123].

Musikverlage spielen in vielerlei Hinsicht eine besondere Rolle auf dem Musikmarkt. So beherrschen die großen Musikverlage den Musikmarkt[124], weil sie mit dem angloamerikanischen Repertoire über das für den Konsumenten attraktivste[125] und daher ökonomisch wertvollste Repertoire verfügen. Hinter den großen Musikverlagen stehen zudem einflussreiche Tonträgerhersteller. Die großen Musikverlage sind international organisiert. In den einzelnen Ländern agieren sog. Subverlage für die großen Verlage, also Tochterunternehmen, die mit der Subverlegung betraut werden. Für jedes Land existiert somit in der Regel ein eigener Subverlag. Diesem überträgt der Verlag Kataloge oder alle Rechte zur Auswertung im Subverlagsgebiet, also im Wege territorial begrenzter Lizenzen. Der jeweilige Subverlag wird auch Mitglied in der zuständigen Verwertungsgesellschaft, nicht jedoch der Verlag selbst. Gründe für die Praxis der Subverlegung sind der effizientere Geldtransfer und die Vermarktung, welche durch ein Unternehmen, das sich mit den regionalen Gegebenheiten auskennt, effektiver ist.[126]

Die internationale Organisation der großen Musikverlage macht ihre rechtliche Behandlung schwierig. Hier prallen das kontinentaleuropäische Droit d'auteur-System und das angloamerikanische Copyright-System aufeinander[127]. Musikverlage sind im kontinentaleuropäischen Rechtsraum weder Inhaber eines originären Urheberrechts, noch Inhaber eines selbstständigen Leistungsschutz-

---

121 *Ventroni/Poll*, MMR 2002, 648 (652); *Heine*, S. 37.

122 Siehe unten Kap. 1, D.III.1.a)cc)(1).

123 In diesem Fall dürfte das Problem, ob der Urheber seine Rechte zuerst der Verwertungsgesellschaft oder aber dem Musikverlag eingeräumt hat, theoretischer Natur sein.

124 Ihr Marktanteil wird auf 80 Prozent geschätzt, *Mahlmann,* in Moser/Scheuermann, Hdb. der Musikwirtschaft, S. 178 (194 ff.).

125 Es macht etwa 70 Prozent der weltweiten Tonträgerverkäufe aus; *Block,* S. 63.

126 *Ende,* in: Moser/Scheuermann, Hdb. der Musikwirtschaft, S. 296 (296 ff.); *Goldmann,* S. 343 f.; *Heine/Hauptfleisch*, in: Moser/Scheuermann, Hdb. der Musikwirtschaft, S. 310 (310 ff.); *Haller*, S. 72; *Heine*, S. 38.

127 Siehe unten Kap. 1, F.I.

rechtes. Vielmehr sind sie Inhaber abgeleiteter Rechte.[128] Im Copyright-System werden Musikverlage in der Regel Inhaber originärer Rechte. Grund hierfür ist zum einen die sog. work made for hire-Regel[129], die ein Produzentenurheberrecht begünstigt. Zum anderen existieren Verwertungsgesellschaften im angloamerikanischen Raum lediglich für den Bereich der Aufführungs- und Senderechte. Die Vervielfältigungsrechte lassen sich die Musikverlage von den Urhebern übertragen und nehmen diese selbst wahr.[130]

Nach dem UrhG sind die angloamerikanischen Musikverlage nicht Inhaber originärer Rechte[131], sondern werden als Inhaber ausschließlicher Nutzungsrechte behandelt[132]. Neben den großen Musikverlagen existiert eine Vielzahl kleinerer, von diesen unabhängiger Musikverlage (sog. Independents), welche musikalische Nischen besetzen, die für die großen Musikverlage wirtschaftlich uninteressant sind. Diese Eigenschaft macht ihre Existenz in kultureller Hinsicht bedeutsam.

Auch innerhalb des deutschen Urheberrechts nehmen die Musikverlage eine Sonderrolle ein. Sie sind sowohl Mitglieder der Verwertungsgesellschaften als auch Wahrnehmungsberechtigte.[133] In ihrer Position als potentielle Wahrnehmungsberechtigte der Musikautoren konkurrieren sie mit der Verwertungsgesellschaft GEMA, denn diese lässt sich sämtliche Rechte der Urheber im Wahrnehmungsvertrag, der einem Vertragsschluss mit dem Verleger häufig vorausgeht, abtreten. Da der Verwertungsgesellschaft aber hier das ausschließliche Recht zur Wahrnehmung der Nutzungsrechte eingeräumt wird, kann der Urheber selbst diese Nutzungsrechte nicht mehr wirksam im Rahmen eines Musikverlagsvertrages einräumen.[134]

---

128 *Schaefer*, in: Fromm/Nordemann, UrhR, § 63a UrhG Rn. 17 f. Die Abtretung der Rechte durch die Musiker ist dabei aufschiebend bedingt durch die Wahrnehmungsberechtigung.

129 Siehe unten Kap. 1, F.I.

130 *Goldmann,* GRUR Int 2001, 420 (422 f.); *Müller,* ZUM 2009, 121 (122 f.).

131 Eine Rechtsübertragung ist nach dem UrhG wegen § 29 UrhG nicht möglich; *Hoeren/Altemark*, GRUR 2010, 16 (18 ff.); *Müller,* ZUM 2009, 121 (122 f.) ordnet sie als Rechteinhaber ein.

132 *Hoeren/Altemark*, GRUR 2010, 16 (18 ff.); *Schack,* Rn. 593 ff.; *Ulmer*, UrhR, S. 359.

133 *Hauptmann,* in: Kölner Tage zum Urheber- und Medienrecht – Arbeitsunterlage – Köln: 13. November 2009, S. 25 (28).

134 *Müller,* ZUM 2009, 121 (122). Diese Frage muss unabhängig von der im Rahmen von § 63a S. 2 UrhG diskutierten Problematik stehen, ob der Verlag den eigenen Wahrnehmungsvertrag vor oder nach dem Verlagsvertrag mit dem Autoren geschlossen hat. Schließt der Autor zuerst den Verlagsvertrag, ist er auf Grund der aufschiebenden Bedingung gehindert, die Rechte selbst in die Verwertungsgesellschaft einzubringen, auch, wenn der Verleger dies nicht macht, *Schaefer,* in: Fromm/Nordemann, UrhR, § 63a UrhG Rn. 20.

Daneben sind die Verlage selbst Mitglieder einer Verwertungsgesellschaft. Dies ist in erster Linie historisch bedingt[135]. So gelten sie als „Geburtshelfer der Verwertungsgesellschaften"[136]. Heutzutage rechtfertigt laut DPMA auch der „besondere Beitrag der Verleger zur Verwirklichung des Vereinsziels" die Mitgliedschaft in der GEMA[137]. Grund sei vor allem die Einbringung der wirtschaftlich bedeutenden Altrechte und das symbiotische Zusammenwirken bei der Rechteverwertung. Die gegenseitige Abhängigkeit von Urhebern und Verlegern außerhalb und innerhalb der GEMA sei so groß, dass jede Gruppe existentiellen Schaden nähme, wenn in einem der Bereiche eine Trennung erfolgen würde[138].[139]

## 3. Verwertungsgesellschaften

Die Rechteinhaber lassen ihre Rechte regelmäßig von einer Verwertungsgesellschaft wahrnehmen. Dabei nimmt in Deutschland die GEMA die Rechte der Komponisten und Textdichter wahr. Die Rechte von Tonträgerherstellern und ausübenden Künstlern werden durch die GVL wahrgenommen. Sobald ein Urheber seine Rechte auf die GEMA übertragen hat, kann er selbst keine Verfügungen mehr über die Nutzungsrechte an seinen Werken treffen. Die GEMA lässt sich die Rechte auch an künftigen Werken einräumen, sodass sie auch über die neuen Kompositionen eines Musikers verfügen kann. In Bezug auf neue Nutzungsformen, wie die Nutzung von Musikinhalten im Internet, hat die GEMA ebenso die entsprechenden Rechte inne. Durch sog. „Klarstellungen" hat sie ihren Berechtigungsvertrag um Online-Rechte an Musikwerken erweitert. Übergegangen sind die Online-Rechte erst mit entsprechender Zustimmung der Musiker, diese wurde jedoch in der Regel erteilt.[140] Somit kann regelmäßig ausschließlich die GEMA über die entsprechenden Nutzungsrechte verfügen[141]. Verträge über die Nutzung der Musik des jeweiligen Musikers können also in der Regel ausschließlich durch die Verwertungsgesellschaft geschlossen werden. Die Verwertungsgesellschaft ist bei der Nutzung von Online-Musik also die zwischen Nutzer und Rechteinhaber zwischengeschaltete Institution.

---

135 Ausführlich hierzu *Melichar*, UFITA Bd. 117 (1991), 5.

136 *Schack*, Rn. 1310.

137 *DPMA*, UFITA Bd. 81 (1978), 348 (359).

138 *DPMA*, UFITA Bd. 81 (1978), 348 (360).

139 Kritisch zu der Stellung der Verlage *v. Lewinski*, in: Ohly u. a., FS für Schricker, S. 408 (408 f.).

140 Siehe unten Kap. 1, D.III.1.a)cc)(1).

141 Dies ist regelmäßig auch dann der Fall, wenn der Musiker zuvor seine Rechte in einen Musikverlag eingebracht hat, da dieser seine Rechte oftmals ebenfalls von der GEMA wahrnehmen lässt.

## 4. Nutzer

Online-Musik wird kommerziell und privat verwertet. Zu den größten Nutzern gehören in Deutschland die privaten und öffentlich-rechtlichen Rundfunkanstalten.[142] Private Sendeunternehmen, wie z. B. die RTL Television der RTL Group und die ProSiebenSat.1 Media AG nutzen Online-Musik in den unterschiedlichsten Formen[143]. So z. B. indem sie Musik auf ihren Homepages abrufbar machen oder sie als Hintergrundmusik nutzen. Auch der Hörfunk verwendet Online-Musik beim Webcasting oder Simulcasting. Musik wird aber auch durch die Inhaber von Online-Music-Stores genutzt, in denen Musik heruntergeladen werden kann. Sämtliche Nutzer benötigen für die jeweilige Nutzung die dementsprechenden Lizenzen. In der Regel müssen sie sich hierzu an die zuständige Verwertungsgesellschaft wenden, also zumeist an die GEMA[144]. Die GEMA ist gem. § 11 WahrnG verpflichtet, jedermann zu angemessenen Bedingungen entsprechende Nutzungsrechte einzuräumen. In der Regel erfolgt die Rechtseinräumung auf der Grundlage von Tarifen, zu deren Aufstellung und Veröffentlichung die GEMA nach § 13 WahrnG verpflichtet ist.[145] Für Nutzer, die sich einer Vereinigung zuordnen lassen, wie z. B. den öffentlich-rechtlichen Rundfunkanstalten, besteht die Möglichkeit, mit der GEMA einen Gesamtvertrag (§ 12 UrhG) abzuschließen; von der sie zumeist auch Gebrauch machen. Ein Gesamtvertrag ist ein Rahmenvertrag, in dem die jeweilige Verwertungsgesellschaft mit der Vereinigung einheitliche Nutzungsbedingungen für die mit den Mitgliedern der Vereinigung abzuschließenden Einzelverträge vereinbart.[146] Zum Abschluss eines Gesamtvertrages ist die GEMA verpflichtet, es sei denn der Abschluss des Vertrages ist ihr nicht zuzumuten. Das ist insbesondere dann der Fall, wenn die Vereinigung eine zu geringe Mitgliederzahl hat.[147] Ein Gesamtvertrag regelt vor allem die Höhe der Vergütung, aber auch die Zahlungsweise, d. h. Zahlungsfristen sowie Art und Umfang von Auskunfts- und Meldepflichten auf Seiten des Nutzers.[148] Der Abschluss eines Gesamtvertrages hat für die Nutzer den finanziellen Vorteil des sog. Gesamtvertragsnachlasses in Höhe von in der Regel 20 Prozent gegenüber der sonst üblichen tariflichen Vergütung[149]. Die in einem

142 *Lausen*, in: Herrmann, Rundfunkrecht, § 27 Rn. 1; *Rehbinder*, Rn. 6.

143 Siehe oben Kap. 1, B.III.d).

144 Siehe unten Kap. 1, D.III.1.a).

145 *Wallraf*, Kap. 11 Rn. 28.

146 *W. Nordemann*, in: Fromm/Nordemann, UrhR, § 12 UrhWahrnG Rn. 1.

147 *W. Nordemann*, in: Fromm/Nordemann, UrhR, § 12 UrhWahrnG Rn. 1; *Wallraf*, Kap. 11 Rn. 31.

148 *Himmelmann*, in: Kreile u. a., Recht und Praxis der GEMA, Kap. 18 Rn. 116.

149 *Himmelmann*, in: Kreile u. a., Recht und Praxis der GEMA, Kap. 18 Rn. 119.

Gesamtvertrag vereinbarten Vergütungssätze gelten kraft Gesetzes als Tarife (§ 13 Abs. 1 S. 2 WahrnG).[150]

Neben den kommerziellen Verwertern zählen auch die privaten Konsumenten zu den Nutzern von Online-Musik. Dabei kann eine Nutzung, insbesondere das Streaming, von gesetzlichen Schranken (§§ 44a ff. UrhG) gedeckt sein[151]. Ansonsten ist die Online-Nutzung auch für den privaten Nutzer nur bei einer Einwilligung des Urhebers oder Leistungsschutzberechtigten rechtlich zulässig. Bei dem Downloaden von Musik in Online-Stores, wie iTunes, entrichtet der Nutzer an den Inhaber ein festgelegtes Entgelt. Von diesem Entgelt wiederum leitet der Inhaber des Musik-Stores einen bestimmten Teil an die zuständige Verwertungsgesellschaft weiter. In die Downloadmöglichkeit hat der Musiker in diesen Fällen im Vorhinein eingewilligt.

## 5. ISP

ISP können als Anbieter von Dienstleistungen im Internet je nach ihrer Funktion auf unterschiedliche Weise in die Online-Nutzung von Musik verwickelt sein. Contentprovider, die selbst Inhalte im WWW zur Verfügung stellen, kommen als Nutzer von Online-Musik in Betracht und müssen dementsprechend sicherstellen, dass sie über die Einwilligung des Rechteinhabers verfügen, wenn sie urheberrechtlich geschützte Inhalte verwenden. Als Access-Provider vermitteln die ISP den Zugang des jeweiligen Nutzers zum Internet. Von einer Haftung für die Inhalte ihrer Nutzer sind sie allerdings regelmäßig über §§ 8 und 9 TMG freigestellt. Auch Hostprovider, also ISP, die Speicherplatz für fremde Inhalte im Internet bereitstellen, sind nach § 10 TMG von einer Haftung für fremde Inhalte freigestellt. Sowohl Accessprovider als auch Hostprovider können mittelbar für Rechtsverletzungen ihrer Nutzer, z. B. dem illegalen Filesharing[152], verantwortlich sein, wenn sie die Rechtsverletzung der Rechteinhaber durch das zur Verfügung stellen des Speicherplatzes oder des Zugangs erst ermöglichen. Der Verletzte kann deshalb unter bestimmten Voraussetzungen[153] gem. § 1004 Abs. 1 BGB einen Anspruch auf Unterlassen gegen die ISP geltend machen.[154] Der ISP muss dann die Inhalte ggf. löschen. Ein Gesetz, welches die Sperrung des Internetzugangs des Nutzers vorsieht, existiert hingegen in Deutschland nicht. Neben der Haftung der ISP aus § 97 UrhG oder § 1004 Abs. 1 BGB kann eine Inan-

---

150 *W. Nordemann,* in: Fromm/Nordemann, UrhR, § 12 UrhWahrnG Rn. 2.

151 Siehe oben Kap. 1, B.II.4.

152 Siehe oben Kap. 1, B.I.2.

153 Insbesondere der Verletzung von Prüfungspflichten durch den ISP.

154 *Ventroni,* in: Moser/Scheuermann, Hdb. der Musikwirtschaft, S. 951 (958 f.).

spruchnahme durch die Rechteinhaber nach § 101 Abs. 2 Nr. 3 UrhG erfolgen[155]. Dem Rechteinhaber steht bei Erfüllung der Voraussetzungen gegenüber dem ISP insbesondere ein Anspruch auf Auskunft über die Person des Rechtsverletzers zu (§ 101 Abs. 3 Nr.1 UrhG).

## IV. Zusammenfassung

Musik wird online auf unterschiedliche Art und Weise genutzt. Hier kann zwischen Abruf- und Zugriffsystemen differenziert werden. Bei den Abrufsystemen ist es dem Nutzer freigestellt, wann er auf ein Werk zugreift. Zugriffsysteme erlauben hingegen nur den Konsum eines bereits feststehenden Programms. Abrufsysteme hängen mithin im Gegensatz zu den Zugriffsystemen von der Interaktion des Nutzers ab. Hiernach kann auch innerhalb der jeweiligen Nutzungsform unterschieden werden, so z. B. beim Streaming, bei dem es sowohl On-Demand-Streaming- als auch Livestreaming-Angebote gibt. Populär ist die Nutzung von Musik neben dem Streaming auch über Download-Dienste. Beim Streaming kann eine Musikdatei zwar beliebig oft abgerufen werden; im Gegensatz zum Download wird sie allerdings nicht dauerhaft beim Nutzer gespeichert. Aber auch das Filesharing im Rahmen von Tauschbörsen ermöglicht die Nutzung von Musik online. Internet-Radios zählen ebenfalls zu den Varianten der Online-Musiknutzung. Hinzuweisen ist zudem auf die Möglichkeit der Nutzung über Abonnement-Angebote und über Podcasting. Durch die Online-Nutzung werden Verwertungsrechte der Urheber und Leistungsschutzberechtigten berührt. Dabei können innerhalb jeder Nutzungsform verschiedene Stadien der Nutzung unterschieden werden. Um ein Musikstück online verfügbar zu machen, muss es zunächst digitalisiert und abgespeichert werden. Diese Nutzungen stellen bereits Vervielfältigungen nach § 16 UrhG dar. Sodann erfolgt die öffentliche Zugänglichmachung (§ 19a UrhG) oder Sendung (§ 20 UrhG) des Werkes, indem der Online-Zugriff durch den Nutzer ermöglicht wird. Bei der Nutzung von Musik durch den User kommt es entweder zu einer vorübergehenden oder einer dauerhaften Speicherung in seinem Arbeitsspeicher. Im ersten Fall ist die Nutzung von § 44a UrhG gedeckt, im zweiten regelmäßig nach § 53 UrhG zulässig.

An der Online-Nutzung sind unterschiedliche Parteien beteiligt. Auf der einen Seite stehen die kommerziellen und privaten Nutzer von Musik. Ihnen wird die Nutzung durch ISP erst ermöglicht. Auf der anderen Seite stehen die Rechteinhaber und Musikverlage. Musikautoren erschaffen Musikwerke. An ihre „Schöp-

155 *Bohne*, in: Wandtke/Bullinger, UrhR, § 101 UrhG Rn. 11.

fung“ knüpft die Leistung der ausübenden Künstler, Tonträgerhersteller und Sendeunternehmen an. Musikverlage sind ebenfalls dieser Seite zuzuordnen. Sie fungieren in erster Linie als Vermittler und Promoter der Musikautoren. Die Verwertungsgesellschaften nehmen die Rechte dieser Parteien wahr und vermitteln zwischen ihnen und den Nutzern.

# C. Formen der Rechtewahrnehmung

Die bei der Nutzung von Musik betroffenen Rechte der jeweiligen Rechteinhaber müssen wahrgenommen werden, um ihren wirtschaftlichen oder zumindest ihren ideellen Wert auszuschöpfen. Rechtewahrnehmung umfasst damit sämtliche Handlungen rund um die Lizenzierung von Werken. Dabei bewegt sich die Rechtewahrnehmung vor allem im Bereich digitalisierter Werke im Spannungsfeld zwischen individueller und kollektiver Rechtewahrnehmung[156].

## I. Individuelle Rechtewahrnehmung

Bei der individuellen Rechtewahrnehmung nimmt der Berechtigte selbst seine Rechte wahr[157]. Der Urheber oder Leistungsschutzberechtigte erteilt selbst Werknutzungsbewilligungen bzw. Lizenzen und nimmt seine Ausschließlichkeitsrechte wahr.

Da Urheberrechte individuelle Rechte sind, sollte der Urheber über die Lizenzierung grundsätzlich selbst entscheiden können. Der individuellen Rechtewahrnehmung kommt Vorrang vor der kollektiven Rechtewahrnehmung zu.[158] Kollektive Rechtewahrnehmung soll nach § 6 Abs. 1 WahrnG im Sinne des Prinzips der Subsidiarität der kollektiven Wahrnehmung mithin nur dort stattfinden, wo „eine wirksame Wahrnehmung der Rechte oder Ansprüche anders nicht möglich ist“ (§ 6 Abs. 1 WahrnG).

Voraussetzungen für die wirtschaftliche Ausschöpfung eines Musikstückes sind die Möglichkeit der Nutzungserfassung und -kontrolle im Hinblick auf das

156 *Dustmann,* in: Fromm/Nordemann, UrhR, § 19a UrhG Rn. 31; *Haller,* in: Berka u. a., Medien im Web, S. 49 (58).

157 *Müller,* in: Hoeren/Sieber, Hdb. Multimedia-Recht, Teil 7.5 Rn. 3; *Enzinger,* GRUR Int 2006, 985 (985 f.); *Kreile,* in: Kreile u. a., Recht und Praxis der GEMA, Kap. 16 Rn. 2.

158 *Möschel/Bechtold,* MMR 1998, 571 (576); *Hoeren,* MMR 2000, 3 (5 f.); *Hansen/Schmidt-Bischoffshausen,* GRUR Int 2007, 461 (479); *Hiestand,* UFITA Bd. 126 (1994), 293 (294); *Müller,* in: Hoeren/Sieber, Hdb. Multimedia-Recht, Teil 7.5 Rn. 11.

jeweilige Werk. Bei der Nutzung von Musik im Internet wurde in den letzten Jahren vor allem die Möglichkeit des digitalen Rechtemanagements diskutiert[159]. DRM bezeichnet dabei im weiten Sinne die Verwaltung, d. h. die wirtschaftliche Verwertung von Rechten an Werken in ihrer digitalen Form und deren Absicherung.[160] DRM-Systeme dienen der technischen Umsetzung von DRM. DRM-Systeme sind demnach als technische Mittel zu verstehen, die digitale Inhalte gegen unbefugten Zugriff schützen und/oder deren Nutzung überwachen bzw. der Durchsetzung von Einschränkungen der eingeräumten Nutzungsrechte dienen[161]. Durch den Einsatz von DRM-Systemen kann der Berechtigte nicht nur die unkontrollierte Weiterverbreitung seines Werkes verhindern, sondern auch den Umfang der Nutzung festlegen und für jede Form der Nutzung eine Vergütung erzielen[162]. Sinnvoll ist der Einsatz von DRM-Systemen jedoch nur für wirtschaftlich starke Rechteinhaber, da er kostenintensiv ist und sich nur bei kopieranfälligen Werken oder Urhebern lohnt.[163] Für erfolgreichere Rechteinhaber wird angesichts der technischen Möglichkeiten von DRM-Systemen eine Querfinanzierung zugunsten der wirtschaftlich schwächeren Urheber innerhalb der kollektiven Rechtewahrnehmung nicht mehr gewollt sein, wenn sie sich entscheiden, auf DRM zurück zu greifen. Dies kann zu einer Benachteiligung der wirtschaftlich schwächeren Rechteinhaber führen.[164] Zudem kann es durch die Verwendung von DRM-Systemen zu Wettbewerbsverzerrungen kommen. Aufgrund der fehlenden Interoperabilität von DRM-Systemen[165] könnten bspw. bestimmte Musikwerke nur auf bestimmten Geräten angehört werden.[166] Des Weiteren werden DRM-Systeme von den Musikkonsumenten nicht akzeptiert. Diese Faktoren und die Tatsache, dass technische Totalkontrolle illusorisch blei-

---

159 *Jobs,* Apple – Meldung v. 6.2.2007; *Bernau,* FAZ v. 8.4.2007, 47 (47); *Hoppe,* zeit online – Meldung v. 15.4.2007; *Hansen/Schmidt-Bischoffshausen,* GRUR Int 2007, 461; *Palfrey,* in: Graber u. a., Digital Rights Management: The End of Collecting Societies?, S. 1 ff.; *Meyer,* in: Graber u. a., Digital Rights Management: The End of Collecting Societies?, S. 61 ff.; *Graber,* in: Graber u. a., Digital Rights Management: The End of Collecting Societies?, S. 71 ff.; *de Werra,* in: Graber u. a., Digital Rights Management: The End of Collecting Societies?, S. 111 ff.

160 *Arlt,* S. 9.

161 *Arlt,* S. 12; *Ulbricht,* in: Moser/Scheuermann, Hdb. der Musikwirtschaft, S. 130 (130); *Bechthold,* S. 2; *Hansen/Schmidt-Bischoffshausen,* GRUR Int 2007, 461 (473).

162 *Dustmann,* in: Fromm/Nordemann, UrhR, § 19a UrhG Rn. 31; *Schack,* Rn. 1344.

163 *Müller,* in: Hoeren/Sieber, Hdb. Multimedia-Recht, Teil 7.5 Rn. 33.

164 *Müller,* in: Hoeren/Sieber, Hdb. Multimedia-Recht, Teil 7.5 Rn. 33.

165 *Palfrey,* in: Graber u. a., Digital Rights Management: The End of Collecting Societies?, S. 1 (12 ff.).

166 *Magnani/Montagnani,* IIC 2008, 83 (92 ff.); zu den Auswirkungen von DRM-Systemen auf den Wettbewerb *Magnani/Montagnani,* IIC 2008, 83.

ben wird, erklären, warum DRM-Systeme eher zurückhaltend eingesetzt werden[167].[168]

Dort, wo keine DRM-Systeme zum Einsatz kommen, werden Strukturen benötigt, welche die Nutzung des Werkes kontrollieren bzw. überwachen können, um wirtschaftlich von einem Werk profitieren zu können. Dies folgt aus der Ubiquität der Nutzungen von Musik, der Zahl der Nutzer sowie der Rechteinhaber[169]. Über derartige Strukturen verfügen regelmäßig die Verwertungsgesellschaften.[170]

Möchte der Rechteinhaber hingegen nicht wirtschaftlich von seinem Werk profitieren, sondern seinen Bekanntheitsgrad steigern und/oder sein Werk offen weiterentwickeln (lassen), so ist er nicht auf entsprechende Strukturen angewiesen. Creative Commons-Lizenzen eröffnen auch dem juristischen Laien, der das Ziel einer möglichst freien Nutzung des Werkes verfolgt, die Möglichkeit, die Nutzung seines Werkes im Internet zumindest in ihren Grundzügen festzulegen[171]. Voraussetzung einer Lizenzierung durch den Künstler selbst ist jedoch, dass er seine Rechte nicht zuvor an eine Verwertungsgesellschaft übertragen hat.

## II. Kollektive Rechtewahrnehmung

Bei der kollektiven Rechtewahrnehmung[172] nimmt ein Kollektiv die Rechte für den Urheber oder Leistungsschutzberechtigten wahr. Dieses Kollektiv bildet zumeist eine Verwertungsgesellschaft.[173] Kollektive Rechtewahrnehmung ist überall dort angezeigt, wo eine individuelle Rechtewahrnehmung wegen der Technik der Nutzung oder der Vielzahl der Nutzer nicht möglich ist[174]. Die

167 So erklärte bspw. die *EMI Group* am 2.4.2007, beim Online-Musikvertrieb auf den Einsatz von DRM-Systemen verzichten zu wollen, www.emimusic.com/news/2007/emi-music-launches-drm-free-superior-sound-quality-downloads-across-its-entire-digital-repertoire/ (letzter Abruf am 24.1.2011).

168 *Hansen/Schmidt-Bischoffshausen,* GRUR Int 2007, 461 (461); *Magnani/Montatgnani,* IIC 2008, 83; *Hansen,* in: Ensthaler/Weidert, Hdb. UrhR und Internet, Kap. 6 Rn. 9 f.; *Müller,* in: Hoeren/Sieber, Hdb. Multimedia-Recht, Teil 7.5 Rn. 45 ff.; *Meyer,* in: Graber u. a., Digital Rights Management: The End of Collecting Societies?, S. 61 (64 ff.).

169 *Enzinger,* GRUR Int 2006, 985 (986).

170 *Leutheusser-Schnarrenberger,* ZUM 1996, 631 (635).

171 Hierzu ausführlich *Altemark,* PIK 2010, 179 (182 f.).

172 Siehe unten Kap. 1, C.II.

173 *Kreile/Becker,* in: Moser/Scheuermann, Hdb. der Musikwirtschaft, S. 632 (633); *Enzinger,* GRUR Int 2006, 985 (986).

174 *Kreile/Becker,* in: Moser/Scheuermann, Hdb. der Musikwirtschaft, S. 632 (633); *Kreile,* in: Kreile u. a., Recht und Praxis der GEMA, Kap. 16 Rn. 2.

wahrzunehmenden Nutzungsrechte, Einwilligungsrechte und Vergütungsansprüche erwirbt die Verwertungsgesellschaft entweder aufgrund von mit den ausländischen Verwertungsgesellschaften geschlossenen Gegenseitigkeitsverträgen[175] oder aufgrund von mit den einzelnen Rechteinhabern abgeschlossenen Wahrnehmungsverträgen[176].[177] Dabei besteht die kollektive Rechtewahrnehmung aus einem mehrstufigen Vorgang. Zunächst räumt der Rechteinhaber der GEMA seine Nutzungsrechte im Wahrnehmungsvertrag ein und beauftragt die Verwertungsgesellschaft mit der Verwaltung dieser Rechte nach außen hin und der Kontrolle der Nutzungsvorgänge. Sodann vergibt die Verwertungsgesellschaft Nutzungsrechte an einem Werk gegen eine bestimmte Gebühr an Verwerter und verteilt daraufhin die eingezogenen Gelder nach einem bestimmten Schlüssel an die Rechteinhaber.[178]

Materiellrechtlich fungiert die Verwertungsgesellschaft als Treuhänder. Sie übt die ihr durch die Berechtigten übertragenen Rechte also im eigenen Namen aus.[179] Prozessrechtlich tritt die Verwertungsgesellschaft bei der Rechtewahrnehmung als Prozessstandschafter auf.[180] Die Verwertungsgesellschaften unterliegen im Hinblick auf die Rechtewahrnehmung einem doppelten Kontrahierungszwang[181]. Gem. § 6 WahrnG sind sie verpflichtet, mit einem Urheber einen Wahrnehmungsvertrag zu angemessenen Bedingungen abzuschließen (sog. Wahrnehmungszwang)[182]. Den Nutzern gegenüber sind sie gem. § 11 WahrnG verpflichtet, zu angemessenen Bedingungen Nutzungsrechte einzuräumen (sog. Abschlusszwang)[183].[184]

## III. Fazit

Für Urheber und ausübende Künstler wird im Musikbereich oftmals nur die kollektive Rechtewahrnehmung in Betracht kommen, zumindest dann, wenn sie wirtschaftlich von ihren Werken profitieren möchten[185]. Insbesondere, wenn sie

---

175 Siehe unten Kap. 1, D.III.1.a)cc)(3).
176 Siehe unten Kap. 1, D.III.1.a)cc)(1).
177 *Schack*, Rn. 1348.
178 *Steden*, S. 42; Siehe unten Kap. 1, D.III.1.a)ee).
179 *Schack*, Rn. 1348.
180 *Enzinger*, GRUR Int 2006, 985 (986).
181 Siehe unten Kap. 1, D.I.4.a).
182 Siehe unten Kap. 1, D.I.4.a).
183 Siehe unten Kap. 1, D.I.4.a).
184 *Schack*, Rn. 1340 f.
185 *Reber*, GRUR 2000, 203 (203); Schack spricht sogar von einem „faktischen Zwang zur Kollektivierung“, *Schack*, Rn. 1340.

sich auf Nischenmärkten und wirtschaftlich weniger lukrativen Märkten bewegen, bieten Verwertungsgesellschaften die Möglichkeit, ihre Verhandlungspositionen gegenüber den wirtschaftlich meist überlegenen kommerziellen Nutzern zu stärken.[186] Neben der Durchsetzungskraft der Verwertungsgesellschaften sind die Urheber regelmäßig auch auf deren Know-How angewiesen. Die kollektive Rechtewahrnehmung stärkt also die Marktmacht der Urheber bzw. der Leistungsschutzberechtigten. Auch für die Nutzer ist die Tätigkeit der Verwertungsgesellschaften unerlässlich. So legitimiert der Regierungsentwurf[187] die kollektive Rechtewahrnehmung. Für bestimmte Arten urheberrechtlicher Befugnisse, insbesondere das Aufführungsrecht, sei die Zusammenfassung aller Rechte in der Hand einer Verwertungsgesellschaft notwendig. Sie diene gleichermaßen den Interessen der Urheber wie auch den Interessen der Verwerter; nur auf diese Weise könne die Überwachungstätigkeit und die Einziehung der Gebühren wirtschaftlich gestaltet und zugleich den Verwertern der Erwerb der erforderlichen Rechte erleichtert werden.[188]

Gleichzeitig jedoch nimmt die kollektive Rechtewahrnehmung dem einzelnen Rechteinhaber die Freiheit, über die Verwertung seines Werkes selbst zu bestimmen.[189] Grund hierfür ist zum einen, dass sie durch die Übertragung ihrer Rechte an die Verwertungsgesellschaft nicht mehr selbst über Rechte verfügen können und zum anderen, dass die Verwertungsgesellschaften nach § 11 WahrnG verpflichtet sind, jedermann zu angemessenen Bedingungen Nutzungsrechte einzuräumen.

Hinzu kommt, dass bestimmte Ansprüche[190], insbesondere gesetzliche Vergütungsansprüche, ausschließlich durch Verwertungsgesellschaften wahrgenommen werden können.

Aus Sicht der kommerziellen Nutzer von Musikstücken ist die kollektive Rechtewahrnehmung vorteilhafter als die individuelle, auch angesichts der technischen Möglichkeiten von DRM-Systemen[191]. Schließlich haben sie dadurch in der Regel eine einzige Anlaufstelle sowohl für den Erwerb einer Lizenz als auch

---

186 *Enzinger*, GRUR Int 2006, 985 (986).

187 BT-Drucks. IV/271.

188 BT-Drucks. IV/271, S. 9.

189 *Schack*, Rn. 1078.

190 §§ 20b Abs. 1, 26 Abs. 6, 27 Abs. 3, 45a Abs. 2, 47 Abs. 1, 52a Abs. 4, 52b, 53a Abs. 2, 54h Abs. 1, 137 Abs. 5 UrhG.

191 Hierzu ausführlich *Hansen/Schmidt-Bischoffshausen*, GRUR Int 2007, 461 (474 f.).

für die Bezahlung und bieten darüber hinaus einen umfassenden[192] Rechtekatalog.[193]

## D. Recht der Musikverwertungsgesellschaften

Die kollektive Rechtewahrnehmung dominiert den digitalen Markt. Wie die kollektive Rechtewahrnehmung ausgestaltet ist, welche Bedeutung und Funktion den Verwertungsgesellschaften zukommen und welche Aufgaben sie auf Grundlage ihrer Handlungsgrundsätze erfüllen, regelt das Recht der Musikverwertungsgesellschaften.

### I. Regelgrundsätze

Das Recht der Verwertungsgesellschaften, insbesondere das WahrnG, gilt für sämtliche Verwertungsgesellschaften innerhalb Deutschlands. Für die Musikverwertungsgesellschaften gelten mithin einheitliche Regelgrundsätze.

#### 1. Definition der Verwertungsgesellschaft

Das WahrnG definiert Verwertungsgesellschaften in § 1 Abs. 4 S. 1 i. V. m. Abs. 1 WahrnG als juristische Person oder Personengemeinschaft, die Nutzungsrechte, Einwilligungsrechte oder Vergütungsansprüche, die sich aus dem UrhG ergeben, für die Rechnung mehrerer Urheber oder Inhaber verwandter Schutzrechte zur gemeinsamen Auswertung im eigenen oder fremden Namen wahrnimmt. Als Verwertungsgesellschaften im Sinne dieser Regelung kommen sowohl natürliche, als auch juristische Personen in Betracht. Die Rechtsform ist dabei nicht vorgeschrieben.[194] Verwertungsgesellschaften nehmen die ihnen im Wahrnehmungsvertrag übertragenen Rechte der Berechtigten wahr, wozu Nutzungsrechte, Einwilligungsrechte und Vergütungsansprüche zählen. Jedoch sind nicht nur Urheber und Leistungsschutzberechtigte Mitglieder der Verwertungs-

192 Im Online-Bereich gibt es mittlerweile nicht mehr weltweiten, sondern einen repertoirebezogenen Rechtekatalog.

193 *Enzinger,* GRUR Int 2006, 985 (986); *Hansen/Schmidt-Bischoffshausen,* GRUR Int 2007, 461 (462).

194 *Schulze,* in: Dreier/Schulze, UrhG, § 1 UrhWG Rn. 3; *W. Nordemann,* in: Fromm/Nordemann, UrhR, § 1 UrhWG Rn. 1; *Melichar,* in: Loewenheim, Hdb. d. UrhR, § 50 Rn. 3; *Seifert,* in: Schmidt u. a., UrhG, § 1 UrhWG Rn. 4.

gesellschaften, sondern auch die Musikverleger.[195] Die ihr eingeräumten Rechte nimmt eine Verwertungsgesellschaft zu gemeinsamer Auswertung wahr (§ 1 Abs. 1 WahrnG). Das bedeutet, dass die Gesellschaft eine Vielzahl von Rechten und Ansprüchen gegenüber den Nutzern wahrnimmt. Verwaltung, Kontrolle oder Geltendmachung der urheberrechtlichen Ansprüche erfolgen somit nach einheitlichen Regeln.[196] Das Merkmal „für die Rechnung“ umschreibt die treuhänderische Verwaltung der Rechte durch die Verwertungsgesellschaft.[197] Da Verwertungsgesellschaften für die kollektive Rechtewahrnehmung gegründet wurden[198], reglementiert § 1 Abs. 1 WahrnG auch das Merkmal der kollektiven Wahrnehmung in der Formulierung „Rechte mehrerer Berechtigter“.

## 2. Bedeutung der Verwertungsgesellschaften

Für die wirtschaftliche Verwertbarkeit der Werke der Urheber und Leistungsschutzberechtigten ist die kollektive Wahrnehmung und damit die Arbeit der Verwertungsgesellschaften essentiell[199]. Viele Rechte wären praktisch wertlos, wenn die Berechtigten sie selbst wahrnehmen müssten[200]. Rechteinhaber haben regelmäßig weder unmittelbaren Zugang zu Nutzungsinteressenten noch die Möglichkeit, erfolgte Rechtsverletzungen selbst in Erfahrung zu bringen. Die Verwertungsgesellschaften hingegen verfügen über diese Kontakte und Kontrollmöglichkeiten und können, indem sie treuhänderisch die ihnen eingeräumten Rechte und Ansprüche für mehrere Urheber gemeinsam auswerten (§ 1 Abs. 4 WahrnG), einer effektiven Rechtewahrnehmung dienen.[201] Da die Verwertungsgesellschaften mithin die Durchsetzung der Urheberrechte und damit den in Art. 14 GG garantierten wirksamen Urheberschutz erst ermöglichen, gelten sie auch als „Träger staatsentlastender Tätigkeit“[202]. Durch die Sicherung und Durchsetzung der Rechte der Künstler und die Förderung kultureller Güter sind

---

195 Siehe oben Kap. 1,A.,III.,2.

196 *Reinbothe,* in: Schricker/Loewenheim, UrhR, § 1 WahrnG Rn. 7.; *W. Nordemann,* in: Fromm/Nordemann, UrhR, § 1 UrhWG Rn. 5; *Gerlach,* in: Wandtke/Bullinger, UrhR, § 1 UrhWG Rn. 3.

197 *Schulze,* in: Dreier/Schulze, UrhG, § 1 UrhWG Rn. 10; *Reinbothe,* in: Schricker/Loewenheim, UrhR, § 1 WahrnG Rn. 4.

198 Das WahrnG wurde an den bereits bestehenden Verwertungsgesellschaften ausgerichtet.

199 Siehe oben Kap. 1, C.III.

200 *Schack,* Rn. 1300.

201 *Schack,* Rn. 1300.

202 *Herschel,* UFITA Bd. 50 (1967), S. 22 (22); *Becker,* in: Kreile u. a., Recht und Praxis der GEMA, Kap. 4 Rn. 9.

Verwertungsgesellschaften darüber hinaus essentiell für die kulturelle Vielfalt[203]. Verwertungsgesellschaften haben daneben eine große wirtschaftliche Bedeutung[204], die durch ihr Haushaltsvolumen von insgesamt 1,273 Mrd. € (2009) deutlich wird. Hiervon entfielen auf die GEMA der weitaus größte Anteil i. H. v. 823,1 Mio. € und auf die GVL 155,6 Mio. €.[205]

## 3. Funktionen von Verwertungsgesellschaften

Oberste Funktion von Verwertungsgesellschaften ist, Entgelt für die Einräumung der Nutzungsrechte an den Werken ihrer Rechteinhaber zu kassieren, d. h. Rechte zu Geld zu machen[206].

Neben dieser übergeordneten Funktion übernehmen Verwertungsgesellschaften auch weitere Aufgaben. Sie vermitteln zwischen Urhebern und Nutzern und können auch als Händler zwischen Lizenzgebern und Lizenznehmern gesehen werden (Vermittlungs- oder Koordinationsfunktion)[207]. Aufgabe der Verwertungsgesellschaften ist darüber hinaus die Identifikation von Nutzern und Urhebern und der Abschluss von „Lizenzverträgen“ (Identifikationsfunktion)[208]. Daneben ziehen die Verwertungsgesellschaften von den Nutzern die Lizenzgebühren gemeinsam für ihre Mitglieder ein und übernehmen insoweit eine Inkassofunktion[209]. Nach Abzug ihrer Ausgaben schütten die Verwertungsgesellschaften die Erträge an die Berechtigten nach einem festen Verteilungsplan (§ 7 WahrnG) aus (Verteilungsfunktion)[210]. Des Weiteren überwachen die Verwertungsgesellschaften die Nutzungen der Werke und verfolgen urheberrechtliche Rechtsverletzungen (Kontrollfunktion)[211]. Dazu unterhalten sie regelmäßig einen eigenen Kontrollapparat. Verwertungsgesellschaften vertreten bei der Rechtewahrnehmung die ökonomischen und ideellen Interessen ihrer Mitglieder und informieren die Allgemeinheit über Belange des Urheberrechts (Repräsentationsfunktion).[212] Insofern fungieren die Verwertungsgesellschaften als Lobbyisten der Rechteinhaber[213]. Verwertungsgesellschaften übernehmen daneben ökonomi-

203 Siehe unten Kap. 1, E.
204 *Melichar,* in: Loewenheim, Hdb. d. UrhR, § 45 Rn. 15.
205 Jahresbericht 2009 des DPMA, S. 40.
206 *Hauptmann,* S. 43
207 *Menzel,* S. 7, 10; *Mauhs*, S. 26 f.; *Bing,* S. 153.
208 *Bing,* S. 153; *Simpson,* S. 15, 21.
209 *Bing,* S. 154.
210 *Bing,* S. 154.
211 *Bing,* S. 154.
212 *Bing,* S. 154.
213 *Heine,* S. 60.

sche Funktionen, indem sie die Transaktionskosten senken[214]. Dabei werden unter Transaktionskosten die Kosten der Kontaktanbahnung zwischen Nutzungswilligem und Inhaber des Nutzungsrechts, die Verhandlungs- und Entscheidungskosten bei der Nutzungsrechtseinräumung, die Kosten der Überwachung und Durchsetzung und die Kosten der Anpassung bestehender Vertragsverhältnisse zusammengefasst[215]. Verwertungsgesellschaften erfüllen darüber hinaus eine Ausgleichs- und Schutzfunktion zugunsten wirtschaftlich nicht erfolgreicher, kulturell jedoch nicht weniger wertvollen Repertoires. Innerhalb eines lizenzierten Tarifs wird nicht nach dem tatsächlichen Marktwert der einzelnen Schutzgegenstände unterschieden. Ein Publikumserfolg kostet also genauso viel wie eine wirtschaftlich erfolglose Produktion. Dies führt faktisch zu einem Schutz schwächerer Marktteilnehmer. Durch den Wahrnehmungszwang wird dieser Schutz verstärkt. Denn jeder Rechteinhaber kann Mitglied der jeweiligen Verwertungsgesellschaft werden. Der weniger berühmte Künstler hat damit via Verwertungsgesellschaft dieselbe Präsenz wie ein marktmächtiger Mitbewerber.[216] Aber auch soziale und kulturelle Belange sollen bei der Rechtewahrnehmung berücksichtigt werden[217] (§§ 7 S. 2, 8 WahrnG). Insofern erfüllen Verwertungsgesellschaften auch soziale und kulturelle Funktionen[218].

## 4. Rechte und Pflichten der Verwertungsgesellschaften

Die Arbeit der Verwertungsgesellschaften besteht im Wesentlichen darin, Nutzungserlaubnisse für Werke bzw. ein bestimmtes Repertoire zu erteilen, die vereinbarten Vergütungen einzuziehen und diese nach einem bestimmten Verteilungsplan an die Rechteinhaber auszuschütten. Die Rechte und Pflichten der Verwertungsgesellschaften, welche sie dabei beachten müssen, sind in §§ 6 ff. WahrnG geregelt.

### *a) Kontrahierungszwang*

Zunächst unterliegen die Verwertungsgesellschaften einem doppelten Kontrahierungszwang. Sie müssen gem. § 6 Abs. 1 S. 1 WahrnG Rechte und Ansprüche zugunsten der Berechtigten zu angemessenen Bedingungen wahrnehmen, wenn und soweit die Berechtigten dies beantragen und die Verwertungsgesellschaft für

---

214 Ausführlich hierzu *Hansen/Schmidt-Bischoffshausen*, GRUR Int 2007, 461.

215 *Hansen/Schmidt-Bischoffshausen*, GRUR Int 2007, 461 (471).

216 *Enquete Kommission „Kultur in Deutschland"*, BT-Drucks. 16/7000, S. 279.

217 Siehe unten Kap. 1, E.

218 *Melichar*, in: Loewenheim, Hdb. d. UrhR, § 45 Rn. 5; Siehe unten Kap. 1, E.

die Rechte und Ansprüche zuständig ist (Wahrnehmungszwang).[219] Gegenüber den Nutzern sind die Verwertungsgesellschaften gem. § 11 Abs. 1 WahrnG zur Einräumung der erforderlichen Nutzungsrechte oder Erteilung der Einwilligung zu angemessenen Bedingungen verpflichtet (Abschlusszwang)[220]. Von besonderer Bedeutung für die Verwerter ist dabei die in § 11 Abs. 2 WahrnG vorgesehene Regelung. Sie normiert, dass Nutzungsrechte als eingeräumt gelten, wenn zum einen Verhandlungen über die zu zahlende Vergütung zwischen der Verwertungsgesellschaft und dem Nutzer geführt wurden und gescheitert sind und zum anderen die von der Verwertungsgesellschaft geforderte Vergütung vom Nutzer vor der Nutzung unter Vorbehalt an die Verwertungsgesellschaft gezahlt oder zu ihren Gunsten hinterlegt wurde[221]. Hierdurch wird verhindert, dass sich die Verwertungsgesellschaft durch Hinauszögern der Rechteeinräumung oder unangemessene Forderungen dem Kontrahierungszwang entzieht. Darüber hinaus liegt dem Abschlusszwang das Interesse der Allgemeinheit zu Grunde, dass das geschützte Werk ab dem Zeitpunkt, in dem es der Verwertungsgesellschaft anvertraut ist, zum Bestandteil des Kulturgutes wird, das allen zugänglich sein muss[222].

Eine Einschränkung des Grundsatzes der Vertragsfreiheit (§ 305 BGB) stellt darüber hinaus der Zwang zum Abschluss von Gesamtverträgen in § 12 WahrnG dar. Danach sind Verwertungsgesellschaften verpflichtet, mit Vereinigungen, hinter denen eine Vielzahl von Nutzern steht, Gesamtverträge abzuschließen[223].

*b) Aufstellung von Tarifen*

Gem. § 13 Abs. 1 S. 1 WahrnG sind Verwertungsgesellschaften dazu verpflichtet, Tarife über die Vergütung auszustellen, die sie aufgrund der von ihnen wahrgenommenen Rechte und Ansprüche fordern. Dabei ist die Pflicht zur Aufstellung von Tarifen auf typische Nutzungshandlungen beschränkt.[224] Zweck des § 13 WahrnG ist einerseits die Gleichbehandlung aller gleich gelagerten Fälle im Interesse der Allgemeinheit[225]; andererseits soll der Verwertungsgesellschaft durch die Veröffentlichung der Tarife erspart werden, in jedem Einzelfall langwierige Verhandlungen zu führen[226]. Gem. § 13 Abs. 2 WahrnG ist die Verwer-

---

219 *Gerlach,* in: Wandtke/Bullinger, UrhR, § 6 WahrnG Rn. 2.
220 *Gerlach,* in: Wandtke/Bullinger, UrhR, § 11 WahrnG Rn. 1.
221 *Gerlach,* in: Wandtke/Bullinger, UrhR, § 11 WahrnG Rn. 9.
222 *Schricker,* in: Schricker/Loewenheim, UrhR, § 11 WahrnG Rn. 2.
223 *Gerlach,* in: Wandtke/Bullinger, UrhR, § 12 WahrnG Rn. 2.
224 *Gerlach,* in: Wandtke/Bullinger, UrhR, § 13 WahrnG Rn. 2; *Zapf,* S. 68.
225 *Zapf,* S. 68.
226 BT-Drucks. IV/271, S. 17.

tungsgesellschaft verpflichtet die aufgestellten Tarife und Änderungen im Bundesanzeiger zu veröffentlichen. Hierdurch soll Transparenz gefördert werden. Die aufgestellten Tarife werden als bindende Angebote eingeordnet[227], die der Nutzer annehmen kann. Bei der Gestaltung der Tarife sollen Verwertungsgesellschaften nach § 13 Abs. 3 S. 4 WahrnG auf religiöse, kulturelle und soziale Aspekte Rücksicht nehmen.

### *c) Einrichtung von Sozialwerken*

§ 8 WahrnG hält die Verwertungsgesellschaften an, Vorsorge- und Unterstützungseinrichtungen für die von ihnen vertretenen Rechteinhaber einzurichten, sog. Sozialwerke. Bei § 8 WahrnG handelt es sich um eine Sollvorschrift, die grundsätzlich zu beachten ist[228]. Sozialwerke sollen in Not geratene Künstler unterstützen und der Altersvorsorge dienen[229]. Als Modell diente dem Gesetzgeber die Sozialkasse der GEMA[230]. Die Sozialwerke werden durch einen festgeschriebenen Prozentsatz der Gesamteinnahmen bestimmter Nutzungsarten finanziert, der in der Regel – wie bei der GEMA – zehn Prozent beträgt.

### *d) Verteilung der Einnahmen*

Die Verteilung der Einnahmen gehört zu den Kernaufgaben einer Verwertungsgesellschaft und ist in § 7 WahrnG geregelt. Nach § 7 S. 1 WahrnG ist jede Verwertungsgesellschaft zur Aufstellung von Verteilungsplänen verpflichtet. Diese werden legal als feste Regeln zur Verteilung der Einnahmen an die Berechtigten entsprechend deren Anteil am erwirtschafteten Gesamtertrag der Verwertungsgesellschaft definiert (§ 7 S. 1 WahrnG). Der Verteilungsplan muss konkret genug sein, um ein willkürliches Vorgehen bei der späteren Verteilung zu verhindern[231]. Er unterliegt ebenfalls einem Willkürverbot, welches aus Art. 3 GG hergeleitet wird[232]. Gem. der Soll-Vorschrift in § 7 S. 2 WahrnG soll der Verteilungsplan dem Grundsatz der Förderung kulturell bedeutender Werke und Leistungen entsprechen[233]. Als Sollvorschrift ist § 7 S. 2 WahrnG grundsätzlich zwingend und eröffnet lediglich für atypische Ausnahmefälle die Möglichkeit von dem vorge-

227 *BVerfG*, GRUR 1997, 123.
228 *Gerlach*, in: Wandtke/Bullinger, UrhR, § 8 WahrnG Rn. 2.
229 *Vogel*, GRUR 1993, 513 (524 f.).
230 *Melichar*, in: Loewenheim, Hdb. d. UrhR, § 47 Rn. 42.
231 *Gerlach*, in: Wandtke/Bullinger, UrhR, § 7 WahrnG Rn. 1; *Zapf*, S. 102.
232 BVerfGE 4, 144 (155); *Gerlach*, in: Wandtke/Bullinger, UrhR, § 7 WahrnG Rn. 2; *Zapf*, S. 102.
233 *Gerlach*, in: Wandtke/Bullinger, UrhR, § 7 WahrnG Rn. 6.

sehenen Soll abzuweichen[234]. Eine grundlose Missachtung würde demnach einen Verstoß gegen § 7 S. 2 WahrnG darstellen[235].

### *e) Rechnungslegung und Prüfung*

Nach § 9 WahrnG sind die Verwertungsgesellschaften zur umfassenden Rechnungslegung und Prüfung verpflichtet, um der Allgemeinheit und den Berechtigten einen Überblick über die Geschäftsführung zu ermöglichen[236]. Vorgeschrieben sind dabei ein jährlicher Jahresabschluss und ein Lagebericht[237].[238] Die Norm dient vor allem dem Interesse der Berechtigten, der Aufsichtsbehörde und der Allgemeinheit an der Transparenz der Wahrnehmungstätigkeit.[239]

### *f) Auskunftspflicht*

Unter bestimmten Voraussetzungen verpflichtet § 10 WahrnG eine Verwertungsgesellschaft dazu, gegenüber Verwertern[240] Auskunft über das von ihr wahrgenommene Repertoire zu geben.[241] Den Verwertern soll hierdurch ermöglicht werden zu erfahren, von welcher Verwertungsgesellschaft sie die Nutzungsrechte erwerben müssen oder welcher Verwertungsgesellschaft sie Vergütungsansprüche zahlen müssen. § 10 WahrnG soll also die rechtmäßige Nutzung erleichtern und dient der Transparenz.[242]

## 5. Handlungsgrundsätze

Bei der Ausführung ihrer Aufgaben sind die Verwertungsgesellschaften angehalten, verschiedene Handlungsgrundsätze zu beachten.

---

234 *Gerlach,* in: Wandtke/Bullinger, UrhR, § 7 WahrnG Rn. 6; *Wolff/Bachof/Stober/Kluth,* S. 374 f.

235 *Melichar,* in: Loewenheim, Hdb. d. UrhR, § 47 Rn. 36; *Gerlach,* in: Wandtke/Bullinger, UrhR, § 8 WahrnG Rn. 6.

236 BT-Drucks. IV/271, S. 16.

237 Da Verwertungsgesellschaften nicht auf Gewinnerzielung ausgerichtet sind, sind die Begriffe im übertragenen Sinne zu verstehen. *Reinbothe,* in: Schricker/Loewenheim, UrhR, § 9 WahrnG Rn. 2.

238 *Gerlach,* in: Wandtke/Bullinger, UrhR, § 9 WahrnG Rn. 1.

239 *Riesenhuber,* ZUM 2004, 417 (417 f.).

240 Auskunftsansprüche von Berechtigten können sich aus § 6 WahrnG ergeben, *Riesenhuber,* ZUM 2004, 417 (417).

241 *Gerlach,* in: Wandtke/Bullinger, UrhR, § 10 WahrnG Rn. 1.

242 *Gerlach,* in: Wandtke/Bullinger, UrhR, § 10 WahrnG Rn. 1.

Zunächst gehört zu diesen der Grundsatz der Gleichbehandlung. Der Grundsatz der Gleichbehandlung greift vor allem bei der Verteilung der Einnahmen und der Tarifierung. Dementsprechend ist er in §§ 7 und 13 WahrnG normiert. Nach § 7 WahrnG sollen Einnahmen und Abzüge gerecht an die Berechtigten verteilt werden[243]. Dabei wird das Willkürverbot auf Art. 3 GG zurückgeführt[244]. Die Prämisse der Gleichbehandlung bezieht sich allerdings nicht nur auf die Mitglieder der Verwertungsgesellschaften, sondern auch auf die Nutzer. So ist der Gleichbehandlungsgrundsatz auch bezüglich der Aufstellung der Tarife gesetzlich verankert (§ 13 WahrnG). Die in § 13 WahrnG geforderte Tarifaufstellung soll eine Gleichbehandlung aller gleichgelagerten Fälle im Interesse der Allgemeinheit gewähren[245]. Auch die Europäische Kommission setzt sich für eine Gleichbehandlung ein. Ihr zufolge sollen sämtliche Mitglieder der Verwertungsgesellschaften, also Autoren, Verleger, Tonträgerhersteller und ausübende Künstler, gleich behandelt werden[246]. Dieser Grundsatz soll dabei für alle angebotenen Wahrnehmungsleistungen gelten[247].

Neben dem Gleichbehandlungsgrundsatz sollen Verwertungsgesellschaften transparent arbeiten[248]. Zum einen besteht ein Treuhandverhältnis zu den Rechteinhabern, die nur durch Transparenz in die Lage versetzt werden, das Handeln der Verwertungsgesellschaften selbst zu kontrollieren. Zum anderen unterliegen Verwertungsgesellschaften als Monopolunternehmen keiner Kontrolle durch den Markt. Schließlich nehmen Verwertungsgesellschaften Aufgaben im öffentlichen Interesse wahr, sodass auch eine Transparenzpflicht gegenüber der allgemeinen Öffentlichkeit besteht.[249] Normiert ist das Transparenzgebot in verschiedenen Vorschriften. § 13 Abs. 2 WahrnG schreibt für die Tarifaufstellung vor, dass die Verwertungsgesellschaft klarstellen muss, für welche Rechte und Ansprüche die Tarife gelten[250]. Auch bei der Verteilung der Einnahmen ist ein transparentes Vorgehen für die Rechteinhaber wichtig. So müssen die aufgestellten Verteilungspläne präzise genug sein, um im Voraus feststellen zu können, nach welchen Maßgaben die Beträge verteilt werden. Zudem werden die Verteilungspläne

---

243 *Kommission,* Empfehlung, Erwägungsgrund 10.

244 *Enquete Kommission „Kultur in Deutschland",* BT-Drucks. 16/7000, S. 273.

245 BT-Drucks. IV/271, S. 17; *Bezzenberger/Riesenhuber*, GRUR 2003, 1005 (1014); zu der Prüfung einer Ungleichbehandlung *BGH,* GRUR 1988, 782 (784 ff.) – GEMA-Wertungsverfahren und *OLG München*, ZUM 2002, 747 (748).

246 *Kommission,* Empfehlung, Erwägungsgrund 13.

247 *Kommission,* Empfehlung, Erwägungsgrund 10.

248 *Kommission,* Empfehlung, Erwägungsgrund 13.

249 *Enquete Kommission „Kultur in Deutschland",* BT-Drucks. 16/7000, S. 280.

250 *Schulze,* in: Dreier/Schulze, UrhG, § 13 UrhWG Rn. 4.

im Bundesanzeiger bekanntgemacht.[251] Auch §§ 9 und 10 WahrnG enthalten Regelungen, die das Transparenzgebot stützen, indem Verwertungsgesellschaften zur Rechnungslegung und Prüfung und zur Auskunft verpflichtet werden[252]. Darüber hinaus dient auch die in § 20 WahrnG normierte Unterrichtungspflicht gegenüber der Aufsichtsbehörde der Transparenz.[253] Laut der Europäischen Kommission sollen die Verwertungsgesellschaften gegenüber allen von ihnen vertretenen Mitgliedern regelmäßig über erteilte Lizenzen, anwendbare Tarife und eingenommene und ausgeschüttete Nutzungsgebühren Rechenschaft ablegen[254]. Dem Rechteinhaber soll durch Information eine Wahl in Bezug auf die zu beauftragende Verwertungsgesellschaft eröffnet werden. Zusätzlich soll er laut der Kommission unterrichtet werden, ob und wie viel von den Einnahmen „für andere Zwecke als die erbrachten Wahrnehmungsleistungen" einbehalten werden[255].

Bei ihrer Arbeit, insbesondere bei der Verteilung der Einnahmen, soll eine Verwertungsgesellschaft gem. § 7 S. 2 WahrnG darüber hinaus kulturell bedeutsame Werke fördern[256]. Die Förderung der kulturellen Vielfalt in der Musik kann mithin ebenfalls als Handlungsgrundsatz eingeordnet werden.

Darüber hinaus sollen Verwertungsgesellschaften wirtschaftlich arbeiten, also möglichst wenig Kosten verursachen.[257] Damit einher geht das „wirtschaftliche Gebot der Verhältnismäßigkeit"[258], welches die Verwertungsgesellschaften zu beachten haben, also den Grundsatz der sparsamen und effizienten Verwaltung[259]. Nach dem BGH muss die GEMA stets darum bemüht sein, „ihren Verwaltungsaufwand in einem angemessenen Verhältnis zu den Erträgen und zu dem damit erreichbaren Mehr an Verteilungsgerechtigkeit zu halten"[260].

## 6. Faktisches Monopol

Die kollektive Rechtewahrnehmung stellt eine Ausnahme im deutschen Rechtssystem dar. Sie führt zu einer faktischen Monopolstellung der Verwertungsge-

251 *Schulze,* in: Dreier/Schulze, UrhG, § 7 UrhWG Rn. 3.
252 Hierzu ausführlich *Riesenhuber*, ZUM 2004, 417.
253 *Riesenhuber*, ZUM 2004, 417 (417).
254 *Kommission,* Empfehlung, Erwägungsgründe 13 und 14.
255 *Kommission,* Empfehlung, Erwägungsgrund 11.
256 *Bezzenberger/Riesenhuber*, GRUR 2003, 1005 (1012); Siehe unten Kap. 1, E.
257 *Schulze,* in: Dreier/Schulze, UrhG, Vor § 1 UrhWG Rn. 4.
258 *BGH*, GRUR 1988, 782 (783) – GEMA-Wertungsverfahren.
259 *BGH*, GRUR 2002, 332 (334) – Klausurerfordernis.
260 *BGH*, GRUR 2005, 757 (761) – PRO-Verfahren.

sellschaften.[261] Das faktische Monopol der Verwertungsgesellschaften ist vom Gesetzgeber durchaus gewollt[262]. Denn Verwertungsgesellschaften können nur dann effektiv arbeiten, wenn sie eine möglichst große Anzahl von gleichartigen Rechten in einer Hand vereinigen[263]. Auch sollen durch das faktische Monopol die Transaktionskosten zugunsten der Nutzer reduziert werden[264]. Dies wird dadurch erreicht, dass eine einzige Verwertungsgesellschaft auf dem jeweiligen Gebiet tätig ist, anstatt vieler konkurrierender Gesellschaften, die mehrfach vergleichbar hohe Beträge für die jeweils anfallenden Kosten aufbringen müssten[265]. Zudem wird den Nutzern der Erwerb der jeweiligen Rechte erleichtert, indem sie in einer Hand vereinigt werden.[266] Ob die Verwertungsgesellschaften darüber hinaus ein gesetzliches Monopol erhalten sollten, war Hauptstreitpunkt vor Erlass des WahrnG. Bereits im Regierungsentwurf wurde von dieser Idee jedoch aufgrund verfassungsrechtlicher Bedenken[267] Abstand genommen.[268]

Ihre Monopolstellung können Verwertungsgesellschaften missbrauchen. Denkbar ist dem Gesetzgeber zufolge zunächst, dass die Verwertungsgesellschaft einzelnen Urhebern oder Inhabern verwandter Schutzrechte die Wahrnehmung ihrer Rechte verweigert[269]. Dadurch könne die Verwertungsgesellschaft die Betroffenen wirtschaftlich schwer schädigen, da diese regelmäßig zu einer selbstständigen Wahrnehmung ihrer Rechte nicht in der Lage seien. Den Verwertern könne eine Verwertungsgesellschaft für die Einräumung der erforderlichen Rechte unangemessen hohe Vergütungen abverlangen oder in sonstiger Weise unbillige Bedingungen stellen.[270]

Notwendige Folge des faktischen Monopols der Verwertungsgesellschaften sind der Wahrnehmungszwang gegenüber den Berechtigten (§ 6 WahrnG) und der Abschlusszwang gegenüber potentiellen Nutzern (§ 11 WahrnG).[271] Im Hinblick auf diese Regelungen ist das WahrnG eine direkte Folge des Monopols und eine positiv-rechtliche Ausformulierung von allgemeinen Grundsätzen des Wettbewerbsrechts.[272]

---

261 *Enquete Kommission „Kultur in Deutschland"*, BT-Drucks. 16/7000, S. 267.

262 *Schulze*, in: Dreier/Schulze, UrhG, Vor § 1 UrhWG Rn. 4.

263 BT-Drucks. IV/271, S. 11; *Schulze*, in: Dreier/Schulze, UrhG, Vor § 1 UrhWG Rn. 4.

264 *Gerlach,* in: Wandtke/Bullinger, UrhR, Vor §§ 1 ff. WahrnG Rn. 25.

265 *Schulze*, in: Dreier/Schulze, UrhR, Vor § 1 UrhWG Rn. 4.

266 *Becker*, in: Kreile u. a., Recht und Praxis der GEMA, Kap. 4 Rn. 26; *Steden,* S. 56 f.

267 Mit Hinweis auf das Apothekenurteil des BverfG, BVerfGE 7, 377.

268 BT-Drucks. IV/271, S. 10 f.; *Melichar*, in: Loewenheim, Hdb. d. UrhR, § 45 Rn. 17.

269 BT-Drucks. IV/271, S. 9 f.

270 BT-Drucks. IV/271, S. 9 f.; *Steden*, S. 58 f.

271 *Gerlach,* in: Wandtke/Bullinger, UrhR, § 11 WahrnG Rn. 1.

272 *Hauptmann,* S. 29.

Darüber hinaus wird das faktische Monopol der Verwertungsgesellschaften mehrfach korrigiert. Der marktbeherrschenden Stellung der Verwertungsgesellschaften soll zunächst durch die staatliche Aufsicht (§§ 18 ff. WahrnG) durch das DPMA Rechnung getragen werden[273]. Darüber hinaus erfolgt eine Missbrauchsaufsicht durch das Bundeskartellamt. Zum Ausgleich des faktischen Monopols wird den Verwertern das Schiedsstellenverfahren an die Hand gegeben[274]. Aber auch die treuhänderische Bindung der Verwertungsgesellschaften, also das Tätigwerden im Interesse der Rechteinhaber, korrigiert das faktische Monopol der Verwertungsgesellschaften.[275]

## II. Kontrolle der Verwertungsgesellschaften

Neben der Monopolstellung ergeben sich Missbrauchsgefahren auch aus der Treuhandstellung der Verwertungsgesellschaften. Dies hatte auch der Gesetzgeber erkannt. Die Urheber, die ihre Rechte der Verwertungsgesellschaft zur Wahrnehmung übertragen, vertrauten ihr damit einen wesentlichen Teil ihres Vermögens an. Daher müsse laut Gesetzgeber sichergestellt werden, dass dieses Vermögen sachgemäß verwaltet wird und die in Wahrnehmung der anvertrauten Rechte eingezogenen Vergütungen gerecht verteilt werden.[276] Diesen Gefahren könne wirksam nur durch eine staatliche Aufsicht über die Verwertungsgesellschaften und durch eine Abgrenzung ihrer Rechte und Pflichten begegnet werden. Dementsprechend unterstellt das WahrnG die Verwertungsgesellschaften der staatlichen Aufsicht des DPMA (§§ 18 ff. WahrnG). Jedoch werden Verwertungsgesellschaften nicht ausschließlich durch das Wahrnehmungsrecht kontrolliert. Rechtliche Regelungen finden sich – insbesondere auf europarechtlicher Ebene – auch im Bereich des Wettbewerbsrechts.

### 1. In Deutschland

In der Mehrzahl der Mitgliedstaaten der EU werden Verwertungsgesellschaften gesetzlich reguliert. Dies geschieht entweder im jeweiligen Urheberrechtsgesetz oder in einem speziellen Wahrnehmungsgesetz.[277] In Deutschland werden Ver-

---

273 BT-Drucks. IV/271, S. 9 f.

274 *Schulze,* in: Dreier/Schulze, UrhG, Kartellrecht/§24 UrhWG Rn.1.

275 *Hauptmann,* S. 29; *Steden,* S. 59.

276 BT-Drucks. IV/271, S. 10.

277 *Guibault/van Gompel,* in: Gervais, Collective Management of Copyright and Related Rights, S. 117 (125).

wertungsgesellschaften zum einen durch das WahrnG und zum anderen durch das GWB reguliert.

### *a) Staatliche Aufsicht nach dem WahrnG durch das DPMA*

Im internationalen Vergleich gilt das WahrnG als das umfassendste Regelwerk seiner Art[278]. Das WahrnG sieht nicht nur die Korrektur des Monopols durch einzelne Vorschriften, wie den Wahrnehmungs- und den Abschlusszwang, vor[279]. Es normiert darüber hinaus auch eine staatliche Aufsicht der Verwertungsgesellschaften in den §§ 18–20 WahrnG. Hierdurch sollen neben den Missbrauchsgefahren, die aus der Monopolstellung erwachsen, auch die Gefahren im Hinblick auf die Treuhandstellung minimiert werden.[280]

Fraglich ist indes die Rechtsnatur der Aufsicht. Die Aufsicht bezieht sich nicht nur auf die Prüfung der Rechtmäßigkeit des Handelns der jeweiligen Verwertungsgesellschaften, sondern berücksichtigt auch Zweckmäßigkeitsüberlegungen. Es kann sich somit nicht um eine reine Rechtsaufsicht handeln. Allerdings verfügt das DPMA als staatliche Aufsichtsbehörde über kein Selbsteintrittsrecht, wodurch auch eine Fachaufsicht ausgeschlossen ist. Die staatliche Aufsicht durch das DPMA ist demnach als Aufsicht sui generis einzuordnen.[281] Die Aufsicht besteht zum einen in dem präventiven Ansatz der Gründungskontrolle nach § 4 WahrnG und zum anderen in der repressiven ständigen Überwachung der Tätigkeit der Verwertungsgesellschaft. Dem präventiven Ansatz entsprechend unterliegen Verwertungsgesellschaften gem. § 1 Abs. 1 WahrnG einer Genehmigungspflicht. Die Erlaubnis wird nach §§ 2 S. 1, 18 WahrnG von der zuständigen Aufsichtsbehörde, also dem DPMA, im Einvernehmen mit dem Bundeskartellamt erteilt. Die Zustimmung des Bundeskartellamtes ist somit Wirksamkeitsvoraussetzung sowohl für die Erteilung der Genehmigung als auch für den Widerruf der Geschäftserlaubnis. Eine Erlaubnis kann nur erteilt werden, wenn kein Versagungsgrund nach § 3 WahrnG vorliegt. § 3 Abs. 1 Nr. 3 WahrnG stellt eine höhere Schwelle an die Genehmigung als die übrigen Versagungsgründe und ist daher für die Praxis von besonderer Bedeutung[282]. Gem. § 3 Abs. 1 Nr.3 WahrnG ist die Erlaubnis zu versagen, wenn die Verwertungsgesellschaft nicht über eine ausreichende wirtschaftliche Grundlage verfügt, um

278 *Riesenhuber*, S. 13; *Dietz,* S. 280; *Guibault/van Gompel,* in: Gervais, Collective Management of Copyright and Related Rights, S. 117 (127).

279 Siehe hierzu oben Kap. 1, D.1.4.a).

280 BT-Drucks. IV/271, S. 20.

281 *Gerlach,* in: Wandtke/Bullinger, UrhR, § 19 WahrnG Rn. 5; *Schulze,* in: Dreier/Schulze, UrhG, § 19 UrhWG Rn. 2; *Vogel,* GRUR 1993, 513 (529).

282 *Melichar,* in: Loewenheim, Hdb. d. UrhR, § 50 Rn. 5.

eine wirksame Rechtewahrnehmung gewährleisten zu können. Für die Beurteilung der Leistungsfähigkeit einer Verwertungsgesellschaft ist dabei unter anderem relevant, ob die jeweilige Verwertungsgesellschaft eine Wahrnehmung der Rechte im Ausland sicherstellen kann, also bspw. entsprechende Gegenseitigkeitsverträge mit ausländischen Verwertungsgesellschaften geschlossen hat.[283] § 19 Abs. 2 S. 1 WahrnG gibt dem DPMA ein geeignetes Aufsichtsmittel an die Hand. Danach kann das DPMA die Fortsetzung des Geschäftsbetriebs untersagen, wenn eine Verwertungsgesellschaft ohne Erlaubnis tätig wird.[284]

Die präventive Kontrolle wird ergänzt durch eine repressive Überwachung der Verwertungsgesellschaften. Dabei kommt der ständigen Überwachung der Verwertungsgesellschaften ein höherer Stellenwert zu[285]. Durch die staatliche Aufsicht soll gewährleistet werden, dass die Verwertungsgesellschaft ihren Verpflichtungen[286] gegenüber ihren Berechtigten, ihren Nutzern und der Allgemeinheit nachkommt (§ 19 Abs. 1 WahrnG).[287] Im Vordergrund steht bei der Überwachung in der Praxis die Kontrolle der Wahrnehmungsbedingungen und der Verteilungspläne der Verwertungsgesellschaften[288]. Dabei muss das DPMA von sich aus ständig kontrollieren, dass die Verwertungsgesellschaften die Pflichten aus dem WahrnG erfüllen[289]. Zu den zu beaufsichtigenden Pflichten gehören insbesondere der Kontrahierungszwang[290] nach §§ 6 und 11 WahrnG, das Willkürverbot[291] bei der Verteilung gem. § 7 S. 1 und 3 WahrnG und die Tarifaufstellungspflicht[292] nach § 13 Abs. 1 und Abs. 2 WahrnG.[293] Fraglich erscheint, ob auch die Soll-Vorschriften (§ 7 S. 2 WahrnG, § 8 und § 13 Abs. 3 S. 1 und S. 4 WahrnG) der Aufsicht unterliegen. Grundsätzlich jedoch sind die Verwertungsgesellschaften angehalten, die Soll-Vorschriften einzuhalten und können nur in Ausnahmefällen abweichen, sodass sich die Aufsicht idealer Weise auch auf diese Vorschriften erstreckt.[294] Daneben erstreckt sich die Aufsicht des

283 BT-Drucks. IV/271, S. 15.; *Heine*, S. 70; *Steden*, S. 60 ff.

284 *Gerlach*, in: Wandtke/Bullinger, UrhR, § 19 WahrnG Rn. 9.

285 *Schack*, Rn. 1136; *Steden*, S. 136.

286 Siehe zu den Pflichten der Verwertungsgesellschaften oben Kap.1, D.I.4.

287 *Gerlach*, in: Wandtke/Bullinger, UrhR, § 19 WahrnG Rn. 3.

288 *Schack*, Rn. 1135; *Vogel*, GRUR 1993, 513 (529).

289 *Gerlach*, in: Wandtke/Bullinger, UrhR, § 19 WahrnG Rn. 3, *Schulze*, in: Dreier/Schulze, UrhG, § 19 UrhWG Rn. 4.

290 Siehe oben Kap. 1, D.I.4.a).

291 Siehe oben Kap. 1, D.I.5.

292 Siehe oben Kap. 1, D.I.5.

293 *Gerlach*, in: Wandtke/Bullinger, UrhR, § 19 WahrnG Rn. 3.

294 *Gerlach*, in: Wandtke/Bullinger, UrhR, § 19 WahrnG Rn. 3.

DPMA auf die Überwachung der Einhaltung von Entscheidungen der Schiedsstelle oder der Gerichte[295].

Um die Verwertungsgesellschaften zur Erfüllung der Pflichten anzuhalten kann das DPMA nach § 19 Abs. 2 S. 2 WahrnG alle erforderlichen Maßnahmen treffen, um sicherzustellen, dass die Verwertungsgesellschaften ihre Pflichten ordnungsgemäß erfüllen. § 19 Abs. 2 S. 2 WahrnG ermächtigt das DPMA auch, Verwaltungsakte zu erlassen.[296] In der Praxis ist der Weg des formlosen Hinweises auf Verstöße üblich.[297] Je nach Art und Umfang der missachteten Verpflichtung, kann das DPMA es somit zunächst bei einem formlosen Hinweis belassen, die Verwertungsgesellschaft formell abmahnen oder Verwaltungsakte erlassen. Hierbei steht dem DPMA ein Ermessensspielraum zu.[298] Das DPMA ist hingegen nicht befugt, eigenmächtig im Sinne eines Eintrittsrechts anstelle der Verwertungsgesellschaft zu handeln, also bspw. Tarife zu korrigieren oder Mitgliederversammlungen einzuberufen.[299] Um die Aufsicht effektiv durchführen zu können, stehen dem DPMA neben den Befugnissen aus § 19 Abs. 2 WahrnG umfangreiche Auskunftsbefugnisse (§ 19 Abs. 3 WahrnG), Teilnahmerechte (§ 19 Abs. 4 WahrnG) und das Abberufungsrecht eines unzuverlässigen Vertretungsberechtigten einer Verwertungsgesellschaft (§ 19 Abs. 5 WahrnG) zu.[300] Zudem muss eine Verwertungsgesellschaft das DPMA über bestimmte Vorgänge innerhalb ihrer Organisation gem. § 20 WahrnG unaufgefordert unterrichten.[301]

*b) GWB*

Abgesehen von den Regelungen im WahrnG könnten Verwertungsgesellschaften auch den Vorschriften des GWB unterfallen. Das GWB unterwirft marktbeherrschende Unternehmen einer kartellrechtlichen Kontrolle. Verwertungsgesellschaften werden auch im kartellrechtlichen Sinne als marktbeherrschende Unternehmen eingeordnet.[302] Die Anwendbarkeit des GWB auf Verwertungsgesell-

---

295 *Reinbothe,* in: Schricker/Loewenheim, UrhR, § 19 WahrnG Rn.1; *Gerlach,* in: Wandtke/Bullinger, UrhR, § 19 WahrnG Rn. 4.

296 *Schulze,* in: Dreier/Schulze, UrhG, § 19 UrhWG Rn. 15.

297 *Arnold/Rehbinder*, UFITA Bd. 118 (1992), 203 (211); *Vogel*, GRUR 1993, 513 (530); *Gerlach,* in: Wandtke/Bullinger, UrhR, § 19 WahrnG Rn. 6.

298 *Gerlach,* in: Wandtke/Bullinger, UrhR, § 19 WahrnG Rn. 6.

299 *Gerlach,* in: Wandtke/Bullinger, UrhR, § 19 WahrnG Rn. 6; *Enquete-Kommission „Kultur in Deutschland"*, BT-Drucks. 16/7000, S. 278; *Häußer,* FuR 1980, 57 (62).

300 *Gerlach,* in: Wandtke/Bullinger, UrhR, § 19 WahrnG Rn. 10 f.

301 *Gerlach,* in: Wandtke/Bullinger, UrhG, § 20 WahrnG Rn. 1 f.

302 BT-Drucks. IV/271, S. 9, 11, 12, 17; *Gerlach,* in: Wandtke/Bullinger, UrhR, § 24 WahrnG Rn. 1; *Steden,* S. 65 f; zu Verwertungsgesellschaften als Unternehmen sui generis *Lerche*, ZUM 2003, 34.

schaften steht mithin außer Frage und wird durch § 18 Abs. 2 und Abs. 3 WahrnG bestätigt. Dabei ist das GWB neben den Vorschriften des WahrnG anwendbar, wobei sich die Gesetze zum Teil inhaltlich überschneiden[303].[304] Bis 2005 wurden Verwertungsgesellschaften gem. § 30 GWB a. F. in Hinblick auf ihre Bildung und Tätigkeit[305] im Wesentlichen vom Kartellverbot freigestellt.[306] Durch die siebte GWB-Novelle wurde die Sonderregelung des § 30 GWB a. F. mit Wirkung zum 13.7.2005 ersatzlos gestrichen. Dies beruhte auf der Weiterentwicklung des europäischen Kartellverfahrensrechts und den durch Art. 3 VO 1/2003[307] erweiterten Vorrang des europäischen Rechts gegenüber nationalem Recht. Art. 3 VO 1/2003 schreibt vor, dass in zwischenstaatlichen Sachverhalten eine Beurteilung durch das nationale Kartellrecht nicht von der Beurteilung nach Art. 101 Abs. 1 AEUV (Art. 81 Abs. 1 EG a. F.) abweichen darf.[308] Die Berechtigung für eine eigenständige nationale Regelung im Hinblick auf Verwertungsgesellschaften entfiel, da eine ausdrückliche Sonderregelung diesbezüglich im europäischen Recht nicht existiert[309]. Durch die Streichung des § 30 GWB a. F. ist die Bedeutung des GWB für die Kontrolle von Verwertungsgesellschaften gesunken. Sie findet vielmehr nach EU-Wettbewerbsrecht[310] statt.[311]

Möglich ist nach Art. 3 VO 1/2003 jedoch die mitgliedstaatliche Regelung einer Missbrauchsaufsicht. Dementsprechend besteht nach wie vor eine gegenüber Art. 102 AEUV (Art. 82 EG a. F.) strengere nationale Missbrauchskontrolle nach §§ 19, 20 GWB.[312] Die §§ 19, 20 GWB sind inhaltlich jedoch weitestgehend auch im WahrnG (§§ 6, 11 WahrnG) normiert, sodass ihnen im Hinblick auf die

303 So entspricht der Kontrahierungszwang nach §§ 6, 11 und 12 UrhWG weitgehend den Verpflichtungen, die §§ 19 und 20 GWB für marktbeherrschende Unternehmen vorsehen, *Gerlach*, in: Wandtke/Bullinger, UrhR, § 24 WahrnG Rn. 1.

304 *Gerlach*, in: Wandtke/Bullinger, UrhR, § 24 WahrnG Rn. 1.

305 Umfasst waren im Hinblick auf die Tätigkeit Verträge und Beschlüsse soweit sie zur wirksamen Wahrnehmung von Urheberrechten notwendig waren und der Aufsichtsbehörde gemeldet sowie die Gegenseitigkeitsverträge, *Möschel*, in: Immenga/Mestmäcker, GWB, § 30 Rn. 13. Nicht vorgesehen war jedoch eine Freistellung von §§ 19, 20 GWB, *Gerlach*, in: Wandtke/Bullinger, UrhR, § 24 WahrnG Rn. 7.

306 *Möschel*, in: Immenga/Mestmäcker, GWB, § 30 Rn. 13; *Gerlach*, in: Wandtke/Bullinger, UrhR, § 24 WahrnG Rn. 2 ff.

307 Verordnung (EG/1/2003) des Rates vom 16. Dezember 2002 zur Durchführung der in den Artikeln 81 und 82 des Vertrags niedergelegten Wettbewerbsregeln, Abl. L 1 v. 4.1.2003, S. 1.

308 *Nordemann*, GRUR 2007, 203 (204).

309 BT-Drucks. 15/3640, S. 49; *Gerlach*, in: Wandtke/Bullinger, UrhR, § 24 WahrnG Rn. 2.

310 Siehe unten Kap. 1, D.II.2.b).

311 *Heine*, S. 81 f.

312 *Lettl*, § 9 Rn. 1.

Kontrolle von Verwertungsgesellschaften keine eigenständige Bedeutung zukommt.[313]

## 2. In der EU

Ähnlich wie innerhalb Deutschlands kann auch hinsichtlich der Kontrolle innerhalb der EU zwischen der Kontrolle durch Urheberrechtswahrnehmungsrecht und Wettbewerbsrecht unterschieden werden.

### *a) EU-Wahrnehmungsrecht*

Zwar ist das Urheberrecht innerhalb des EWR[314] in weiten Teilen harmonisiert[315], eine gemeinschaftsweite Regelung, die dem deutschen WahrnG entspricht, existiert jedoch bislang nicht auf EU-Ebene.[316] Eine einheitliche Regelung wird allerdings gefordert[317]. Mittlerweile ist der Erlass einer Richtlinie durch die Kommission vorgesehen.[318]

Die Kommission hatte bereits in der Mitteilung „Die Wahrnehmung von Urheberrechten und verwandten Schutzrechten im Binnenmarkt" vom 16. April 2004[319] entsprechende Maßnahmen angekündigt und dargelegt, dass auch sie eine gesetzgeberische Initiative für notwendig hält.[320] Daraufhin machte die Kommission in Entscheidungen und der Empfehlung deutlich, dass sie eine Regulierung der kollektiven Wahrnehmung dadurch, dass die Verwertungsgesellschaften verstärkt in Wettbewerb zueinander treten müssen, befürwortet[321].

---

313 *Heine,* S. 81.

314 Die Regelungen in der EU zum geistigen Eigentum sind auf die EFTA-Staaten erstreckt worden und gelten damit im EWR, *v. Lewinski,* in: Walter, Eu. UrhR, Allgemeiner Teil Rn. 60.

315 Hierzu ausführlich *van Eechoud/Hugenholtz/van Gompel/Guibault/ Helberger,* S. 2 ff.; *v. Einem,* S. 200 ff.

316 *Reinbothe,* in: Ganea u. a.: FS für Dietz, S. 517 (521); *v. Einem,* S. 202 f.

317 *Goldmann,* S. 260; *Vogel,* GRUR 1993, 513 (431); *Dillenz,* in: Walter, Eu. UrhR, S. 66 (89 ff.); *Reinbothe,* S. 150 (160); *Dördelmann,* GRUR 1999; 890 (893); *Wirtz,* S. 235 ff.; *Heker,* GEMA-Jahrbuch 2010/2011, S. 9 (9).

318 *Kommission,* Pressemitteilung v. 19.5.2010 (MEMO/10/200), abrufbar unter: europa.eu/rapid/pressReleasesAction.do?reference=MEMO/10/200&format=HTML&aged=0&language=EN&guiLanguage=en (letzter Abruf am 24.1.2011).

319 *Kommission,* Mitteilung v. 16.4.2004 – Die Wahrnehmung von Urheberrechten und verwandten Schutzrechten im Binnenmarkt, KOM (2004) 261 endg.; vorausgegangen war der Mitteilung eine Anhörung durch die Kommission über die kollektive Verwaltung von Schutzrechten (Brüssel 13./14.11.2000).

320 *Dietz,* IIC 2004, 809 (818).

321 Siehe unten Kap. 2, B.II.1.b)aa); Kap. 2, B.III.; Kap. 2, B.IV.

Das Parlament hat in der Entschließung zu einem Gemeinschaftsrahmen für Verwertungsgesellschaften im Bereich des Urheberrechts und der verwandten Schutzrechte vom 15. Januar 2004[322] zu einer gemeinschaftsweiten Regulierung im Sinne eines Wahrnehmungsrechtes Stellung bezogen.[323] Dort äußerte sich das Parlament grundsätzlich positiv zu einer Regulierung der kollektiven Wahrnehmung, allerdings steht es einem Wettbewerbsansatz, den die Kommission favorisiert, kritisch gegenüber. Es möchte das faktische Monopol, das die Verwertungsgesellschaften national innehaben grundsätzlich nicht infrage stellen. Zudem betont es die sozialen und kulturellen Funktionen der Verwertungsgesellschaften.[324] Seine Bedenken gegenüber dem Wettbewerbsansatz der Kommission wiederholte das Parlament auch in weiteren Entschließungen[325].

Die Mitteilungen der Kommission und die Entschließungen des Parlamentes sind jedoch bloße Absichtserklärungen bzw. Stellungnahmen zu einer Regulierung der kollektiven Wahrnehmung. Die Richtlinie wurde noch nicht erlassen. Rechtswirksame Regelungen und demnach eine Kontrolle der Verwertungsgesellschaften über ein europarechtliches Wahrnehmungsrecht existieren somit nicht auf der Ebene der EU.

### *b) EU-Wettbewerbsrecht*

Allerdings könnten die nationalen Verwertungsgesellschaften durch EU-Wettbewerbsrecht reguliert werden. Gegenüber dem nationalen Wettbewerbsrecht ist die Bedeutung des EU-Wettbewerbsrechts für Verwertungsgesellschaften durch die VO I/2003 und die Streichung des § 30 GWB a. F. gestiegen. Vorschriften des EG-Wettbewerbsrechts finden sich in Art. 101–109 AEUV (Art. 81–89 EG a. F.). Die Art. 101 ff. AEUV sind auf Verwertungsgesellschaften anwendbar, wenn sie als Unternehmen einzuordnen sind und ihre Tätigkeit Zwischenstaatlichkeitsbezug aufweist. Dabei gelten für den Zwischenstaatlichkeitsbezug keine

---

322 *EP,* Entschließung v. 15.1.2004 zu einem Gemeinschaftsrahmen für Verwertungsgesellschaften im Bereich des Urheberrechtes und der verwandten Schutzrechte, ABl. C 92 E v. 16.4.2004, S. 425.

323 *Dietz,* IIC 2004, 809 (810 f.).

324 *EP,* Entschließung v. 15.1.2004 zu einem Gemeinschaftsrahmen für Verwertungsgesellschaften im Bereich des Urheberrechtes und der verwandten Schutzrechte, ABl. C 92 E v. 16.4.2004, S. 425 (427 f.); *Dietz,* IIC 2004, 809 (810 f.).

325 *EP,* Entschließung v. 13.3.2007 zu der Empfehlung 2005/737/EG der Kommission vom 18. Oktober 2005 für länderübergreifende kollektive Wahrnehmung von Urheberrechten und verwandten Schutzrechten, die für legale Online-Musikdienste benötigt werden, ABl. C 301 v. 13.12.2007, S. 64; Entschließung v. 25.9.2008 zur länderübergreifenden kollektiven Wahrnehmung von Urheberrechten und verwandten Schutzrechten für legale Online-Musikdienste, ABl. C 008 E v. 14.1.2010, S. 150.

hohen Anforderungen[326]. Verwertungsgesellschaften sind überregional tätig, sodass der erforderliche Zwischenstaatlichkeitsbezug vorliegt[327]. Darüber hinaus werden Verwertungsgesellschaften auch als Unternehmen i. S. v. Art. 101 und 102 AEUV eingeordnet, obwohl sie ohne Gewinnerzielungsabsicht tätig werden[328]. Für Verwertungsgesellschaften schließen dabei weder eine Freistellung nach nationalem Recht (§ 30 GWB a. F.) noch Art. 106 Abs. 2 AEUV (Art. 86 Abs. 2 EG a. F.) die Anwendbarkeit des EG-Wettbewerbsrechts aus[329]. Mithin sind die Art. 101 ff. AEUV auf Verwertungsgesellschaften anwendbar. Für Verwertungsgesellschaften von Bedeutung sind dabei insbesondere Art. 101 und 102 AEUV[330]. Die Kommission und der EuGH haben eine Reihe von Entscheidungen im Bereich der kollektiven Rechtewahrnehmung getroffen sowohl bezüglich Art. 102 AEUV als auch hinsichtlich Art. 101 AEUV. Dadurch haben sie die Reglementierungen im Hinblick auf Verwertungsgesellschaften inhaltlich ausgestaltet und die Kontrolle von Verwertungsgesellschaften durch das EG-Wettbewerbsrecht maßgeblich beeinflusst. So betreffen die Entscheidungen die Ausgestaltung des Verhältnisses der Verwertungsgesellschaften zu ihren Berechtigten[331]. Aber auch über das Verhältnis zu den Werknutzern[332] sowie die Beziehung von Verwertungsgesellschaften untereinander – insbesondere im Hinblick auf Gegenseitigkeitsverträge – wurde entschieden[333]. Art. 101 AEUV verbietet wettbewerbsbeschränkende Vereinbarungen, Beschlüsse und aufeinander abgestimmte Verhaltensweisen[334]. Art. 102 AEUV reglementiert eine Missbrauchsaufsicht. Es wird also insbesondere das vertikale Marktverhalten geregelt.[335] Dieser Regelung entsprechen die §§ 19, 20 GWB bzw. gehen über sie hinaus.

---

326 *Rehbinder*, in: Immenga/Mestmäcker, Wettbewerbsrecht, Art. 81 Abs. 1 EGV Rn. 264.

327 *Gerlach,* in: Wandtke/Bullinger, UrhR, § 24 WahrnG Rn. 1.

328 *Mestmäcker/Schweitzer,* § 30 Rn. 11.

329 *Goldmann,* S. 226.

330 *EuGH,* Slg. 1974, 313 (318) – BRT-II; *EuGH,* Slg. 1983, 483 (504) – GVL; *Kommission,* Entscheidung v. 2.6.1971, ABl. L 134 v. 20.6.1971, S. 15 (27) – GEMA-I; *Gerlach,* in: Wandtke/Bullinger, UrhR, § 24 WahrnG Rn. 7.

331 *EuGH,* Slg. 1974, 313 – BRT-II; *Kommission,* Entscheidung v. 2.6.1971, ABl. L 134 v. 20.6.1971, S. 15 (27) – GEMA-I; *Kommission,* Entscheidung v. 4.12.1981, ABl. L 94 v. 8.4.1982, S.12 (18) – GEMA-Satzung.

332 *EuGH,* Slg. 1981, 147 – Musik-Vertrieb Membran; *Europäische Kommission,* Entscheidung v. 2.6.1971, ABl. L 134 v. 20.6.1971, S. 15 (27) – GEMA-I.

333 *EuGH,* Slg. 1989, 2521 (2573) – Tournier; Slg. 1989, 2811 (2828) – Lucazeau; *Kommission,* Entscheidung v. 8.10.2002, ABl. L 107 v. 30.4.2004, S. 58 (Rn. 3) – IFPI „Simulcasting" (im Folgenden: Simulcasting-Entscheidung).

334 *v. Einem,* S. 209.

335 *v. Einem,* S. 210.

Ebenso kontrollieren §§ 6 und 11 WahrnG eine mögliche Ausnutzung der marktbeherrschenden Stellung der Verwertungsgesellschaften.

## III. Musikverwertungsgesellschaften

Musikverwertungsgesellschaften bestehen mittlerweile im gesamten EWR[336]. Sie sind regelmäßig über Verträge miteinander verbunden[337]. Ihre Organisation und Arbeitsweise ist auch aufgrund der fehlenden Harmonisierung des Wahrnehmungsrechtes innerhalb des EWR verschieden. Daher sollen neben den Verwertungsgesellschaften in Deutschland exemplarisch einzelne Verwertungsgesellschaften anderer Mitgliedstaaten vorgestellt werden.

### 1. In Deutschland

In Deutschland existieren zurzeit vier Verwertungsgesellschaften, die Musikrechte wahrnehmen: GEMA, GVL, VG Musikedition und die VG Werbung + Musik[338]. Die bedeutsamsten Musikverwertungsgesellschaften sind die GEMA und die GVL, was insbesondere durch deren Einnahmen verdeutlicht wird[339].

#### *a) GEMA*

Die GEMA nimmt seit über 100 Jahren in Deutschland die ihr von Komponisten, Textdichtern und Musikverlegern übertragenen Rechte wahr. Sie ist nicht nur die älteste, sondern auch die bekannteste und größte deutsche Verwertungsgesellschaft[340].

#### aa) Rechtsform

Die Rechtsform wird den Verwertungsgesellschaften nicht durch das WahrnG vorgeschrieben[341]. Sie können ihre Rechtsform mithin frei wählen. Die GEMA

---

336 *Kommission,* Monitoring of the 2005 Music Online Recommendation, v. 7.2.2008 (im Folgenden: Monitoring), S. 6, abrufbar unter: ec.europa.eu/internal_market/copyright/docs/management/monitoring-report_en.pdf (letzter Abruf am 25.1.2011).

337 Siehe hierzu unten Kap. 2, A.

338 Auflistung der Verwertungsgesellschaften bei *Seifert,* in: Schmidt u. a., UrhG, Einleitung zum UrhWahrnG Rn. 27.

339 Siehe oben Kap. 1, B.III.3.

340 *Seifert,* Schmidt u. a., UrhG, Einleitung zum UrhWahrnG Rn. 1 und Rn. 30.

341 Siehe oben Kap.1, D.I.1.

ist als wirtschaftlicher Verein gem. § 22 BGB kraft staatlicher Verleihung rechtsfähig und hat ihren Sitz in Berlin[342]. Diese Rechtsform hat zunächst den Vorzug, dass die persönliche Haftung ausgeschlossen ist und darüber hinaus jeder Berechtigte Mitglied werden und Mitbestimmungsrechte ausüben kann, ohne dass bei jeder Neuaufnahme ein Gesellschaftsvertrag abzuschließen ist. Dies ist insbesondere im Hinblick auf die hohe Anzahl an Berechtigten vorteilhaft.[343]

bb) Organisation

Die Organisation der GEMA ist durch ihre Rechtsform geprägt.

(1) Mitgliedschaft

Die Mitgliedschaft ist in §§ 6 ff. Satzung der GEMA geregelt. Mitglied kann werden, wer selbst Urheber ist oder einen Musikverlag betreibt. Diskutiert wurde die Möglichkeit der Mitgliedschaft durch Musikverleger, insbesondere wegen der hohen Beteiligungsquote der Musikverleger[344]. Denn die Musikverleger sind nicht nur Rechteinhaber, sondern auch Verwerter und können dadurch zu Gegenspielern der Urheber werden.[345] Der möglichen Interessenkollision möchte die GEMA durch verschiedene Formen der Mitgliedschaft Rechnung tragen[346]. Nach der vorgesehenen Unterteilung gibt es ordentliche, außerordentliche und angeschlossene Mitglieder[347]. Ordentliches Mitglied kann nur werden, wer bereits fünf Jahre Mitglied der GEMA ist und ein bestimmtes Mindest- und Durchschnittsaufkommen an GEMA-Tantiemen erworben hat[348]. Die ordentliche Mitgliedschaft setzt einen Antrag an den Vorstand voraus, welcher nach der Prüfung durch den Aufnahmeausschuss über die Aufnahme entscheidet[349]. Angeschlossene Mitglieder erfüllen weder die Voraussetzungen für die außerordentliche, noch für die ordentliche Mitgliedschaft. Sie sind keine Mitglieder i. S. d. Vereins-

342 § 1 Satzung der GEMA, abgedruckt im GEMA-Jahrbuch 2010/2011, S. 151 ff.

343 *Schulze*, NJW 1991, 3264 (3264).

344 *Goldmann*, S. 111; *Vogel*, GRUR 1993, 513 (519)

345 *Seifert*, in: Schmidt u. a., UrhG, Einleitung zum UrhWahrnG, Rn. 31.

346 *Müller*, S. 40; *Steden*, S. 52.

347 § 6 Satzung der GEMA. Derzeit zählt die GEMA 3343 ordentliche, 6406 außerordentliche und 54605 angeschlossene Mitglieder (Stand 31.12.2009), GEMA-Jahrbuch 2010/2011, S. 41.

348 *Seifert*, in: Schmidt u. a., UrhG, § 6 UrhWahrnG, Rn. 37.

349 *Seifert*, in: Schmidt u. a., UrhG, § 6 UrhWahrnG, Rn. 38.

rechts. Ihr Rechtsverhältnis zur GEMA beruht ausschließlich auf dem Wahrnehmungsvertrag.[350]

Nur die ordentlichen Mitglieder werden in der Satzung der GEMA mit den vollen Rechten ausgestattet. De facto bedeutet dies, dass ihnen ein aktives und passives Wahlrecht in der Mitgliederversammlung zusteht[351] und dass sie von der GEMA-Sozialkasse profitieren können[352]. Durch das Wahlrecht haben sie im Gegensatz zu den außerordentlichen und angeschlossenen Mitgliedern die Möglichkeit, Politik, Leitung und Verwaltung der GEMA zu beeinflussen. Außerordentliche Mitglieder nehmen hingegen nur mittelbar, d. h. über zuvor gewählte Delegierte an der Mitgliederversammlung teil[353]. Sie können dementsprechend nur indirekt Einfluss nehmen.

(2) Vereinsorgane

Die GEMA hat ihrer Rechtsform entsprechend drei Organe: die Mitgliederversammlung, den Aufsichtsrat und den Vorstand.

(a) Mitgliederversammlung

Die Mitgliederversammlung findet jährlich statt. Ihr obliegt die Entgegennahme des Geschäftsberichts und des Jahresabschlusses sowie die Entlastung des Vorstands und des Aufsichtsrates. Zudem entscheidet sie über die Wahl und die Abberufung der Mitglieder des Aufsichtsrates und der in ihre Zuständigkeit fallenden Ausschüsse und Kommissionen. Sie ernennt den Ehrenpräsidenten und verleiht Ehrenmitgliedschaften auf Vorschlag des Aufsichtsrates. Darüber hinaus beschließt sie Satzungsänderungen, Änderungen des Berechtigungsvertrages, des Verteilungsplans und die Auflösung des Vereins[354]. Bei der Beschlussfassung hat jedes ordentliche Mitglied eine Stimme. Sie erfolgt im sog. Kuriensystem, wonach jede Berufsgruppe, also Komponisten, Textdichter und Verleger, eine Stimme hat, die sie nur einheitlich ausüben kann. Bei wichtigen Beschlüssen, wie solchen über die Änderung der Satzung, des Berechtigungsvertrages oder des Verteilungsplans, muss zwischen den drei Berufsgruppen Einstimmigkeit

350 *Bezzenberger/Riesenhuber*, GRUR 2003, 1005 (1006); *Seifert*, in: Schmidt u. a., UrhG, § 6 UrhWahrnG Rn. 39. Die Voraussetzungen einer Mitgliedschaft sind in §§ 6 ff. Satzung der GEMA geregelt.

351 § 10 Ziff. 2 Satzung der GEMA.

352 § 5 Abs. 1 Satzung der GEMA-Sozialkasse, abgedruckt im GEMA-Jahrbuch 2010/2011, S. 387 ff.

353 § 12 Ziff. 2 Satzung der GEMA; Ausführlich hierzu *Müller*, S. 43 ff.

354 § 10 Ziff. 6 Satzung der GEMA.

herrschen. Die Abstimmung innerhalb der jeweiligen Berufsgruppe erfolgt dabei mit Zweidrittelmehrheit.[355]

(b) Aufsichtsrat

Der Aufsichtsrat umfasst 15 Mitglieder. Davon müssen sechs Komponisten, vier Textdichter und fünf Verleger sein.[356] Die Amtsdauer der Aufsichtsratmitglieder beträgt drei Jahre[357]. Die wesentlichen Aufgaben des Aufsichtsrates sind die Bestellung und Abberufung des Vorstands, dessen Kontrolle und die Mitwirkung bei der Aufstellung von Tarifen bzw. dem Abschluss von Gesamtverträgen. Darüber hinaus kann er auf Ausschüsse und Kommissionen Einfluss nehmen.[358]

(c) Vorstand

Der Vorstand bildet die Spitze der Verwaltung und vertritt die Belange der GEMA und ihrer Mitglieder in der Öffentlichkeit. Er besteht aus drei Mitgliedern[359] und vertritt die GEMA gerichtlich und außergerichtlich. Zudem ist er gegenüber dem Aufsichtsrat und der Mitgliederversammlung zum Bericht über die Geschäftsführung und das Geschäftsergebnis verpflichtet.[360]

cc) Rechteeinräumung

Essentiell für die kollektive Rechtewahrnehmung durch die GEMA ist die Rechteeinräumung. Diese erfolgt durch Wahrnehmungsverträge, Verträge mit Subverlagen sowie über die Verträge der GEMA mit ausländischen Verwertungsgesellschaften und Inkassoorganisationen.

(1) Wahrnehmungsvertrag

Durch den Wahrnehmungsvertrag wird das Rechtsverhältnis zwischen der Verwertungsgesellschaft und den Rechteinhabern geregelt. Dabei sind die Wahrnehmungsverträge nicht im WahrnG geregelt. Mithin fehlt es an einem gesetzlichen Leitbild.[361] Der Wahrnehmungsvertrag[362] der GEMA wird Berechtigungs-

---

355 *Kreile/Becker*, in: Moser/Scheuermann, Hdb. der Musikwirtschaft, S. 687 (691); *Müller*, S. 38.
356 § 13 Ziff. 1 Satzung der GEMA.
357 § 13 Ziff. 2 Satzung der GEMA.
358 § 13 Ziff. 3, 4 Satzung der GEMA.
359 Zur Zeit sind dies Dr. Harald Heker, Rainer Hilpert und Georg Oeller, GEMA-Jahrbuch 2010/2011, S. 17.
360 § 14 Satzung der GEMA.
361 *Dietz*, ZUM 2003, 41 (41); *Müller*, S. 48; *Riesenhuber*, S. 7.
362 Ausführlich hierzu *Mauhs*, S. 43 ff.

vertrag[363] (BerV) genannt. Die Rechtsprechung ordnet den Wahrnehmungsvertrag als urheberrechtlichen Nutzungsvertrag eigener Art ein, der Elemente des Auftrags, vor allem hinsichtlich der treuhänderischen Rechtsübertragung, und Elemente des Gesellschafts-, Dienst- und Geschäftsbesorgungsvertrages enthält.[364]

Beim Wahrnehmungsvertrag stehen die Abwägung des Verfügungsinteresses des Berechtigten und des Funktionsinteresses der Verwertungsgesellschaft im Vordergrund. Eine effiziente Struktur versuchen Verwertungsgesellschaften dadurch zu gewährleisten, dass sie sich möglichst viele kollektiv wahrnehmbare Rechte einräumen lassen und dies möglichst räumlich und zeitlich unbeschränkt, mit langer Kündigungsfrist und auch für zukünftig erst entstehende Rechte.[365] Inhaltlich steht also die Übertragung der Nutzungsrechte durch die Rechteinhaber an die Verwertungsgesellschaft im Vordergrund[366]. Dabei erlauben die grds. zulässigen Vorausverfügungen, dass im Wahrnehmungsvertrag auch Rechte an zukünftigen Werken übertragen werden[367]. Ebenso werden die Rechte an den neuartigen Verwertungsarten, wie bspw. der öffentlichen Zugänglichmachung, mittlerweile regelmäßig von den Wahrnehmungsverträgen erfasst. So hat die GEMA ihren Berechtigungsvertrag sukzessive durch sog. „Klarstellungen" um die Online-Rechte erweitert (§ 1 lit. h BerV). Diese Rechte gehen jedoch erst mit der schriftlichen Zustimmung des Rechteinhabers über. Die Mehrzahl der Wahrnehmungsberechtigten hat ihre Zustimmung mittlerweile erteilt. Die großen Verlage bzw. deren Subverlage haben der Erweiterung des Berechtigungsvertrages nicht zugestimmt[368]. Sie haben der GEMA im Wege eines Memorandum of Understanding zunächst[369] die Wahrnehmung der digitalen Nutzungsrechte gestattet[370].[371]

Grundsätzlich ist eine Begrenzung der Wahrnehmung auf ein bestimmtes Gebiet, z. B. das Verwaltungsgebiet der Verwertungsgesellschaft, möglich[372]. In

363 Abgedruckt im GEMA-Jahrbuch 2010/2011, S. 167 ff.

364 *BGH,* GRUR 1966, 567 (569) – GELU; *BGH,* GRUR 1968, 321 (327) – Haselnuß; *BGH,* GRUR 1982, 308 (309) – Kunsthändler; Ähnlich RGZ 87, 215 (220).

365 *Vogel,* GRUR 1993, 513 (525).

366 *Bezzenberger/Riesenhuber,* GRUR 2003, 1005 (1006).

367 *Schack,* Rn. 1352.

368 *Hansen,* in: Ensthaler/Weidert, Hdb. UrhR und Internet, Kap. 6 Rn. 96.

369 Im Hinblick auf die Vervielfältigungsrechte heißt das bis zu der Herausnahme dieser Rechte aus den Verwertungsgesellschaften. Siehe unten Kap. 2, C.

370 *Dustmann,* in: Fromm/Nordemann, UrhR, § 19a UrhG Rn. 33.

371 *Hansen,* in: Ensthaler/Weidert, Hdb. UrhR und Internet, Kap. 6 Rn. 96.

372 § 16 BerV i. V. m. § 3 Ziff. 2 Satzung der GEMA.

Praxi werden die Rechte der GEMA in der Regel jedoch zur weltweiten Wahrnehmung eingeräumt.[373]

Bei den Bestimmungen des Berechtigungsvertrages handelt es sich um AGB i. S. v. § 305 Abs. 1 BGB[374]. Über § 6 lit. a BerV werden Satzung und Verteilungsplan der GEMA in ihrer jeweils gültigen Form (dynamische Verweisung) Bestandteile des BerV.[375]

(2) Subverlagsverträge

Insbesondere große angloamerikanische Musikverlage, wie z. B. EMI Music Publishing Group, gründen Subverlage, welche jeweils in einem bestimmten europäischen Land agieren. Dazu übertragen die Majors den Subverlagen Kataloge an Rechten oder alle Rechte zur Auswertung in dem jeweiligen Subverlagsgebiet. Die Subverlage wiederum schließen mit der in ihrem Handlungsgebiet tätigen Verwertungsgesellschaft – in Deutschland also der GEMA – Wahrnehmungsverträge ab. Die als Subverlagsverträge bezeichneten Verträge sind demnach im eigentlichen Sinne ebenfalls Wahrnehmungsverträge.[376] Die Praxis der Subverlagsverträge ist weit verbreitet, was auf die Dominanz der angloamerikanischen Musikverlage zurückzuführen ist.[377]

(3) Verträge mit ausländischen Verwertungsgesellschaften und Inkassoorganisationen

Nutzungsrechte werden der GEMA auch durch Verträge mit ausländischen Verwertungsgesellschaften und Inkassoorganisationen eingeräumt. Dabei kann man Gegenseitigkeitsverträge als bilaterale Verträge und einseitige Verträge voneinander unterscheiden, wobei der Abschluss von Gegenseitigkeitsverträgen wesentlich häufiger ist[378]. International sind Verwertungsgesellschaften über Gegenseitigkeitsverträge miteinander verbunden. Dies sind bilaterale Verträge, in denen sich die Verwertungsgesellschaften wechselseitig zur Wahrnehmung

373 *Müller,* ZUM 2009, 121 (123).

374 *BGH,* GRUR 1986, 62 (65) – GEMA-Vermutung I; *BGH,* GRUR 1988, 296 (298) – GEMA-Vermutung IV; *BGH,* GRUR 2002, 332 (333) – Klausurerfordernis; *Bezzenberger/Riesenhuber,* GRUR 2003, 1005 (1007); *Mauhs,* S. 57; *Dünnwald,* in: Becker u. a., FS für Kreile, S. 161 (165); *Augenstein,* S. 73; *Riesenhuber,* S. 24.

375 *Bezzenberger/Riesenhuber,* GRUR 2003, 1005 (1007).

376 Ausführlich hierzu *Heine/Hauptfleisch,* in: Moser/Scheuermann, Hdb. der Musikwirtschaft, S. 310 (310 ff.); *Müller,* ZUM 2009, 121 (123).

377 *Steden,* S. 45; siehe hierzu oben Kap. 1, B.III.2.

378 So hat die GEMA bspw. im Jahr 2009 im Hinblick auf Aufführungs- und Senderechte insgesamt 75 Gegenseitigkeitsverträge und nur neun einseitige Verträge geschlossen, GEMA-Jahrbuch 2010/2011, S. 179 f.

ihrer Rechte ermächtigen. Sie verpflichten sich dabei, die Rechte der Mitglieder der Schwestergesellschaft zu den eigenen Konditionen wahrzunehmen und die erzielten Erlöse an die Schwestergesellschaft abzuführen. Durch das System der Gegenseitigkeitsverträge sind die Verwertungsgesellschaften in der Lage, auch das Repertoire der jeweils ausländischen Verwertungsgesellschaft und somit das Weltrepertoire wahrzunehmen, ohne einen eigenen Kontrollapparat in jedem Land unterhalten zu müssen.[379] Gegenseitigkeitsverträge basieren dabei insbesondere in der EU auf Standardverträgen[380].

Ist in einem Land keine oder eine nicht leistungsfähige Verwertungsgesellschaft tätig, schließen Verwertungsgesellschaften unilaterale Vereinbarungen mit Agenturen oder Inkassoorganisationen ab. In diesen Verträgen übertragen die Agenturen oder Inkassoorganisationen ihr Repertoire der GEMA[381]. Auch durch Verträge mit ausländischen Verwertungsgesellschaften und Inkassoorganisationen werden der GEMA somit Rechte eingeräumt.

dd) Lizenzierungspraxis

Die Lizenzierung ist ein wesentlicher Teil der Arbeit der GEMA. Daher sollen im Folgenden die Grundzüge der Lizenzierungspraxis dargestellt werden. Die Lizenzierung umfasst dabei die Lizenzierung von Werken gegenüber den Nutzern und die Gestaltung von Tarifen.

(1) Gesamtlizenzierung

In der Regel lizenziert die GEMA im Wege der sog. Gesamtlizenzierung. Das bedeutet, dass sie insbesondere im Rundfunk- und Sendebetrieb und im Gaststätten- und Diskothekengewerbe ihr Gesamtrepertoire[382] lizenziert und nicht Lizenzen nur für einzelne Werke vergibt. Sachlich wird die Gesamtlizenzierung damit begründet, dass sie gegenüber der Einzel- oder Teillizenzierung kostengünstiger ist[383]. Der EuGH hat diese Lizenzierungspraxis bestätigt[384]. Die Gesamtlizenz, die den Werknutzern freien Zugang zu dem Gesamtrepertoire und dadurch höchste Flexibilität bei der Auswahl der benutzten Werke gewährleiste, sei die

379 *Müller,* ZUM 2009, 121 (123); *Seifert,* in: Schmidt u. a., UrhG, Einleitung zum UrhWahrnG Rn. 49; *Steden,* S. 44.

380 Mustervertrag für das Aufführungs- und Senderecht gem. CISAC-Standardvertrag und Mustervertrag für das Vervielfältigungsrecht gem. BIEM-Standardvertrag, abgedruckt im GEMA-Jahrbuch 2010/2011 S. 237 ff. und 247 ff.

381 Übersicht im GEMA-Jahrbuch 2010/2011, S. 180 f.

382 Der Begriff „Gesamtrepertoire" steht für sämtliche Werke der E- und U-Musik.

383 *Reinbothe,* S. 152.

384 *EuGH,* Slg. 1989, 2521 (2579) – Tournier.

kostengünstigere Lizenzierung. Dennoch wird diese Lizenzierungspraxis auch kritisiert[385].

(2) Tarifgestaltung

Um die Gleichbehandlung der Nutzer zu gewährleisten, werden die Vergütungen für die jeweiligen Nutzungen im Vorhinein durch Tarife festgelegt. Daneben erspart sich die GEMA durch die Aufstellung von Tarifen Vertragsverhandlungen mit jedem einzelnen Nutzer.[386] Zur Aufstellung von Tarifen ist die GEMA nach § 13 Abs. 1 S. 1 WahrnG verpflichtet. Dabei stellt die GEMA Einzeltarife auf. Daneben gelten die in Gesamtverträgen verhandelten Vergütungssätze als Tarife (§ 13 Abs. 1 S. 2 WahrnG) und sind somit Teil der Tarifgestaltung. Einzeltarife beziehen sich stets auf eine bestimmte Musiknutzung. So gibt es bspw. Tarife, die auf die Nutzung von Musik im Rahmen von Aufführungen von Livemusik gelten oder aber Tarife für den Online-Bereich. Besteht für eine Nutzungsform noch kein Tarif, so ist der nächststehende Tarif heranzuziehen. Die Tarife müssen angemessen gestaltet werden (§ 11 WahrnG), wobei die Angemessenheit vermutet wird[387]. Rechtlich werden die Tarife als die Verwertungsgesellschaft bindende Angebote eingeordnet.[388] Tarife haben die Funktion, die von den Verwertungsgesellschaften geforderten Vergütungssätze als eine Art Preisliste zusammenzustellen[389]. Dem Nutzer steht dennoch grundsätzlich die Möglichkeit offen, die Vergütungssätze im Rahmen von § 11 WahrnG frei zu verhandeln. Da die Verwertungsgesellschaft nach § 11 WahrnG zur Gleichbehandlung verpflichtet ist, besteht für eine solche freie Verhandlung in der Praxis allerdings kein Spielraum. Stattdessen wird der jeweilige Tarif dann im Schiedsstellenverfahren oder durch ein Gericht überprüft.[390]

Gesamtverträge sind ebenfalls Teil der Tarifgestaltung. Ein Gesamtvertrag ist ein Rahmenvertrag[391], in dem eine Verwertungsgesellschaft, hier also die GEMA, mit einer Vereinigung einheitliche Nutzungsbedingungen für die mit den Mitgliedern der Vereinigung abzuschließenden Einzelverträge vereinbart.[392] Zum Abschluss eines Gesamtvertrages ist die GEMA verpflichtet, es sei denn der Abschluss des Vertrages ist ihr nicht zuzumuten. Das ist insbesondere dann

385 *Leßmann,* S. 117 f. und 222 f. m. w. N.

386 BT-Drucks. IV/271, S. 17.

387 *BGH,* GRUR 1974, 35 (38) – Musikautomat; *BGH,* GRUR 1983, 565 (567 f.) – Tarifüberprüfung II.

388 *Gerlach,* in: Wandtke/Bullinger, UrhR, § 13 WahrnG Rn. 3.

389 *BVerfG,* GRUR 1997, 123 (124) – Kopierladen I.

390 *Gerlach,* in: Wandtke/Bullinger, UrhR, § 13 WahrnG Rn. 3.

391 BT-Drucks. IV/271, S. 17.

392 *W. Nordemann,* in: Fromm/Nordemann, UrhR, § 12 UrhWahrnG Rn. 1.

der Fall, wenn die Vereinigung eine zu geringe Mitgliederzahl hat.[393] Ein Gesamtvertrag regelt vor allem die Höhe der Vergütung, aber auch die Zahlungsweise, d. h. auch die Zahlungsfristen sowie Art und Umfang von Auskunfts- und Meldepflichten auf Seiten des Nutzers[394]. Der Abschluss eines Gesamtvertrages hat für die Nutzer den finanziellen Vorteil des sog. Gesamtvertragsnachlasses in Höhe von in der Regel 20 Prozent gegenüber der sonst üblichen tariflichen Vergütung[395]. Für die GEMA hat der Abschluss den Vorteil, dass sie sich nur mit einem Vertragspartner auseinandersetzen muss und dass durch die Festlegung der wesentlichen Bedingungen ein Harmonisierungseffekt in der Administration eintritt[396], was eine Senkung des Verwaltungsaufwandes zur Folge hat. Steht der Gesamtvertrag fest, so gelten die darin vereinbarten Vergütungssätze kraft Gesetzes als Tarife (§ 13 Abs. 1 S. 2 WahrnG).[397] Ist der Gesamtvertrag abgeschlossen, sind die Mitglieder der Nutzervereinigung im Unterschied zu der GEMA noch nicht an ihn gebunden. Erst der Abschluss dieser Einzelverträge bindet die Mitglieder rechtlich. Regelmäßig werden die Einzelverträge dem Gesamtvertrag als Muster beigegeben.[398]

ee) Verteilung

Nachdem die in den Tarifen festgelegten Vergütungssätze von den Nutzern an die GEMA entrichtet wurden, zieht die GEMA von dem Aufkommen, das für die jeweilige Nutzungsart erzielt wurde, ihre Verwaltungskosten und zehn Prozent der Erträge aus den Aufführungs- und Senderechten für soziale und kulturelle Zwecke (§§ 7 S. 2 und § 8 WahrnG) ab[399]. Die nach diesen Abzügen verbleibende Verteilungssumme schüttet die GEMA nach den in den Verteilungsplänen festgelegten Abrechnungssystemen an die Berechtigten aus (§ 7 S. 1 WahrnG)[400]. Zurzeit gibt es einen Verteilungsplan für das Aufführungs- und Senderecht[401], einen für das mechanische Vervielfältigungsrecht[402] und einen vorläufigen Ver-

393 *W. Nordemann,* in: Fromm/Nordemann, UrhR, § 12 UrhWahrnG Rn. 1.

394 *Himmelmann,* in: Kreile u. a., Recht und Praxis der GEMA, Kap. 18 Rn. 116; *Strittmatter,* in: Moser/Scheuermann, Hdb. der Musikwirtschaft, S. 729 (734).

395 *Himmelmann,* in: Kreile u. a., Recht und Praxis der GEMA, Kap. 18 Rn. 119; *Gerlach,* in: Wandtke/Bullinger, UrhR, § 11 WahrnG Rn. 3.

396 *Gerlach,* in: Wandtke/Bullinger, UrhR, § 12 WahrnG Rn. 2.

397 *W. Nordemann,* in: Fromm/Nordemann, UrhR, § 12 UrhWahrnG Rn. 2.

398 *W. Nordemann,* in: Fromm/Nordemann, UrhR, § 12 UrhWahrnG Rn. 2.

399 *Müller*, S. 31 f.; Kritisch: *Hauptmann,* UFITA Bd. 126 (1994), 149; *Schack,* Rn. 1373; *Rehbinder*, Rn. 898.

400 Ausführlich zu dem Verteilungssystem *Goldmann*, S. 312 ff.

401 Abgedruckt im GEMA-Jahrbuch 2010/2011, S. 283 ff.

402 Abgedruckt im GEMA-Jahrbuch 2010/2011, S. 322 ff.

teilungsplan für den Nutzungsbereich Online[403]. Ein Verteilungsplan stellt sachlich eine Regelung über die Herausgabe des aus der Geschäftsbesorgung Erlangten (§ 667 BGB) dar[404]. Er wird kraft der Inkorporationsklausel des § 6 lit. a BerV Bestandteil des Berechtigungsvertrages[405]. Die einzelnen Regelungen des Verteilungsplans stellen AGB i. S. v. § 305 Abs. 1 BGB dar.[406] Dabei geschieht die Verteilung in zwei Stufen. Die erste Stufe wird durch die oben bezeichneten Verteilungspläne geregelt. Die Verteilung ist hier als Tantieme[407] ausgestaltet, d. h. als Vergütung, die sich vor allem aus dem aus der Verwertung erzielten Erlös für das einzelne Werk orientiert[408]. Die zweite Stufe besteht aus der sog. „Wertung". Geregelt ist sie in den „Geschäftsordnungen" für die Wertungsverfahren[409]. Bei der Wertung wird zwischen E-Musik und U-Musik sowie zwischen Komponisten, Textdichtern und Verlegern differenziert.[410] Die Wertung soll dem Gebot der kulturellen Förderung nach § 7 S. 2 WahrnG dienen[411]. Neben dem Gebot der kulturellen Förderung (§ 7 S. 2 WahrnG) und dem Solidarprinzip (§ 8 WahrnG) soll der Verteilungsplan auch dem Leistungsprinzip und dem Prinzip der kollektiven Wahrnehmung gerecht werden. Das Leistungsprinzip gebietet der Verwertungsgesellschaft, jedem Berechtigten einen Anteil der Gesamteinnahmen zu gewähren, der dem Wert der von ihm eingebrachten Rechte entspricht. Dieses Prinzip wird allerdings durch das Prinzip der kollektiven Rechtewahrnehmung bzw. der effizienten und kostengünstigen Verwaltung[412] begrenzt.[413]

*b) GVL*

Die GVL existiert seit 1959 und wurde von der Deutschen Orchestervereinigung und der Deutschen Landesgruppe der IFPI[414] gegründet. Sie nimmt die Leistungsschutzrechte der ausübenden Künstler, Tonträgerhersteller, Videoproduzen-

---

403 Abgedruckt im GEMA-Jahrbuch 2010/2011, S. 336 ff.

404 *Riesenhuber*, GRUR 2006, 201 (202)

405 *Bezzenberger/Riesenhuber*, GRUR 2003, 1005 (1006); Siehe oben.

406 *Müller*, S. 70.

407 Tantieme wird auch als „Verrechnung" bezeichnet. Die einzelne Ausschüttung an das Mitglied wird „Lizenzaufkommen" genannt.

408 *Zapf*, S. 105 f.

409 Abgedruckt im GEMA-Jahrbuch 2010/2011, S. 354 ff.

410 *Bezzenberger/Riesenhuber*, GRUR 2003, 1005 (1006); *Zapf*, 108.

411 *Bezzenberger/Riesenhuber*, GRUR 2003, 1005 (1006).

412 Siehe hierzu oben Kap.1, D.I.5.

413 *Riesenhuber*, GRUR 2006, 201 (202).

414 Die deutsche Sektion der IFPI ist im Jahr 2007 mit dem Bundesverband der Phonographischen Wirtschaft zum BVMI verschmolzen.

ten und Filmhersteller wahr.[415] Regelmäßig handelt es sich dabei um Vergütungsansprüche. Dabei nimmt die GVL ausschließlich die sog. Zweit-[416] und Drittverwertungsrechte[417] wahr. Die Erstverwertungsrechte[418] werden durch die Künstler oder Tonträgerhersteller selbst, d. h. individualvertraglich, wahrgenommen.

aa) Rechtsform

Im Unterschied zur GEMA wird die GVL in der Rechtsform der GmbH tätig[419] und hat ihren Sitz in Berlin[420].

bb) Organisation

Die GVL ist der Rechtsform der GmbH entsprechend organisiert. Sie hat zwei Gesellschafter, den BVMI und die DOV. Die GVL besteht aus vier Organen: den Geschäftsführern, der Gesellschafterversammlung, dem Beirat und der Berechtigtenversammlung.[421] Die beiden Geschäftsführer[422] der GVL sind für die Leitung der Gesellschaft zuständig. Die Geschäftsführung ist gegenüber der Gesellschafterversammlung verantwortlich. Die Gesellschafterversammlung besteht aus den Vertretern von DOV und BVMI und erstellt den Jahresabschlussbericht. Der aus 24 Leistungsschutzberechtigten bestehende Beirat ist das Vertretungsorgan der Berechtigten. Die eine Hälfte wird von der alle drei Jahre stattfindenden Berechtigtenversammlung gewählt[423], die andere Hälfte wird von der Gesell-

415 *Seifert,* in: Schmidt u. a., UrhG, Einleitung zum UrhWahrnG Rn. 9.

416 Zweitverwertung ist die Nutzung einer bereits fixierten Darbietung, z. B. durch die öffentliche Wiedergabe von CD's oder deren privates Kopieren, *Dünnwald,* in: Moser/Scheuermann, Hdb. der Musikwirtschaft, S. 708 (709); *Scholz,* S. 101.

417 Drittverwertung ist dann gegeben, wenn gesendete Tonträger öffentlich wiedergegeben oder privat aufgenommen werden. Ebenso fällt das Weiterleiten von Radio- und Fernsehsendungen durch Kabelnetzbetreiber in diesen Bereich, *Dünnwald,* in: Moser/Scheuermann, Hdb. der Musikwirtschaft, S. 708 (709); *Scholz,* S. 102.

418 Als Erstverwertung wird die Aufnahme bzw. Sendung von live dargebotener Musik bezeichnet, *Dünnwald,* in: Moser/Scheuermann, Hdb. der Musikwirtschaft, S. 708 (709); *Scholz,* S. 101.

419 *Schack,* Rn. 1304.

420 § 1 Abs. 2 Gesellschaftsvertrag der GVL (GesV); abrufbar unter: www.gvl.de/pdf/gesellschaftsvertrag.pdf (letzter Abruf am 25.1.2011).

421 *Scholz,* S. 100.

422 Gegenwärtig sind Dr. Tilo Gerlach und Guido Evers Geschäftsführer www.gvl.de/gvl-impressum.htm (letzter Abruf am 24.1.2011).

423 § 7 Abs. 3 GesV.

schafterversammlung berufen[424]. Dem Beirat kommt die Aufgabe zu, die von der Geschäftsführung verabschiedeten Verteilungspläne abzunehmen.[425] Zudem berät er die Geschäftsführer bei dem Abschluss von Gesamtverträgen und der Aufstellung von Tarifen[426].

cc) Rechteeinräumung

Die wahrzunehmenden Rechte erwirbt auch die GVL durch den Abschluss von Wahrnehmungsverträgen[427] oder aufgrund von mit ihren ausländischen Schwesterorganisationen abgeschlossenen Gegenseitigkeitsverträgen[428].[429]

dd) Lizenzierungspraxis

Die Lizenzierung erfolgt bei der GVL ähnlich wie bei der GEMA[430]. Einzelverträge über die Nutzung werden auch bei ihr auf der Grundlage der aufgestellten Tarife abgeschlossen[431]. Zurzeit existieren 16 unterschiedliche Tarife[432], die auf die jeweilige Nutzungsart zugeschnitten sind. Daneben ist auch die GVL als Verwertungsgesellschaft nach § 12 WahrnG verpflichtet, unter bestimmten Voraussetzungen Gesamtverträge abzuschließen.[433]

Die Einziehung der Lizenzgebühren für die Sendung von Tonträgern wird von der GVL selbst vorgenommen. Das Inkasso für die öffentliche Wiedergabe von Tonträgern und Sendungen hingegen übernimmt die GEMA. Dadurch wird der

---

424 § 7 Abs. 1 GesV.

425 *Dünnwald*, in: Moser/Scheuermann, Hdb. der Musikwirtschaft, S. 708 (713); *Scholz*, S. 99 f.

426 § 7 Abs. 4 GesV.

427 Die Wahrnehmungsverträge der GVL sind abrufbar unter: www.gvl.de (letzter Abruf am 24.1.2011).

428 Im Hinblick auf ausübende Künstler bestehen derzeit 21 Gegenseitigkeitsverträge mit ausländischen Schwestergesellschaften. Bezüglich Tonträgerherstellern existieren neun solcher Verträge. Bei Tonträgerherstellern ist es zudem üblich, dass Rechte an ausländischen Produktionen, die im Inland verbreitet werden, inländischen Lizenznehmern übertragen werden. Die inländischen Lizenznehmer bringen diese Rechte dann in die GVL ein. Kleinere Firmen (sog. Independent Firmen) haben solche Verträge mit Lizenznehmern nicht in sämtlichen Zielländern geschlossen. Sie können dann über einen Wahrnehmungsvertrag der GVL beitreten oder ihre Rechte durch die Verwertungsgesellschaft in ihrem Land wahrnehmen lassen, welche dann regelmäßig über Gegenseitigkeitsverträge mit der GVL verbunden sein wird.

429 *Schack*, Rn. 1348; *Scholz*, S. 110.

430 Siehe oben Kap. 1 III.1.a)dd).

431 *Schack*, Rn. 1360.

432 Die Tarife sind abrufbar auf der Website der GVL unter: www.gvl.de/gvl-tarife-download.htm (letzter Abruf am 24.1.2011).

433 *Schack*, Rn. 1359.

GVL die Einrichtung eines aufwendigen und kostenintensiven Außendienstes erspart. Auch das Inkasso für die Privatkopie wird nicht von der GVL selbst vorgenommen. Dieses führt die ZPÜ durch. Die ZPÜ wurde eigens für das Inkasso der Geräte- und Leermedienabgabe und deren Verteilung auf die jeweiligen Verwertungsgesellschaften 1989 durch die GEMA, die GVL und die VG Wort gegründet.[434]

ee) Verteilung

Ebenso wie bei der GEMA werden die Erträge, welche die GVL aus der Lizenzierung erzielt, nach Abzug ihrer Verwaltungskosten und den Ausgaben für soziale und kulturelle Zwecke i. H. v. fünf Prozent vom Gesamtaufkommen an die Rechteinhaber, also an die ausübenden Künstler und Tonträgerhersteller, verteilt.[435] Die Grundsätze der Verteilung sind in § 2 Abs. 4 GesV[436] festgelegt und die einzelnen Verteilungspläne werden jährlich vom Beirat beschlossen. Zunächst werden die Gelder zwischen den beiden Gruppen, also Tonträgerherstellern und ausübenden Künstlern, aufgeteilt[437]. Daraufhin findet die Verteilung innerhalb der jeweiligen Gruppe statt.[438] Das Verteilungssystem für ausübende Künstler richtet sich nach dem Maßstab der Erstverwertungsentgelte. Diesem liegt die Idee zugrunde, dass sich die Höhe der Vergütungen für die Zweit- und Drittverwertung an der Höhe der Erträge für die Erstverwertung orientieren soll.[439] Dies wird damit begründet, dass es schwerlich feststellbar sei, welche Leistung eines Musikers wirklich genutzt worden ist[440]. Ihre Vergütung bekommen die ausübenden Künstler jährlich ausgezahlt. Die Ausschüttung an die Tonträgerhersteller erfolgt nach Sendeminuten. Die Vergütung wird den Tonträgerherstellern dabei vierteljährlich ausgezahlt.[441]

---

434 *Scholz,* S. 103 f.

435 *Scholz, S.* 106.

436 Der GesV wird durch die Inkorporationsklausel in VII. des jeweiligen Wahrnehmungsvertrages Bestandteil des Rechtsverhältnisses zwischen GVL und Leistungsschutzberechtigtem.

437 § 2 Abs. 4 GesV.

438 *Dünnwald,* in: Moser/Scheuermann, Hdb. der Musikwirtschaft, S. 708 (711); *Scholz*, S. 107.

439 *Dünnwald,* in: Moser/Scheuermann, Hdb. der Musikwirtschaft, S. 708 (711).

440 *Dünnwald,* in: Moser/Scheuermann, Hdb. der Musikwirtschaft, S. 708 (712); *Scholz*, S. 109.

441 *Scholz,* S. 110.

## 2. Im EWR

Die Musikverwertungsgesellschaften im EWR unterscheiden sich zum einen im Hinblick auf ihre Binnenstruktur und zum anderen im Hinblick auf das Recht, dem sie unterworfen sind.

Zunächst soll auf die unterschiedliche Binnenstruktur eingegangen werden. In einigen Ländern[442] sind verschiedene Verwertungsgesellschaften für die mechanischen Rechte[443] und die Aufführungsrechte[444] zuständig. So ist in Frankreich die SDRM für mechanische Rechte und SACEM für Aufführungsrechte zuständig.[445] Die Gesellschaften arbeiten allerdings häufig zusammen, wo es eine effektive Lizenzvergabe erfordert. In Deutschland übernimmt die GEMA beide Bereiche. Zudem existieren innerhalb der EU Verwertungsgesellschaften, die nicht nur Musiker, sondern auch Künstler aus anderen Bereichen vertreten. So vertritt die belgische SABAM neben Musikern u. a. Dramaturgen, Choreographen, Übersetzer und Maler. Wie bei der GEMA so sind in den meisten europäischen Verwertungsgesellschaften nicht nur die Musikurheber, sondern auch Verleger den Verwertungsgesellschaften angeschlossen[446]. Es existieren jedoch ebenso Verwertungsgesellschaften, die wegen des möglichen Interessenkonfliktes ausschließlich Urheber vertreten. Dies sind die griechische AEPI, die polnische ZAIKS, die portugiesische SPA und die französische SACD.[447] Die englische Verwertungsgesellschaft MCPS ist ein Beispiel für das andere Extrem. Sie vertritt vorwiegend Musikverleger. Die MCPS nimmt mechanische Vervielfältigungsrechte in Großbritannien wahr[448]. Sie ist eine Tochtergesellschaft eines

442 Österreich, Frankreich, Irland und den Niederlanden.

443 Hierunter fallen insbesondere Vervielfältigungsrechte, *Kreile/Becker*, in: Moser/Scheuermann, Hdb. der Musikwirtschaft, S. 632 (657).

444 Hierzu zählen öffentliche Wiedergaberechte, also insbesondere das Sendrecht (§ 20 UrhG) und das Recht der öffentlichen Zugänglichmachung (§ 19a UrhG), *Kreile/Becker*, in Moser/Scheuermann, Hdb. der Musikwirtschaft, S. 632 (657).

445 *Kommission*, Study on a community initiative on the cross-border collective management of copyright vom 1. Juli 2005, abrufbar unter: ec.europa.eu/internal_market/copyright/docs/management/study-collectivemgmt_en.pdf (letzter Abruf am 25.1.2011), S. 58.

446 Zur Stellung der Musikverleger innerhalb der Verwertungsgesellschaften siehe oben Kap. 1, B.III.2.

447 *Kommission*, Impact assessment reforming cross-border collective management of copyright and related rights for legitimate Online Music Services v. 11.10.2005, abrufbar unter: ec.europa.eu/internal_market/copyright/docs/management/sec_2005_1254_en.pdf (letzter Abruf am 25.1.2011), S. 10.

448 Pendant zur MCPS ist PRS, welche die Aufführungsrechte wahrnimmt. Es handelt sich um zwei verschiedene Verwertungsgesellschaften, welche unter der Bezeichnung PRS For Music geführt werden, *ELIAMEP*, Collecting Societies and Cultural Diversity in the Music Sector – Study (im Folgenden: Study on collecting societies), S. 84.

Musikverlegerverbandes. Dementsprechend vertritt sie vorwiegend Verleger, auch wenn sie Urheber akzeptiert, und ist somit ein Beispiel für eine von Verlagen dominierte Verwertungsgesellschaft.[449]

Weitere Unterschiede zwischen den Verwertungsgesellschaften in Europa ergeben sich daraus, dass innerhalb der EU kein einheitliches Wahrnehmungsrecht existiert[450]. So ist bspw. die Kontrolle der Verwertungsgesellschaften innerhalb der einzelnen Mitgliedstaaten unterschiedlich ausgestaltet. Während bspw. in Spanien, Österreich und Deutschland eine Kombination aus Gründungs- und dauerhafter Kontrolle vorherrscht[451], unterliegen die Verwertungsgesellschaften in Frankreich nach der gesetzlichen Regelung in Art. L. 321 CPI zwar einer ständigen staatlichen Aufsicht, nicht aber einer Gründungskontrolle.[452] Die Tarifgestaltung wird von jeder Verwertungsgesellschaft unabhängig vorgenommen. Deshalb müssen sich Nutzer für dieselbe Lizenzierung bspw. bei der PRS for Music regelmäßig auf einen anderen Tarif einstellen als bei der GEMA.[453]

Gemein ist den Verwertungsgesellschaften in Europa, dass sie ohne Gewinnerzielungsabsicht arbeiten. Dies hat historische Gründe. Die Verwertungsgesellschaften wurden regelmäßig von den Rechteinhabern als Interessenvertretung bzw. Selbsthilfeorganisation gegründet, welche ihrer Funktion entsprechend nicht gewinnorientiert arbeiteten.[454]

## IV. Zusammenfassung

Das Recht der Verwertungsgesellschaften ist zu großen Teilen im WahrnG geregelt. Dort findet sich in § 1 Abs. 4 S. 1 i. V. m. § 1 Abs. 1 WahrnG auch die Definition der Verwertungsgesellschaft. Dabei sind sie vor allem für die wirtschaftliche Ausschöpfung von Musikwerken von Bedeutung. Ihre oberste Funktion respektive Aufgabe liegt dementsprechend darin, Entgelt für die Einräumung der Nutzungsrechte an den Werken ihrer Rechteinhaber zu kassieren. Darüber hinaus erfüllen Verwertungsgesellschaften aber auch weitere Funktionen. Um der Aufgabe der wirtschaftlichen Ausschöpfung im Sinne der Rechteinhaber nachzukommen, erteilen sie Nutzungserlaubnisse für Werke bzw. ein bestimmtes

---

449 *Heine*, S. 101.

450 Siehe oben Kap.1, D.II.2.a).

451 Eine Übersicht zu der Aufsicht über Verwertungsgesellschaften in Europa findet sich bei *Bing*, S. 281.

452 *Schack*, Rn. 1323.

453 *Heine*, S. 101 f.

454 *Corbet*, in: Peeperkorn/van Rij, Collecting Societies in the Music Business, S. 22 (22 f.); *Heine*, S. 102.

Repertoire, ziehen die vereinbarten Vergütungen ein und schütten diese nach einem bestimmten Verteilungsplan an die Rechteinhaber aus. Diese Tätigkeit wird im WahrnG im zweiten Abschnitt, der die Rechte und Pflichten der Verwertungsgesellschaften normiert, geregelt. Hierzu gehört der doppelte Kontrahierungszwang (§§ 6 und 11 WahrnG) und die Pflicht, Tarife aufzustellen (§ 13 WahrnG). Auch die Verteilung von Einnahmen (§ 7 WahrnG) und die Einrichtung von Sozialwerken (§ 8 WahrnG) sowie die Pflicht zur umfassenden Rechnungslegung und Prüfung (§ 9 WahrnG) und die Auskunftspflicht (§ 10 WahrnG) sind dort geregelt. Verwertungsgesellschaften sollen bei ihrer Tätigkeit bestimmten Handlungsgrundsätzen Rechnung tragen. Sie sind der Gleichbehandlung verpflichtet und sollen transparent arbeiten. Darüber hinaus sollen sie die kulturelle Vielfalt fördern und den Grundsatz der sparsamen und effizienten Verwaltung beachten. Eine Besonderheit der Verwertungsgesellschaften gegenüber herkömmlichen Unternehmen besteht darin, dass sie ein faktisches Monopol innehaben, welches vom Gesetzgeber auch gewollt ist. Dieses Monopol führt neben der Treuhandstellung zu Missbrauchsgefahren, welche eine Kontrolle der Verwertungsgesellschaften notwendig machen. Dementsprechend sieht das WahrnG eine staatliche Kontrolle der Verwertungsgesellschaften (§§ 18 ff. WahrnG) vor, welche sowohl in einer präventiven als auch in einer repressiven Form stattfindet. Auch über das GWB werden Verwertungsgesellschaften kontrolliert. In seiner Bedeutung steht das GWB allerdings hinter dem europäischen Wettbewerbsrecht zurück, was auf die Streichung des § 30 GWB a. F. zurückzuführen ist.

Die bedeutendsten Musikverwertungsgesellschaften in Deutschland sind die GEMA und die GVL. Dabei ist deren Binnenstruktur von der Rechtsform abhängig. Während die GEMA als Verein organisiert ist, agiert die GVL in der Rechtsform der GmbH. Die für die Wahrnehmung der Rechte essentielle Rechteeinräumung findet ihre Causa bei beiden Verwertungsgesellschaften zum einen im Abschluss von Wahrnehmungsverträgen und zum anderen im Abschluss von Gegenseitigkeitsverträgen mit ausländischen Schwestergesellschaften. Auch die Verteilung vollzieht sich bei beiden Gesellschaften ähnlich. Die Einnahmen werden nach Abzug des Verwaltungsaufwandes und Abzug eines festen Prozentsatzes für soziale und kulturelle Zwecke an die Berechtigten ausgeschüttet. Lizenzen werden bei GVL und GEMA auf der Grundlage von nach § 13 Abs. 1 S. 1, Abs. 2 WahrnG aufgestellten Tarifen erteilt. Bei der Kontrolle und dem Inkasso bedient sich die GVL dabei zum Teil der Strukturen der GEMA. Mittlerweile existieren im gesamten EWR Musikverwertungsgesellschaften.

Unterschiede zwischen den in der EU agierenden Verwertungsgesellschaften ergeben sich zum einen hinsichtlich ihrer Binnenstruktur und zum anderen im Hinblick auf das Recht, dem sie unterworfen sind.

# E. Kulturelle und soziale Gesichtspunkte

Bei der kollektiven Wahrnehmung von Musikrechten sollten kulturelle und soziale Gesichtspunkte nicht übergangen werden.

Die Urheberrechtsgesetzgebung ist in Deutschland auch durch kulturpolitische Motive geprägt[455]. Das BVerfG leitet die Verantwortung des Staates für geistiges Eigentum und die Pflicht zu gesetzgeberischem Handeln im Bereich des Urheberrechts aus Art. 1 und Art. 5 Abs. 3 GG ab[456]. Musik ist Kultur- und Allgemeingut und hat damit einen bedeutenden Stellenwert für die Gesellschaft. Verwertungsgesellschaften können durch ihre Tätigkeit maßgeblich Einfluss auf die kulturelle Vielfalt nehmen[457]. Zunächst machen Verwertungsgesellschaften Kulturgüter für die Allgemeinheit verfügbar.[458] Bestärkt wird dies durch den Abschlusszwang nach § 11 WahrnG. Zudem leisten Verwertungsgesellschaften dadurch einen wesentlichen Beitrag für die kulturelle Vielfalt, dass sie „Helfer des Urhebers gegenüber den Werknutzern sind"[459]. Die Tätigkeit der Verwertungsgesellschaften, also die kollektive Rechtewahrnehmung, ist regelmäßig Voraussetzung für die wirtschaftliche Partizipation des Künstlers an seinen Werken[460]. Hierdurch wird die kulturelle Vielfalt gefördert, indem ein Anreiz gegeben wird, Musik zu schaffen.[461] Dementsprechend wird der kulturellen Vielfalt und Förderung kulturell bedeutender Werke auch im WahrnG (§ 7 S. 2, § 13 Abs. 3 und § 6 WahrnG) Rechnung getragen. Durch den Appell an die Verwertungsgesellschaften in § 7 S. 2 WahrnG zur Förderung kulturell bedeutender Werke soll kulturelle Vielfalt noch über die eigentliche kollektive Wahrnehmung hinaus unterstützt werden. Dadurch soll ein Ausgleich zwischen populären und kommerziell nicht erfolgreichen, aber kulturell bedeutsamen Werken stattfinden.[462] Deutlich wird die Bedeutung kultureller Aspekte auch durch die im WahrnG vorgesehene Tarifgestaltung (§ 13 WahrnG), die sich eben nicht am

455 *Bing*, S. 53 ff.
456 BVerfGE 35, 78 (113); BVerfGE 36, 321 (331); BVerfGE 81, 208 (219, 221); *Bing*, S. 80 f.
457 *ELIAMEP*, Study on collecting societies, S. 17 f.
458 *Lerche*, ZUM 2003, 34 (36).
459 *Enquete Kommission „Kultur in Deutschland"*, BT-Drucks. 16/7000, S. 267.
460 Siehe oben Kap. 1 C.II.
461 *Lerche*, ZUM 2003, 34 (36).
462 *Kurth*, puk Nr. 06/07, 27 (27).

tatsächlichen Marktwert orientiert. In Praxi bedeutet das, dass ein populäres Werk genauso viel kostet, wie ein erfolgloses Musikstück. Hierdurch werden schwächere Marktteilnehmer geschützt. Dieser Schutz wird durch den in § 6 WahrnG enthaltenen Wahrnehmungszwang[463] verstärkt, wonach Verwertungsgesellschaften verpflichtet sind, auch wirtschaftlich schwächere Künstler zu vertreten.[464] Nach diesen gesetzlichen Regelungen richten sich die deutschen Verwertungsgesellschaften und sehen sich dabei als „Träger staatsentlastender Tätigkeit“[465].

Auch im AEUV werden kulturelle Gesichtspunkte berücksichtigt. In Art. 167 AEUV (Art. 151 EG a. F.) ist das Gebot der kulturellen Rücksichtnahme verankert. Nach diesem Gebot soll die Union bei ihrer Tätigkeit kulturellen Aspekten Rechnung tragen, vor allem der Wahrung und Förderung der Vielfalt ihrer Kulturen. Damit soll den Geboten der kulturellen Rücksichtnahme der Vorrang eingeräumt werden in dem Konflikt zwischen der möglichst konsequenten Durchsetzung der Gebote des Binnenmarktes und dem Schutz der Vorbehaltsrechte der Mitgliedstaaten im kulturellen Bereich.[466] Darüber hinaus ist der Schutz des Urheberrechtes an Werken der Literatur und Kunst laut EuGH[467] zu den dem Gemeinwohl dienenden Zielen der Gemeinschaft zu zählen. Auf internationaler Ebene bringt insbesondere das UNESCO-Übereinkommen über den Schutz und die Förderung der Vielfalt kultureller Ausdrucksformen vom 20.10.2005[468], welches am 18.3.2007 in Kraft getreten ist, zum Ausdruck, dass die kulturelle Vielfalt zu bewahren ist.[469]

„Träger staatsentlastender Tätigkeit“ sind Verwertungsgesellschaften aber nicht nur im Hinblick auf kulturelle Aspekte. Sie übernehmen auch soziale Aufgaben. § 8 WahrnG sieht vor, dass die Verwertungsgesellschaften Vorsorge- und Unterstützungseinrichtungen für ihre Rechte oder Ansprüche einrichten.[470] Diese Einrichtungen, auch Sozialwerke genannt, unterstützen in Not geratene Künstler und Publizisten und dienen der Altersvorsorge. Die Verwertungsgesellschaften ziehen zur Unterhaltung dieser Einrichtungen einen bestimmten Prozentsatz

---

463 Siehe oben Kap. 1, D.I.4.a).

464 *Enquete Kommission „Kultur in Deutschland“*, BT-Drucks. 16/7000, S. 278 f.

465 *Herschel*, UFITA Bd. 50 (1967), 22 (22 ff.); *Becker*, in: Kreile u. a., Recht und Praxis der GEMA, Kap. 4 Rn. 9.

466 *EuGH*, Slg 1998, I-1971 (1979) – Metronome Musik; *Schwarze*, ZUM 2003, 15 (21); *Rabe*, in: Riesenhuber, Wahrnehmungsrecht in Polen, Deutschland und Europa, S. 174 (176 f.).

467 *EuGH*, Slg 1998, I-1971 (1979) – Metronome Musik.

468 *UNESCO*, Übereinkommen zum Schutz und zur Förderung der Vielfalt kultureller Ausdrucksformen v. 20.10.2005, abrufbar unter: www.unesco.ch/uploads/media/142919.de_02.pdf (letzter Abruf am 25.1.2011).

469 Ausführlich hierzu *Dietz*, MR-Int 2008, 59.

470 *Melichar*, in: Loewenheim, Hdb. d. UrhR, § 47 Rn. 42.

ihres Gesamtaufkommens vor der Verteilung an die Berechtigten ab[471].[472] Die Vergabe sozialer Leistungen wird dabei auch als „historische Teilfunktion"[473] der Verwertungsgesellschaften und als „Wesensmerkmal und Grundprinzip kontinentaleuropäischer Verwertungsgesellschaftstradition"[474] bezeichnet.

Kulturelle und soziale Gesichtspunkte spielen mithin eine bedeutende Rolle bei der kollektiven Wahrnehmung[475].

# F. Kollisionsrechtliche Problemfelder

Insbesondere im Online-Bereich ist die Nutzung von Musik nicht an territoriale Grenzen gebunden. Sowohl Verwerter als auch Verleger und Verwertungsgesellschaften handeln international. Dadurch kommt es zu kollisionsrechtlichen Problemen. Das Verständnis des Urheberrechts im kontinentaleuropäischen Droit d'auteur-System und im US-amerikanischen[476] Copyright-System unterscheiden sich grundlegend voneinander. Da aber die US-amerikanische Musik einen großen wirtschaftlichen Anteil in der Musikindustrie ausmacht und angloamerikanische Musik einen festen Platz in Deutschland einnimmt[477], kommt es in diesem Bereich auch in der Praxis häufig zu Kollisionen. Die Frage, welches Recht zur Anwendung kommt, wenn ein Sachverhalt vorliegt, der beide Rechtssysteme betrifft, spielt insbesondere bei den seit der Empfehlung gegründeten Initiativen innerhalb der EU im Online-Musikbereich eine Rolle, da diese europaweite Lizenzen vergeben[478].

## I. Mögliche Kollisionen

Kollisionen können insbesondere aufgrund der unterschiedlichen Grundkonzeption des US-amerikanischen Copyright und des kontinentaleuropäischen Urhe-

---

471 Siehe oben Kap. 1, D.III.1.a)ee); *Rehbinder*, Rn. 898; Kritisch hierzu *Schack*, Rn. 1373 ff.

472 *Schulze*, in: Dreier/Schulze, UrhG, § 8 UrhWG Rn. 4.

473 *Dillenz*, GRUR Int. 1997, 315 (325).

474 *Kreile/Becker*, in: Moser/Scheuermann, Hdb. der Musikwirtschaft, S. 593 (607).

475 *Enquete Kommission „Kultur in Deutschland"*, BT-Drucks. 16/7000, S. 267.

476 Das Copyright-System herrscht auch in anderen Ländern (Japan, Großbritannien) vor. Hier soll jedoch exemplarisch auf das US-amerikanische System eingegangen werden, da es für den Musikmarkt die größte Bedeutung besitzt.

477 *Nordemann/Nordemann*, in: Ohly u. a., FS für Schricker, S. 473 (473).

478 Siehe unten Kap. 2, C.

berrechts entstehen[479]. Während sich das kontinentaleuropäische Urheberrecht dem Schutz des Autors und der Verbindung zu seinem Werk verpflichtet[480], wird das Copyright in den USA als wirtschaftliches Recht angesehen, welches im Interesse der Allgemeinheit gewährt wird[481].[482] Es bevorzugt dabei denjenigen, der die Entstehung eines Werkes bewirkt.[483] Kollisionen ergeben sich bereits aus der unterschiedlichen Bestimmung der Rechteinhaberschaft. Im Droit d'auteur-System wird nach dem sog. Schöpferprinzip derjenige Urheber, der das Werk geschaffen hat (§ 7 UrhG[484])[485]. Ähnliches gilt zunächst auch im US-amerikanischen System. Hier wird der Schöpfer des Werkes ebenfalls Erstinhaber des Copyrights[486]. Etwas anderes ergibt sich allerdings, wenn hinter dem Künstler ein Arbeitgeber oder Auftraggeber steht. Dann greift die sog. „work made for hire"-Doktrin[487]. Nach der „work made for hire"-Doktrin gilt der Arbeitgeber oder Auftraggeber des Werkes als Schöpfer. So werden z. B. Produzenten oder andere Geldgeber originär Rechteinhaber.[488] Aus der Sicht des kontinentaleuropäischen Systems ist diese Bestimmung der Urheberschaft nahezu absurd[489]. Die „work made for hire"-Doktrin ist mit dem Schöpferprinzip unvereinbar, sie steht ihm sogar diametral entgegen. Hier kommt es somit zu einer Kollision. Aus der unterschiedlichen Grundkonzeption resultieren weitere Kollisionen, die von grundlegender Art sind. So kann das Urheberrecht in Deutschland nach § 29 Abs. 1 UrhG nicht übertragen werden, der Urheber kann lediglich Nutzungsrechte einräumen.[490] Im US-amerikanischen Copyright hingegen ist die vollständige Übertragbarkeit des Urheberrechts ein Grundsatz.[491] Darüber hinaus wird im kontinentaleuropäischen Urheberrecht mit dem Urheberpersönlichkeitsrecht auch

479 Dabei soll hier nur auszugsweise auf einige Kollisionen eingegangen werden.

480 *Ulmer,* UrhR, S. 105 ff.; *Haedicke,* S. 7; *Hubmann,* ZUM 1988, 4; *Nordemann/Nordemann,* in: Ohly u. a., FS für Schricker, S. 473 (473).

481 *Weiche,* S. 66.

482 *Boytha,* MR-Int 2008, 53 (53).

483 *Nordemann/Nordemann,* in: Ohly u. a., FS für Schricker, S. 473 (473).

484 Da sich die Grundkonzeption der kontinentaleuropäischen Länder nicht unterscheidet, wird hier exemplarisch das deutsche UrhG herangezogen.

485 *Nordemann/Nordemann,* in: Ohly u. a., FS für Schricker, S. 473 (475).

486 17 U.S.C. § 201 (a) S. 1; *Weiche,* S. 67.

487 17 U.S.C. § 201 (b) „Works Made for Hire – In the case of a work made for hire, the employer or other persons for whom the work was prepared is considered the author for purposes of this title, and, unless the parties have expressly agreed otherwise in a written instrument signed by them, owns all of the rights comprised in the copyright."

488 *Haedicke,* S. 13; *Nordemann/Nordemann,* in: Ohly u. a., FS für Schricker, S. 473 (475); Weiche, S. 67.

489 *Nordemann/Nordemann,* in: Ohly u. a., FS für Schricker, S. 473 (476).

490 *Nordemann/Nordemann,* in: Ohly u. a., FS für Schricker, S. 473 (475).

491 *Weiche,* S. 66.

die persönliche Beziehung des Urhebers zu seinem Werk geschützt (§ 11 S. 1 UrhG). Urheberpersönlichkeitsrechte sind dem US-amerikanischen Urheberrecht fremd, sie können allenfalls auf vertraglicher Ebene vorgesehen werden.[492]

Auch die Regulierung von Verwertungsgesellschaften ist in den USA wesentlich anders gestaltet als in Deutschland. So fehlt es an einer gesetzlichen Anerkennung der US-amerikanischen Verwertungsgesellschaften (sog. Performing Rights Societies)[493]. Die USA verlassen sich insoweit auf die Antitrust-Gesetzgebung und eine richterrechtlich nach dem Minimalprinzip ausgestaltete Anerkennung. In den USA fehlt es dementsprechend an einer Spezialkontrolle der Verwertungsgesellschaften. Diese werden über Kartellrecht reguliert.[494] Die Verwertungsgesellschaften unterliegen auch nicht bestimmten Transparenzpflichten[495]. Darüber hinaus verfügen die Verwertungsgesellschaften in den USA nicht wie in Deutschland über ein faktisches Monopol, sondern stehen in Wettbewerb zueinander[496]. Die Verwertungsgesellschaften unterscheiden sich dabei auch in ihrer Organisation von den deutschen Verwertungsgesellschaften[497].

## II. Anwendbares Recht

Es kommt mithin zu einer Kollision der Rechte. Fraglich erscheint, welches Recht dann zur Anwendung gelangt.

### 1. Territorialitätsprinzip

Unter der Bezeichnung „Territorialitätsprinzip“ werden zwei Fragestellungen diskutiert, welche auch als sachenrechtlicher Gehalt und als kollisionsrechtlicher Gehalt des Territorialitätsprinzips bezeichnet werden können.[498]

---

492 *Haedicke,* S. 14.

493 Der Begriff Performing Rights Societies berücksichtigt, dass in den USA ausschließlich Verwertungsgesellschaften für Aufführungsrechte existieren. Als solche sind in den USA die ASCAP, BMI und SESAC tätig.

494 *Goldmann,* S. 261 ff.

495 *Goldmann,* S. 121.

496 *Goldmann,* S. 117 f.

497 *Goldmann,* S. 120.

498 *Mäger,* S. 33 ff.

*a) Sachenrechtlicher Gehalt*

Der kollisionsrechtlichen Frage, nach welchem Recht ein bestimmter Sachverhalt beurteilt wird, ist die „sachenrechtliche" Frage vorgelagert, ob ein weltweit einheitliches Urheberrecht existiert.[499] Dies ist strittig.

aa) Territorialitätsprinzip

Nach einer Ansicht[500] ist das Urheberrecht materiellrechtlich ein territorial begrenztes Recht[501]. Es entfaltet also nur innerhalb des Gebietes Deutschlands Wirkung. Umgekehrt gelten ausländische Normen nicht innerhalb Deutschlands, so dass ausländisches Urheberrecht, mithin auch das Copyright des Common Law, für inländische Tatbestände keinerlei Wirkung entfaltet (Territorialitätsprinzip). Danach gibt es kein einheitliches weltweites Urheberrecht, sondern „ein Bündel nationaler, im Wesentlichen voneinander unabhängiger Urheberrechte"[502].[503]

bb) Universalitätsprinzip

Nach einer anderen Ansicht[504] existiert ein einheitliches weltweites Urheberrecht, welches durch das Ursprungsland bestimmt wird (sog. Universalitätsprinzip).[505] Für das Urheberrecht sei das Territorialitätsprinzip verfehlt. Seine Auswirkungen diskriminierten insbesondere Ausländer.[506]

---

499 *Mäger*, S. 33 ff.; *Hoeren/Altemark*, GRUR 2010, 16 (18).

500 *BGH*, MMR 1998, 35 – Spielbankaffaire; *Nordemann/Nordemann*, in: Ohly u. a., FS für Schricker, S. 473 (476); *Nordemann-Schiffel*, Bröcker/Czychowski/Schäfer, Rn. 77; *Katzenberger*, in: Schricker/Loewenheim, UrhR, Vor §§ 120 ff. Rn. 120 ff.; *Schulze*, in: Dreier/Schulze, UrhG, § 1 UrhWG Rn. 19; *Seifert*, in: Schmid u. a., UrhG, Einleitung zum UrhWahrnG Rn. 49; *Ulmer*, UrhR, S. 80 ff.; *Gaster*, ZUM 2006, 8 (8 ff.); *Thum*, GRUR Int 2001, 9 (12).

501 *Ulmer*, in: Holl/Klinke, Internationales Privatrecht Internationales Wirtschaftsrecht, S. 257 (262); *Ulmer*, UrhR, S. 22, 515 f.

502 *Nordemann-Schiffel*, in: Bröcker/Czychowski/Schäfer, Praxishandbuch Geistiges Eigentum im Internet, Rn. 77.

503 *Nordemann/Nordemann*, in: Ohly u. a., FS für Schricker, S. 473 (476); *Katzenberger*, in: Schricker/Loewenheim, UrhR, Vor §§ 120 ff. UrhG Rn. 120 ff.; *Schulze*, in: Dreier/Schulze, UrhG, § 1 UrhWG Rn. 19; *Seifert*, in: Schmid u. a., UrhG, Einleitung zum UrhWahrnG Rn. 49; *Ulmer*, UrhR, S. 80 ff.; *Gaster*, ZUM 2006, 8 (8 ff.).

504 *Neuhaus*, Rabels Z. 40. Jg. 1976, 191 (191 ff.); *Drobnig*, Rabels Z., 40. Jg. 1976, 195 (195 ff.); *Schack*, Rn. 919 ff.

505 Ausführlich hierzu *Strömholm*, in: Ganea u. a., FS für Dietz, S. 533 ff.

506 *Schack*, Rn. 918.

cc) Stellungnahme

Die letztgenannte Ansicht verkennt im Hinblick auf die Frage der Rechtsinhaberschaft, dass sich das Urheberrecht wesentlich vom Sachenrecht des BGB unterscheidet. Den Werken des Urhebers fehlt es an einer Belegenheit in einem bestimmten Land.[507] Insbesondere Musikwerke im Onlinebereich können weltweit wiedergegeben bzw. wahrnehmbar gemacht werden. Die Belegenheit eines Werkes kann aus der Sicht des internationalen Urheberrechts nur in einem übertragenen Sinne dahin beantwortet werden, dass sie überall da belegen ist, wo eine Verwertung des Werkes erfolgt oder infrage steht[508]. Hieran hat sich auch durch die zunehmende grenzüberschreitende Verwertungstätigkeit aufgrund der Digitaltechnik nichts geändert[509]. Zudem kann das Universalitätsprinzip zu ungerechten Ergebnissen führen. Hierzu kann als Beispiel das Verhältnis zwischen Filmhersteller und -urheber angeführt werden. Der Hersteller eines Filmes wählt regelmäßig den Ort der Erstveröffentlichung aus. Bestimmt er hierbei einen Staat, der in der Frage der originären Inhaberschaft mit der Regel „works made for hire" seinen Interessen den Vorzug gibt, würde dies unter Geltung des Universalitätsprinzips zu einer weltweiten Benachteiligung der Urheber führen[510]. Hinzuweisen ist auch auf die Probleme hinsichtlich der Bestimmung des Ursprungslandes bei Werken, die im Internet erstveröffentlicht werden[511]. Der zweiten Ansicht kann demnach nicht gefolgt werden. Mithin ist für die Frage des anwendbaren Rechts das Territorialitätsprinzip maßgeblich.

*b) Kollisionsrechtlicher Gehalt – Schutzlandprinzip*

Aus dem sachenrechtlichen Territorialitätsprinzip, wonach es ein „Bündel" von verschiedenen nationalen Urheberrechten gibt, folgt das dem deutschen urheberrechtlichen internationalen Privatrecht zuzuordnende Schutz- und Verwertungslandprinzip (lex loci protectionis)[512]. Das Schutzlandprinzip macht den kollisionsrechtlichen Gehalt des Territorialitätsprinzips aus.[513] Das Schutzlandprinzip

---

507 Hierzu ausführlich *Ulmer,* in: Holl/Klinke, Internationales Privatrecht Internationales Wirtschaftsrecht, S. 257 (259 ff.).

508 *Ulmer,* in: Holl/Klinke, Internationales Privatrecht Internationales Wirtschaftsrecht, S. 257 (262); *Ulmer*, UrhR, S. 22, 515 f.

509 *Katzenberger,* in: Schricker/Loewenheim, UrhR, Vor §§ 120 ff. UrhG Rn. 120.

510 *Katzenberger,* in: Schricker/Loewenheim, UrhR, Vor §§ 120 ff. UrhG Rn. 122.

511 Hierzu ausführlich *Thum*, GRUR Int 2001, 9 ff.

512 *Nordemann/Nordemann,* in: Ohly u. a., FS für Schricker, S. 473 (476); *Katzenberger,* in: Schricker/Loewenheim, UrhR, Vor §§ 120 ff. UrhG Rn. 124.

513 *Mäger,* S. 33 ff.

bestimmt, dass das Recht desjenigen Staates anzuwenden ist, für dessen Gebiet Rechtsschutz begehrt wird[514]. Mit der am 11.1.2009 in Kraft getretenen Rom II[515] ist das Schutzlandprinzip durch deren Art. 8 Abs. 1 Rom II auch positiv-rechtlich geregelt. Das Recht des Schutzlandes gilt dann für sämtliche Rechtsfragen. Es handelt sich also um eine allseitige Kollisionsnorm[516]. So hat der BGH[517] entschieden, dass das Recht des Schutzlandes bestimmt, wer Rechteinhaber ist, welchen Schutzinhalt das Urheberrecht hat und welche Ansprüche bei Verletzung bestehen und ob das Urheberrecht übertragbar ist.[518] Dem Schutzlandprinzip stehen wiederum die Anhänger des Universalitätsprinzips entgegen, welche das Recht des Ursprungslandes anwenden. Aus den oben genannten Gründen kann dieser Ansicht jedoch nicht gefolgt werden. Mithin ist das Schutzlandprinzip anzuwenden. In Fällen, in denen bspw. für das Gebiet Deutschlands Rechtsschutz begehrt wird, ist somit deutsches Recht anzuwenden. Das gilt auch für Fragen der Rechtewahrnehmung, welche das WahrnG betreffen.[519]

## 2. Vertragsstatut

Hingewiesen werden soll darüber hinaus auf das Vertragsstatut, welches im Bereich des Urhebervertragsrechts neben dem Territorialitätsprinzip zur Anwendung kommt[520]. Das Vertragsstatut deckt die vertragliche Dimension ab, im Urheberrecht also die Frage der vertraglichen Nutzungsrechteeinräumung. Hier ist die Einheitstheorie die herrschende Meinung, welche Verpflichtungs- und Verfügungsgeschäfte dem Vertragsstatut unterstellt. Grundsätzlich werden Verträge hiernach nach dem von den Vertragsparteien gewählten Recht beurteilt (Art. 3 Rom I[521]). Haben die Parteien keine Rechtswahl getroffen, kommt das Recht des

---

514 *BGH,* MMR 1998, 35 (36 f.) – Spielbankaffaire; *Gerth,* S. 110; *Katzenberger,* in: Schricker/Loewenheim, UrhR, §§ 120 ff. UrhG Rn. 129.

515 Verordnung (EG/864/2007) des Europäischen Parlamentes und des Rates über das auf außervertragliche Schuldverhältnisse anzuwendende Recht v. 11.7.2007, ABl. Nr. L 199 v. 31.7.2007, S. 40.

516 *Mäger,* S. 35.

517 *BGH,* MMR 1998, 35 (36 f.) – Spielbankaffaire.

518 *Schricker,* MMR 1998, 39 (39).

519 *Schulze,* in: Dreier/Schulze, UrhG, § 1 UrhWG Rn. 19; *Hoeren/Altemark,* GRUR 2010, 16 (17).

520 *Mäger,* S. 41.

521 Verordnung (EG/593/2008) des Europäischen Parlamentes und des Rates vom. 17. Juni 2008 über das auf vertragliche Schuldverhältnisse anzuwendende Recht (Rom I), ABl. L 177 v. 4.7.2008, S. 6.

Ortes zur Anwendung, an dem die charakteristische Leistung erbracht wird oder sonst die wesentlichen Punkte des Vertrages zusammenlaufen (Art. 4 Rom I).[522]

## III. Zusammenfassung

Zwischen dem angloamerikanischen Copyright und dem kontinentaleuropäischen Urheberrechtsystem kommt es zu Kollisionen. Insbesondere bei Fragestellungen zur Rechteinhaberschaft oder Rechteübertragung kommt das Schutzlandprinzip zur Anwendung, wonach das Recht des Staates anzuwenden ist, für dessen Gebiet Schutz begehrt wird. Das Schutzlandprinzip bezeichnet den kollisionsrechtlichen Gehalt des Territorialitätsprinzips. Es folgt aus dem sachenrechtlichen Gehalt des Territorialitätsprinzips, wonach es ein Bündel unterschiedlicher Urheberrechtsordnungen gibt. Das Vertragsstatut findet Anwendung, wenn es um die vertragliche Dimension geht.

---

522 *Nordemann/Nordemann,* in: Ohly u. a., FS für Schricker, S. 473 (479).

# Kapitel 2: Wahrnehmung von Online-Musikrechten im Europäischen Wirtschaftsraum

Im EWR herrscht die kollektive Rechtewahrnehmung vor[523]. Bis zur Empfehlung der Kommission war die Rechtewahrnehmung von Online-Musikrechten durch das System der Gegenseitigkeitsverträge geprägt. Bereits 1965, bei der Schaffung des WahrnG, hat der Gesetzgeber auf das System der Gegenseitigkeitsverträge als beispielgebend hingewiesen[524]. Mittlerweile bestehen Gegenseitigkeitsverträge zwischen Verwertungsgesellschaften sämtlicher Mitgliedstaaten.[525] Immanent war diesem System, dass eine Verwertungsgesellschaft für das Repertoire der ausländischen Verwertungsgesellschaft ausschließlich Lizenzen erteilen konnte, die auf ihr Verwaltungsgebiet beschränkt sind[526]. Verwertungsgesellschaften konnten mittels Gegenseitigkeitsverträgen Lizenzen für die Online-Nutzung am Weltrepertoire vergeben, jedoch mit einer territorialen Begrenzung auf ihr Verwaltungsgebiet, also dem Land, in dem die jeweilige Verwertungsgesellschaft tätig ist. Das System der Rechtewahrnehmung innerhalb des EWR, also auch das der Gegenseitigkeitsverträge, unterlag in den letzten Jahren im Online-Bereich einer rasanten Entwicklung. Insbesondere die Empfehlung der Kommission ist ausschlaggebend für den noch stets andauernden Wandel des Systems. Mittlerweile können die Verwertungsgesellschaften innerhalb Europas für die Online-Nutzung von Musikwerken nicht mehr das Weltrepertoire lizenzieren, da insbesondere die großen angloamerikanischen Musikverlage ihr Repertoire aus den nationalen Verwertungsgesellschaften herausgenommen haben. Die Verlage haben ihre Rechte sodann in Initiativen eingespeist, über welche eine europaweite Lizenzierung stattfindet. Auch das CISAC-Verfahren hat, insbesondere aufgrund der Neuverhandlung der Gegenseitigkeitsverträge in diesem Bereich, das System der Rechtewahrnehmung beeinflusst.

---

523 Siehe oben Kap. 1, C.III.

524 BT-Drucks. IV/271, S. 9.

525 *Mestmäcker/Schweitzer*, § 30 Rn. 22.

526 Art. 1 CISAC/BIEM-Standardverträge, GEMA-Jahrbuch 2010/2011, S. 237 ff.

# A. Traditionelles System der Gegenseitigkeitsverträge

Zunächst soll jedoch das traditionelle System der Gegenseitigkeitsverträge erläutert werden. Dieses herrscht insbesondere im Offline-Bereich vor. Im Online-Bereich wurde das traditionelle System z. T. weiterentwickelt[527].

## I. Regelgrundsätze

Dazu sollen die Gegenseitigkeitsverträge zunächst definiert und rechtlich eingeordnet werden, bevor ihre Bedeutung als Grundlage der internationalen Rechtewahrnehmung erörtert wird. Darüber hinaus wird dargestellt, welchen Inhalt die Gegenseitigkeitsverträge haben und welche Funktionen sie erfüllen.

### 1. Definition, rechtliche Einordnung und Ausgestaltung

Ein Gegenseitigkeitsvertrag ist ein Vertrag zwischen zwei nationalen Verwertungsgesellschaften, durch den sich diese Verwertungsgesellschaften einander das Recht einräumen, in dem Gebiet, in welchem sie jeweils tätig sind, für die lizenzpflichtige Nutzung von Musikstücken des jeweiligen Repertoires der vertragsschließenden Verwertungsgesellschaften, an denen Mitgliedern der anderen Gesellschaft Urheberrechte zustehen, die erforderliche Erlaubnis zu erteilen[528].

Die Rechtsnatur des Gegenseitigkeitsvertrages bestimmt sich nach den nationalen Zivilrechtsordnungen[529]. In Deutschland handelt es sich um einen Dienstvertrag, der eine Geschäftsbesorgung zum Gegenstand hat, also einen Geschäftsbesorgungsvertrag i. S. v. § 675 Abs. 1 BGB[530].

Regelmäßig sind Gegenseitigkeitsverträge echt reziprok ausgestaltet, d. h., dass sich die Verwertungsgesellschaften wechselseitig die ihnen übertragenen Rechte zur Wahrnehmung im Verwaltungsgebiet der jeweiligen Schwestergesellschaft übertragen und sich zum Einzug der Nutzungsgebühren ermächtigen. Die Nutzungsgebühren bzw. Einnahmen werden nach Abzug der Verwaltungskosten und des Abzugs für soziale und/oder kulturelle Zwecke an die ausländi-

527 Siehe zu den Entwicklungen im Online-Bereich Kap. 2, B.

528 *EuGH*, Slg. 1989, 2811 (2823) – Lucazeau; *Karbaum/Oeller*, in: Kreile u. a., Recht und Praxis der GEMA, Kap. 17 Rn. 2.

529 *Wünschmann*, S. 25.

530 Hierzu ausführlich *Euhus*, S. 58 ff.; *Mestmäcker/Schulze*, UrhKomm, IntR 6. Abschnitt B. S. 91.

sche Schwestergesellschaft abgeführt.[531] Echt reziproke Gegenseitigkeitsverträge (sog. A-Verträge) sehen einen vollständigen Rechte- und Geldaustausch vor. Daneben gibt es in wenigen Bereichen eingeschränkte Gegenseitigkeitsverträge (sog. B-Verträge), die zwar einen wechselseitigen Rechteaustausch vorsehen, nicht aber einen wechselseitigen Geldtransfer. Unter der Annahme, dass sich die jeweils eingenommenen Beträge ausgleichen, wird auf den Geldaustausch verzichtet. Im Musikbereich existieren derartige Verträge im Bereich der Leistungsschutzberechtigten.[532] In der Regel sind Gegenseitigkeitsverträge jedoch als A-Verträge ausgestaltet[533]. Daher stehen diese auch im Zentrum der folgenden Ausführungen.

## 2. Gegenseitigkeitsverträge als Grundlage der internationalen Rechtewahrnehmung

Durch den Abschluss von Gegenseitigkeitsverträgen räumen sich Verwertungsgesellschaften wechselseitig ihr jeweiliges Repertoire ein. Dadurch sind Verwertungsgesellschaften in der Lage, auch Lizenzen am Repertoire der ausländischen Verwertungsgesellschaft zu erteilen. Nur auf Grundlage der Gegenseitigkeitsverträge kann eine Verwertungsgesellschaft mithin grundsätzlich[534] über ausländische Rechte verfügen. Dementsprechend sind die Verwertungsgesellschaften zudem berechtigt, urheberrechtliche Vergütungen für Rechnung der jeweils anderen Verwertungsgesellschaft einzuziehen. Die Ermächtigungen in den Gegenseitigkeitsverträgen haben auch zur Folge, dass die Rechte der Berechtigten der inländischen Verwertungsgesellschaft durch die Gegenseitigkeitsverträge auch im Ausland gesichert sind,[535] indem die ausländische Schwestergesellschaft sie auf ihrem Territorium wahrnimmt. Somit bilden Gegenseitigkeitsverträge die Grundlage der internationalen Rechtewahrnehmung und erfüllen das Bedürfnis der Urheber nach der Wahrnehmung ihrer Rechte im Ausland.[536]

---

531 *Melichar,* in: Loewenheim, Hdb. d. UrhR, § 45 Rn. 22.

532 *Melichar,* in: Loewenheim, Hdb. d. UrhR, § 45 Rn. 23.

533 *Melichar,* in: Loewenheim, Hdb. d. UrhR, § 45 Rn. 22.

534 Rechtsübertragungen auf eine Verwertungsgesellschaft finden in wenigen Fällen auch durch unilaterale Vereinbarungen statt, in denen eine einseitige Rechtsübertragung erfolgt, siehe oben Kap. 1, D.III.1.a)cc)(3).

535 *Karbaum/Oeller,* in: Kreile u. a., Recht und Praxis der GEMA, Kap. 17 Rn. 1.

536 BT-Drucks. IV/271, S. 9; *Mestmäcker,* in: Schwarze/Becker, Geistiges Eigentum und Kultur im Spannungsfeld von nationaler Regelungskompetenz und europäischem Wettbewerbsrecht, S. 53 (65).

## 3. Funktionen

Gegenseitigkeitsverträge erfüllen unterschiedliche Funktionen.

### *a) Schaffung eines One-Stop-Shop für das Weltrepertoire*

Zunächst sollen sie der Schaffung eines One-Stop-Shops für das Weltrepertoire dienen. Aufgrund der wechselseitigen Rechteübertragung in den Gegenseitigkeitsverträgen können Verwertungsgesellschaften auch „Lizenzen" für das Repertoire jeder Schwestergesellschaft erteilen, mit der sie einen Gegenseitigkeitsvertrag abgeschlossen haben. Da solche Gegenseitigkeitsverträge regelmäßig mit Verwertungsgesellschaften weltweit bestehen, kann die jeweilige Verwertungsgesellschaft über das Weltrepertoire verfügen. Nutzer können dadurch aus einer Hand die Nutzungserlaubnis für das Weltrepertoire erlangen (One-Stop-Shop).[537] Den Nutzern bleibt es also erspart, mit einer Vielzahl nationaler Verwertungsgesellschaften Verträge abzuschließen. Das reduziert insbesondere die Transaktionskosten der gewerblichen Nutzer.[538] Darüber hinaus gewährt es dem Nutzer Rechtssicherheit insoweit, als er sich nicht darum sorgen muss, für die Nutzung geschützter Werke haften zu müssen[539]. Die Besonderheit dieses One-Stop-Shops ist, dass das Repertoire jeweils nur zur Verwertung in dem jeweiligen Verwaltungsgebiet übertragen wird[540].

### *b) Weltweite Rechtewahrnehmung*

Durch die bilateralen Rechtsübertragungen in Gegenseitigkeitsverträgen wird darüber hinaus ein lückenloses Netz weltweiter Rechtewahrnehmung ermöglicht[541]. Für den Rechteinhaber bedeutet dies zum einen, dass er nicht mit jeder Verwertungsgesellschaft weltweit Wahrnehmungsverträge abschließen muss, um sicher zu gehen, dass seine Rechte auch weltweit gewahrt werden, was ihm insbesondere Transaktionskosten erspart.[542] Ihm wird zum anderen ermöglicht, sein Werk überhaupt im Ausland nutzen zu lassen und von dieser Nutzung wirtschaftlich zu profitieren.[543]

---

537 *Mestmäcker,* WuW 2004, 754 (759).

538 *Block,* S. 60.

539 *Heine,* S. 112.

540 Siehe hierzu unten Kap. 2, A.II.1.b) und Kap. 2, A.II.2.b).

541 *Karbaum/Oeller*, in: Kreile u. a., Recht und Praxis der GEMA, Kap. 17 Rn. 11.

542 *Heine,* S. 111.

543 *Block,* S. 59.

*c) Gewährleistung einheitlicher Bedingungen*

Zudem haben Gegenseitigkeitsverträge laut EuGH die Funktion, „die Gesamtheit der geschützten Musikwerke ohne Rücksicht auf deren Herkunft einheitlichen Bedingungen für die in ein und demselben Staat ansässigen Benutzer zu unterwerfen“[544]. Dies schafft insbesondere für Nutzer Klarheit. Sie müssen sich nicht gänzlich unterschiedlichen Bedingungen anpassen[545]. Darüber hinaus dient die Schaffung einheitlicher Bedingungen auch der Umsetzung der internationalen Abkommen auf dem Gebiet des Urheberrechts.

*d) Arbeitsteilung*

Daneben dienen Gegenseitigkeitsverträge dem Zweck der Arbeitsteilung unter den Verwertungsgesellschaften. Die Verwertungsgesellschaften sind, um eine effektive Rechtewahrnehmung auch im Ausland zu garantieren, nicht darauf angewiesen, auch dort Verwaltungsapparate aufzubauen, um ein eigenes Netzwerk an Verträgen mit Nutzern aufzubauen und eigene Kontrollen an Ort und Stelle durchführen zu können. Sie können sich vielmehr auf die von der ausländischen Schwestergesellschaft aufgebauten Organisation verlassen.[546] Dadurch sparen sie Verwaltungskosten ein.[547]

*e) Inländerbehandlung*

In verschiedenen internationalen Abkommen zum Urheberrecht[548] ist die Verpflichtung der Vertragsstaaten niedergelegt, den Urhebern den gleichen Schutz zu gewähren wie den eigenen Staatsangehörigen (Grundsatz der Inländerbehandlung). Diese Pflicht bezieht sich allerdings ausschließlich auf die Gesetzgebung durch den jeweiligen Mitgliedstaat. Hier muss er Sorge dafür tragen, dass er ausländischen Urhebern die gleichen Rechte zugesteht, wie den eigenen Staatsangehörigen. Praktisch kann ein Rechteinhaber seine Rechte jedoch regelmäßig ausschließlich über eine Verwertungsgesellschaft wahrnehmen[549]. Gegenseitigkeitsverträge verpflichten die Verwertungsgesellschaften insbesondere mit dem Gleichbehandlungsgrundsatz dazu, sich für die Rechte sämtlicher Rechteinhaber

---

544 *EuGH*, Slg. 1989, 2521 (2572) – Tournier.

545 Das gilt nicht für Tarife. Diese sind von Land zu Land unterschiedlich.

546 *EuGH*, Slg. 1989, 2521 (2572) – Tournier.

547 *Block*, S. 60.

548 Art. 5 RBÜ, Art. II WUA, Art. 2, 4, 5 Rom-Abkommen, Art. 2 Tonträgerabkommen, Art. 3 TRIPS-Übereinkommen.

549 Siehe oben Kap. 1, C.III.

gleichermaßen einzusetzen. Damit dienen Gegenseitigkeitsverträge der praktischen Umsetzung des Grundsatzes der Inländerbehandlung.[550]

## II. Herkömmliche Gegenseitigkeitsverträge

Die einzelnen Gegenseitigkeitsverträge zwischen den Verwertungsgesellschaften beruhen im traditionellen System auf Musterverträgen. Zunächst sollen diese traditionellen Gegenseitigkeitsverträge dargestellt werden. Für den Bereich der Aufführungs- und Senderechte wurde der CISAC-Standardvertrag[551] erarbeitet. Den Bereich des Vervielfältigungsrechtes deckt der BIEM-Standardvertrag[552] ab.

### 1. CISAC-Standardvertrag

Der CISAC-Standardvertrag wurde von der CISAC erarbeitet. Diese Organisation ist als internationale Dachorganisation der Verwertungsgesellschaften seit 1926 für die internationale Wahrnehmung der Aufführungsrechte durch Verwertungsgesellschaften zuständig.[553] Sie soll den bestmöglichen Schutz der Urheberrechte und der Urheberinteressen sicherstellen[554]. Die CISAC soll die Arbeit unter den Verwertungsgesellschaften koordinieren und deren internationale Zusammenarbeit gewährleisten[555]. Die Wahrnehmung der Urheberrechte soll dabei aufgrund eines Konföderationsbeschlusses durch Gegenseitigkeitsverträge gewährleistet werden[556]. Ordentliches Mitglied der CISAC kann jede Verwertungsgesellschaft werden, die nicht auch die Rechte ausübender Künstler, Tonträgerhersteller, Sendeunternehmen oder anderer Rechteinhaber wahrnimmt. Sämtliche Verwertungsgesellschaften weltweit sind in der CISAC vertreten.[557] Der von der CISAC erarbeitete Standardvertrag ist für die Mitgliedsgesellschaften aufgrund der unterschiedlichen rechtlichen, wirtschaftlichen, kulturellen und sozialen Milieus, auf denen die Verwertungsgesellschaften arbeiten, nicht bindend, so dass Anpassungen möglich sind[558].

---

550 *Block,* S. 59 f.
551 Abgedruckt im GEMA-Jahrbuch 2010/2011, S. 237 ff.
552 Abgedruckt im GEMA-Jahrbuch 2010/2011, S. 247 ff.
553 *Mestmäcker,* in: Riesenhuber, Beiträge zum Urheberrecht, S. 55 (76).
554 Art. 6 lit. a Satzung der CISAC; Abgedruckt im GEMA-Jahrbuch 2010/2011, S. 200 ff.
555 *Mestmäcker,* in: Riesenhuber, Beiträge zum Urheberrecht, S. 55 (76).
556 *Mestmäcker,* in: Riesenhuber, Beiträge zum Urheberrecht, S. 55 (77).
557 *Melichar,* in: Loewenheim, Hdb. d. UrhR, § 45 Rn. 25.
558 *Karbaum/Oeller,* in: Kreile u. a., Recht und Praxis der GEMA, Kap. 17 Rn. 16.

*a) Inhalt*

Gegenstand des bestehenden CISAC-Mustervertrages sind die Rechte zur öffentlichen Wiedergabe von Musikwerken. Als Beispiele nennt der Mustervertrag in Art. 1 Abs. 3 u. a. Live-Aufführungen instrumentaler oder vokaler Art oder aber Aufführungen mittels Rundfunk-Empfangsgeräten. Damit die internationale Wahrnehmung dieser Rechte umgesetzt werden kann, enthält der CISAC-Standardvertrag unterschiedliche Regelungen. Zunächst wird in Art. 1 CISAC-Standardvertrag die Rechtsübertragung geregelt. Darüber hinaus ist im CISAC-Standardvertrag eine umfassende Inkassoberechtigung vorgesehen, also die Berechtigung, gegen unrechtmäßige Nutzung von Musik einzuschreiten, Gebühren zu kassieren und ggf. Rechtsschritte gegen unberechtigte Nutzer einzuleiten[559]. Zudem ist im CISAC-Standardvertrag der sog. Gleichbehandlungsgrundsatz verankert. Danach sind die Verwertungsgesellschaften verpflichtet, in ihren Verwaltungsgebieten die Berechtigten der anderen Verwertungsgesellschaft ebenso zu behandeln wie die eigenen Mitglieder[560].[561] Dieser Grundsatz liegt sämtlichen Regelungen zugrunde. Er ist insbesondere für die Verteilung der Einnahmen von Bedeutung. Die Verteilung der aus ausländischen Rechten erzielten Einnahmen muss nach dem Gleichbehandlungsgrundsatz nach den gleichen Regelungen erfolgen, die für die Mitglieder der abrechnenden Verwertungsgesellschaften gelten.[562] Darüber hinaus ist ein Fundament des CISAC-Standardvertrages das Vertrauensprinzip. Es wird gestützt durch die Regeln guten Geschäftsverhaltens, durch gegenseitige Informations- und Mitteilungspflichten[563] und die Möglichkeit der Durchführung von Kontrollen[564].[565] Einen wesentlichen Platz nehmen auch Regelungen zur Verteilung der Einnahmen und Abrechnung ein[566]. Die Verwertungsgesellschaften sind stets zur Abrechnung verpflichtet. Sie dürfen keinerlei Einnahmen als nicht verteilbar behandeln und

---

559 Art. 2 CISAC-Standardvertrag. *Karbaum/Oeller*, in: Kreile u. a., Recht und Praxis der GEMA, Kap. 17 Rn. 35 ff.

560 Z.B. Art. 3 und 11 CISAC-Standardvertrag.

561 *Karbaum/Oeller*, in: Kreile u. a., Recht und Praxis der GEMA, Kap. 17 Rn. 38 ff.

562 *Heine*, S. 115.

563 Z.B. über anzuwendende Tarife Art. 3 Abs. 2 CISAC-Standardvertrag; die Pflicht zum Nachweis der Inkassoberechtigung in Art. 4 CISAC-Standardvertrag; die Pflicht zum Austausch der Statuten, Verteilungspläne, Ausführungsbestimmungen in Art. 10 Abs. 2 CISAC-Standardvertrag und die Pflicht zur Mitteilung der zur Durchführung der Verträge erforderlichen Dokumentation in Art. 5 Abs. 1 CISAC-Standardvertrag.

564 Art. 5 CISAC-Standardvertrag.

565 *Karbaum/Oeller*, in: Kreile u. a., Recht und Praxis der GEMA, Kap. 17 Rn. 44 ff.

566 Art. 7 ff. CISAC-Standardvertrag. *Karbaum/Oeller*, in: Kreile u. a., Recht und Praxis der GEMA, Kap. 17 Rn. 48 ff.

für sich behalten.[567] Lediglich die Regelung zu Kosten- und Kommissionsabzügen[568] enthält hierzu eine Ausnahme insoweit, als die Verwertungsgesellschaften einen Abzug für die Deckung ihrer Verwaltungskosten und einen Abzug für soziale und kulturelle Belange vornehmen dürfen. Dabei ist der Verwaltungskostensatz flexibel auf das Erforderliche begrenzt. Verwertungsgesellschaften sollen die ihnen übertragenden Rechte möglichst kostengünstig wahrnehmen.[569] Nach Abzug ihrer Kosten wird das verbleibende Nettoeinkommen an die jeweilige Schwestergesellschaft ausgeschüttet. Danach werden diese Einnahmen wiederum durch die Schwestergesellschaft auf Grundlage ihrer Verteilungspläne und Wahrnehmungsverträge an ihre Mitglieder ausgeschüttet. Zuvor jedoch belastet die Schwestergesellschaft die Einnahmen mit ihren eigenen Verwaltungskosten, die ihr durch die Beauftragung der ausländischen Verwertungsgesellschaft und die Verteilung an ihre Mitglieder entstanden sind. Im Ergebnis werden die Einnahmen der Mitglieder im Bereich der Gegenseitigkeitsverträge also mit einem doppelten Verwaltungskostenabzug belastet.[570] Der CISAC-Standardvertrag sieht auch Regelungen zu Vertragsdauer und Kündigung vor[571]. Zu guter Letzt finden sich auch Regelungen zu Rechtsstreitigkeiten und zum Gerichtsstand[572], welcher für die internationalen Verträge von besonderer Bedeutung ist.[573]

*b) Territoriale Begrenzung*

Der CISAC-Standardvertrag sieht eine territoriale Einschränkung vor. Nach Art. 1 Abs. 1 i. V. m. Art. 6 Abs. 1 CISAC-Standardvertrag ist die Ermächtigung der Schwestergesellschaft zur Rechtewahrnehmung stets auf das Gebiet begrenzt, in dem diese Gesellschaft tätig ist. Die mandatierte Verwertungsgesellschaft kann also nur Lizenzen vergeben, die auf die Nutzung in ihrem Verwaltungsgebiet begrenzt sind bzw. nur Nutzungen lizenzieren, die in ihrem Verwaltungsgebiet stattfinden.[574] Die CISAC-Gegenseitigkeitsverträge enthalten also eine territoriale Begrenzung[575]. Diese Begrenzung hat zur Folge, dass eine Verwertungsgesellschaft in ihrem Verwaltungsgebiet die einzige Gesellschaft ist, die

567 *Heine*, S. 115.

568 Art. 8 CISAC-Standardvertrag.

569 *Karbaum/Oeller*, in: Kreile u. a., Recht und Praxis der GEMA, Kap. 17 Rn. 71 ff.

570 *Heine*, S. 117.

571 Art. 12 f. CISAC-Standardvertrag.

572 Art. 14 CISAC-Standardvertrag.

573 *Karbaum/Oeller*, in: Kreile u. a., Recht und Praxis der GEMA, Kap. 17 Rn. 77 ff.

574 *Heine*, S. 114.

575 Die aufgrund des CISAC-Verfahrens im Online-Bereich neu verhandelten Gegenseitigkeitsverträge sehen eine solche territoriale Begrenzung nicht mehr vor, siehe zu dieser Entwicklung unten Kap. 2, B.IV.4.b).

das Weltrepertoire wahrnehmen kann. Die jeweiligen Verwertungsgesellschaften haben also ein auf ihr Verwaltungsgebiet begrenztes Monopol am Weltrepertoire inne. Um ein Musikstück in dem Verwaltungsgebiet einer Verwertungsgesellschaft nutzen zu können, muss sich ein gewerblicher Nutzer also an die Verwertungsgesellschaft halten, die in dem jeweiligen Gebiet tätig ist. Möchte ein Unternehmen ein Musikstück europaweit nutzen, muss es sich also nach den herkömmlichen Gegenseitigkeitsverträgen für jedes Land von der dort zuständigen Verwertungsgesellschaft eine Lizenz einräumen lassen.

*c) Rechtsfolgen*

Entsprechend dem Inhalt des Gegenseitigkeitsvertrages ist Rechtsfolge des Abschlusses eines solchen zwischen zwei Verwertungsgesellschaften zunächst die Rechteübertragung. Wobei unter Verwertungsgesellschaften innerhalb der EU und Gegenseitigkeitsverträgen mit den US-amerikanischen Verwertungsgesellschaften eine nicht-ausschließliche Rechteübertragung vereinbart wird. Das bedeutet, dass die übertragende Verwertungsgesellschaft weiterhin die unmittelbare Lizenzierung auf dem Territorium der jeweils anderen Gesellschaft vornehmen kann.[576] Innerhalb der EU enthielt der CISAC-Standardvertrag ursprünglich eine ausschließliche Rechteübertragung. Auf Verlangen der Kommission 1971[577] wurde dies allerdings in eine nicht-ausschließliche Rechteübertragung umgewandelt. Damit wurde das von der Kommission erstrebte Ziel erreicht, dass jede Verwertungsgesellschaft ihr nationales Repertoire im Ausland selbst wahrnehmen kann. Dadurch können grenzüberschreitende Lizenzen erteilt werden, allerdings nur über das nationale Repertoire (sog. Direktlizenzierung). Für die Praxis sind die Auswirkungen gering geblieben, weil die Nachfrage nach isolierten nationalen Repertoires auf dem Musikmarkt niedrig ist. Darüber hinaus verweigern die Verwertungsgesellschaften den Verwertern die Erteilung von Direktlizenzen, da sie Verwerter, die im Ausland sitzen vergleichsweise schlecht kontrollieren können und der Zugriff auf das Vermögen dieser Verwerter erschwert ist.[578] Im Grundsatz hat der EuGH dieses Verhalten für zulässig erachtet[579].

576 *Karbaum/Oeller*, in: Kreile u. a., Recht und Praxis der GEMA, Kap. 17 Rn. 22 f.
577 *Kommission*, I. Wettbewerbsbericht 1972, S. 84 Fn. 1.
578 *Block*, S. 175 f.; *Goldmann*, S. 352.
579 Siehe unten Kap. 2, A.III.1.a).

Darüber hinaus sind die Verwertungsgesellschaften durch den Abschluss eines Gegenseitigkeitsvertrages berechtigt, dass Inkasso durchzuführen, und verpflichtet, die kassierten Vergütungen zu verteilen[580].

## 2. BIEM-Standardvertrag

Der BIEM-Standardvertrag wurde vom BIEM ausgearbeitet. Das BIEM existiert seit 1929 und ist eine Dachorganisation der Verwertungsgesellschaften, die die mechanischen Rechte verwaltet.[581] Aufgabe des BIEM ist es nach Art. 2 Abs. 1 und 2 Satzung des BIEM[582] zunächst, hinsichtlich der mechanischen Rechte den Text eines Gegenseitigkeits- oder unilateralen Vertrages aufzustellen, der zwischen den assoziierten Gesellschaften abzuschließen ist, um die Verwaltung der Repertoires der anderen verknüpften Gesellschaften durch jede assoziierte Gesellschaft in ihrem Verwaltungsgebiet zu gewährleisten.[583] Daneben handelt das BIEM auf internationaler Basis mit der IFPI den sog. Normalvertrag aus, in dem die allgemeinen Bedingungen für die Lizenzierung inkl. der Grundtarife festgelegt werden[584]. Das BIEM koordiniert also im Gegensatz zur CISAC nicht nur die internationale Zusammenarbeit zwischen den Verwertungsgesellschaften, sondern auch die Vereinbarungen, die zwischen Verwertungsgesellschaften und Nutzern geschlossen werden.

Sämtliche Verwertungsgesellschaften im EWR sind dem BIEM angeschlossen[585]. Insgesamt gehören heute 50 Verwertungsgesellschaften aus 53 Staaten dem BIEM an.[586]

Wie der CISAC-Standardvertrag, ist auch der von dem BIEM erarbeitete Mustervertrag für die Verwertungsgesellschaften nicht bindend und lässt somit Anpassungen zu[587].

580 *Karbaum/Oeller*, in: Kreile u. a., Recht und Praxis der GEMA, Kap. 17 Rn. 24.

581 *Melichar,* in: Loewenheim, Hdb. d. UrhR, § 45 Rn. 25; *Mestmäcker,* in Riesenhuber, Beiträge zum Urheberrecht, S. 55 (78).

582 Abgedruckt im GEMA-Jahrbuch 2010/2011, S. 182 ff.

583 *Karbaum/Oeller*, in: Kreile u. a., Recht und Praxis der GEMA, Kap. 17 Rn. 16.

584 *Melichar,* in: Loewenheim, Hdb. d. UrhR, § 45 Rn. 25; *Thurow,* in: Becker, Die Verwertungsgesellschaften im Europäischen Binnenmarkt, S. 95 (95 f.).

585 *Mestmäcker,* in: Riesenhuber, Beiträge zum Urheberrecht, S. 55 (82).

586 *Melichar,* in: Loewenheim, Hdb. d. UrhR, § 45 Rn 25.

587 *Karbaum/Oeller*, in: Kreile u. a., Recht und Praxis der GEMA, Kap. 17 Rn. 16.

*a) Inhalt*

Der BIEM-Standardvertrag ähnelt in seinem Inhalt dem CISAC-Standardvertrag. Gegenstand des BIEM-Standardvertrages sind die mechanischen Rechte[588]. Hierzu zählen das Recht, ein Werk aufzunehmen und zu vervielfältigen (Vervielfältigungsrecht) und das Recht, die erstellten Aufnahmen und Vervielfältigungsexemplare zu verbreiten (Verbreitungsrecht). Benötigt werden diese Rechte von den Tonträgerherstellern für die Herstellung und den Vertrieb von Tonträgern. Aber auch die von den Sendeanstalten und Online-Musikanbietern benötigten Rechte sind vom BIEM-Standardvertrag erfasst.[589] Zunächst wird im BIEM-Standardvertrag die Rechteübertragung geregelt[590]. Darüber hinaus sieht auch der BIEM-Standardvertrag eine umfassende Inkassoberechtigung vor, also die Berechtigung, gegen unrechtmäßige Nutzung von Musik einzuschreiten[591]. Dem Gleichbehandlungsgrundsatz wird auch im BIEM-Standardvertrag Rechnung getragen[592]. Darüber hinaus basiert der BIEM-Standardvertrag ebenfalls auf dem Vertrauensprinzip. Es wird im BIEM-Standardvertrag durch gegenseitige Informations- und Mitteilungspflichten[593] und die Möglichkeit der Durchführung von Kontrollen[594] gestützt.[595] Einen wesentlichen Platz im BIEM-Standardvertrag nehmen ebenso die Regelungen zur Verteilung der Einnahmen und zur Abrechnung ein[596]. Die Verteilung erfolgt nach ähnlichen Prinzipien wie im CISAC-Standardvertrag. Vor Verteilung der Einnahmen an die ausländische Schwestergesellschaft zieht die abrechnende Gesellschaft ihre Verwaltungskosten ab[597]. Dabei wird der Prozentsatz im Gegensatz zu den CISAC-Gegenseitigkeitsverträgen in BIEM-Gegenseitigkeitsverträgen genau festgelegt[598]. Nach der Ausschüttung der Nettoeinnahmen an die Schwestergesellschaft verteilt diese die

588 Art. I Abs. BIEM-Standardvertrag.

589 *Heine,* S. 119.

590 Art. I BIEM-Standardvertrag.

591 Art. I BIEM-Standardvertrag. *Karbaum/Oeller*, in: Kreile u. a., Recht und Praxis der GEMA, Kap. 17 Rn. 35 ff.

592 Art. IV und VI BIEM-Standardvertrag; *Karbaum/Oeller*, in: Kreile u. a., Recht und Praxis der GEMA, Kap. 17 Rn. 38 ff.

593 Z.B. die Mitteilungspflicht in Art. II BIEM-Standardvertrag und die Pflicht zur Mitteilung der zur Durchführung der Verträge erforderlichen Dokumentation in Art. V BIEM-Standardvertrag.

594 Art. 5 CISAC-Standardvertrag und Art. VIII BIEM-Standardvertrag.

595 *Karbaum/Oeller*, in: Kreile u. a., Recht und Praxis der GEMA, Kap. 17 Rn. 44 ff.

596 *Karbaum/Oeller*, in: Kreile u. a., Recht und Praxis der GEMA, Kap. 17 Rn. 48 ff.

597 Art. VII BIEM-Standardvertrag.

598 Art. VII Abs. 1 BIEM-Standardvertrag.

Einnahmen an ihre Mitglieder. Schließlich enthält der BIEM-Standardvertrag Regelungen zu Vertragsdauer und Kündigung[599].

*b) Territoriale Begrenzung*

Der BIEM-Standardvertrag enthält wie der CISAC-Standardvertrag eine territoriale Begrenzung hinsichtlich der Beauftragung einer Verwertungsgesellschaft. Hierbei ist zwischen dem Vervielfältigungsrecht und dem Verbreitungsrecht zu unterscheiden.

Das Vervielfältigungsrecht wird in Art. I Abs. 2 BIEM-Standardvertrag räumlich begrenzt übertragen. Die Rechtewahrnehmung soll nur auf dem Verwaltungsgebiet der Gesellschaft erfolgen. Die mandatierte Verwertungsgesellschaft kann demnach Lizenzen nur für die Nutzung bzw. Vervielfältigung innerhalb ihres Verwaltungsgebietes erteilen. Das Verbreitungsrecht hingegen wird nach Art. I Abs. 2 BIEM-Standardvertrag unabhängig vom Ort eingeräumt. Es wird also ohne territoriale Begrenzung zur Wahrnehmung übertragen. Somit kann die beauftragte Gesellschaft Nutzern eine weltweite Lizenz zur Verbreitung gewähren. Es wird also hinsichtlich der Verbreitung die Erteilung einer weltweiten Lizenz am Weltrepertoire ermöglicht.[600] Für Tonträgerhersteller bedeutet dies, dass sie, wenn sie sich hinsichtlich der Vervielfältigung und Verbreitung eine Lizenz einräumen lassen, Tonträger ausschließlich im Verwaltungsgebiet der lizenzierenden Verwertungsgesellschaft vervielfältigen dürfen. Die Verbreitung ist ihnen dann allerdings weltweit gestattet. Sie können also im entsprechenden Verwaltungsgebiet Tonträger produzieren und diese sodann in Länder ihrer Wahl exportieren.[601] Zu beachten ist dabei, dass nach der im BIEM-System[602] durchgeführten Vertragskonstruktion die „Vervielfältigung“ rechtlich in dem Gebiet stattfindet, in dem der organisatorisch verantwortliche Tonträgerhersteller seinen Sitz hat. Im Ergebnis bedeutet dies, dass jede Verwertungsgesellschaft das Weltrepertoire nur an Tonträgerhersteller mit Sitz in ihrem Verwaltungsgebiet lizenzieren kann.[603]

---

599 Art. IX BIEM-Standardvertrag; *Karbaum/Oeller*, in: Kreile u. a., Recht und Praxis der GEMA, Kap. 17 Rn. 77 ff.

600 *Block*, S. 56.

601 *Block*, S. 57.

602 Womit das Zusammenspiel aus BIEM-Standardvertrag und BIEM/IFPI-Normalvertrag gemeint ist, ausführlich hierzu *Block*, S. 57 f. und 76 ff.

603 *Block*, S. 57 f.

### *c) Rechtsfolgen*

Der Abschluss eines Gegenseitigkeitsvertrages auf Grundlage eines BIEM-Standardvertrages zieht im Wesentlichen die gleichen Rechtsfolgen nach sich, wie der Abschluss eines Gegenseitigkeitsvertrages, der im Bereich der Aufführungsrechte geschlossen wird. Rechtsfolge des Abschlusses eines solchen Vertrages zwischen zwei Verwertungsgesellschaften ist zunächst die Rechteübertragung.

Daneben sind die Verwertungsgesellschaften berechtigt, das Inkasso durchzuführen und verpflichtet, die kassierten Vergütungen zu verteilen[604].

## 3. Fazit

Im traditionellen Lizenzierungssystem sind Gegenseitigkeitsverträge die Grundlage für die weltweite Zusammenarbeit der Verwertungsgesellschaften. Sie sind das Fundament der internationalen Rechtewahrnehmung. Dabei erfüllen die Gegenseitigkeitsverträge diverse Funktionen. Sie ermöglichen die Schaffung eines One-Stop-Shops, sodass Nutzer sämtliche Nutzungsrechte aus einer Hand erwerben können. Darüber hinaus machen sie die weltweite Rechtewahrnehmung unter gleichen Bedingungen durchführbar. Sie gewährleisten Arbeitsteilung unter den Verwertungsgesellschaften, wodurch diese insbesondere Kosten einsparen können, und verwirklichen den Grundsatz der Inländerbehandlung. Die herkömmlichen Gegenseitigkeitsverträge beruhen im Bereich der Aufführungsrechte auf dem CISAC-Standardvertrag[605] und im Bereich der mechanischen Rechte auf dem BIEM-Standardvertrag. Die Standardverträge im traditionellen System der Gegenseitigkeitsverträge sehen grundsätzlich[606] eine territoriale Begrenzung vor. Diese Begrenzung führt zunächst dazu, dass die nationalen Monopole der Verwertungsgesellschaften[607] verstärkt werden. Für die Wahrnehmung der Rechte am Weltrepertoire genießen die Verwertungsgesellschaften in ihrem Verwaltungsgebiet ein faktisches Monopol. Daran hat sich auch durch das Einschreiten der Kommission im Jahr 1971 gegen die Ausschließlichkeitsvereinbarung[608] nichts geändert, weil die Möglichkeit, das nationale Repertoire auch im Ausland lizenzieren zu können, in der Praxis kaum von Bedeutung ist.

604 *Karbaum/Oeller*, in: Kreile u. a., Recht und Praxis der GEMA, Kap. 17 Rn. 24.

605 Zu den Entwicklungen im Bereich der CISAC-Standardverträge siehe unten Kap. 2, B.IV.4.

606 Mit der Ausnahme innerhalb des BIEM-Standardvertrages bzgl. des Verbreitungsrechtes, siehe oben Kap. 1, A.II.2.b).

607 Siehe oben Kap. 1, D.I.6.

608 Siehe oben Kap. 2, A.II.1.a).

Darüber hinaus führt die territoriale Begrenzung dazu, dass die Lizenz einer bestimmten Verwertungsgesellschaft auf ihr Verwaltungsgebiet begrenzt ist, also auf das Land, in dem diese Verwertungsgesellschaft tätig ist (sog. Eingebietslizenz). Für die herkömmliche Musiknutzung, z. B. durch eine Fernsehanstalt, welche Musik innerhalb einer Fernsehsendung ausstrahlen möchte oder aber einer Kaufhauskette, die in ihren Geschäftslokalen Musik spielt, ist die Begrenzung einer Lizenz am Weltrepertoire auf das Gebiet Deutschlands nicht nachteilhaft, da sich diese Nutzung oftmals innerhalb der Ländergrenzen bewegt. Das traditionelle System entspricht jedoch nicht den Bedürfnissen des Internets. Im Internet ist die Nutzung von urheberrechtlich geschützten Musikwerken nicht an Ländergrenzen gebunden. Ein Content-Provider möchte seine Dienste weltweit anbieten können. Er müsste dazu nach dem traditionellen System für jedes Land eine Lizenz von der dort tätigen Verwertungsgesellschaft einholen. Daher ist das traditionelle System der Gegenseitigkeitsverträge für den Online-Bereich vor allem für die Nutzer umständlich und entspricht nicht den Bedürfnissen des Internet-Zeitalters. Für die Nutzung im Online-Bereich ist vielmehr die Erteilung einer Lizenz, die die Nutzung in mehreren Ländern abdeckt (sog. Mehrgebietslizenz), sinnvoll.[609]

Darüber hinaus führt die territoriale Begrenzung dazu, dass die Verwertungsgesellschaften insoweit nicht im Wettbewerb zueinander stehen. Den Musiknutzern wird also die Möglichkeit versagt, Rechte von der Verwertungsgesellschaft zu erwerben, welche die günstigsten Gebühren für die Nutzung ihres Repertoires anbietet.[610]

## III. Gegenseitigkeitsverträge im Lichte des Europäischen Wettbewerbsrechts

Verwertungsgesellschaften unterliegen den Regelungen des EG-Wettbewerbsrechts[611]. Durch die in den Gegenseitigkeitsverträgen vorgesehene territoriale Begrenzung der wechselseitigen Ermächtigung wird das faktische Monopol jeder Verwertungsgesellschaft in ihrem Land verstärkt. Ohne die territoriale Begrenzung der gegenseitigen Ermächtigung würden sich die Verwertungsgesellschaften gegenseitig ermächtigen, ihr Repertoire in jedem beliebigen Staat zu lizenzieren. Dann wäre Wettbewerb hinsichtlich der Vergabe des Weltrepertoires unter Verwertungsgesellschaften möglich. Die herkömmlichen Gegenseitigkeitsverträ-

609 Siehe unten Kap. 2, B.I.

610 *Nordemann*, in: Loewenheim u. a., Kartellrecht, § 1 GWB Rn. 237; *Steden*, S. 73.

611 Siehe oben Kap. 1, D.II.2.b).

ge werfen die Frage nach ihrer Vereinbarkeit somit insbesondere im Hinblick auf ihre territoriale Begrenzung auf.

## 1. Art. 101 Abs. 1 AEUV

Art. 101 AEUV erfasst Wettbewerbsbeschränkungen, die auf Vereinbarungen und abgestimmten Verhaltensweisen zwischen Unternehmen beruhen[612]. Er verbietet jede Form der Verhaltenskoordination[613]. Daher liegt im Bereich der Gegenseitigkeitsverträge die Frage der Vereinbarkeit dieser Verträge mit dem EU-Wettbewerbsrecht, insbesondere mit dem Kartellverbot in Art. 101 AEUV, nahe. Eine dem Art. 101 AEUV wörtlich entsprechende Vorschrift findet sich in Art. 53 EWR-Abkommen für den Europäischen Wirtschaftsraum,[614] sodass die Ausführungen zu Art. 101 AEUV sinngemäß auch für Art. 53 EWR-Abkommen gelten. Das bedeutendste Urteil im Zusammenhang mit der Zulässigkeit der Gegenseitigkeitsverträge und deren territorialer Begrenzungen ist das sog. Tournier-Urteil des EuGH[615] aus dem Jahre 1989. Eine Überprüfung der Gegenseitigkeitsverträge nach Art. 102 AEUV ist nicht notwendig. Verwertungsgesellschaften weisen im Verhältnis zueinander keine marktbeherrschende Stellung auf und können eine solche somit auch schwerlich missbrauchen.[616] Demnach ist zu prüfen, ob die Gegenseitigkeitsverträge vor allem durch die territoriale Begrenzung gegen Art. 101 AEUV verstoßen.

Ein Verstoß gegen Art. 101 Abs. 1 AEUV ist gegeben, wenn Vereinbarungen, Beschlüsse oder abgestimmtes Verhalten zwischen Unternehmen vorliegen, die den Handel zwischen den Mitgliedstaaten beeinträchtigen können und eine Verhinderung, Einschränkung oder Verfälschung des Wettbewerbs bezwecken oder bewirken[617]. Darüber hinaus muss ein Zwischenstaatlichkeitsbezug gegeben sein. Die Gegenseitigkeitsverträge könnten als Vereinbarungen oder abgestimmte Verhaltensweisen gegen das Verbot in Art. 101 AEUV verstoßen. Entscheidend ist bei der Prüfung, ob Gegenseitigkeitsverträge eine Wettbewerbsbeschränkung i. S. d. Art. 101 Abs. 1 AEUV darstellen. Die Voraussetzungen im Übrigen, also die Einordnung der Verwertungsgesellschaften als Unternehmen, der Zwischen-

---

612 *Khan,* in: Geiger u. a., EUV/AEUV, Art. 81 EGV Rn. 3; *Loewenheim,* in: Loewenheim, Hdb. d. UrhR, § 56 Rn. 1.

613 *Heinemann,* S. 336.

614 *Emmerich,* in: Immenga/Mestmäcker, Wettbewerbsrecht, Art. 81 EGV Rn. 2.

615 *EuGH,* Slg. 1989, 2521 (2572 ff.) – Tournier. Im Hinblick auf die Ausführungen zu Gegenseitigkeitsverträgen wortgleich mit den Entscheidungen des EuGH in den Parallelverfahren, Slg. 1989, 2811, (2827 ff.) – Lucazeau, SACEM/Debelle und SACEM/Soumagnac.

616 *Mestmäcker/Schweitzer,* § 30 Rn. 26; *Steden,* S. 74.

617 *Emmerich,* in: Immenga/Mestmäcker, Wettbewerbsrecht, Art. 81 Abs. 1 EGV Rn. 1.

staatlichkeitsbezug, das Bezwecken oder Bewirken der Wettbewerbsbeschränkung und ihre Spürbarkeit, sind erfüllt[618].

Schutzzweck der Norm ist die Schaffung und Sicherung eines redlichen, unverfälschten und damit wirksamen Wettbewerbs auf dem gemeinsamen Markt[619]. Eine Wettbewerbsbeschränkung[620] ist gegeben, wenn ein bewusstes und gewolltes Zusammenwirken von Unternehmen vorliegt, das die Marktbedingungen künstlich verändert[621]. Dabei ist ein Vergleich mit der Wettbewerbssituation entscheidend, wie sie ohne das fragliche Verhalten bestünde[622].

Ob die Praxis der Gegenseitigkeitsverträge eine Wettbewerbsbeschränkung darstellt und damit gegen Art. 101 Abs. 1 AEUV verstößt, ist streitig.

*a) EuGH – Tournier: Kein Verstoß gegen Art. 101 Abs. 1 AEUV*

Der EuGH vertritt in seinem Tournier-Urteil die Auffassung, dass die Gegenseitigkeitsverträge nicht gegen das Verbot in Art. 101 Abs. 1 AEUV verstoßen.

aa) Sachverhalt

Das Tournier-Urteil erging im Rahmen eines Vorabentscheidungsverfahrens gem. Art. 267 AEUV (Art. 234 EG a. F.), welches auf ein französisches Strafverfahren gegen den damaligen Generaldirektor Jean-Louis Tournier der französischen Verwertungsgesellschaft SACEM zurückging. Hintergrund des Verfahrens war ein Streit zwischen Diskothekenbetreibern in Frankreich und der SACEM. Fraglich war, ob der SACEM unlautere, gegen das französische Wettbewerbs- und Strafrecht verstoßende Handlungen vorgeworfen werden konnten. Dabei warfen die Diskothekenbetreiber der SACEM vor, ihre marktbeherrschende Stellung auszunutzen, um willkürliche Lizenzbedingungen durchzusetzen. Die Diskothekenbetreiber monierten, die von der SACEM erhobenen Lizenzgebühren lägen weit über den Lizenzgebühren der anderen Verwertungsgesellschaften. Zudem würde die SACEM den Betreibern Lizenzen verweigern, die nur einen Teil ihres Repertoires umfassen. Die Diskothekenbetreiber waren jedoch nicht an einer Blankettlizenz interessiert, sondern an einer Teillizenz über angloamerikanisches Repertoire. Zudem bestehe für die Diskothekenbetreiber keine Option,

618 Hierzu ausführlich *Wünschmann*, S. 77 ff.

619 *Schröter*, in: Schröter u. a., Eu. Wettbewerbsrecht, Art. 81 EG Rn. 100.

620 Der Begriff der „Wettbewerbsbeschränkung“ wird hier als Oberbegriff für „Einschränkung, Verhinderung oder Verfälschung“ verwendet.

621 *Schröter*, in: von der Groeben/Schwarze, EU-/EG-Vertrag, Bd. 2, Art. 81 EG Rn. 99.

622 *EuGH*, Slg. 1966, 281 (304) – Société Technique Miniére; *EuGH*, Slg 1980, 2511 (2512) – Lancome.

die Rechte direkt von den ausländischen Verwertungsgesellschaften zu erhalten, da diese sich weigerten, grenzüberschreitende Lizenzverträge über die Nutzung innerhalb Frankreichs abzuschließen. Dabei führten die Diskothekenbetreiber das Verhalten der SACEM insbesondere auf die Praxis der Gegenseitigkeitsverträge zurück, durch welche die SACEM in Frankreich ein faktisches Monopol am Weltrepertoire innehatte.[623]

bb) Inhalt

In seinem Urteil bezieht sich der EuGH auf fünf Fragen, die er in drei Abschnitten erörtert[624]. Zunächst erörtert er, ob die Anwendung einer innerstaatlichen Norm mit dem AEUV vereinbar ist, nach der eine Verletzung der Rechte an einer Tonaufnahme vorliegt, wenn die von einem Unternehmen mit faktischem Monopol zur Kontrolle, Verwaltung und Erhebung von Urheberrechtsgebühren festgesetzten Gebühren nicht gezahlt werden[625]. Darüber hinaus macht der EuGH Ausführungen zu der Frage, wann eine Verwertungsgesellschaft unangemessene Bedingungen erzwingt, sodass der Missbrauch einer marktbeherrschenden Stellung i. S. v. Art. 102 AEUV zu bejahen wäre[626]. Entscheidend für die Problematik, ob Gegenseitigkeitsverträge einen Verstoß gegen Art. 101 Abs. 1 AEUV darstellen, sind die Ausführungen des EuGH zu Art. 101 AEUV[627].

(1) Begründung

Der EuGH definiert zunächst Gegenseitigkeitsverträge zwischen Verwertungsgesellschaften[628]. Sodann arbeitet er die Ziele der Gegenseitigkeitsverträge heraus. Er nennt zum einen das Ziel, die Gesamtheit der geschützten Musikwerke ohne Rücksicht auf deren Herkunft einheitlichen Bedingungen für die in ein und demselben Staat ansässigen Nutzer zu unterwerfen. Zum anderen erkennt er das Ziel der Gegenseitigkeitsverträge, den Verwertungsgesellschaften zum Zwecke der internationalen Rechtewahrnehmung Arbeitsteilung zu ermöglichen.[629] Daraus ergebe sich, dass die Gegenseitigkeitsverträge Verträge über die Erbringung von Dienstleistungen seien, die für sich allein gesehen den Wettbewerb nicht i. S. v. Art. 101 Abs. 1 AEUV beschränken. Etwas anderes könne sich nur dann

---

623 *EuGH*, Slg. 1989, 2521 (2567) – Tournier.
624 *EuGH*, Slg. 1989, 2521 (2570) – Tournier.
625 *EuGH*, Slg. 1989, 2521(2570 f.) – Tournier.
626 *EuGH*, Slg. 1989, 2521 (2576 ff.) – Tournier.
627 *EuGH*, Slg. 1989, 2521 (2572 ff.) – Tournier.
628 *EuGH*, Slg. 1989, 2521 (2572) – Tournier.
629 *EuGH*, Slg. 1989, 2521 (2572 f.) – Tournier.

ergeben, wenn die Gegenseitigkeitsverträge Ausschließlichkeitsvereinbarungen[630] enthielten. Der EuGH macht also das Vorliegen einer Wettbewerbsbeschränkung von einer Ausschließlichkeitsregelung in den Gegenseitigkeitsverträgen abhängig. Diese wurden jedoch 1971 auf Intervention der Kommission abgeschafft,[631] sodass das Bestehen einer Wettbewerbsbeschränkung nur an das Vorliegen einer faktischen Ausschließlichkeitsregelung geknüpft werden kann. Dieser Frage geht der EuGH in seinen folgenden Ausführungen nach[632]. Eine solche faktische Regelung könnte in dem Verhalten der Verwertungsgesellschaften gesehen werden, im Ausland ansässigen Nutzern Direktlizenzierungen zu verweigern. Dieses Verhalten könnte ein abgestimmtes Verhalten i. S. v. Art. 101 AEUV darstellen und danach verboten sein, wenn es nicht den normalen Marktbedingungen entspräche. Eine solche Abstimmung sei laut EuGH jedoch nicht zu vermuten, wenn sich das Parallelverhalten durch andere Gründe als das Vorliegen einer Abstimmung erklären. Hierbei bezieht sich der EuGH auf seine Rechtsprechung zum Parallelverhalten von Unternehmen im Oligopol[633].[634] Bei Verwertungsgesellschaften könne ein solcher Grund darin liegen, dass diese ansonsten gezwungen wären, in einem anderen Land ein eigenes Verwertungs- und Kontrollsystem aufzubauen[635]. Damit gelangt der EuGH zu dem Ergebnis, dass im Hinblick auf die Gegenseitigkeitsverträge kein Verstoß gegen Art. 101 Abs. 1 AEUV vorliegt. Seine dogmatische Begründung, insbesondere zu der Frage, warum Gegenseitigkeitsverträge ohne Ausschließlichkeitsregelung nicht gegen Art. 101 Abs. 1 AEUV verstoßen, ist dabei knapp geraten. Der EuGH stützt seine Begründung letztendlich ausschließlich auf die mit den Gegenseitigkeitsverträgen verfolgten Zwecke.

(2) Hinnahme der territorialen Begrenzung

Fraglich erscheint, ob der EuGH mit seinem Urteil auch die territoriale Begrenzung billigt. Er nimmt keinen direkten Bezug auf die territoriale Begrenzung. Mit seiner Feststellung, dass die Gegenseitigkeitsverträge aufgrund der mit ihnen verfolgten Ziele nicht gegen Art. 101 Abs. 1 AEUV verstoßen, nimmt der EuGH allerdings inzident die territoriale Begrenzung hin. Schließlich war dem EuGH

630 Damit sind solche Vereinbarungen gemeint, nach denen Verwertungsgesellschaften verpflichtet sind, den im Ausland ansässigen Nutzern von Musik den Zugang zu dem eigenen Repertoire zu verweigern, siehe oben Kap. 2, A.II.1.a).

631 Siehe oben Kap. 2, A.II.1.a).

632 *EuGH,* Slg. 1989, 2521 (2573 f.) – Tournier.

633 *EuGH,* Slg. 1972, 619 – Imperial Chemical Industries.

634 *EuGH,* Slg. 1989, 2521 (2574) – Tournier.

635 *EuGH,* Slg. 1989, 2521 (2574) – Tournier.

bewusst, dass in den Gegenseitigkeitsverträgen eine territoriale Begrenzung enthalten ist. Dies kann aus den Sitzungsberichten des Berichterstatters Koopmans geschlossen werden, der darauf hinwies, dass die vertragsschließenden Parteien nur zur Wahrnehmung der Rechte der anderen Gesellschaft auf ihrem Territorium berechtigt seien[636]. Zudem wird die territoriale Begrenzung in den Urteilsgründen festgehalten, wonach die Verwertungsgesellschaften sich gegenseitig das Recht einräumten, das Repertoire der jeweils anderen Gesellschaft „in dem räumlichen Gebiet, in dem sie jeweils tätig sind“[637] wahrzunehmen. Auch der Generalanwalt Jakobs wies in seinen Schlussanträgen auf die territoriale Begrenzung hin[638]. Durch die Feststellung des EuGH, dass die Gegenseitigkeitsverträge insgesamt nicht gegen Art. 101 AEUV verstoßen, nimmt er somit auch die in den Gegenseitigkeitsverträgen geregelte territoriale Begrenzung hin.[639]

#### cc) Dogmatische Grundlage

Fraglich ist allerdings, auf welche dogmatische Grundlage die Zulässigkeit der territorialen Begrenzung in den Gegenseitigkeitsverträgen gestützt werden kann. Die dogmatische Grundlage des EuGH ist unklar. Er stützt sich bei seiner Begründung im Wesentlichen auf die mit den Gegenseitigkeitsverträgen verfolgten Zwecke. Daher kommen zwei dogmatische Grundlagen infrage[640].

##### (1) Verhältnismäßigkeitsprüfung

Zunächst kommt als dogmatische Grundlage der Entscheidung des EuGH eine Verhältnismäßigkeitsprüfung in Betracht[641]. Schließlich führt der EuGH aus, dass das ungeschriebene Tatbestandsmerkmal der Erforderlichkeit der Anwendung des Art. 101 AEUV zu berücksichtigen sei. Es solle eine Wettbewerbsbeschränkung i. S. v. Art. 101 AEUV vorliegen, wenn diese die Grenzen des zur Erreichung des genannten Zwecks Unerlässlichen überschritten. Dieses sei je-

---

636 *EuGH,* Slg. 1987, 1747 (1748) – Basset; Slg. 1989, 2521 (2524) – Tounier; Slg. 1989, 2811, 2813 f. – Lucazeau.

637 *EuGH,* Slg. 1989, 2521 (2572) – Tournier.

638 *EuGH,* Slg. 1989, 2521 (2546) – Tournier.

639 Ausführlich hierzu *Block,* S. 178 f.

640 Die Möglichkeit der Freistellung vom Kartellverbot nach Art. 101 Abs. 3 AEUV kommt nicht als dogmatische Grundlage für die Entscheidung des EuGH in Frage und soll daher an dieser Stelle nicht diskutiert werden. Hierauf nimmt der EuGH keinerlei Bezug, da eine solche auch nach den Ausführungen des Generalanwalts Jakobs nicht möglich war, *Jakobs*, Slg. 1989, 2521 (2547) – Schlussanträge.

641 *Gerlach*, Wandtke/Bullinger, § 24 WahrnG Rn. 9; *Pickrahn,* S. 148.

doch bei den von den Verwertungsgesellschaften verfolgten Zwecken nicht der Fall.[642]

(2) Restriktion

Ebenso könnte eine tatbestandliche Restriktion als dogmatische Grundlage dienen. Hierfür spricht, dass eine solche bei Art. 101 AEUV üblich ist, während die Verhältnismäßigkeitsprüfung im Rahmen von Art. 102 AEUV vorgenommen wird.[643] Für das Vorliegen einer Restriktion existieren unterschiedliche Ansätze[644]. Davon sollen die bedeutendsten hier diskutiert werden.

(a) Vorrang der durch die Gegenseitigkeitsverträge verfolgten Ziele

Zunächst könnte eine tatbestandliche Restriktion auf die mit den Gegenseitigkeitsverträgen verfolgten Ziele gestützt werden. Zunächst weist der EuGH auf die Verwirklichung des Inländerbehandlungsgrundsatzes[645] hin[646]. Fraglich ist, ob die Verwirklichung dieses Grundsatzes zu einer Restriktion des Art. 101 AEUV führen kann. Zum einen sind die Verwertungsgesellschaften als Rechtssubjekte nicht zu der Verwirklichung des Inländerbehandlungsgrundsatzes verpflichtet. Dieser verpflichtet vielmehr die Mitgliedstaaten zur Gleichbehandlung.[647] Zum anderen können materiell-rechtliche Vorschriften aus internationalen Urheberrechtskonventionen die Anwendung des europäischen Wettbewerbsrechts nicht ausschließen[648]. Somit kann die Verfolgung dieses Zweckes nicht eine Restriktion des Art. 101 AEUV rechtfertigen. Jedoch könnte der Zweck, die ausländischen Verwaltungsstrukturen zu nutzen, eine Einschränkung des Art. 101 AEUV begründen. Durch die in den Gegenseitigkeitsverträgen enthaltene territoriale Begrenzung wird es den Verwertungsgesellschaften erspart, im Ausland kostenintensive Verwertungs- und Kontrollapparate aufzubauen. Durch den fehlenden Anreiz, im Ausland eigene Verwaltungsstrukturen aufzubauen, wird Wettbewerb jedoch gerade verhindert.[649] Darüber hinaus handelt es sich bei der Erwägung des Zieles der gegenseitigen Inanspruchnahme der Verwertungsstrukturen um einen außerwettbewerblichen Aspekt, nämlich den der Schaffung

642 *EuGH*, Slg. 1989, 2521 (2573) – Tournier.

643 So auch *Block*, S. 176; *Wünschmann*, S. 174 ff. Dabei bestätigt Block das Ergebnis des EuGH, wohingegen Wünschemann das Vorliegen einer tatbestandlichen Restriktion ausschließt

644 Hierzu ausführlich *Wünschemann*, S. 174 ff.

645 Siehe oben Kap. 2, A.I.3.e).

646 *EuGH*, Slg. 1989, 2521 (2572) – Tournier.

647 *Heine*, S. 141.

648 *Wünschemann*, S. 175.

649 *Heine*, S. 143.

eines praktischen Wahrnehmungssystems auf internationaler Ebene. Außerwettbewerbliche Gesichtspunkte können jedoch keine Restriktion des Art. 101 AEUV begründen.[650]

Mithin kann auch die Verfolgung dieses Zweckes keine Einschränkung des Art. 101 AEUV rechtfertigen.

(b) Kein potentieller Wettbewerb

Eine Restriktion kann sich auch daraus ergeben, dass kein potentieller Wettbewerb besteht. Eine Wettbewerbsbeschränkung ist nur möglich, wenn die in Rede stehenden Unternehmen auch die betriebswirtschaftliche Möglichkeit haben, zueinander in Wettbewerb zu treten[651]. Ist faktisch kein Wettbewerb zwischen den Verwertungsgesellschaften möglich, so kann eine Einschränkung des Art. 101 AEUV greifen. Die Ausführungen des EuGH könnten auch in diese Richtung führen. Zwar verweist der EuGH nicht ausdrücklich auf ein Fehlen des potentiellen Wettbewerbs, jedoch sind die Ausführungen des EuGH zu den Gegenseitigkeitsverträgen insgesamt knapp. Zudem geht der EuGH sehr wohl auf Schwierigkeiten der Verwertungsgesellschaften bei Errichtung eigener Verwaltungsstrukturen im Ausland ein[652]. Denn bei der Frage nach dem potentiellen Wettbewerb spielt das Argument des Aufbaus eigener Verwaltungsapparate im Ausland eine gewichtige Rolle. Von einem potentiellen Wettbewerb kann erst dann gesprochen werden, wenn das Auftreten eines neuen Konkurrenten wahrscheinlich ist[653]. Ein Unternehmen ist dann potentieller Wettbewerber, wenn es theoretisch die Investitionen tragen könnte, um in den Markt einzutreten[654]. Der Aufbau eines eigenen Verwaltungsapparates in jedem Mitgliedstaat der EU dürfte jedoch immense Kosten verursachen. Darüber hinaus steigen die Kosten der Kontrolle von Nutzungen, je größer das Verwaltungsgebiet wird. Somit weist der Markt der kollektiven Rechtewahrnehmung auf internationaler Ebene hohe Marktzutrittsschranken auf.[655] Das spricht grundsätzlich gegen die Annahme, dass potenzieller Wettbewerb unter Verwertungsgesellschaften möglich ist[656].

650 *Block,* S. 176.

651 *EuGH,* Slg. 1970, 661 (701 f.) – ACF Chemiefarma.

652 *EuGH,* Slg. 1989, 2521 (2573 und 2574) – Tournier.

653 *Schröter,* in: von der Groeben/Schwarze, EU-und EG-Vertrag, Bd. 2, Art. 81 EG Rn. 96.

654 *Kommission,* Leitlinien zur Anwendbarkeit von Art. 81 EG-Vertrag auf Vereinbarungen über horizontale Zusammenarbeit (2001/C3/02), ABl. C 3 v. 6.1.2001, S. 2 (29 Fn. 9).

655 *Corbet,* in: Peeperkorn/van Rij, Collecting Societies in the Music Business, S. 22 (26); *Heine,* S. 152.

656 *Schröter,* in: von der Groeben/Schwarze, EU-und EG-Vertrag, Bd. 2, Art. 81 EG Rn. 96; *Heine,* S. 152; A. A. sind *Pickrahn,* S. 136 f. und *Block,* S. 176 f.

Mithin fehlt es an einem potentiellen Wettbewerb unter Verwertungsgesellschaften, sodass Art. 101 AEUV eingeschränkt werden kann.[657]

dd) Bestätigende Ansichten

Die Entscheidung des EuGH wird von einigen Literaten[658] bestätigt. Die territoriale Begrenzung in den Gegenseitigkeitsverträgen wird in Übereinstimmung mit dem EuGH für gerechtfertigt gehalten, da die Gegenseitigkeitsverträge legitime Zwecke verfolgen würden[659]. Darüber hinaus wird auf die administrativen Schwierigkeiten hingewiesen[660]. Die legitimen Zwecke der Gegenseitigkeitsverträge, die der EuGH heranzieht, werden für ein Indiz dafür gehalten, dass die Gegenseitigkeitsverträge nicht auf Wettbewerbsbeschränkungen gerichtet sind[661]. Darüber hinaus wird das Argument ins Feld geführt, Gegenseitigkeitsverträge vereinigten nur durch die territoriale Begrenzung ihrem gesetzlichen Leitbild entsprechend die Urheberrechte als Monopolrechte in einer Hand. Nur so könne trotz der Einschaltung von Verwertungsgesellschaften in die Verwertung das Urheberrecht als ausschließliches Recht erhalten bleiben.[662] Auch wird ausgeführt, dass die Zulässigkeit der räumlichen Begrenzungen in dem Bereich, in dem die Nutzung von Urheberrechten zugleich eine Dienstleistung darstellt, der Grund sei, warum bei der gegenwärtigen Rechtslage ein Wettbewerb um Teile des Weltrepertoires für bestimmte Nutzungsarten aus Rechtsgründen nicht möglich sei[663]. Die Ansicht des EuGH wird sogar erweitert, indem nicht nur die territoriale Begrenzung der Rechtewahrnehmung, sondern auch eine territoriale Begrenzung der Berechtigten in dem Sinne gefordert wird, dass diese sich nur an eine Verwertungsgesellschaft wenden können, in deren Verwaltungsbereich sie ihren Wohnsitz haben[664]. Aufgezwungener Wettbewerb unter Verwertungsge-

657 *Fikentscher,* in: Beier u. a., FG für Schricker, S. 149 (187); *Steden,* S. 81; *Leßmann,* S. 156; *Heine,* S. 152.

658 *Block,* S. 180 f.; *Gerlach,* in: Schertz/Omsels, FS für Hertin, S. 118 (128); *Mestmäcker,* in: Mestmäcker/Schulze, UrhKomm, IntR 6. Abschnitt B. S. 91 f.; *Schulze,* in: Scheuermann/Strittmatter, Urheberrechtliche Probleme der Gegenwart, S. 193 (199); *Dünnwald,* in: Becker u. a., Die Verwertungsgesellschaften im Europäischen Binnenmarkt, S. 79 (87 ff.); *Pickrahn,* S. 138 f.; *Schwarze,* ZUM 2003, 15 (17); *Goldmann,* S. 237.

659 *Block,* S. 180 f.

660 *Gerlach,* in: Schertz/Omsels, FS für Hertin, S. 118 (128).

661 *Mestmäcker/Schulze,* UrhKomm, IntR 6. Abschnitt B. S. 91 f.

662 *Block,* S. 181.

663 *Schulze,* in: Scheuermann/Strittmatter, Urheberrechtliche Probleme der Gegenwart, S. 193 (199).

664 *Dünnwald,* in: Becker u. a., Die Verwertungsgesellschaften im Europäischen Binnenmarkt, S. 79 (88 f.).

sellschaften sei nicht im Sinne einer sinnvollen Rechtewahrnehmung. Ein solcher führe zur Senkung der Vergütung der Berechtigten und zu höheren Verwaltungskosten durch die Aktivitäten der Verwertungsgesellschaften im Ausland.[665]

Zum Teil wird hingegen ein potentieller Wettbewerb unter Verwertungsgesellschaften prinzipiell für wünschenswert gehalten, da er einer ineffizienten Verwaltung der Verwertungsgesellschaften entgegenwirken könne[666]. Eine Wettbewerbsbeschränkung liege jedoch im Hinblick auf die Gegenseitigkeitsverträge nicht vor[667].

Darüber hinaus wird konstatiert, dass der EuGH zu Recht die Besonderheiten des Urheberrechts im Vergleich zu anderen subjektiven Rechten in den Blick genommen und anerkannt habe, dass der einzelne Rechteinhaber auf die kollektive Rechtewahrnehmung angewiesen sei[668].

Auch wird begrüßt, dass die Nutzer zumindest theoretisch aufgrund der fehlenden Ausschließlichkeitsklauseln die Rechte erwerben könnten, wenn sie nur das nationale Repertoire einer ausländischen Verwertungsgesellschaft anfragen würden[669].

Ein Verstoß gegen Art. 101 AEUV ist nach dieser Auffassung mithin nicht geben.

*b) Zulässigkeit einer Neubewertung*

Neben der Ansicht, dass Gegenseitigkeitsverträge nicht gegen Art. 101 AEUV verstoßen, gibt es einige Stimmen in der Literatur[670], die zwar wie die erstgenannte Ansicht einen Verstoß der Gegenseitigkeitsverträge gegen Art. 101 AEUV ablehnen, das Urteil des EuGH aber dennoch kritisieren und eine andere Bewertung der Gegenseitigkeitsverträge in der Zukunft für möglich halten. So wird betont, dass eine Neubewertung der Gegenseitigkeitsverträge zulässig sei[671]. Der Aufbau eines eigenen Verwaltungs- und Kontrollapparates in jedem Mitgliedstaat sei zwar noch unzumutbar und eine dezentrale Rechtewahrnehmung nicht praktikabel. Deshalb liege keine Wettbewerbsbeschränkung vor. Dieses Argument könne aber aufgrund der Entwicklung elektronischer Kontrollsysteme

---

665 *Dünnwald,* in: Becker u. a., Die Verwertungsgesellschaften im Europäischen Binnenmarkt, S. 79 (87).

666 *Pickrahn,* S. 136 f.

667 *Pickrahn,* S. 138 f.

668 *Schwarze,* ZUM 2003, 15 (17).

669 *Goldmann,* S. 237.

670 *Fikentscher,* in: Beier u. a., FG für Schricker, S. 149 (187); *Steden,* S. 81; *Leßmann,* S. 156; *Heine*, S. 152; *Nordemann,* GRUR 2007, 203 (215).

671 *Leßmann,* S. 156.

in Zukunft wegfallen, sodass dann ein Verstoß gegen Art. 101 AEUV gegeben sei.[672] Dabei wird die Entscheidung des EuGH kritisiert. Es sei schwer nachvollziehbar, wie sich aus der gegen Art. 101 AEUV verstoßenden Ausschließlichkeitsklausel durch bloßen Zeitablauf eine autonome Unternehmensentscheidung mit dem Stellenwert schlichten Parallelverhaltens entwickeln solle[673]. Dennoch greife der Einwand der Unzumutbarkeit des Aufbaus eigener Verwertungsstrukturen noch durch. Ein Verstoß gegen Art. 101 AEUV rücke jedoch aufgrund der sich ändernden Marktbedingungen greifbar nahe.[674] Dogmatisch kann diese Ansicht als tatbestandliche Restriktion des Art. 101 AEUV eingeordnet werden. Dabei wird auch auf das betriebswirtschaftliche Risiko der Rechtewahrnehmung im Ausland und damit des Markteintritts hingewiesen.[675]

Darüber hinaus wird angemerkt, dass der EuGH den schmalen Grat zwischen Verbot nationaler Verwertungsmonopole einerseits und uneingeschränkter Zulassung wegen berechtigter Urheberrechtswahrnehmung andererseits gehe[676]. Der Aufbau eigener Verwertungsstrukturen im Ausland sei für Verwertungsgesellschaften nicht rentabel[677]. Dennoch wird eine Neubewertung für die Zukunft zugelassen. Insofern entspreche das Urteil des EuGH der „Solange" – Rechtsprechung[678]. Der jetzige Zustand, nämlich die Verwertungsgesellschaft als nationales Monopol, werde vom EuGH zwar toleriert, nicht jedoch zementiert[679].

Zudem wird auf das Fehlen eines potenziellen Wettbewerbs unter den Verwertungsgesellschaften hingewiesen. Ein potentieller Wettbewerb sei aufgrund der hohen Marktzutrittsschranken, welche sich aus dem Aufbau eines eigenen Verwertungsapparates ergäben, nicht gegeben.[680] Eine Neubewertung der Gegenseitigkeitsverträge in der Zukunft sei allerdings möglich[681] und insbesondere im Hinblick auf moderne Digitaltechnologien angezeigt[682].

Nach dieser Ansicht ist ein Verstoß gegen Art. 101 AEUV demnach ebenfalls nicht gegeben.

672 *Leßmann,* S. 154.
673 *Leßmann,* S. 155; *Steden,* S. 80.
674 *Leßmann,* S. 156.
675 *Leßmann,* S. 156.
676 *Fikentscher,* in: Beier u. a., FG für Schricker, S. 149 (186).
677 *Fikentscher,* in: Beier u. a., FG für Schricker, S. 149 (187).
678 *Steden,* S. 81.
679 *Fikentscher,* in: Beier u. a., FG für Schricker, S. 149 (187).
680 *Heine,* S. 150 ff.
681 *Heine,* S. 152, 157.
682 *Nordemann,* GRUR 2007, 203 (215).

*c) Verstoß gegen Art. 101 AEUV*

Einige Literaten[683] vertreten die Ansicht, die herkömmlichen Gegenseitigkeitsverträge würden gegen Art. 101 AEUV verstoßen. So werden unterschiedliche Restriktionen des Art. 101 AEUV geprüft und das Ergebnis herausarbeitet, dass sämtliche möglichen Restriktionen nicht greifen[684]. Auch eine Freistellung vom Kartellverbot sei nicht möglich[685]. Darüber hinaus wird die Möglichkeit der Berücksichtigung von Effizienzen der Zuständigkeitsaufteilung im Rahmen des Art. 101 AEUV trotz einer zuvor festgestellten Marktabschottung diskutiert, jedoch ebenfalls verworfen[686]. Die Gegenseitigkeitsverträge stellten offensichtliche Verstöße gegen die Idee des gemeinsamen Marktes dar und seien als Wettbewerbsbeschränkung zu verstehen[687]. Die territorialen Begrenzungen in den Gegenseitigkeitsverträgen seien aufzuheben[688]. Wettbewerb unter Verwertungsgesellschaften sei dabei erstrebenswert, da Verwertungsgesellschaften so zu einer effizienteren Verwaltung gezwungen werden könnten[689].

Nach dieser Ansicht verstoßen die Gegenseitigkeitsverträge mit ihrer territorialen Begrenzung somit gegen das Kartellverbot in Art. 101 AEUV.

*d) Stellungnahme*

Die erstgenannten Ansichten und die letztgenannte Ansicht kommen zu unterschiedlichen Ergebnissen. Demnach ist ein Streitentscheid zwischen diesen Ansichten erforderlich.

Der Aufbau eigener Verwaltungs- und Kontrollstrukturen im Ausland ist mit immensen Kosten verbunden. Dies wirkt sich negativ auf den Verwaltungskostensatz der Verwertungsgesellschaften und damit zum Nachteil der Berechtigten aus, was für die erstgenannte Ansicht spricht. Gegen diese Ansicht kann jedoch ins Feld geführt werden, dass ihre Begründung nicht befriedigend ist. Als dogmatische Grundlage kommt jedoch eine tatbestandliche Restriktion durch das Fehlen potenziellen Wettbewerbs in Betracht. Auf diese dogmatische Grundlage kann auch die zweitgenannte Ansicht gestützt werden. Diese hat den Vorteil, dass sie eine Neubewertung der Gegenseitigkeitsverträge in der Zukunft zulässt. Veränderungen der Marktbedingungen würden eine andere Beurteilung erlauben,

683 *Waldenberger,* ZUM 2001, 450 (451 f.); *Wünschmann,* S. 174 ff.

684 *Wünschmann,* S. 174 ff.

685 *Wünschmann,* S. 181 ff.

686 *Wünschmann,* S. 183 ff.

687 *Wünschmann,* S. 187.

688 *Wünschmann,* S. 188.

689 *Wünschmann,* S. 189; *Waldenberger,* ZUM 2001, 450 (451 f.).

sodass die territoriale Begrenzung in den Gegenseitigkeitsverträgen zukünftig nicht zwangsläufig durch das Urteil des EuGH als zulässig einzuordnen ist.[690] Die zweite Ansicht ist in ihrer Konsequenz somit flexibel. Die letztgenannte Ansicht bestätigt zwar, dass das Fehlen potentiellen Wettbewerbs eine tatbestandliche Restriktion des Art. 101 AEUV rechtfertigen kann. Allerdings wird das Fehlen eines potentiellen Wettbewerbs abgelehnt. Ein potentieller Wettbewerb sei nicht auszuschließen. Begründet wird dies nicht. Vielmehr beruft sich diese Ansicht auf ein Protokoll zum Muster-Gegenseitigkeitsvertrag im Bereich der EU, in dem vorgesehen sei, dass eine direktlizenzierende Verwertungsgesellschaft die in diesem Land ansässige Verwertungsgesellschaft benachrichtigen muss. Das spreche dafür, dass auch Verwertungsgesellschaften die Möglichkeit eines Wettbewerbs anerkennen.[691] Diese Begründung erscheint mehr als vage. Wie gesehen, bestehen für Verwertungsgesellschaften in Europa durch die Notwendigkeit des Aufbaus eigener Verwertungsstrukturen in jedem Land im Zusammenhang mit den herkömmlichen Gegenseitigkeitsverträgen hohe Marktzutrittsschranken. Das spricht für ein Fehlen potentiellen Wettbewerbs. Darüber hinaus erscheint fraglich, ob der von dieser Ansicht gewünschte Wettbewerb in Europa im Bereich der Rechtewahrnehmung tatsächlich erstrebenswert ist[692]. Mithin kann der letztgenannten Ansicht nicht gefolgt werden. Die tatbestandliche Restriktion des Art. 101 AEUV aufgrund des fehlenden möglichen Wettbewerbs greift und führt dazu, dass kein Verstoß gegen Art. 101 AEUV vorliegt.

## 2. Ergebnis

Gegenseitigkeitsverträge müssen einer Prüfung nach europäischem Wettbewerbsrecht standhalten. Relevant ist dabei der Art. 101 Abs. 1 AEUV. Besonders problematisch ist die in den herkömmlichen Gegenseitigkeitsverträgen enthaltene territoriale Begrenzung der wechselseitigen Ermächtigung. Diese könnte als Wettbewerbsbeschränkung gegen das Kartellverbot des Art. 101 Abs. 1 AEUV verstoßen. Ob ein solcher Verstoß vorliegt ist umstritten. Der EuGH hat in seinem wegweisenden Tournier-Urteil einen Verstoß gegen Art. 101 AEUV verneint und mit seinem Urteil auch die territorialen Begrenzungen hingenommen. Dabei verwies der EuGH auf die mit den Gegenseitigkeitsverträgen verfolgten legitimen Zecke. Das Urteil findet bei einigen Literaten Zustimmung, es wird aber auch kritisiert. Dabei ist vor allem die vage Argumentation des EuGH An-

690 *Heine*, S. 152.
691 *Wünschmann*, S. 177.
692 Siehe unten Kap. 2, B.III.4.

lass der Kritik. Im Ergebnis stimmen diese Literaten jedoch mit dem EuGH überein. Dogmatisch kann das Ergebnis des EuGH auf eine tatbestandliche Restriktion des Art. 101 Abs. 1 AEUV gestützt werden. Diese kann mit dem Fehlen potentiellen Wettbewerbs begründet werden. Ein potentieller Wettbewerb fehlt aufgrund der hohen Marktzutrittsschranken, welche sich aus der Notwendigkeit ergeben, eigene Verwertungsstrukturen im Ausland aufzubauen und zu finanzieren. Der Ansicht, dass ein Verstoß gegen Art. 101 AEUV noch nicht gegeben ist, ist daher zu folgen. Eine wettbewerbsrechtliche Neubewertung ist hiernach möglich und bei sich ändernden Marktbedingungen angezeigt.

## IV. Zusammenfassung

Die Rechtewahrnehmung im EWR und auf internationaler Ebene wird traditionell durch Gegenseitigkeitsverträge gewährleistet. Gegenseitigkeitsverträge sind Verträge zwischen Verwertungsgesellschaften unterschiedlicher Länder, in denen sich die Verwertungsgesellschaften wechselseitig die Rechte an ihrem jeweiligen Repertoire einräumen. Sie erfüllen verschiedene Funktionen. Zunächst ermöglichen sie einen One-Stop-Shop für das Weltrepertoire. Die Nutzer können also die Rechte am Weltrepertoire aus einer Hand erwerben. Darüber hinaus wird durch die Gegenseitigkeitsverträge die weltweite Wahrnehmung der Rechte der Mitglieder jeder Verwertungsgesellschaft sichergestellt. Zudem gewährleisten Gegenseitigkeitsverträge, dass sämtliche Nutzer den gleichen Bedingungen unterliegen und verwirklichen den Inländerbehandlungsgrundsatz. Eine wichtige Funktion ist die Ermöglichung der Arbeitsteilung unter den europaweit agierenden Verwertungsgesellschaften. Diese müssen keinen eigenen Verwertungsapparat im Ausland aufbauen und finanzieren.

Die herkömmlichen Gegenseitigkeitsverträge beruhen für den Bereich der Aufführungs- und Senderechte auf dem CISAC-Standardvertrag und für den Bereich der Vervielfältigungsrechte auf dem BIEM-Standardvertrag. Regelungsgegenstand sind jeweils die bezeichneten Rechte. Die Standardverträge enthalten u. a. Regelungen zu der gegenseitigen Rechteübertragung und Regelungen über die Verteilung der Einnahmen. Dabei liegt den Verträgen der Gleichbehandlungsgrundsatz zu Grunde. Beide Verträge enthalten grundsätzlich eine territoriale Begrenzung der gegenseitigen Ermächtigung auf das jeweilige Verwaltungsgebiet einer Verwertungsgesellschaft. Dadurch haben die Verwertungsgesellschaften ein auf ihr Verwaltungsgebiet begrenztes Monopol am Weltrepertoire inne. Insbesondere aufgrund dieser territorialen Begrenzung stellt sich die Frage nach der Vereinbarkeit der Gegenseitigkeitsverträge mit dem Kartellverbot in Art. 101 Abs. 1 AEUV. Ob ein solcher Verstoß gegeben ist, ist streitig. Überzeugend ist die Ansicht, die einen Verstoß ablehnt. Einen solchen verneinte auch der EuGH im Tournier-Urteil. Als geeignete dogmatische Grundlage für dieses Ergebnis kommt eine tatbestandliche Restriktion aufgrund fehlenden potentiellen Wettbewerbs in Betracht. Diese Grundlage steht in Einklang mit dem Tournier-Urteil und lässt eine Neubewertung der Gegenseitigkeitsverträge bei Änderung der Marktbedingungen zu. Im Ergebnis kann das traditionelle System der Gegenseitigkeitsverträge, also das System im „Offline-Bereich", wettbewerbsrechtlich also noch nicht beanstandet werden.

## B. Entwicklung des Systems im Online-Bereich

Das herkömmliche System der Gegenseitigkeitsverträge, die auf dem CISAC und dem BIEM-Standardvertrag beruhen, unterlag im Online-Bereich in den letzten Jahren Veränderungen. Diese sollen im Folgenden dargestellt werden, um anhand der aufgezeigten Entwicklungen das aktuelle System der Rechtewahrnehmung in den Blick nehmen zu können.

### I. Bedürfnis nach Mehrgebietslizenzen

Die herkömmlichen Gegenseitigkeitsverträge sind in der Regel mit einer territorialen Begrenzung der Ermächtigung versehen[693]. Für die herkömmliche Musiknutzung, z. B. durch eine Fernsehanstalt, welche Musik innerhalb einer Fernsehsendung ausstrahlen möchte oder aber einer Kaufhauskette, die in ihren Geschäftslokalen Musik spielt, ist die Begrenzung einer Lizenz am Weltrepertoire bspw. auf das Gebiet Deutschlands nicht nachteilig, da sich diese Nutzung oftmals innerhalb der Ländergrenzen bewegt. Das traditionelle System entspricht jedoch nicht den Bedürfnissen der Nutzung von Musik über das Internet. Im WWW ist die Nutzung von urheberrechtlich geschützten Musikwerken nicht an Verwaltungs- bzw. Ländergrenzen gebunden. Ein ISP möchte seine Dienste in mehreren Ländern, möglichst europa- oder sogar weltweit anbieten. Sein Online-Angebot soll in mehreren Ländern abrufbar sein. Um dies zu verwirklichen, müsste er nach dem traditionellen System für jedes Land eine eigene Lizenz von der dort tätigen Verwertungsgesellschaft einholen. Dadurch entstehen unnötige Kosten. Das traditionelle System der Gegenseitigkeitsverträge ist daher für den Online-Bereich vor allem für die Nutzer umständlich und entspricht nicht den

693 Siehe oben Kap. 2, A.II.1.b) und Kap. 2, A.II.2.b).

Bedürfnissen des Internet-Zeitalters. Es erschwert die Gründung von legalen Online-Musikdiensten und hemmt die wirtschaftliche Entfaltung des Musiksektors. Auch für die Rechteinhaber ist eine europaweite Lizenzierung von Vorteil, da ihre Werke u. U. in mehreren Ländern abrufbar sind, wenn es für die Nutzer einfacher wird, Lizenzen zu erhalten. Für die Nutzung von Musikwerken im Online-Bereich ist die Erteilung einer Lizenz, welche die Nutzung in mehreren Ländern abdeckt (sog. Mehrgebietslizenz), daher sinnvoll. Die Rechtewahrnehmung bzw. Lizenzierung musste sich diesen Bedürfnissen und den Gegebenheiten des Internets, welches sich nicht an Grenzen hält, anpassen.

## II. Gegenseitigkeitsverträge im Online-Bereich

Dem Bedürfnis der Online-Anbieter nach grenzüberschreitender Lizenzierung von Musikinhalten wollten die Musikverwertungsgesellschaften zunächst durch die Gestaltung von Standardverträgen für den Online-Bereich nachkommen. Daneben war ein wesentliches Ziel der Verwertungsgesellschaften, einen legalen Markt für Online-Dienste zu schaffen. Zu den Bestrebungen der Verwertungsgesellschaften zählen die Simulcasting[694]-Vereinbarung und die Webcasting-Vereinbarung unter den Verwertungsgesellschaften für Tonträgerhersteller und die „Santiago-" und „Barcelona-Abkommen" unter den übrigen Musikverwertungsgesellschaften. Die auf den Standardverträgen basierenden Gegenseitigkeitsverträge sollten die europaweite Lizenzierung von Musikwerken durch eine Verwertungsgesellschaft ermöglichen. Nutzer sollten also für die weltweiten Nutzungsrechte im Sinne einer Einmallizenz und/oder des One-Stop-Shop-Prinzips nur noch eine Lizenz benötigen.

### 1. Simulcasting-Vereinbarung

In der Simulcasting-Vereinbarung haben sich die Verwertungsgesellschaften der Tonträgerhersteller im Jahr 2000 über einen Mustergegenseitigkeitsvertrag geeinigt[695]. Die sog. Simulcasting-Vereinbarung sollte dem Bedürfnis der Praxis nach Mehrgebietslizenzen aus der Hand einer Verwertungsgesellschaft i. S. e. One-Stop-Shops nachkommen. Darüber hinaus sollte die Zukunft der Nutzung von Tonträgeraufnahmen im Rahmen von Simulcasts durch die handhabbare und nutzerfreundliche Lizenzierung gesichert werden. Es sollte ein legaler Markt für

---

694 Zu Simulcasting siehe oben Kap. 1, B.I.4.

695 *Kreile/Becker,* in: Moser/Scheuermann, Hdb. der Musikwirtschaft, S. 632 (642).

Simulcasting-Musik geschaffen werden. Die Simulcasting-Vereinbarung wurde mit der Unterstützung des Sekretariats der IFPI in London erarbeitet. Die IFPI ist ein in der Schweiz eingetragener Verband mit Sitz in London. Sie vertritt die Interessen der Tonträgerindustrie. Mitglieder der IFPI sind Tonträger- und Musikvideohersteller weltweit. Vertragsparteien der Vereinbarung sind nicht nur die Verwertungsgesellschaften der Tonträgerhersteller innerhalb des EWR, wie z. B. die deutsche GVL, sondern Verwertungsgesellschaften weltweit[696].

Im November 2000 meldete die IFPI die Mustergegenseitigkeitsvereinbarung im Hinblick auf eine wettbewerbsrechtliche Überprüfung bei der Kommission an[697]. Der Öffentlichkeit wurde die Vereinbarung am 11.9.2001 international vorgestellt[698]. Insgesamt wurde die ursprüngliche Mustergegenseitigkeitsvereinbarung zweimal geändert. Am 21.6.2001 wurde die zunächst vorgesehene Zuständigkeitsregelung[699] gestrichen und am 22.5.2002 wurde vereinbart, dass Verwertungsgesellschaften einen Mechanismus zur Trennung von Lizenz- und Verwaltungsgebühren[700] einbauen müssen.[701] Dabei setzt die Mustergegenseitigkeitsvereinbarung an dem herkömmlichen Lizenzierungsmodell über ein Netz aus Gegenseitigkeitsverträgen an. Sie enthält gegenüber diesem System die Besonderheit, dass nicht nur das weltweite Musikrepertoire aus einer Hand erworben werden kann, sondern auch die Erteilung einer Mehrgebietslizenz möglich ist.[702] Dabei erstreckt sich diese Lizenz nicht nur auf den gesamten EWR, sondern auf sämtliche Verwaltungsgebiete der vertragsschließenden Verwertungsgesellschaften.

*a) Inhalt*

In der Simulcasting-Vereinbarung ist zunächst ihr Gegenstand geregelt. Darüber hinaus sind insbesondere die Zuständigkeitsregelung bzw. das Fehlen einer solchen und die Regelungen zur Vergütung zu erörtern.

---

696 Eine Auflistung der Vertragsparteien findet sich in *Kommission,* Simulcasting-Entscheidung, Rn. 8.

697 *Kommission,* Simulcasting-Entscheidung, Rn. 1.

698 *Bortloff,* GRUR Int 2003, 669 (676 f.).

699 Siehe unten Kap. 2, B.II.1.a)bb).

700 Siehe unten Kap. 2, B.II.1.a)cc)(3).

701 *Kommission,* Simulcasting-Entscheidung, Rn. 3, 4.

702 *Bortloff,* GRUR Int 2003, 669 (677).

aa) Gegenstand

Gegenstand des Mustergegenseitigkeitsvertrages ist zunächst die Vergabe von Lizenzen an Radio- und Fernsehveranstalter für das Simulcasting[703]. Beim Simulcasting macht ein Radio- oder Fernsehsender seine Sendungen zeitgleich zu der eigentlichen Ausstrahlung im Radio oder Fernsehen auch im Internet öffentlich zugänglich. Das geschieht im Wege des Streamings[704]. Als Simulcasting oder Simultanübertragung wird in der Vereinbarung die gleichzeitige Verbreitung von Tonaufzeichnungen über das Internet, die über Rundfunk- und/oder Fernsehsignale durch Rundfunk- oder Fernsehsender übertragen werden, gesehen[705]. Von der Simulcasting-Vereinbarung werden dabei ausschließlich die Leistungsschutzrechte der Tonträgerhersteller erfasst. Die Leistungsschutzrechte der ausübenden Künstler werden nicht geregelt, da einige der vertragsschließenden Verwertungsgesellschaften ausschließlich Tonträgerhersteller vertreten. Zwischen den Verwertungsgesellschaften der ausübenden Künstler wurden allerdings entsprechende Vereinbarungen getroffen.[706]

bb) Keine Zuständigkeitsregelung

Die ursprüngliche Simulcasting-Vereinbarung enthielt in Art. 3 Abs. 1[707] eine Regelung zur Zuständigkeit einer einzelnen Verwertungsgesellschaft für einen Sender. Danach sollte die Verwertungsgesellschaft für die Vergabe der Lizenz zuständig sein, in deren Verwaltungsgebiet die Signale des Senders ihren Ursprung nahmen.[708] Die Sender konnten sich also nur an die Verwertungsgesellschaft im eigenen Mitgliedstaat wenden. Sie konnten dementsprechend durch die Zuständigkeitsregelung nicht frei unter den Verwertungsgesellschaften, die an der Simulcasting-Vereinbarung teilnahmen, wählen. Aus wettbewerbsrechtlicher Sicht sind derartige Zuständigkeitsregelungen bedenklich, da durch sie die nationalen Monopole der Verwertungsgesellschaften auf den Online-Bereich übertragen werden. Die Regelung wurde wohl auch aus diesem Grund in der Änderung der Vereinbarung am 21.6.2001 gestrichen. Nach der geänderten Fassung können Sender, deren Signale im EWR ihren Ursprung haben, die Mehrgebietslizenz

703 Siehe oben Kap. 1, B.I.4.

704 Siehe oben Kap. 1, B.I.3.

705 *Kommission,* Simulcasting-Entscheidung, Rn. 2.

706 *Bortloff,* GRUR Int 2003, 669 (677); *Gerlach,* ZUM 2000, 856 (857).

707 Die Simulcasting-Vereinbarung ist nicht veröffentlicht. Die angesprochenen Normen werden der Simulcasting-Entscheidung der Europäischen Kommission entnommen.

708 *Kommission,* Simulcasting-Entscheidung, Rn. 27.

nun von jeder im EWR niedergelassenen Verwertungsgesellschaft beantragen.[709] Ihnen steht somit die Möglichkeit offen, unter den Verwertungsgesellschaften im EWR frei zu wählen, was zu einem Wettbewerb unter den Verwertungsgesellschaften führen kann. Das wurde auch von der Kommission positiv beurteilt. Durch die Änderung werde Wettbewerb zwischen den Verwertungsgesellschaften gefördert, sodass sie sich untereinander hinsichtlich Effizienz, Leistungsqualität und Geschäftsbedingungen unterscheiden könnten. Aus Sicht der Lizenznehmer sei dies eine positive Entwicklung gegenüber der ursprünglich angemeldeten Vereinbarung. Auch sei dies eine wichtige Weiterentwicklung gegenüber der herkömmlichen Lizenzerteilung.[710] Die Streichung der Zuständigkeitsregelung nimmt also für die Kommission einen großen Stellenwert für ihre Freistellungsentscheidung[711] ein.

cc) Vergütung

Wesentliche Regelungen innerhalb der Simulcasting-Vereinbarung betreffen die Art und Weise der Vergütung.

(1) Bestimmungslandprinzip

Die Vergütung in der Simulcasting-Vereinbarung richtet sich nach dem sog. Bestimmungslandprinzip. Diesem Prinzip liegt der Gedanke zugrunde, dass der Vorgang der öffentlichen Wiedergabe eines urheberrechtlich geschützten Werkes nicht nur im Ursprungsland, also dem Sendestaat, stattfindet, sondern auch in den Staaten, in denen die Signale empfangen werden können. Die Anwendung des Bestimmungslandprinzips in der Simulcasting-Vereinbarung führt mithin dazu, dass die Rechteverwertung zwar im eigenen Land stattfindet, die Vergütung jedoch in sämtlichen Ländern fällig wird, in denen das jeweilige Signal empfangen werden kann.[712] Nach dem Bestimmungslandprinzip richtet sich gem. Art. 5 Abs. 2 der Simulcasting-Vereinbarung insbesondere[713] die Tarifierung. Das heißt, dass die Verwertungsgesellschaften die Tarife berücksichtigen, welche in den Gebieten anwendbar sind, in denen die Signale empfangen werden können.[714] Dabei soll das Bestimmungslandprinzip gewährleisten, dass die Ver-

709 *Kommission,* Simulcasting-Entscheidung, Rn. 28.

710 *Kommission,* Simulcasting-Entscheidung, Rn. 119.

711 Siehe unten.

712 *Kommission,* Simulcasting-Entscheidung, Rn. 21.

713 Auch Streitigkeiten zwischen Verwertungsgesellschaften sollen sich nach dem Bestimmungslandprinzip richten. *Bortloff,* GRUR Int 2003, 669 (680).

714 *Kommission,* Simulcasting-Entscheidung, Rn. 23.

gütung der Tonträgerhersteller den tatsächlichen wirtschaftlichen Verhältnissen entspricht, welche in dem Land gelten, in dem das Signal empfangen bzw. der Simulcast abgerufen werden kann. Es soll also der angemessenen Beteiligung der Rechteinhaber an der tatsächlichen kommerziellen Nutzung ihrer Werke dienen und so auch einen sog. „race to the bottom“ verhindern, also einen Abwärtsdruck auf die Preise, der zu Lasten der Vergütung der Rechteinhaber ginge.[715]

(2) Gesamttarif

Der Tarif für die Mehrgebietslizenz soll ein Gesamttarif sein. Dieser setzt sich aus den nach dem Bestimmungslandprinzip zu ermittelnden Einzeltarifen der jeweiligen Verwertungsgesellschaften für ihr Verwaltungsgebiet zusammen. Bei der Festsetzung des Tarifs für eine Lizenz berücksichtigt die handelnde Verwertungsgesellschaft somit die jeweiligen nationalen Tarife einschließlich ihres eigenen Tarifs.[716] Der Gesamttarif beruht also auf im Vorhinein festgelegten nationalen Urheberrechtslizenzgebühren.

Zur Umsetzung wurden zwei Möglichkeiten diskutiert: Ein Gesamttarif, dem ein Prozentsatz zugrunde liegt, der die in dem Gebiet jeder einzelnen Verwertungsgesellschaft erzielten Einnahmen berücksichtigt, oder aber ein Gesamttarif, der sich an übertragenen Einzeltiteln orientiert.[717]

(3) Trennung von Lizenz- und Verwaltungsgebühren

Eine weitere wesentliche Regelung in der Simulcasting-Vereinbarung betrifft die Trennung von Lizenz- und Verwaltungsgebühr. Eine solche wurde von der Kommission in der Simulcasting-Entscheidung[718] gefordert. Diese machte die Freistellung der Simulcasting-Vereinbarung von dieser Trennung abhängig. Eine nicht getrennte Ausweisung von Lizenz- und Verwaltungsgebühr würde laut Kommission den Wettbewerb unzulässig beschränken. Aufgrund des in der Vereinbarung vorgesehenen Vergütungssystems[719] würde jede Verwertungsgesellschaft weitgehend die gleiche Lizenzgebühr verlangen. Das bestimmende Wettbewerbselement ist deshalb aus Sicht der Kommission die Höhe der Verwaltungskosten, also die zusätzlichen Kosten, die für die Erteilung einer Mehrgebietslizenz für die jeweilige Verwertungsgesellschaft entstehen. Zu den Verwaltungskosten zählen dabei z. B. die Kosten für die Erteilung der Mehrgebiets-

715 *Bortloff,* GRUR Int 2003, 669 (678).

716 *Bortloff,* GRUR Int 2003, 669 (680); *Kommission,* Simulcasting-Entscheidung, Rn. 23.

717 *Bortloff,* GRUR Int 2003, 669 (680); *Kommission,* Simulcasting-Entscheidung, Rn. 25.

718 Siehe unten Kap. 2, B.II.1.b)aa).

719 Siehe oben Kap. 2, B.II.1.a)cc).

lizenz, die Verarbeitung der ausländischen Nutzungsmeldungen innerhalb von Serverprotokollen und für die internationale Verteilung der Lizenzeinnahmen. Diese Kosten sind zumeist höher als die Kosten, die bei einer nationalen Verwertung anfallen. Um dem Lizenznehmer zu ermöglichen, die Verwertungsgesellschaft mit den niedrigsten Verwaltungskosten auszusuchen, müssten diese Kosten Einfluss auf die Lizenzgebühr haben.[720] In der Vereinbarung war jedoch eine Vermischung vorgesehen. Durch die Vermischung der Gebühren könnten die Nutzer laut Kommission eben nicht die Effizienz der jeweiligen Verwertungsgesellschaft vergleichen und seien dadurch daran gehindert auf diejenige Verwertungsgesellschaft zurückgreifen zu können, welche die niedrigsten Kosten anbietet. Die Vermischung der beiden Gebühren könne auch nicht gerechtfertigt werden, da sie nicht erforderlich sei.[721] Eine getrennte Ausweisung der Kosten ist also nach Ansicht der Kommission unerlässlich.

Die Forderung der Kommission nach einer getrennten Ausweisung der Gebühren wurde von einigen Literaten[722] kritisiert. An dieser Stelle bleibt jedoch nur zu konstatieren, dass eine Regelung zur getrennten Ausweisung der beiden Gebühren innerhalb der Simulcasting-Vereinbarung existiert. Denn um die Bedenken der Kommission auszuräumen wurden die ursprünglich vorgesehenen Gegenseitigkeitsverträge in der Hinsicht geändert, dass sich die Verwertungsgesellschaften verpflichteten, einen Mechanismus zu entwickeln, der eine getrennte Ausweisung von Lizenzgebühr und Verwaltungskosten ermöglicht. Dabei soll die Festlegung des Verwaltungskostenelements jeder einzelnen Verwertungsgesellschaft obliegen. Es findet keine Bezugnahme auf etwaige Verwaltungskosten in Empfangs- bzw. Bestimmungsländern statt.[723]

### *b) Wettbewerbsrechtliche Beurteilung*

Fraglich erscheint, wie die Simulcasting-Vereinbarung wettbewerbsrechtlich zu beurteilen ist. Hierzu existieren unterschiedliche Ansichten.

#### aa) Europäische Kommission: Freistellung nach Art. 101 Abs. 3 AEUV

In der Simulcasting-Entscheidung gelangt die Kommission zu dem Ergebnis, dass die Simulcasting-Vereinbarung zwar gegen Art. 101 Abs. 1 AEUV verstößt, jedoch eine Freistellung nach Art. 101 Abs. 3 AEUV möglich ist[724]. Liegen die

720 *Bortloff,* GRUR Int 2003, 669 (681).
721 *Kommission,* Simulcasting-Entscheidung, Rn. 72 ff.
722 *Mestmäcker*, WuW 2004, 754 (761 ff.); *Heine*, S. 196 ff.
723 *Bortloff,* GRUR Int 2003, 669 (681 f.).
724 *Kommission,* Simulcasting-Entscheidung, Rn. 124.

Voraussetzungen von Art. 101 Abs. 3 AEUV vor, greift das Kartellverbot des Art. 101 AEUV nicht durch.

(1) Begründung

Die Kommission hat ihre Entscheidung folgendermaßen begründet.

(a) Verstoß gegen Art. 101 Abs. 1 AEUV

Zunächst stellt die Kommission fest, dass die Simulcasting-Vereinbarung eine förmliche vertragliche Vereinbarung zwischen Unternehmen i. S. v. Art. 101 Abs. 1 AEUV ist. Bei der Frage nach einem Verstoß gegen Art. 101 Abs. 1 AEUV ist problematisch, ob die Simulcasting-Vereinbarung eine Wettbewerbsbeschränkung darstellt.[725] Bedenken hegt die Kommission in diesem Bereich im Hinblick auf den Markt der Lizenzerteilung.[726] Dementsprechend bezieht sich die Prüfung der Kommission auf bestimmte Klauseln innerhalb der Simulcasting-Vereinbarung in Art. 5 Abs. 2 und Art. 5 Abs. 3 und 7 Simulcasting-Vereinbarung.[727] Art. 5 Abs. 2 Simulcasting-Vereinbarung enthält die Geltung des Bestimmungslandprinzips[728] bei der Tarifierung. Art. 5 Abs. 3 und Art. 7 Simulcasting-Vereinbarung enthalten Regelungen über das Führen von Gesprächen unter den Verwertungsgesellschaften und den Informationsaustausch. Laut Art. 5 Abs. 3 Simulcasting-Vereinbarung werden „die Vertragsparteien sich darum bemühen, in Gesprächen miteinander den Art. 5 Abs. 2 Simulcasting-Vereinbarung zu behandeln, da es sich um einen Versuchszeitraum handelt". Art. 7 Simulcasting-Vereinbarung betrifft den Informationsaustausch unter den Verwertungsgesellschaften. Wortwörtlich heißt es in Art. 7 Simulcasting-Vereinbarung: „Während des Versuchszeitraums werden sich die Vertragsparteien nach bestem Bemühen Informationen für die Zwecke dieser Vereinbarungen austauschen, die Folgendes betreffen:

- Die Lizenzgebühren, die sie für Simultanübertragungen in ihrem eigenen Gebiet anwenden,
- die Anzahl und der Ursprung der Schlager auf den Webseiten der Simultanübertrager, für die von den Parteien eine Lizenz vergeben wird, und
- ihr Programm."[729]

725 *Kommission,* Simulcasting-Entscheidung, Rn. 59, 60.
726 *Kommission,* Simulcasting-Entscheidung, Rn. 68.
727 *Kommission,* Simulcasting-Entscheidung, Rn. 62.
728 Siehe oben Kap. 2, B.II.1.a)cc)(1).
729 *Kommission,* Simulcasting-Entscheidung, S. 69, Fn. 29.

Bei der Prüfung, ob eine Wettbewerbsbeschränkung vorliegt, konstatiert die Kommission zunächst, dass sich die Lizenzerteilung im Online-Bereich erheblich von der herkömmliche Lizenzvergabe unterscheidet. Bei der Online-Verwertung sei keine physische Anwesenheit der Verwertungsgesellschaft in jedem Land, in dem die entsprechende Musik genutzt wird, erforderlich, da eine Fernüberwachung möglich sei. Daher sei die herkömmliche Rechtfertigung[730] der Wettbewerbsbeschränkung hinfällig.[731]

Daraufhin prüft die Kommission, ob Art. 5 Abs. 2 Simulcasting-Vereinbarung zu einer Wettbewerbsbeschränkung führt. Durch die dort festgelegte Tarifierung stehe die Gebühr für die Mehrgebietslizenz bereits von Anfang an fest, dadurch sei der Preiswettbewerb merklich eingeschränkt.[732] Der Gesamttarif bliebe unabhängig von der erteilenden Gesellschaft der gleiche[733]. Der Nutzer habe dadurch keinen Vorteil bei der Auswahl der Verwertungsgesellschaft aufgrund von Preisunterschieden[734]. Die Form der Ermittlung des Tarifs sei auch nicht durch die Notwendigkeit einer angemessenen Vergütung der Rechteinhaber gerechtfertigt. Die Regelung des Bestimmungslandprinzips sei für das Bestehen der Vereinbarung objektiv nicht erforderlich.[735] Verstärkt werde die Wettbewerbsbeschränkung durch die (zunächst) unterlassene getrennte Ausweisung von Lizenzgebühr und Verwaltungskosten[736]. Wörtlich beschreibt die Kommission diesen Umstand als „besonders wettbewerbsbeschränkend“[737]. Die Kommission gelangt mithin zu dem Ergebnis, dass die Regelung des Art. 5 Abs. 2 Simulcasting-Vereinbarung eine Wettbewerbsbeschränkung darstellt und gegen Art. 101 Abs. 1 AEUV verstößt.[738] Art. 5 Abs. 3 und Art. 7 Simulcasting-Vereinbarung, welche das Führen von Gesprächen und den Austausch von Informationen vorsehen, verstoßen hingegen nicht gegen Art. 101 Abs. 1 AEUV. Das gilt allerdings nur, soweit die Gespräche der Verwertungsgesellschaften rein technischer Art sind und darauf abzielen, technische Verbesserungen oder die technische Zusammenarbeit, z. B. bei der Festlegung der Kriterien für die Erstellung der Tarife oder der Mechanismen zur Umlegung der Lizenzgebühren, zu gewährleisten.[739] Jedoch dürften

730 Hierbei bezieht sich die Kommission vermutlich auf die Rechtfertigung des EUGH im Fall Tournier, *Kommission,* Simulcasting-Entscheidung, Rn. 13.

731 *Kommission,* Simulcasting-Entscheidung, Rn. 61.

732 *Kommission,* Simulcasting-Entscheidung, Rn. 67.

733 *Kommission,* Simulcasting-Entscheidung, Rn. 69.

734 *Kommission,* Simulcasting-Entscheidung, Rn. 69.

735 *Kommission,* Simulcasting-Entscheidung, Rn. 70.

736 Siehe oben Kap. 2, B.II.1.a)cc)(3).

737 *Kommission,* Simulcasting-Entscheidung, Rn. 71.

738 *Kommission,* Simulcasting-Entscheidung, Rn. 76 und 78.

739 *Kommission,* Simulcasting-Entscheidung, Rn. 79.

die Gespräche nicht zu einem Verlust der Selbstständigkeit der Verwertungsgesellschaften bei der Festsetzung der Höhe ihrer nationalen Tarife und Verwaltungsgebühren führen.[740]

Neben der Prüfung der Wettbewerbsbeschränkung prüft die Kommission, ob die Vereinbarung Auswirkungen auf den Handel zwischen den Mitgliedstaaten hat. Sie bejaht dies, da das vorgesehene Tarifsystem den wirtschaftlichen Anreiz und damit die Wahrscheinlichkeit mindere, dass sich ein Lizenznehmer an die Gesellschaft in einem anderen Mitgliedstaat als in dem wendet, bei der er die Lizenz zuerst beantragt hat.[741]

(b) Freistellung nach Art. 101 Abs. 3 AEUV

Eine Freistellung vom Kartellverbot nach Art. 101 Abs. 3 AEUV ist an bestimmte Voraussetzungen gebunden. Die Voraussetzungen müssen kumulativ erfüllt sein[742]. Zunächst muss die in Rede stehende Vereinbarung der Verbesserung der Warenverteilung oder der Förderung des technischen und wirtschaftlichen Fortschritts dienen und darüber hinaus den Verbraucher angemessen am entstehenden Gewinn beteiligen. Zudem müssen die Beschränkungen in der Vereinbarung für die Verwirklichung der Ziele unerlässlich sein und es darf nicht die Möglichkeit offen stehen, für einen wesentlichen Teil der betreffenden Waren den Wettbewerb auszuschalten.[743] Die Kommission bejahte das Vorliegen der Förderung des technischen und wirtschaftlichen Fortschritts, da durch die Simulcasting-Vereinbarung ein neues Produkt, nämlich eine Mehrgebiets-/Mehrprogrammlizenz ermöglicht werde[744] und keine begrenzte Produktion zu erwarten sei[745]. Darüber hinaus ist auch die Voraussetzung der Verbesserung der Verteilung von Gütern nach der Ansicht der Kommission erfüllt. Da aufgrund der Vereinbarung langwierige Einzelverhandlungen wegfallen[746] und auch kleinere Tonträgerhersteller mit einbezogen werden[747], werde der Vertrieb von Musik auf Bild-/Tonaufzeichnungen verbessert[748]. Auch habe die Vereinbarung Vorteile für den

740 *Kommission,* Simulcasting-Entscheidung, Rn. 80.
741 *Kommission,* Simulcasting-Entscheidung, Rn. 82 und 83.
742 *Kommission,* Leitlinien zur Anwendung von Art. 81 Abs. 3 EG-Vertrag, ABl. C 101 v. 27.4.2004, S. 97, Rn. 38.
743 *Ellger,* in: Immenga/Mestmäcker, Wettbewerbsrecht, Art. 81 Abs. 3 EG Rn. 1.
744 *Kommission,* Simulcasting-Entscheidung, Rn. 87.
745 *Kommission,* Simulcasting-Entscheidung, Rn. 88.
746 *Kommission,* Simulcasting-Entscheidung, Rn. 90.
747 *Kommission,* Simulcasting-Entscheidung, Rn. 91.
748 *Kommission,* Simulcasting-Entscheidung, Rn. 92.

Verbraucher, da er einen einfacheren und breiteren Zugang zu einer Musikpalette erhalte[749].

Problematischer war die Frage nach der Unerlässlichkeit der mit Art. 5 Abs. 2 Simulcasting-Vereinbarung einhergehenden Wettbewerbsbeschränkung. In diesem Zusammenhang macht die Kommission zunächst deutlich, dass eine Vermischung von Verwaltungs- und Lizenzgebühr eine Wettbewerbsbeschränkung darstelle, weil sie eben nicht unerlässlich sei.[750] Allerdings sieht sie ihre Bedenken diesbezüglich durch die vorgenommene Änderung[751] als ausgeräumt an.[752] Sodann geht die Kommission auf die Unerlässlichkeit des in der Vereinbarung vorgesehenen Lizenzierungssystems und die dort vorgesehenen im Voraus festgelegten nationalen Urheberrechts-Lizenzgebühren, also auf das Bestimmungslandprinzip[753], ein. Unerlässlichkeit sei gegeben, wenn den Parteien keine weniger wettbewerbsbeschränkende Alternative zur Verfügung stehe.[754] Hier sei als weniger beschränkende Alternative die vollständige Freiheit der erteilenden Gesellschaft bei der Festlegung der Höhe der Lizenzgebühr denkbar. Allerdings sei ein gewisses Maß an Kontrolle durch die einzelnen Verwertungsgesellschaften über die Bedingungen der Lizenzerteilung notwendig, um ein Mindestmaß an Vergütung für den Rechtsinhaber zu gewährleisten. Ein Fehlen der Kontrolle könne nämlich die Bereitschaft einer Verwertungsgesellschaft gefährden, ihr eigenes Programm in den mit der Vereinbarung und den noch zu schließenden Gegenseitigkeitsverträgen Lizenzerteilungsrahmen einzubringen. Daher sind die im Voraus festgelegten nationalen Urheberrechts-Lizenzgebühren nach Ansicht der Kommission unerlässlich für den Abschluss der Vereinbarung.[755] Insgesamt sei daher die in Art. 5 Abs. 2 Simulcasting-Vereinbarung enthaltene Wettbewerbsbeschränkung unerlässlich im Sinne von Art. 101 Abs. 3 AEUV. Ohne sie würden die Gesellschaften möglicherweise nicht ihre jeweiligen Repertoires einbringen, um eine Mehrgebietslizenz zu schaffen und zu vertreiben.[756]

Darüber hinaus dürfe keine Beseitigung von Wettbewerb stattfinden. Nach Ansicht der Kommission führt die Vereinbarung jedoch im Gegenteil zu Wettbewerb unter den Verwertungsgesellschaften.[757] Zunächst habe es bisher kaum

---

749 *Kommission,* Simulcasting-Entscheidung, Rn. 94.
750 *Kommission,* Simulcasting-Entscheidung, Rn. 99 ff.
751 Siehe oben Kap. 2, B.II.1.a)cc)(3).
752 *Kommission,* Simulcasting-Entscheidung, Rn. 107.
753 Siehe oben Kap. 2, B.II.1.a)cc)(1).
754 *Kommission,* Simulcasting-Entscheidung, Rn. 97.
755 *Kommission,* Simulcasting-Entscheidung, Rn. 110.
756 *Kommission,* Simulcasting-Entscheidung, Rn. 115.
757 *Kommission,* Simulcasting-Entscheidung, Rn. 116.

Wettbewerb im Bereich der Lizenzerteilung gegeben[758]. Zudem ziele die Vereinbarung auf die Erbringung einer neuen Dienstleistung ab.[759] Darüber hinaus fördere die Änderung vom 21.6.2001 Wettbewerb unter Verwertungsgesellschaften, da das de facto Monopol der Verwertungsgesellschaften dadurch nicht mehr besteht[760]. Ein wichtiges Element in der Begründung der Kommission ist wiederum die mit Änderung vom 22.5.2002 indizierte Trennung von Verwaltungs- und Lizenzgebühr. Durch diese Änderung werde der Wettbewerb auch die Preisgestaltung umfassen können[761]. Die Trennung führe darüber hinaus zu mehr Transparenz, was für die Wahlfreiheit der Lizenznehmer von entscheidender Bedeutung sei[762]. Außerdem fördere die Vereinbarung das Ziel der Schaffung und Aufrechterhaltung eines Binnenmarktes[763]. Mithin bejaht die Kommission auch das Vorliegen dieser Voraussetzung. Sie gelangt zu dem Ergebnis, dass sämtliche Voraussetzungen des Art. 101 Abs. 3 AEUV erfüllt sind[764]. Dementsprechend hat die Kommission Art. 101 Abs. 1 AEUV für nicht anwendbar erklärt[765].[766] Das Kartellverbot greift somit nicht durch.

(c) Ergebnis

Die Kommission kommt in der Simulcasting-Entscheidung zu dem Ergebnis, dass durch die in Art. 5 Abs. 2 Simulcasting-Vereinbarung vorgesehene Tarifierung nach dem Bestimmungslandprinzip zwar ein Verstoß gegen Art. 101 Abs. 1 AEUV vorliegt, jedoch eine Freistellung nach Art. 101 Abs. 3 AEUV vom Kartellverbot möglich ist. Art. 101 Abs. 1 AEUV ist damit nicht mehr auf die Simulcasting-Vereinbarung anwendbar. Dabei betont die Kommission im Rahmen ihrer Entscheidung immer wieder die Notwendigkeit der getrennten Ausweisung von Lizenz- und Verwaltungsgebühr. Diese Forderung ist zentraler Bestandteil der Entscheidung.

---

758 *Kommission,* Simulcasting-Entscheidung, Rn. 117.

759 *Kommission,* Simulcasting-Entscheidung, Rn. 118.

760 *Kommission,* Simulcasting-Entscheidung, Rn. 119.

761 *Kommission,* Simulcasting-Entscheidung, Rn. 120.

762 *Kommission,* Simulcasting-Entscheidung, Rn. 121.

763 *Kommission,* Simulcasting-Entscheidung, Rn. 122.

764 *Kommission,* Simulcasting-Entscheidung, Rn. 124.

765 *Kommission,* Simulcasting-Entscheidung, Art. 1.

766 Seit 2004 handelt es sich bei der Regelung des Art. 101 Abs. 3 AEUV nicht mehr um einen Genehmigungsvorbehalt, der dementsprechend einer Freistellungserklärung der Kommission bedurfte, sondern um eine Legalausnahme, *Ellger,* in: Immenga/Mestmäcker, Wettbewerbsrecht, Art. 81 Abs. 3 EG Rn. 21 ff.

(2) Bestätigende Ansichten

Die Ansicht der Kommission, dass zwar eine Wettbewerbsbeschränkung nach Art. 101 Abs. 1 AEUV gegeben ist, die Simulcasting-Vereinbarung jedoch nach Art. 101 Abs. 3 AEUV vom Kartellverbot freigestellt werden kann, wird in der Literatur bestätigt[767]. So wird betont, dass Wettbewerb unter Verwertungsgesellschaften wünschenswert sei. Die Kommission habe registriert, dass der Vertrieb von Musik im Internet nationale Grenzen eingerissen habe und neue Business-Modelle ermögliche.[768] Mehrgebietslizenzen werden für unerlässlich erachtet. Zum Teil wird dabei verlangt, den Wettbewerb auf die Höhe der Verwaltungskosten zu beschränken.[769]

(3) Vereinbarkeit mit dem Tournier-Urteil des EuGH

Fraglich erscheint, ob sich die Ansicht der Kommission mit der Haltung des EuGH vereinbaren lässt. Dieser hatte im Tournier-Urteil die Ansicht vertreten, Gegenseitigkeitsverträge würden nicht gegen Art. 101 Abs. 1 AEUV verstoßen[770]. Allerdings bezog sich das Urteil des EuGH auf die herkömmlichen Gegenseitigkeitsverträge[771]. Im Tournier-Urteil hatte der EuGH die Rechtslage hinsichtlich der Gegenseitigkeitsverträge zudem nicht zementiert, sondern gerade die Möglichkeit einer Neubewertung eröffnet. Die Verneinung eines Verstoßes gegen das Kartellverbot kann auf eine tatbestandliche Restriktion, nämlich das Fehlen potenziellen Wettbewerbs, gestützt werden.[772] Im Bereich der traditionellen Gegenseitigkeitsverträge ist ein solcher nicht gegeben, da die Marktzutrittsschranken für die einzelnen Verwertungsgesellschaften zu hoch sind[773]. Das resultiert daraus, dass die Verwertungsgesellschaften bei der Lizenzierung für Musik im Offline-Bereich kostenintensive Kontroll- und Verwaltungsstrukturen in jedem Land aufbauen müssten. Im Online-Bereich jedoch könnte eine „Vor-Ort-Kontrolle“ entbehrlich sein. Müssten die Verwertungsgesellschaften keine Kontroll- und Verwaltungsstrukturen im jeweiligen Land aufbauen, wären die Marktzutrittsschranken wesentlich niedriger, sodass ein Wettbewerb unter den Verwertungsgesellschaften im Online-Bereich möglich wäre. Ob im Online-Bereich eine physische Anwesenheit der Verwertungsgesellschaften von Nöten ist, ist umstritten.

---

767 *Capobianco,* E.I.P.R. 2004, 113 (118); *Bortloff,* GRUR Int 2003, 669 (685).

768 *Capobianco,* E.I.P.R. 2004, 113 (118).

769 *Bortloff,* GRUR Int 2003, 669 (685).

770 Siehe oben Kap. 1, A.III.1.a).

771 Siehe oben Kap. 2, A.II.

772 Siehe oben Kap. 2 A.III.a)cc)(2)(b).

773 Siehe oben Kap. 2 A.III.a)cc)(2)(b).

(a) Keine physische Präsenz notwendig

Die Kommission führt insoweit aus, dass sich die Lizenzerteilung im Online-Bereich erheblich von der herkömmlichen Lizenzvergabe unterscheidet. Im Online-Bereich sei keine physische Überwachung notwendig. Die wichtigsten Mittel für die Überwachung der Nutzung seien ein Computer und ein Internetanschluss. Im Zeitalter des Internets sei eine Überwachung aus der Distanz möglich[774]. Daher sei die herkömmliche Rechtfertigung für das Wettbewerbsverbot bei der grenzüberschreitenden Erbringung von Dienstleistungen durch Verwertungsgesellschaften hinfällig.[775] Das Problem der Aufrechterhaltung eines lokalen Überwachungsapparates überzeuge angesichts der Möglichkeiten der elektronischen Kontrolle der Werknutzung immer weniger[776]. Eine Neubewertung der Gegenseitigkeitsverträge im Online-Bereich sei notwendig. Für ein Vorhandensein potentiellen Wettbewerbs im Online-Bereich sprächen vor allem die niedrigeren Kontrollkosten für die Verwertungsgesellschaften im Online-Bereich. Zwar müssten Verwertungsgesellschaften auch im Online-Bereich die Möglichkeit haben, sich die Angaben zur Höhe ihrer gebührenrelevanten Einnahmen bestätigen zu lassen. Solche Kontrollen müssten die Verwertungsgesellschaften jedoch nicht notwendigerweise selbst durchführen. Üblich sei vielmehr, diese Aufgabe unabhängigen Wirtschaftsprüfern zu überlassen. Daher sei eine physische Präsenz der Verwertungsgesellschaften am Ort ihrer Lizenznehmer nicht notwendig.[777]

(b) Physische Präsenz erforderlich

Teilweise wird eine physische Präsenz der Verwertungsgesellschaften auch im Online-Bereich für unerlässlich gehalten[778]. Es wird die Frage aufgeworfen, wie eine Fernüberwachung in concreto aussehen soll. DRM-Systeme könnten die physische Kontrolle, Rechtsverfolgung und -durchsetzung nicht ersetzen. Zumindest solange kein effektives, auch von den Providern akzeptiertes DRM-System flächendeckend zum Einsatz komme, sei eine tatsächliche Präsenz erforderlich.[779] Die These, dass den heute verfügbaren praktisch unbegrenzten und

774 *Capobianco,* E.I.P.R. 2004, 113 (118); *Gotzen,* in: Ohly u. a., FS für Schricker, S. 299 (301).

775 *Kommission,* Simulcasting-Entscheidung, Rn. 61.

776 *Drexl,* in: Riesenhuber, Wahrnehmungsrecht in Polen, Deutschland und Europa, S. 193 (223).

777 *Heine,* S. 184.

778 *v. Einem,* MMR 2006, 647 (650); *Schwarze,* ZUM 2003, 15 (22); *Kreile/Becker,* Stellungnahme der GEMA zur Online-Empfehlung v. 27.7.2005, S. 5, abrufbar auf der Website der Kommission unter: ec.europa.eu/internal_market/copyright/management/management_en.htm (letzer Abruf am 24.1.2011); *Mestmäcker,* WuW 2004, 754 (761).

779 *v. Einem,* MMR 2006, 647 (650).

rasanten Verbreitungsformen geschützter Werke eine parallel verlaufende Entwicklung neuer effizienter Kontrollmöglichkeiten bei der Verwertung und Nutzung gegenüberstehe, sei mehr als zweifelhaft und allem Anschein nach eher ihr Gegenteil richtig[780]. Die Gesellschaft, in deren Verwaltungsgebiet der Content-Provider seine wirtschaftliche Niederlassung habe, müsse unmittelbaren Zugang zu dem Geschäftsbetrieb des Content-Providers haben. Die Ermittlung vergütungspflichtiger Nutzungen habe territorialen Bezug. Der rechtliche und faktische Zugriff auf Anbieter sei erfahrungsgemäß nur territorial möglich. Begründet wird dies nicht. Es wird lediglich auf die fehlende Bereitschaft der Content-Provider hingewiesen, Investitionen vorzunehmen, damit sie den Verwertungsgesellschaften umfassende Nutzungsmeldungen übermitteln können.[781] Es wird mithin auf die Durchsetzbarkeit urheberrechtlicher Ansprüche verwiesen.

(c) Stellungnahme

Urheber oder Verwertungsgesellschaften können aufgrund des Schutzlandprinzips gegen unberechtigte Nutzungen nach inländischem Urheberrecht vorgehen[782]. Die Anerkennung und Vollstreckung von Urteilen von Gerichten anderer Mitgliedstaaten wird über die EuGVVO sichergestellt (Art. 33 Abs. 1 EuGVVO). Somit ist den Urhebern oder Verwertungsgesellschaften innerhalb der EU auch der Zugriff auf das Vermögen von Nutzern sicher. Insoweit kann der Hinweis auf eine mangelnde Durchsetzbarkeit urheberrechtlicher Ansprüche nicht überzeugen.

Es ist demnach der Ansicht zu folgen, welche die Notwendigkeit einer physischen Anwesenheit der Verwertungsgesellschaften verneint. Somit ist es nicht notwendig, für die Verwertungsgesellschaften umfassende Verwaltungs- und Kontrollstrukturen im EU-Ausland aufzubauen. Eine Neubewertung der wettbewerbsrechtlichen Zulässigkeit der Gegenseitigkeitsverträge ist folglich für den Online-Bereich in Übereinstimmung mit dem Tournier-Urteil möglich.

780 *Schwarze,* ZUM 2003, 15 (22).

781 *Kreile/Becker*, Stellungnahme der GEMA zur Online-Empfehlung v. 27.7.2005, S. 5, abrufbar auf der Website der Kommission unter: ec.europa.eu/internal_market/copyright/management/management_en.htm (letzter Abruf am 24.1.2011); *Mestmäcker,* WuW 2004, 754 (761).

782 Siehe oben Kap. 1, F.II.b).

bb) Keine Freistellung nach Art. 101 Abs. 3 AEUV

Nach einer anderen Ansicht[783] verstößt die Simulcasting-Vereinbarung gegen Art. 101 Abs. 1 AEUV. Eine Freistellung nach Art. 101 Abs. 3 AEUV ist jedoch nach dieser Ansicht nicht möglich.

(a) Verstoß gegen Art. 101 Abs. 1 AEUV

Die Simulcasting-Vereinbarung verstößt nach dieser Ansicht gegen das Kartellverbot in Art. 101 Abs. 1 AEUV. Insoweit wird der Kommission gefolgt und ebenso vertreten, das Bestimmungslandprinzip stelle eine Wettbewerbsbeschränkung dar. Es schließe den Tarifwettbewerb zwischen den Verwertungsgesellschaften aus, wodurch die Nutzer die jeweiligen Rechte bei allen Verwertungsgesellschaften zum gleichen Preis erhielten.[784]

(b) Freistellung nach Art. 101 Abs. 3 AEUV

Allerdings wird die Freistellungsentscheidung der Kommission problematisiert. Es wird dabei insbesondere das Merkmal der Unerlässlichkeit des Bestimmungslandprinzips[785] infrage gestellt. Die Kommission stütze sich hierbei vor allem auf das Argument, dass die Anwendung des Bestimmungslandprinzips für die Verwertungsgesellschaften eine notwendige Bedingung für den Abschluss der Simulcasting-Vereinbarung sei. Sie lege also Art. 101 Abs. 3 AEUV dahingehend aus, dass eine Wettbewerbsbeschränkung dann unerlässlich ist, wenn die beteiligten Unternehmen die Vereinbarung ohne die Wettbewerbsbeschränkung nicht eingehen würden. Diese Auslegung sei mit dem Wortlaut und dem Zweck des Art. 101 Abs. 3 AEUV nicht vereinbar. Eine Wettbewerbsbeschränkung sei vielmehr unerlässlich i. S. v. Art. 101 Abs. 3 AEUV, wenn sie unbedingt erforderlich sei, um wirtschaftliche Vorteile zu erreichen. Die Effizienzvorteile, welche die Verwertungsgesellschaften aufgrund der mit dem Bestimmungsland einhergehenden Arbeitsteilung erzielen, genügten nicht, um die Wettbewerbsbeschränkung zu rechtfertigen. Bei einer Wettbewerbsbeschränkung im Ausmaß einer Preisfestsetzung müssten die Effizienzvorteile sehr groß sein, damit eine Unerlässlichkeit nach Art. 101 Abs. 3 AEUV gegeben ist. Dies sei jedoch nicht der Fall.[786] Darüber hinaus wird das Ziel der Verwertungsgesellschaften diskutiert, durch Tarifierung nach dem Bestimmungslandprinzip zu verhindern, dass

783 *Heine*, S. 187 ff.

784 *Heine*, S. 187.

785 Siehe oben Kap. 2, A.II.1.a)cc)(1).

786 *Heine*, S. 194.

Verwertungsgesellschaften Lizenzgebühren im Wettbewerb um die Nutzer zu Lasten der Rechteinhaber stetig weiter reduzieren. Dieses Ziel könne jedoch ebenfalls nicht zu einer Unerlässlichkeit der Wettbewerbsbeschränkung nach Art. 101 Abs. 3 AEUV führen. Hierfür könnten ausschließlich Effizienzgewinne und wirtschaftliche Vorteile herangezogen werden.[787] Das Kriterium der Unerlässlichkeit ist mithin nach dieser Ansicht nicht erfüllt. Eine Freistellung nach Art. 101 Abs. 3 AEUV ist somit nicht möglich.

cc) Stellungnahme

Die Freistellungsentscheidung erscheint insbesondere im Hinblick auf das Kriterium der Unerlässlichkeit der Wettbewerbsbeschränkung nach Art. 101 Abs. 3 lit. a) AEUV fraglich. Die andere Ansicht führt aus, dass die Kommission sich bei der Unerlässlichkeitsprüfung darauf stützt, dass die Verwertungsgesellschaften die Vereinbarung nicht ohne die Festlegung des Bestimmungslandprinzips[788] abgeschlossen hätten. Dann aber könne eine Unerlässlichkeit nach Art. 101 Abs. 3 lit. a) AEUV nicht angenommen werden.[789] Das bestätigen nicht nur die Leitlinien der Kommission[790], sondern auch die Tatsache, dass die Parteien, die eine wettbewerbsbeschränkende Vereinbarung treffen, es dann zu einem großen Teil selbst in der Hand hätten, eine Unerlässlichkeit herbei zu führen. Sie müssten nur Gründe anführen, warum sie die Vereinbarung ohne die Wettbewerbsbeschränkung nicht eingehen würden.

Die Kommission versucht in ihrer Entscheidung, einen Ausgleich zwischen Wettbewerbsrecht und Immaterialgüterrecht zu schaffen. So führt die Kommission zu der Unerlässlichkeit des Bestimmungslandprinzips aus, dass das Bestimmungslandprinzip dem Anliegen der Verwertungsgesellschaften entgegenkommt, „eine angemessene Vergütung der Rechteinhaber im Einklang mit den wirtschaftlichen Gegebenheiten im Gebiet der Verwertung des Urheberrechts zu gewährleisten“[791]. Durch die Anwendung des Bestimmungslandprinzips soll ein Wettbewerb im Bereich der Tarifierung verhindert werden. Ziel ist es, zu erreichen, dass Verwertungsgesellschaften nicht versuchen, sich zu Lasten der Rechteinhaber bei der Lizenzierung zu unterbieten.[792] Verwertungsgesellschaften sind den Rechteinhabern gegenüber durch ihre Wahrnehmungsverträge verpflichtet,

787 *Heine,* S. 195 f.

788 Siehe oben Kap. 2, A.II.1.a)cc)(1).

789 *Heine,* S. 195.

790 *Kommission,* Leitlinien zur Anwendung von Art. 81 Abs. 3 EG-Vertrag, ABl. C 101 v. 27.4.2004, S. 97, Rn. 74.

791 *Kommission,* Simulcasting-Entscheidung, Rn. 112.

792 *Heine,* S. 195.

Lizenzen nicht unterhalb eines angemessenen Preises zu erteilen, damit eine angemessene Vergütung sichergestellt ist. Die Festlegung eines angemessenen Preises ist jedoch bei urheberrechtlich geschützten Werken nicht objektiv durch einen Blick auf die Schaffungskosten möglich. Die Schaffungskosten sind hier nicht bestimmbar und können den Tarif somit nicht nach unten hin begrenzen. Daher besteht die Gefahr, dass Verwertungsgesellschaften im Wettbewerb einen Tarif festsetzen, der aus Sicht einer anderen Verwertungsgesellschaft nicht angemessen ist. Zudem ist dadurch die Gefahr umso größer, dass Rechteinhaber nicht angemessen vergütet werden. Eine angemessene Vergütung jedoch ist nicht nur essentiell für die Rechteinhaber, sondern auch für die kulturelle Vielfalt in Europa. Schließlich fördert eine angemessene Vergütung den Anreiz und die Möglichkeit, weitere Werke zu schaffen. Allerdings erscheint fraglich, ob durch das Bestimmungslandprinzip ein „race to the bottom" überhaupt verhindert werden könnte[793]. Zudem kann das Ziel des Bestimmungslandprinzips im Rahmen des Art. 101 Abs. 3 AEUV nicht ausschlaggebend für eine Freistellung sein, da nur die wirtschaftlichen Vorteile berücksichtigt werden können[794]. Gegen die Freistellungsentscheidung spricht darüber hinaus, dass Art. 101 Abs. 3 AEUV als Ausnahmeregelung zu Art. 101 Abs. 1 AEUV eng auszulegen ist[795]. Dies muss umso mehr gelten, als es sich bei der hier festgestellten Beschränkung als Preisfestsetzung um eine Kernbeschränkung i. S. v. Art. 101 Abs. 1 AEUV handelt. Das sind Beschränkungen, die als besonders schwer und für den Wettbewerb als besonders belastend eingeordnet werden. Derartige Kernbeschränkungen erfüllen selten die Voraussetzungen des Art. 101 Abs. 3 AEUV.[796] Es ist insoweit der zweiten Ansicht zu folgen. Mithin liegt ein Verstoß gegen Art. 101 Abs. 1 AEUV vor.

#### *c) Übertragbarkeit des Simulcasting-Modells auf andere Online-Bereiche*

Fraglich ist, ob das Simulcasting-Modell auf die anderen Bereiche der Online-Nutzung von Musik übertragbar, also generalisierbar ist. Dies erscheint bereits aufgrund des hier gefundenen Ergebnisses des Verstoßes gegen das Wettbewerbsrecht zweifelhaft. Aufgrund der Empfehlung der Kommission verfügen die Verwertungsgesellschaften zudem in den anderen Bereichen der Online-Nutzung nicht mehr über das Weltrepertoire[797]. Die Möglichkeit eines One-Stop-Shops ist allerdings fundamental für die Simulcasting-Vereinbarung. Die Verwirklichung

---

793 Siehe unten Kap. 2, B.II.1.c).

794 *Heine,* S. 195.

795 *Ellger,* in: Immenga/Mestmäcker, Wettbewerbsrecht, Art. 81 Abs. 3 EG Rn. 67 f.

796 *Ellger,* in: Immenga/Mestmäcker, Wettbewerbsrecht, Art. 81 Abs. 3 EG Rn. 19.

797 Siehe unten Kap. 2, III.3.b)aa) und cc).

eines One-Stop-Shops ist aufgrund des fehlenden Weltrepertoires allerdings nicht mehr möglich. Schon aus diesem Grund fehlt es an einer Übertragbarkeit.[798] Darüber hinaus war der Abschluss des Simulcasting-Abkommens nur möglich, weil es sich um einen bereits bekannten und überschaubaren Markt der herkömmlichen Radio- und Fernsehsender handelte. Diese wollten das Simulcasting anbieten. Bei der Lizenzierung in anderen Bereichen der Online-Musiknutzung steht den Verwertungsgesellschaften hingegen eine Vielzahl von Internet-Anbietern gegenüber.[799] Diese Vielzahl an potenziellen Nutzern vergrößert die Gefahr eines sog. „race to the bottom", also eines Abwärtsdruckes auf die Preise, der zu Lasten der Vergütung der Rechteinhaber ginge. Diesem soll durch eine Tarifierung nach dem Bestimmungslandprinzip entgegengewirkt werden.[800] Ausgeschlossen ist ein „race to the bottom" jedoch dennoch nicht. So wird auch in der Simulcasting-Entscheidung der Kommission von möglichen „Rabatten und vorteilhafte(n) Zahlungsbedingungen" für Nutzer gesprochen[801]. Zudem kann nicht ausgeschlossen werden, dass einzelne Verwertungsgesellschaften aus dem System ausbrechen und durch ein Unterbieten der Tarife versuchen, Nutzer anzuziehen. Dadurch könnte ein gegenseitiges Unterbieten der Verwertungsgesellschaften eingeleitet werden.[802] Auch aus diesem Grund wurde das Simulcasting-Modell von den Verwertungsgesellschaften von Aufführungsrechten und mechanischen Vervielfältigungsrechten nicht für die übrigen Bereiche übernommen, sondern die sog. Santiago- und Barcelona-Abkommen entwickelt[803].

## 2. Webcasting-Vereinbarung

Die Webcasting-Vereinbarung entspricht der Simulcasting-Vereinbarung in ihrer aktuellen Fassung. Sie bezieht sich lediglich auf die Lizenzierung von Webcasting-Angeboten. Webcasting-Angebote werden im Unterschied zu Simulcasting-Angeboten ausschließlich über das Internet gesendet. Auch das geschieht im Wege des Streamings.[804] Die Webcasting-Vereinbarung wurde im November 2003 bekanntgegeben und trat am 1.1.2005 in Kraft. Sie sollte, wie die Simulcas-

798 Ähnlich *Müller,* ZUM 2009, 121 (125).
799 *v. Einem,* MMR 2006, 647 (Fn. 38).
800 Siehe oben Kap. 2, A.II.1.a)cc)(1).
801 *Kommission,* Simulcasting-Entscheidung, Rn. 69.
802 *Düsing,* S. 215 ff.; *Majer,* S. 163 f.; *Poll,* ZUM 2008, 500 (Fn. 32); Lüder laut *Alich/Schmidt-Bischoffshausen,* GRUR 2008, 43 (45).
803 Siehe unten Kap. 2, II.3.
804 Siehe oben Kap. 1, B.I.4.

ting-Vereinbarung, vor allem die Möglichkeit einer Mehrgebietslizenz schaffen, was auch umgesetzt wurde.[805]

## 3. Santiago- und Barcelona-Abkommen

Wie das Simulcasting- und das Webcasting-Agreement, sollten auch die Santiago- und Barcelona-Abkommen, welche mittlerweile ausgelaufen sind, dem Bedürfnis nach Mehrgebietslizenzen im Online-Bereich nachkommen. Sie bezogen sich auf die Umsetzung von (Muster-)Zusatzverträgen für den Online-Bereich und sollten die geltenden herkömmlichen Standardverträge erweitern[806].

Die Erweiterungen der Standardverträge beruhten auf den sog. Santiago- und Barcelona-Abkommen. Das Santiago-Abkommen wurde im April 2000 im Rahmen des CISAC-Kongresses in Santiago de Chile von den für die Aufführungs- und Senderechte zuständigen Musikverwertungsgesellschaften PRS for Music, SACEM, GEMA und BUMA unterzeichnet. In der Folge schlossen sich dem Abkommen sämtliche im EWR tätigen Musikverwertungsgesellschaften (mit Ausnahme der portugiesischen SPA) und die schweizerische SUISA an.[807] Gegenstand des Santiago-Abkommens war die Vergabe des Rechts der öffentlichen Zugänglichmachung für die Internetnutzung.[808] Die Vereinbarung ermächtigte die Vertragsparteien zur Vergabe von nicht ausschließlichen Lizenzen an dem Repertoire der jeweils anderen Vertragspartei mit weltweitem Geltungsbereich. Im Einzelnen umfasste das Santiago-Abkommen die Online-Nutzung von Musik im Wege des Webcastings[809], des Streamings[810], der Nutzung von MOD[811] und von Musikwerken in Videoformaten, welche online übertragen werden. Das Santiago-Abkommen enthielt fünf grundsätzliche Regelungen, welche sich auch auf das Barcelona-Abkommen übertragen lassen:

---

805 *IFPI,* Pressemitteilung v. 18.10.2004, abrufbar unter: www.ifpi.org/content/section_news/20041018.html (letzter Abruf am 24.1.2011)..

806 *v. Einem,* S. 229.

807 *Kommission,* Pressemitteilung v. 3.5.2004 (IP/04/586), abrufbar unter: europa.eu/rapid/pressReleasesAction.do?reference=IP/04/586&format=HTML&aged=0&language=DE&guiLanguage=en (letzter Abruf am 24.1.2011).

808 *Kommission,* Anmeldung von kooperativen Vereinbarungen (Fall COMP/C2/216 – BUMA, GEMA, PRS, SACEM), ABl. C 145 v. 17.5.2001, S. 2 (im Folgenden: Anmeldung Santiago-Abkommen).

809 Siehe oben Kap. 1, B.I.4.

810 Siehe oben Kap. 1, B.I. 3.

811 Siehe oben Kap. 1, B.I. 3.

- Lizenznehmer sollte stets der Content-Provider sein.
- Es wurde geregelt, welche Verwertungsgesellschaft für die Lizenzierung zuständig ist.
- Eine Lizenz wurde für die weltweite Nutzung auf nicht ausschließlicher Basis eingeräumt.
- Es sollte eine zügige Verteilung der Einnahmen geregelt werden.
- Der Tarif sollte nach dem Bestimmungslandprinzip[812] bestimmt werden.[813]

Das Barcelona-Abkommen war das Pendant zum Santiago-Abkommen für den Bereich der Vervielfältigungsrechte. Gegenstand des Abkommens war dementsprechend die Vergabe des Vervielfältigungsrechts für den Online-Bereich. Es wurde im September 2001 in Barcelona von der Mitgliederversammlung des BIEM verabschiedet. Vertragspartner waren die Mitglieder des BIEM. Das Barcelona-Abkommen wurde dem Santiago-Abkommen nachgebildet.[814] Daher entsprachen die Regelungen im Barcelona-Abkommen weitestgehend denen des Santiago-Abkommens. Es änderte und erweiterte die herkömmlichen BIEM-Gegenseitigkeitsverträge im Online-Bereich. Jede Vertragspartei wurde ermächtigt, Lizenzen auf nicht ausschließlicher Basis für die weltweite Nutzung am Repertoire der Vertragspartner zu erteilen. Das Abkommen umfasste dabei Webcasting, Streaming und Downloading[815]. [816]

### *a) Zuständigkeitsregelung*

Beide Abkommen enthielten dezidierte Reglungen über die Zuständigkeit der Verwertungsgesellschaften. Zuständig für die Lizenzierung sollte nur eine einzelne Verwertungsgesellschaft sein und zwar die Verwertungsgesellschaft des Landes, welches der von dem Content-Provider verwendeten URL entspricht, wenn die dominierende Sprache der Homepage mit der Landessprache übereinstimmt (sog. customer allocation clause).[817] Bei der URL „.de“ wäre das bspw. die GEMA. Alternativ sollte die Verwertungsgesellschaft zuständig sein, in deren Land die Firma des Content-Providers gegründet wurde.[818] Der entscheiden-

812 Siehe oben Kap. 2, A.II.1.a)cc)(1).

813 *Kreile/Becker,* in: Moser/Scheuermann, Hdb. der Musikwirtschaft, S. 632 (638 f.).

814 *Kreile/Becker,* in: Moser/Scheuermann, Hdb. der Musikwirtschaft, S. 632 (639).

815 *Kommission,* Anmeldung von kooperativen Vereinbarungen (Sache COMP/C-2/38.377 – BIEM Barcelona Agreements), ABl. C 132 v. 4.6.2002, S. 18 (im Folgenden: Anmeldung Barcelona-Abkommen).

816 *Kreile/Becker,* in: Moser/Scheuermann, Hdb. der Musikwirtschaft, 632 (638 ff.).

817 *Kommission,* Anmeldung Santiago-Abkommen; Anmeldung Barcelona-Abkommen; *Düsing,* S. 217.

818 *Kommission,* Anmeldung Santiago-Abkommen; Anmeldung Barcelona-Abkommen.

de Anknüpfungspunkt sollte die wirtschaftliche Niederlassung des Content-Providers sein (sog. economic residence). Diese sollte anhand folgender Kriterien ermittelt werden, von denen zumindest zwei erfüllt sein mussten: Die wirtschaftliche Niederlassung musste in dem Land sein, in dem das Hauptbüro des Lizenznehmers liegt oder der Lizenznehmer die Mehrheit seiner Angestellten beschäftigt oder dessen Rechnungslegungsregelungen der Content-Provider unterfällt.[819]

Die ermittelte Zuständigkeit der Verwertungsgesellschaft sollte dabei ausschließlich sein. Der Nutzer sollte also nicht frei zwischen den Musikverwertungsgesellschaften innerhalb des EWR wählen können. Dabei sollte die Zuständigkeitsregelung vor allem einem möglichen „race to the bottom“[820] entgegenwirken.

### *b) Kritik der Europäischen Kommission*

Die Vereinbarungen bedurften insbesondere aufgrund der Zuständigkeitsregelung einer Freistellung vom Kartellverbot nach Art. 101 Abs. 3 AEUV durch die Kommission, wie dies auch bei der Simulcasting-Vereinbarung notwendig war[821]. Daher meldeten die vertragsschließenden Verwertungsgesellschaften das Santiago-Abkommen am 17.4.2001 bei der Kommission an[822]. Aus dem gleichen Grund wurde auch das Barcelona-Abkommen am 28.2.2002 bei der Kommission angemeldet.[823] Im Mai 2004 übermittelte die Kommission deshalb eine Mitteilung ihrer Beschwerdepunkte[824]. Positiv beurteilte die Kommission in ihrer Mitteilung die Möglichkeit der Erteilung einer Einmallizenz. Negativ kritisierte die Kommission vor allem die von den Verwertungsgesellschaften vorgesehene Zuständigkeitsregelung, welche dem Nutzer eine Wahlfreiheit unter den Verwertungsgesellschaften im EWR im Gegensatz zu dem Simulcasting-Modell[825] verwehrte. Die Kommission war der Meinung, die Entwicklungen der Lizenzierung im Online-Bereich sollten mit mehr Wahlmöglichkeiten für Verbraucher und kommerzielle Nutzer in Bezug auf die Verwertungsgesellschaften einhergehen. Nur so könne ein echter europäischer Binnenmarkt geschaffen werden. Das

---

819 *Capobianco,* E.I.P.R. 2004, 113 (118, Fn. 28).

820 Siehe oben Kap. 2, A.II.1.a)cc)(1).

821 Siehe oben Kap. 2, B.II.1.

822 *Kommission,* Anmeldung Santiago-Abkommen.

823 *Kommission,* Anmeldung Barcelona-Abkommen.

824 *Kommission,* Pressemitteilung v. 3.5.2004 (IP/04/586), abrufbar unter: europa.eu/rapid/press ReleasesAction.do?reference=IP/04/586&format=HTML&aged=0&language=DE&guiLanguage =en (letzter Abruf am 24.1.20119.

825 Siehe oben Kap. 2, B.II.1.

„Santiago-Agreement“ jedoch beschränke die Wahlmöglichkeiten der Nutzer auf die monopolistische Verwertungsgesellschaft im eigenen Mitgliedstaat.[826] Im Folgenden verweist die Kommission auf die Simulcasting-Vereinbarung. Diese habe gezeigt, dass die monopolistischen Strukturen der Verwertungsgesellschaften nicht zum Schutz der Urheber notwendig seien.[827] Der mangelnde Wettbewerb unter den Verwertungsgesellschaften behindere die Vollendung des Binnenmarktes und führe zu Effizienzverlusten im Bereich der Verwaltungskosten. Dies gehe zu Lasten des Verbrauchers. Der in den Abkommen vorgesehene Gebietsschutz, also die Zuständigkeitsregelungen, seien technisch nicht gerechtfertigt und mit dem globalen Charakter des Internet nicht vereinbar.[828]

Durch die Abkommen hätten die Verwertungsgesellschaften die im Offline-Bereich bestehenden nationalen Monopole auf das Internet übertragen. Nach Ansicht der Kommission solle jedoch Wettbewerb zwischen den Verwertungsgesellschaften entstehen. Dies sei im Interesse der Nutzer von Online-Musik und der Verbraucher.[829]

Ziel der Kommission war es dabei, die kritisierte Zuständigkeitsregelung zu streichen, die Abkommen im Übrigen jedoch bestehen zu lassen. Dadurch sollte dem Nutzer Wahlfreiheit gewährleistet werden. Er sollte sich die erforderlichen Rechte für die weltweite Nutzung von jeder Verwertungsgesellschaft innerhalb der EU, also einer Verwertungsgesellschaft seiner Wahl, einräumen lassen können.[830]

### *c) Auslaufen der Abkommen*

Das von der Kommission angestrebte Ergebnis war aus Sicht der Verwertungsgesellschaften nicht erstrebenswert. Sie befürchteten einen Wettbewerb um die Nutzer und einen daraus resultierenden Verfall der urheberrechtlichen Vergütun-

826 *Kommission,* Pressemitteilung v. 3.5.2004 (IP/04/586) abrufbar unter: europa.eu/rapid/pressReleasesAction.do?reference=IP/04/586&format=HTML&aged=0&language=DE&guiLanguage=en (letzter Abruf am 24.1.2011).

827 *Kommission,* Pressemitteilung v. 3.5.2004 (IP/04/586) abrufbar unter: europa.eu/rapid/pressReleasesAction.do?reference=IP/04/586&format=HTML&aged=0&language=DE&guiLanguage=en (letzter Abruf am 24.1.2011).

828 *Kommission,* Pressemitteilung v. 3.5.2004 (IP/04/586) abrufbar unter: europa.eu/rapid/pressReleasesAction.do?reference=IP/04/586&format=HTML&aged=0&language=DE&guiLanguage=en (letzter Abruf am 24.1.2011).

829 *Kommission,* Pressemitteilung v. 3.5.2004 (IP/04/586) abrufbar unter: europa.eu/rapid/pressReleasesAction.do?reference=IP/04/586&format=HTML&aged=0&language=DE&guiLanguage=en (letzter Abruf am 24.1.2011).

830 *Müller,* ZUM 2009, 121 (124).

gen. Daher wurden sowohl das Santiago- als auch das Barcelona-Abkommen, welche bis zum 31.12.2004 befristet waren, nicht verlängert und liefen aus.

*d) Folgen für die Praxis*

Die Folge des Auslaufens war, dass wieder nach den herkömmlichen Gegenseitigkeitsverträgen mit den erörterten Nachteilen lizenziert wurde. Dementsprechend konnten Content-Provider zunächst[831] wiederum nur Eingebietslizenzen erwerben.

## III. Empfehlung der Kommission

Die Entwicklung im Bereich der Rechtewahrnehmung im Online-Bereich wurde insbesondere durch die Empfehlung der Kommission vorangetrieben. Durch sie wurde das System der Rechtewahrnehmung im Online-Bereich grundlegend verändert. Der Empfehlung ging ein Arbeitspapier[832] (im Folgenden: Studie) voraus, in welchem sich die Kommission mit der kollektiven Rechtewahrnehmung, insbesondere mit der Praxis der Lizenzierung von Online-Musikrechten im Binnenmarkt befasst. Die Kommission beanstandet dabei vor allem, dass keine grenzüberschreitenden Lizenzen für Online-Dienste verfügbar sind. In der Studie werden drei Handlungsoptionen diskutiert. Die erste Option ist, den Status quo beizubehalten. Im Rahmen der zweiten Option wird diskutiert, die territorialen Begrenzungen und Zuständigkeitsregelungen in den bestehenden Gegenseitigkeitsverträgen zu streichen. Damit entspricht diese Option der Simulcasting-Vereinbarung[833]. Die Generaldirektion spricht sich in der Studie für die dritte Handlungsoption aus, welche die europaweite Direktlizenzierung durch die Wahlfreiheit der Rechteinhaber beinhaltet.[834] Die Vorteile, welche die Generaldirektion Binnenmarkt in dieser Option sieht, werden in der Studie umfassend dargestellt[835]. Die Studie wurde Interessenvertretern zur Stellungnahme über-

831 Mittlerweile ist die Erteilung einer Mehrgebietslizenz möglich, siehe hierzu unten Kap. 2, B.IV.4.b).

832 *Kommission,* Study on a community initiative on the cross-border collective management of copyright vom 1. Juli 2005 (im Folgenden: Studie), abrufbar unter: ec.europa.eu/internal_market/copyright/docs/management/study-collectivemgmt_en.pdf (letzter Abruf am 25.1.2011),

833 Siehe oben Kap. 2, B.II.1.

834 *Kommission,* Studie, S. 33 ff.; ausführlich zu den Optionen *v. Einem,* S. 247 ff.

835 *Kommission,* Studie, S. 36 ff.

sandt. Diese hatten drei Wochen Zeit, um Stellungnahmen[836] zu erarbeiten[837]. Auf der Grundlage dieser Stellungnahmen erarbeitete die Kommission eine überarbeitete Version der Studie in Form einer Folgenabschätzung[838]. Auch in der Folgenabschätzung werden die Vorteile der dritten Option herausgestellt[839]. Allerdings stellt die Kommission klar, dass die Rechteinhaber weiterhin die Möglichkeit haben sollen, ihre Rechte im herkömmlichen System der Gegenseitigkeitsverträge zu belassen,[840] sodass keine vollständige Abkehr von diesem System empfohlen wird. Drei Monate nach der Studie und wenige Tage nach Veröffentlichung der Folgenabschätzung wurde sodann die Empfehlung am 18.10.2005 von der Kommission verabschiedet. Dort spricht sich die Kommission zwar nicht eindeutig für eine Option aus. Auch wird das herkömmliche System der Gegenseitigkeitsverträge nicht für obsolet erklärt. Dennoch verfolgt die Empfehlung inhaltlich den Ansatz der dritten Option.[841] Die Empfehlung beruht auf der Studie und der Folgenabschätzung. Diese sind mithin bedeutsam für das Verständnis und die Auslegung der Empfehlung.

Die Handlungsmotivation für die Kommission war vor allem die Schaffung von mehr legalen grenzüberschreitenden Online-Musikdiensten[842]. Hintergrund hierfür ist die illegale Nutzung von Musik im Internet, deren Ursache insbesondere in der diffizilen Lizenzierung von Musikwerken gesehen wird[843]. Dem Bedürfnis der Online-Musikdienste nach Mehrgebietslizenzen wird der Kommissi-

836 Sämtliche Stellungnahmen zu der Studie und der Empfehlung sind ,mit Ausnahme der Stellungnahme der GRUR e.V., abrufbar auf der Website der Kommission unter: ec.europa.eu/internal_market/copyright/management/management_en.htm (letzter Abruf am 24.1.2011).

837 Das geht aus der Stellungnahme der *GESAC* zur Studie v. 28.7.2005 hervor. Der kurze Zeitraum zur Möglichkeit der Stellungnahme wird vielfach kritisiert, *Hauptmann,* in: Kölner Tage zum Urheber- und Medienrecht, S. 25 (36); *Drexl,* in: Riesenhuber: Wahrnehmungsrecht in Polen, Deutschland und Europa, S. 193 (Fn. 28).

838 *Kommission,* Impact assessment reforming cross-border collective management of copyright and related rights for legitimate Online Music Services v. 11.10.2005 (im Folgenden: Folgenabschätzung), abrufbar unter: ec.europa.eu/internal_market/copyright/docs/management/sec_2005_1254_en.pdf (letzter Abruf am 25.1.2011).

839 *Kommission,* Folgenabschätzung, S. 18 ff.

840 *Kommission,* Folgenabschätzung, S. 18.

841 *Drexl,* in: Riesenhuber, Wahrnehmungsrecht in Polen, Deutschland und Europa, S. 193 (203); Gerlach laut *Wichary,* in: Riesenhuber: Wahrnehmungsrecht in Polen, Deutschland und Europa, S. 243 (246). Ausführlich zu den einzelnen Optionen: *Drexl,* in: Riesenhuber: Wahrnehmungsrecht in Polen, Deutschland und Europa, S. 193 (204 ff.).

842 *Kommission,* Folgenabschätzung, S. 5.

843 *Mc Creevey,* Music copyright: Commission recommendation on management of online rights in musical works, SPEECH/05/588 v. 7.10.2005, abrufbar unter: europa.eu/rapid/pressReleasesAction.do?reference=SPEECH/05/588&format=HTML&aged=0&language=EN&guiLanguage=en (letzter Abruf am 25.1.2011).

on zufolge im traditionellen System nicht nachgekommen[844]. Dieses werde der „Ubiquität von Online-Musikdiensten" nicht gerecht[845]. Das Erlangen einer Nutzungserlaubnis für Musikwerke ist nach Ansicht der Kommission im herkömmlichen System zu kompliziert ausgestaltet[846]. Insbesondere die Stärkung der Position der Rechteinhaber[847] spielte für die Kommission eine bedeutende Rolle. Dabei wird von der Kommission vor allem auf eine Ungleichbehandlung nicht einheimischer Rechteinhaber gegenüber einheimischen Rechteinhabern hingewiesen.[848]

## 1. Ziele

Dementsprechend verfolgt die Kommission mit ihrer Empfehlung folgende Ziele. Oberstes Ziel der Kommission ist die Ausschöpfung des Wachstumspotentials von Online-Musikdiensten in Europa[849]. Im Bereich der Online-Musik würde sich der Markt in Europa wesentlich schlechter entwickeln als in den USA. So seien die Einnahmen in den USA im Jahr 2004 im Online-Musik-Bereich achtmal höher gewesen als in West-Europa.[850] Den Grund hierfür sieht die Kommission in einem zu komplizierten und veralteten Lizenzierungssystem. Dieses behindere den Markt vor allem durch seine territoriale Struktur. Den Content-Providern soll deshalb ein verbesserter Zugang zu kreativen Leistungen gewährleistet werden. Ein verbesserter Zugang der Content-Provider soll durch ein Lizenzierungssystem erzielt werden, das mit den Forderungen der Content-Provider übereinstimmt. Insbesondere die Verfügbarkeit von Mehrgebietslizenzen soll dabei gesteigert werden. Im herkömmlichen System der Rechtewahrnehmung über die Gegenseitigkeitsverträge können die Verwertungsgesellschaften zwar Lizenzen an dem Weltrepertoire vergeben. Aufgrund des Auslaufens der Santiago- und Barcelona-Abkommen war eine solche Lizenz allerdings auf das jeweilige Verwaltungsgebiet der Verwertungsgesellschaft beschränkt. Die

844 *Kommission,* Folgenabschätzung, S. 5 f.

845 *Kommission,* Folgenabschätzung, S. 6.

846 *Kommission,* Folgenabschätzung, S. 7 f.; *Wittmann,* MR-Int 2005, 136 (136).

847 Unter Rechteinhaber fasst die Kommission nicht nur die originären Rechteinhaber im Sinne des kontinentaleuropäischen Urheberrechts, sondern auch derivative Rechteinhaber, also die Musikverlage, *Kommission,* Empfehlung, Ziff. 1. g). Im Folgenden wird der Begriff Rechteinhaber im Sinne dieses Verständnisses verwendet. Kritisch zu dem Begriffsverständnis der Kommission *Poll,* ZUM 2008, 500 (503); *Alich,* GRUR Int 2008, 996 (999); siehe unten Kap. 2, C.

848 *Kommission,* Folgenabschätzung, S. 51.

849 *Kommission,* Studie, S. 31; Folgenabschätzung, S. 15

850 *Kommission,* Studie S. 6 f.

Erteilung von Mehrgebietslizenzen war daher außerhalb der Simulcasting und der Webcasting-Vereinbarung nicht möglich. Dies stimmte laut der Kommission nicht mit dem Bedürfnis der Content-Provider und der Rechteinhaber nach Mehrgebietslizenzen überein[851]. Aufgrund der Neuverhandlung der Gegenseitigkeitsverträge, welche auf den CISAC-Standardverträgen beruhen, ist mittlerweile im Bereich der Aufführungsrechte jedoch die Erteilung einer europaweiten Lizenz möglich[852].

Darüber hinaus sollen Verwertungsgesellschaften transparenter für die Content-Provider werden und die Abfertigung urheberrechtlich geschützter Werke innerhalb der EU soll verbessert werden.

Zudem möchte die Kommission eine volle Teilhabe der Rechteinhaber an der Verwertungskette durch eine effizientere grenzüberschreitende Verwertung von Urheberrechten erreichen.[853] Die volle Teilhabe der Rechteinhaber soll dabei zunächst dadurch abgesichert werden, dass diesen die Möglichkeit eröffnet wird, eine Verwertungsgesellschaft ihrer Wahl mit der Wahrnehmung ihrer Rechte zu beauftragen[854]. Darüber hinaus soll die Verteilung der Lizenzeinnahmen, die außerhalb des Heimatlandes des jeweiligen Rechteinhabers eingesammelt werden, direkt und ohne Diskriminierung stattfinden. Die Einnahmen sollen also unabhängig vom Wohnort, der Nationalität oder der Zugehörigkeit zu einer bestimmten Kategorie von Rechteinhabern[855] verteilt werden. Zudem soll die Transparenz und finanzielle Verantwortung der Verwertungsgesellschaften sowie die gerechte Verteilung von Lizenzeinnahmen und die Durchsetzung der Rechte verbessert werden.[856]

Mit der Empfehlung soll somit nicht nur das Bedürfnis der Online-Musikdienste nach Mehrgebietslizenzen befriedigt, sondern vor allem die Position der Rechteinhaber gestärkt werden. Die Stärkung der Position des Rechteinhabers spielt eine fundamentale Rolle für die Empfehlung. Durch die Eröffnung der Wahlfreiheit wird ein Wettbewerb der Verwertungsgesellschaften um die Rechteinhaber eingeleitet. Hierdurch sollen die Verwertungsgesellschaften stärker dazu angehalten werden, den Bedürfnissen der Rechteinhaber gerecht zu werden, z. B. indem sie die Ausschüttung der Einnahmen an die Rechteinhaber zeitnaher vornehmen, diesen mehr Informationen über die Nutzung ihrer Werke zur Verfügung stellen[857] und/oder die Qualität der technischen Schutzmechanismen der

851 *Kommission,* Studie, S. 6 f, 9 f.
852 Siehe unten Kap. 2, B.IV.4.
853 *Kommission,* Studie S. 31; Folgenabschätzung S. 15.
854 *Kommission,* Studie, S. 35 f.
855 Also der Kommission zu Folge Komponisten, Textdichter und Musikverlage.
856 *Kommission,* Studie S. 31; Folgenabschätzung S. 15.
857 *Kommission,* Studie, S. 35.

Werke im Internet und die Effizienz steigern, welche sich in den Abzügen für Verwaltungskosten zeigt.[858]

## 2. Inhalt

Um diese Ziele zu erreichen, wurden in der Empfehlung verschiedene Regelungen getroffen. Dabei spricht sich die Kommission für die Vornahme einer Reihe bestimmter Maßnahmen aus, die das Wachstum von legalen Online-Diensten ermöglichen sollen.[859] Die Empfehlung enthält im einzelnen Regelungen zu dem Verhältnis zwischen Verwertungsgesellschaften und ihren Rechteinhabern, zu dem Verhältnis der Verwertungsgesellschaften zu den Nutzern sowie zu der Schaffung von Streitbeilegungsmechanismen.[860]

### *a) Verhältnis zwischen Verwertungsgesellschaft und Rechteinhabern*

Die Mehrzahl der Regelungen der Empfehlung betrifft das Verhältnis der Verwertungsgesellschaften zu ihren Rechteinhabern.

#### aa) Wahlmöglichkeiten

Zunächst sollen den Rechteinhabern unterschiedliche Wahlmöglichkeiten zugestanden werden. Sie sollen das Recht haben, die Wahrnehmung ihrer Rechte im Online-Bereich in einem territorialen Umfang ihrer Wahl, sowie einer Verwertungsgesellschaft ihrer Wahl anzuvertrauen. Für diese Wahlmöglichkeiten sollen weder Sitzstaat noch Staatsangehörigkeit der Verwertungsgesellschaft oder des Rechteinhabers eine Rolle spielen.[861] Theoretisch wäre es danach auch möglich, dass eine Verwertungsgesellschaft ihren Sitz nicht in Europa hat. Nach der Kommission soll das Wahlrecht der Rechteinhaber dabei auch beinhalten, alle oder einen Teil der Online-Rechte einer anderen Verwertungsgesellschaft zu übertragen[862]. Die Wahlmöglichkeiten der Rechteinhaber spielen eine Schlüsselrolle in der Empfehlung, da durch sie der beschriebene Wettbewerb unter den Verwertungsgesellschaften um die Rechteinhaber eröffnet wird.

---

858 *Kommission,* Folgenabschätzung, S. 17, 31.

859 *Kommission,* Empfehlung, Ziff. 2.

860 Zum Inhalt der Empfehlung ausführlich *Majer,* in: Riesenhuber, Wahrnehmungsrecht in Polen, Deutschland und Europa, S. 147 (165 ff.).

861 *Kommission,* Empfehlung, Ziff. 3.

862 *Kommission,* Empfehlung, Erwägungsgrund 9

(1) Rechteübertragung

Im Hinblick auf den Wahrnehmungsauftrag der Online-Rechte der Rechteinhaber soll diesen darüber hinaus offenstehen festzulegen, für welche einzelnen Online-Rechte sie einer Verwertungsgesellschaft einen Wahrnehmungsauftrag erteilen.[863] Damit hält die Kommission an den sog. GEMA-Kategorien fest, welche sie in den GEMA-Entscheidungen[864] festgelegt hat. Die einzelnen Nutzungsrechte können danach in Kategorien oder Sparten eingeteilt werden, wobei der Rechteinhaber für jede Kategorie entscheiden kann, ob die Rechte kollektiv wahrgenommen werden sollen und wenn ja, durch welche Verwertungsgesellschaft.[865] Rechteinhaber können nach dieser Regelung ihre Online-Rechte also auch von verschiedenen Verwertungsgesellschaften wahrnehmen lassen.

Darüber hinaus sollen sie auch das geografische Gebiet festlegen können, für welches sie einen Wahrnehmungsauftrag erteilen[866]. Auch diese Regelung steht dabei in Einklang mit der bisherigen Verwaltungspraxis der Kommission[867]. Dadurch können die Rechteinhaber einen Wahrnehmungsauftrag bspw. auf das Gebiet Deutschlands begrenzen. Ermöglicht wird hierdurch auch, dass ein Rechteinhaber mehreren Verwertungsgesellschaften begrenzt auf unterschiedliche Territorien parallel einen Wahrnehmungsauftrag erteilen kann.

(2) Rückholrecht

Des Weiteren wird den Rechteinhabern ein Rückholrecht eingeräumt. Ihnen soll also das Recht zugestanden werden, ihre Rechte aus einer Verwertungsgesellschaft wieder herauszunehmen.[868] Dabei soll eine Rückholung der Rechte auch möglich sein, um die Rechte individuell wahrzunehmen[869]. Dies kann aus der bisherigen Entscheidungspraxis der Kommission gefolgert werden. Bereits in der „Daftpunk“-Entscheidung hatte die Kommission infrage gestellt, ob eine Rückholung von Rechten zwingend an die Übertragung auf eine andere Verwertungsgesellschaft gekoppelt werden darf[870]. Ein Rechteinhaber muss also nicht zwingend einer anderen Verwertungsgesellschaft die herausgenommenen Rechte zur Wahrnehmung übertragen. Ergänzt wird dieses Recht durch die darauffolgende

863 *Kommission,* Empfehlung, Ziff. 5. a).

864 *Kommission*, Entscheidung v. 2.6.1971, ABl. L 134 v. 20.6.1971, S. 15 – GEMA-I; Entscheidung v. 6.7.1972, ABl. L 166 v. 24.7.1972, S. 22 – GEMA-II.

865 *Kommission*, Entscheidung v. 2.6.1971, ABl. L 134 v. 20.6.1971, S. 15 – GEMA-I.

866 *Kommission,* Empfehlung, Ziff. 5. b).

867 *Kommission*, Entscheidung v. 2.6.1971, ABl. L 134 v. 20.6.1971, S. 15 – GEMA-I.

868 *Kommission,* Empfehlung, Ziff. 5. c).

869 *Heine*, S. 217 f.; *Schmidt,* ZUM 2005, 783 ( 784).

870 *Kommission*, Entscheidung v. 6.8.2002, Fall COMP/C2/37.219 – Daftpunk.

Empfehlung. Hat ein Rechteinhaber der Empfehlung folgend seine Rechte einer Verwertungsgesellschaft entzogen und beauftragt sodann eine andere Verwertungsgesellschaft mit der Wahrnehmung seiner Rechte, so sollen diese Online-Rechte aus dem Geltungsbereich aller Gegenseitigkeitsverträge unter den Verwertungsgesellschaften ausgenommen werden.[871] Hierdurch wird sichergestellt, dass nur noch eine Verwertungsgesellschaft die Rechte des Rechteinhabers lizenzieren kann. Alle Übrigen können nicht mehr wie bislang auf das von dem Rechteinhaber herausgenommene Repertoire zugreifen, da ihnen dieses Recht eben nicht mehr über die Gegenseitigkeitsverträge zugestanden wird. Ermöglicht wird hierdurch die direkte Lizenzierung durch eine Verwertungsgesellschaft. Dadurch möchte die Kommission die Lizenzierung nicht nur vereinfachen, sondern auch effizienter machen. Denn durch die Wahrnehmung nur mittels einer einzelnen Verwertungsgesellschaft müssen die Ausschüttungen nicht mehr wie bisher über zwei Verwertungsgesellschaften laufen. Dadurch sollen Transaktionskosten eingespart werden. Zudem erhält der Rechteinhaber so seine Einnahmen zeitnaher als zuvor und der doppelte Verwaltungskostenabzug[872] entfällt.[873] Die Konkurrenz der Verwertungsgesellschaften um Rechteinhaber soll aber auch dazu führen, dass sich diese stärker auf die Bedürfnisse der Rechteinhaber einstellen und einen möglichst optimalen Service für diese anbieten.[874] Die Möglichkeit der Herausnahme von Online-Rechten aus dem System der Gegenseitigkeitsverträge fördert darüber hinaus eine Spezialisierung einzelner Verwertungsgesellschaften auf bestimmte Repertoires. Verwertungsgesellschaften könnten sich so eine Art „Hausrepertoire“ aufbauen.[875]

Dem Wahlrecht der Rechteinhaber gegenüber steht der Wahrnehmungszwang der Verwertungsgesellschaften, welcher in Deutschland in § 6 Abs. 1 S. 1 WahrnG normiert ist[876]. Es erscheint fraglich, ob ein solcher mit der Regelung der Wahlmöglichkeiten vereinbar ist. Denn in der Studie stellte die Kommission heraus, dass mit der Wahlmöglichkeit der Rechteinhaber auch eine Repertoirespezifizierung einzelner Verwertungsgesellschaften bezweckt wird[877]. Dies steht nach einer Ansicht[878] nicht in Einklang mit dem Wahrnehmungszwang.

871 *Kommission*, Empfehlung, Ziff. 5. d).

872 Siehe oben Kap. 2, A.II.1.a).

873 *Kommission*, Folgenabschätzung, S. 31.

874 *Kommission*, Studie, S. 35 ff.

875 *Schmidt*, ZUM 2005, 783 (787); Siehe unten Kap. 2, B.III.3.b)aa).

876 Siehe oben Kap. 1, D.I.4.a).

877 *Kommission*, Studie, S. 44.

878 *Max-Planck-Institut für Geistiges Eigentum, Wettbewerbs- und Steuerrecht (MPI)*, GRUR 2006, 222 (223 f.); v. Einem, MMR 2006, 647 (649); *Drexl*, in: Riesenhuber, Wahrnehmungsrecht in Polen, Deutschland und Europa, S. 193 (230 ff.).

Vielmehr müsse die Verwertungsgesellschaft dann auch das Recht haben, Rechteinhaber, die nicht in ihr „Hausrepertoire“ passen, abzulehnen. Hiergegen spricht jedoch, dass die Kommission in der Studie ebenfalls klarstellt, dass Verwertungsgesellschaften nicht das Recht haben, bestimmte Rechteinhaber, wie bspw. Musikverlage, von ihrer Tätigkeit auszuschließen.[879] Darüber hinaus wurde die Repertoirespezifizierung in der Folgenabschätzung und der Empfehlung nicht mehr ausdrücklich aufgenommen.[880] Zudem spricht Lüder[881] von einer u. U. zu ergänzenden Pflicht, wonach die repertoirespezialisierten Verwertungsgesellschaften auch sog. Nischen-Repertoire vertreten müssten[882]. Die reine Möglichkeit einer Repertoireaufspaltung ist zudem nicht durch den Wahrnehmungszwang ausgeschlossen. Vielmehr ist es ebenso wahrscheinlich, dass sich Rechteinhaber eine Verwertungsgesellschaft suchen, in deren Hausrepertoire die Werke des Rechteinhabers passen. Dann jedoch wäre die Frage nach dem Wahrnehmungszwang rein theoretischer Natur. Demnach ist das Wahlrecht der Rechteinhaber grundsätzlich mit dem Wahrnehmungszwang zu vereinbaren.

#### bb) Verteilung der Einnahmen und Abzüge

Darüber hinaus enthält die Empfehlung auch Regelungen zu der Verteilung der Einnahmen und Abzüge. Die Verwertungsgesellschaften werden dazu aufgefordert, die erzielten Einnahmen unter allen Rechteinhabern oder Kategorien von Rechteinhabern gerecht zu verteilen.[883] Die einzelnen Rechteinhaber sollen bei der Verteilung gleich behandelt werden. Weder Wohnsitz und Staatsangehörigkeit noch die Kategorie der Rechteinhaber soll bei der Verteilung eine Rolle spielen.[884] Dabei weist die Kommission darauf hin, dass die Lizenzgebühren, die im Ausland eingezogen wurden, möglichst effizient und effektiv zu verteilen sind.[885] Damit wird auf die im System der Gegenseitigkeitsverträge als zu hoch kritisierten Verwaltungskosten Bezug genommen. In der Studie wurden zudem die sog. B-Verträge, also die Gegenseitigkeitsverträge in denen vorgesehen ist, dass die Einnahmen der Verwertungsgesellschaften gegenseitig verrechnet und

---

879 *Kommission*, Studie, S. 56.

880 *Heine*, S. 219 f.

881 Als Abteilungsleiter für Urheberrecht in der Generaldirektion Binnenmarkt und Dienstleistungen bei der Europäischen Kommission war er mitverantwortlich für die Empfehlung.

882 *Lüder*, GRUR Int 2007, 649 (656); Im Original heißt es dort: „If necessary, there could be an obligation for major platforms to also include so-called difficult or „niche“ repertoire into the platform.“

883 *Kommission*, Empfehlung, Ziff. 10.

884 *Kommission*, Empfehlung, Erwägungsgrund 12.

885 *Kommission*, Empfehlung, Erwägungsgrund 12.

nicht ausgezahlt werden[886], scharf kritisiert.[887] Wie eine gerechte Verteilung durchgeführt werden soll, lässt die Kommission offen. Somit bleibt den Verwertungsgesellschaften die Gestaltung überlassen.

Im Zusammenhang mit der „gerechten Verteilung der Einnahmen und Abzüge" spricht die Kommission darüber hinaus die Abzüge für soziale und kulturelle Zwecke an. Zunächst fordert sie die Verwertungsgesellschaften auf, dass diese in vertraglichen Vereinbarungen und statutarischen Mitgliedschaftsbestimmungen festhalten sollen, ob und wenn ja wann Einnahmen für andere Zwecke als die erbrachte Wahrnehmungsleistung einbehalten werden. Zudem möchte die Kommission, dass die Verwertungsgesellschaften diese einbehaltenen Einnahmen auch bei der Auszahlung der Rechteinhaber auflisten. Mit den „Einnahmen, die für andere Zwecke als die erbrachte Wahrnehmungsleistung einbehalten werden"[888] sind die Abzüge für soziale und kulturelle Zwecke gemeint, die von der Mehrzahl der europäischen Verwertungsgesellschaften erhoben werden. In Deutschland ist ein solcher Abzug sogar per Gesetz vorgesehen, wobei die gesetzliche Bestimmung keine Pflicht hierzu begründet.[889] Die Crux dieses Abzuges ist, dass er in aller Regel inländischen Rechteinhabern zugute kommt. Aus diesem Grund wurde der Abzug vor allem von britischen Musikverlagen kritisiert.[890] Die Kommission möchte die Rechteinhaber auch im Hinblick auf diesen Abzug mit mehr Entscheidungsbefugnissen ausstatten. Die Entscheidung zum Wechsel der Verwertungsgesellschaft setzt voraus, dass die Rechteinhaber sich auch über die Vornahme eines solchen Abzuges informieren können. Die Verwertungsgesellschaften müssen insoweit also transparent sein. Der Abzug für kulturelle und soziale Abgaben wird demnach mit diesen Regelungen zum Wettbewerbsfaktor, was auch von der Kommission gewollt ist.[891]

#### cc) Vertretung, Information und Rechenschaft

Daneben enthält die Empfehlung einige Bestimmungen zu der Vertretung, der Information der Rechteinhaber durch die Verwertungsgesellschaften sowie der Rechenschaftspflicht gegenüber den Rechteinhabern. Bei der Vertretung sollten alle Kategorien von Rechteinhabern gleich behandelt werden[892]. Hierdurch soll insbesondere die Stellung der Musikverlage gestärkt werden. Diese werden nach

886 Siehe oben Kap. 2, A.I.1.
887 *Kommission*, Studie, S. 11 f.
888 *Kommission*, Empfehlung, Ziff. 11.
889 Siehe oben Kap. 1, D.I.4.d).
890 *MPA*, Stellungnahme zur Empfehlung v. 31.7.2007, S. 7.
891 *Kommission*, Folgenabschätzung, S. 20.
892 *Kommission*, Empfehlung, Erwägungsgrund 11 und Ziff. 13. a).

Meinung der Kommission innerhalb Europas diskriminiert, weil sie nicht von allen Verwertungsgesellschaften aufgenommen werden[893]. Eine solche Ungleichbehandlung sollte ausgeschlossen werden.[894] Darüber hinaus stärkt die Kommission die Entscheidungsbefugnisse der Rechteinhaber, indem sie eine faire und ausgewogene Beteiligung der Rechteinhaber an internen Entscheidungsprozessen empfiehlt[895].

Des Weiteren sollen die Verwertungsgesellschaften die Rechteinhaber über die bestehenden Gegenseitigkeitsverträge, den räumlichen Bereich ihrer Vertretungsmacht für das Repertoire, das sie vertreten und die anwendbaren Tarife informiert halten[896]. Diese Informationspflicht ergänzt dabei die Empfehlungen zu den Wahlmöglichkeiten der Rechteinhaber. Sie wird insoweit dazu dienen, die Rechteinhaber über die Veränderungen, welche durch den Wechsel einzelner Rechteinhaber zu anderen Verwertungsgesellschaften eingeleitet werden, auf dem Laufenden zu halten.

Zudem empfiehlt die Kommission, dass die Verwertungsgesellschaften den Rechteinhabern in regelmäßigen Zeitabständen Rechenschaft über erteilte Lizenzen, anwendbare Tarife und eingenommene und ausgeschüttete Nutzungsgebühren ablegen[897]. Diese Pflicht soll, wie auch die Beteiligung der Rechteinhaber in Entscheidungsprozessen der Verwertungsgesellschaften, ein rationelleres und transparenteres Vorgehen der Verwertungsgesellschaften fördern. Nur hierdurch können die Rechteinhaber von ihren Wahlmöglichkeiten profitieren.[898]

#### *b) Verhältnis zwischen Verwertungsgesellschaften und Nutzern*

Auch die Nutzer sollen über die bestehenden Gegenseitigkeitsverträge, den räumlichen Bereich ihrer Vertretungsmacht für das Repertoire, das sie vertreten, und die anwendbaren Tarife informiert werden[899]. Darüber hinaus sollen die Verwertungsgesellschaften den Nutzern Veränderungen des Repertoires, das sie vertreten, bekannt geben. Hierdurch sollen auch die Nutzer über die Veränderungen informiert gehalten werden, welche sich aus der Ausübung des Wahlrechts durch die Rechteinhaber ergeben. Die Nutzer sollen die Verwertungsgesellschaften auf der anderen Seite über die Dienste informieren, für die Rechte

893 Siehe oben Kap. 1, D.III.2.
894 *Kommission*, Studie, S. 13 f.
895 *Kommission*, Empfehlung, Ziff. 13. b).
896 *Kommission*, Empfehlung, Ziff. 6.
897 *Kommission*, Empfehlung, Ziff. 14.
898 *Kommission*, Empfehlung, Erwägungsgrund 13.
899 *Kommission*, Empfehlung, Ziff. 6.

erworben werden.[900] Sodann hält die Kommission fest, dass Lizenzen auf der Basis objektiver Kriterien und ohne Diskriminierung erteilt werden sollen[901].

*c) Streitbeilegungsmechanismen*

Der Erteilung der Lizenzen ohne Diskriminierung soll auch die Einladung der Mitgliedstaaten, effektive Streitbeilegungsmechanismen zur Verfügung zu stellen, entgegenwirken und verhindern, dass große Verwertungsgesellschaften gegenüber Nutzern unangemessene Tarife durchsetzen[902]. Die Streitbeilegungsmechanismen sollen aber nicht nur die Tarife und Lizenzbedingungen, also das Verhältnis der Verwertungsgesellschaften zu den Nutzern, anbelangen, sondern auch die Übertragung von Online-Rechten zur Wahrnehmung oder den Entzug von Online-Rechten, also das Verhältnis der Verwertungsgesellschaften zu den Rechteinhabern betreffen.[903]

## 3. Auswirkungen

Auswirkungen könnte die Empfehlung in rechtlicher und in tatsächlicher Hinsicht entfalten.

*a) Rechtliche Auswirkungen*

Empfehlungen der Organe der Union sind gem. Art. 288 Abs. 4 AEUV nicht verbindlich. Dabei sollen Empfehlungen dem Adressaten, hier also den Mitgliedstaaten und allen Marktteilnehmern, die auf dem Gebiet der Rechtewahrnehmung in der EU tätig sind[904], ein bestimmtes Verhalten nahelegen,[905] ohne den bzw. die Adressaten zu binden. In rechtlicher Hinsicht entfalten Empfehlungen somit keine Bindungswirkung gegenüber ihrem Adressaten und können dementsprechend nicht gerichtlich durchgesetzt werden.[906] Empfehlungen sind jedoch auch nicht rechtlich irrelevant. Schließlich sind auch sie Rechtshandlungen der Organe. So hat der EuGH bezüglich Empfehlungen, die von der Kommission

900 *Kommission*, Empfehlung, Ziff. 7.
901 *Kommission*, Empfehlung, Ziff. 8.
902 *Kommission*, Folgenabschätzung, S. 24 und 29.
903 *Kommission*, Empfehlung, Ziff. 15.
904 *Kommission*, Empfehlung, Ziff. 19.
905 *Schmidt*, in: von der Groeben/Schwarze, EU- und EG-Vertrag, Bd. 4, Art. 249 EG Rn. 47 f.
906 *Schmidt*, von der Groeben/Schwarze, Bd. 4, Art. 249 EG Rn. 50; *Nettesheim*, in: Grabitz/Hilf, Recht der EU, Art. 249 EGV Rn. 213

ausgesprochen wurden, entschieden, dass diese bei der Auslegung nationaler Vorschriften durch nationale Gerichte zu berücksichtigen sind[907]. Darüber hinaus entfalten Empfehlungen rechtliche Relevanz unter dem Aspekt der allgemeinen Treuepflicht, die in Art. 4 Abs. 3 EUV statuiert ist. Sofern Mitgliedstaaten Adressaten einer Empfehlung oder Stellungnahme sind, dürfen sie nicht über diese hinweggehen, sondern müssen sie ernsthaft prüfen und sich im begründeten Fall nach ihnen richten. Sie dürfen eine Empfehlung nur mit ausreichender Erklärung zurückweisen. Für das erlassende Organ entfaltet eine Empfehlung insofern eine gewisse Bindung, als dieses nicht unbegründet von seinem in der Empfehlung bezogenen Standpunkt abweichen darf.[908]

Die Mitgliedstaaten sind demnach nicht zu einer Umsetzung der Empfehlung der Kommission verpflichtet, wenn sie dies ausreichend begründen. Sollte ein Mitgliedstaat die Empfehlung dennoch bspw. bei der Änderung seines Wahrnehmungsrechtes berücksichtigen, so müsste dieses auch von den nationalen Gerichten bei der Auslegung beachtet werden. Unter Umständen könnte die Empfehlung auch im Hinblick auf das europäische Wettbewerbsrecht bei der Auslegung zu berücksichtigen sein. Dies ist jedoch zu verneinen, da sich die Empfehlung in ihren Erwägungsgründen nicht auf das EU-Wettbewerbsrecht bezieht. [909]

Mithin hat die Empfehlung der Kommission vor allem politische und psychologische Wirkung.

*b) Faktische Auswirkungen*

Allerdings könnte sich die Empfehlung in tatsächlicher Hinsicht auswirken.

aa) Verwertungsgesellschaften

Im Hinblick auf die Verwertungsgesellschaften kann es zu einer Repertoireaufspaltung kommen. Verwertungsgesellschaften könnten sich eine Art „Hausrepertoire“ aufbauen.[910] Das bedeutet, eine bestimmte Verwertungsgesellschaft wäre bspw. nur noch für das angloamerikanische Repertoire eines bestimmten Verlages zuständig, während eine andere für das Repertoire eines anderen US-amerikanischen Verlages zuständig wäre. Eine derartige Spezialisierung wurde

---

907 *EuGH,* Slg. 1989, 4407 (4408) – Grimaldi; *Schmidt,* in: von der Groeben/Schwarze, EU- und EG-Vertrag, Bd. 4, Art. 249 EG Rn. 50.

908 *Nettesheim,* in: Grabitz/Hilf, Recht der EU, Art. 249 EGV Rn. 214.

909 *Heine*, S. 226.

910 *Schmidt,* ZUM 2005, 783 (787); Siehe unten Kap. 2, B.III.3.b)aa).

in der Studie befürwortet[911]. Hierin wurde ausgeführt, dass die Verhandlungsmacht der Verwertungsgesellschaften größer würde, je umfangreicher ihr Repertoire wäre. So sollte die Position der Verwertungsgesellschaften gegenüber den Nutzern gestärkt werden.[912] Langfristig könnte eine derartige Repertoireaufspaltung dazu führen, dass sich das territoriale Monopol der Verwertungsgesellschaften hin zu einem Repertoire-Monopol verschiebt. Die Marktaufspaltung würde dann nicht mehr nach Territorien, sondern nach Musikrichtungen erfolgen. Langfristig könnte dies zu einem Oligopol von drei bis vier größeren Verwertungsgesellschaften führen[913].[914] Auch wenn die Möglichkeit der Repertoireaufspaltung sowohl in der Folgenabschätzung als auch in der Empfehlung nicht mehr ausdrücklich angesprochen wird, wird eine solche durch die empfohlenen Maßnahmen begünstigt[915]. Insbesondere die Wahlfreiheit der Rechteinhaber leistet dieser Entwicklung Vorschub. Die Verwertungsgesellschaften werden sich im Online-Bereich auf ein bestimmtes, möglichst attraktives Repertoire spezialisieren wollen und dementsprechend vor allem um die großen wirtschaftlich bedeutenden Repertoires der Musikverlage kämpfen. Diesen Wettstreit um die attraktiven Repertoires, die zumeist in der Hand der Majors sind, werden voraussichtlich die großen Verwertungsgesellschaften für sich entscheiden können, zu denen u. a. die GEMA, die französische SACEM und die englische PRS for Music gehören[916].[917] Sie verfügen über die notwendigen Verwaltungsstrukturen und Datenbanken und vertreten die meisten Rechteinhaber[918]. Das Verhältnis der Verwertungsgesellschaften wird sich im Online-Bereich also schon in dieser Hinsicht verändern. Sie sind nicht mehr Partner, welche über die Gegenseitigkeitsverträge Arbeitsteilung betreiben können, sondern wetteifern miteinander. Erst in einem zweiten Schritt können die übrig gebliebenen Verwertungsgesellschaften wieder miteinander kooperieren. Langfristig könnte das wesentliche Repertoire einem Oligopol von drei bis vier Verwertungsgesellschaften obliegen. Es käme also im Online-Bereich zu einer Verschiebung der nationalen Monopole hin zu repertoirebezogenen Monopolen. Denn jede der übrig gebliebenen Verwertungsge-

911 *Kommission,* Studie, S. 44.

912 *Kommission,* Studie, S. 42 f. und 48.

913 *v. Einem,* S. 271.

914 *Schmidt,* ZUM 2005, 783 (787).

915 *Schmidt,* ZUM 2005, 783 (787); *v. Einem,* MMR 2006, 647 (648 f.); *MPI,* GRUR Int 2006, 222 (223); *Guibault/van Gompel,* in: Gervais: Collective Management of Copyright and Related Rights, 2. Aufl., S. 135 (160).

916 *Kommission,* Studie, S. 21.

917 *Pfennig,* in: Jakobs u. a., FS für Raue, S. 593 (597); das verdeutlichen die ersten Entwicklungen, siehe unten Kap. 2, C.IV.1.

918 *Kommission,* Studie, S. 21.

sellschaften wäre für das Repertoire, welches sie vertritt, die einzige lizenzierende Gesellschaft. Darüber hinaus kann es sogar zu einer einzigen europäischen Anlaufstelle kommen, wenn die verbleibenden Gesellschaften kooperieren und Gegenseitigkeitsverträge abschließen würden.[919] Sollten im Wege der angestoßenen Entwicklung nur drei bis vier Verwertungsgesellschaften für die kollektive Rechtewahrnehmung auf dem Markt verbleiben, würde sich deren Verhandlungsmacht dieser großen Verwertungsgesellschaften gegenüber den Nutzern verstärken. Eine optimale Verhandlungsposition kann allerdings nur erreicht werden, wenn das von der Verwertungsgesellschaft vertretene Repertoire so wichtig ist, dass ein Nutzer nicht darauf verzichten kann.[920]

Im Hinblick auf die Verwaltungskosten der großen Verwertungsgesellschaften kann die Möglichkeit der direkten Lizenzierung zu einer Einsparung von Kosten führen[921]. Allerdings kommen durch den Systemwechsel auch neue Kosten auf die Verwertungsgesellschaften zu. Im System der Gegenseitigkeitsverträge können sie auf die Daten der ausländischen Verwertungsgesellschaften zurückgreifen, um einen Überblick über das von ihr wahrgenommene Repertoire zu erlangen. Bei der Direktlizenzierung müsste die jeweilige Verwertungsgesellschaft die entsprechenden Stammdaten selbst erheben, dokumentieren und verwalten. Darüber hinaus können weitere Transaktionskosten bei den Verwertungsgesellschaften dadurch entstehen, dass sie die in der Empfehlung geforderten Transparenz- und Informationspflichten erfüllen. Zudem will der Wettbewerb um das attraktivste Repertoire finanziert werden. Demnach können sich die Kosten der Verwertungsgesellschaften erhöhen.[922] Für kleinere Verwertungsgesellschaften wird es nicht immer möglich sein, die Kosten einer Systemumstellung zu tragen. Sie könnten vom Markt verdrängt werden. Dies wiederum begünstigt die Entwicklung hin zu einigen wenigen Verwertungsgesellschaften im Online-Bereich.[923]

Darüber hinaus müssten die Verwertungsgesellschaften unterschiedliche Wahrnehmungsmodelle verfolgen, weil das System der Direktlizenzierung das System der Gegenseitigkeitsverträge nicht ablöst. Die Verwertungsgesellschaften müssen somit die Rechte eines Teils ihrer Mitglieder wie bisher über Gegensei-

---

919 *Lüder*, GRUR Int 2007, 649 (656).

920 *Schmidt*, ZUM 2005, 783 (787 f.).

921 *Kommission*, Folgenabschätzung, S. 30.

922 *GRUR e.V.*, Stellungnahme zur Empfehlung und zur Studie der Europäischen Kommission über die Lizenzierung von Musik für das Internet vom 18.10.2005 (2005/737/EG) v. 10.2.2006 (im Folgenden: Stellungnahme zur Empfehlung und zur Studie), abrufbar unter: www.grur.de/cms/upload/pdf/stellungnahmen/2006/2006-02-10Stellungnahme-GRUR-Online-Musik.pdf (letzter Abruf am 25.1.2011), S. 12 f.

923 So auch *Gilliéron*, IIC 2006, 939 (949).

tigkeitsverträge wahrnehmen und einen Teil selbst im Wege der Direktlizenz. Zusätzlich verkompliziert wird die Situation durch die Beteiligung von Subverlagen[924]. Auch diesen stehen Anteile an den in den jeweiligen Ländern eingenommenen Vergütungen zu. Dadurch entstehen Dokumentations- und Verteilungsprobleme.[925]

Entwickelt sich der Markt zugunsten einiger weniger großer Verwertungsgesellschaften, stellt sich die Frage, welche Position die mittleren und kleinen Verwertungsgesellschaften einnehmen werden. In ihrer Studie schlägt die Kommission diesen Verwertungsgesellschaften vor, sich mit den größeren Verwertungsgesellschaften zusammenzuschließen und lediglich als deren Vertreter aufzutreten[926]. Sie würden dann die Funktionen von Agenturen übernehmen. So könnten sie bspw. als bloße Vermittler zwischen Rechteinhaber und Verwertungsgesellschaft oder Verwertungsgesellschaft und Nutzer auftreten. Mit dieser Rolle würde sich das Verhältnis der Verwertungsgesellschaften auch in diesem Bereich verändern. Anstelle des gleichberechtigten Verhältnisses unter den Verwertungsgesellschaften im EWR würde ein Unter-/Überordnungsverhältnis treten. Die kleineren Verwertungsgesellschaften würden als bloße Agenturen der Großen zu Verwertungsgesellschaften zweiter Klasse degradiert.[927] Zudem wird die Möglichkeit angesprochen, den Verwertungsgesellschaften verbliebe im Online-Bereich schließlich das sog. Nischenrepertoire[928], zu dem auch das jeweilige heimische Repertoire (sog. domestic repertoire) einer Verwertungsgesellschaft gehört. Sicher ist, dass durch die Abwanderung von Berechtigten, die wirtschaftlich wertvolles Repertoire innehaben, das Geschäftsvolumen der betroffenen meist kleineren Verwertungsgesellschaften verringert wird. Sie nehmen nicht mehr so viele Nutzungsgebühren ein wie zuvor. Zudem verringert sich die Anzahl der Rechteinhaber, wodurch die Fixkosten einer Verwertungsgesellschaft auf weniger Rechteinhaber verteilt werden. Für diese Verwertungsgesellschaften wird ein effektives Funktionieren somit in dem Maße schwieriger, in dem Rechteinhaber zu anderen Verwertungsgesellschaften wechseln. Dies kann dazu führen, dass eine Verwertungsgesellschaft ihre Tätigkeit gänzlich einstellen muss.[929] Mit der beschriebenen Schwächung kleinerer Verwertungsgesellschaf-

---

924 Siehe oben Kap. 1, D.III.1.a)cc)(2).

925 *Müller,* ZUM 2009, 121 (126).

926 *Kommission,* Studie, S. 44 f.; Folgenabschätzung, S. 30.

927 *Schmidt,* ZUM 2005, 783 (788).

928 *Kommission,* Studie, S. 45.

929 *EP,* Entschließung v. 13.3.2007 zu der Empfehlung 2005/737/EG der Kommission vom 18. Oktober 2005 für länderübergreifende kollektive Wahrnehmung von Urheberrechten und verwandten Schutzrechten, die für legale Online-Musikdienste benötigt werden, ABl. C 301 v. 13.12.2007.

ten wird die Schutz- und Ausgleichsfunktion[930] der Verwertungsgesellschaften ausgehöhlt, durch die vor allem Rechteinhaber von Repertoires geringeren wirtschaftlichen Wertes geschützt werden sollen.[931] Zudem wird die Verhandlungsmacht dieser Verwertungsgesellschaften gegenüber den Nutzern enorm geschwächt. Insgesamt kann mithin festgehalten werden, dass sich die Stärkung einiger weniger Verwertungsgesellschaften zu Lasten der übrigen Verwertungsgesellschaften auswirken kann. Im Hinblick auf sämtliche Verwertungsgesellschaften ist zudem darauf hinzuweisen, dass die Tarifautonomie der Verwertungsgesellschaften untergraben wird. Tarife werden nicht von Rechteinhabern selbst, sondern von der Verwertungsgesellschaft festgesetzt. Dabei wird ein Tarif unabhängig von dem tatsächlichen Marktwert eines Musikstücks festgelegt.[932] Wenn einzelne Rechteinhaber ihr Repertoire aus einer Verwertungsgesellschaft nehmen, können sie jedoch mit einer anderen für sich günstigere Tarife verhandeln. Damit wäre die Tarifautonomie der Verwertungsgesellschaft nicht mehr gegeben.[933]

bb) Musikverlage, Urheber und Leistungsschutzberechtigte

Verlage, Urheber und Leistungsschutzberechtigte werden in der Empfehlung als Rechteinhaber bezeichnet und unter diesem Begriff zusammengefasst[934]. Diesen wird durch die Empfehlung Wahlfreiheit unter den europäischen Verwertungsgesellschaften zugesichert. Begründet wird eine solche durch die Empfehlung nicht. Das folgt bereits aus dem Umstand, dass die Empfehlung rechtlich unverbindlich ist[935]. Zudem wird argumentiert, dass eine Wahlfreiheit bereits vor der Empfehlung innerhalb der EU bestand[936]. Nach der Rechtsprechung des EuGH sind Verwertungsgesellschaften nach Art. 102 AEUV in der Tat verpflichtet, auch Staatsangehörige anderer Mitgliedstaaten als ihre Mitglieder aufzunehmen und deren Rechte zu den gleichen Bedingungen wahrzunehmen wie diejenigen von Staatsangehörigen des eigenen Landes[937].[938] Rechtlich bestand die Möglich-

---

930 Siehe oben Kap. 1, D.I.3.

931 *Enquete-Kommission „Kultur in Deutschland"*, BT-Drucks. 16/7000, S. 279.

932 Siehe oben Kap. 1, D.III.1.a)dd)(2).

933 *Enquete-Kommission „Kultur in Deutschland"*, BT-Drucks. 16/7000, S. 279.

934 *Kommission*, Empfehlung, Ziff. 1. g); Siehe oben Kap. 2, B.III.1. und unten Kap. 2, C.

935 Siehe oben Kap. 2, B.III.3.a).

936 *GRUR e.V.*, Stellungnahme zur Empfehlung und zur Studie, S. 8; *Poll*, MMR 2007 (Heft 2), XXVII (XXIX); *Himmelmann*, in: Kreile u. a., Recht und Praxis der GEMA, Kap. 18 Rn.195 und Rn. 199 f.

937 *EuGH*, Slg. 1983, 483 (509) – GVL; Ähnlich entschied die Kommission in der „Daftpunk-Entscheidung" (Ent. v. 6.8.2002, Fall COMP/C2/37 219), in deren Fokus allerdings die Möglichkeit zur individuellen Rechtewahrnehmung und des teilweisen Rechterückrufs stand.

keit der Rechteinhaber, sich eine Verwertungsgesellschaft innerhalb der EU auszusuchen, somit bereits vor der Empfehlung. Allerdings verfügten die meisten europäischen Verwertungsgesellschaften weiterhin über Klauseln in ihren Gegenseitigkeitsverträgen, welche die Wahlfreiheit der Mitglieder in der Praxis erschwerten[939]. Darüber hinaus bezog sich die Möglichkeit der Rechteinhaber, die im Wege der GEMA-Entscheidungen 1971 und 1972[940] von der Kommission festgeschrieben wurde, allein auf den Wechsel der unmittelbar wahrnehmenden Verwertungsgesellschaft innerhalb des Systems der Gegenseitigkeitsverträge. Die nun von der Kommission festgehaltene Wahlfreiheit ermöglicht hingegen die komplette Herausnahme der Rechte aus dem System der Gegenseitigkeitsverträge. Mithin kann das Argument, eine Wahlfreiheit habe bereits bestanden, nicht überzeugen. Durch die Empfehlung wird die Wahlfreiheit verdeutlicht und in den Fokus gerückt.

Fraglich ist, ob das Wahlrecht für sämtliche Rechteinhaber gleichermaßen von Vorteil ist. Zunächst wird, wie oben beschrieben, durch die Wahlmöglichkeit ein Wettbewerb um die Rechteinhaber eröffnet. Daraus kann der Schluss gezogen werden, dass die Verwertungsgesellschaften dementsprechend ihren Service insgesamt verbessern, was sämtlichen Rechteinhabern zugutekäme.[941] Allerdings werden sich die Verwertungsgesellschaften vor allem auf die Rechteinhaber konzentrieren, die über das wirtschaftlich bedeutende Repertoire verfügen. Dann wäre es wahrscheinlich, dass sie ihren Service dementsprechend den Bedürfnissen der großen Rechteinhaber anpassen. Die Wahl des Rechteinhabers wird sich nicht ausschließlich an dem angebotenen Service orientieren, sondern auch an dem jeweiligen Hausrepertoire einer Verwertungsgesellschaft. Für einen Rechteinhaber wird eine Verwertungsgesellschaft, die ein Repertoire vertritt, zu welchem auch die Musiksparte passt, die er vertritt, attraktiver sein als eine Verwertungsgesellschaft, die sich auf anderes Musikrepertoire spezialisiert hat. Dies würde im Ergebnis zu einer Einschränkung der Wahlfreiheit der Rechteinhaber führen, was noch dadurch verstärkt wird, dass lediglich drei bis vier Verwertungsgesellschaften zur Wahl stehen könnten.[942] Der eingeleitete Wettbewerb wird sich vor allem zugunsten der Rechteinhaber auswirken, die wirtschaftlich wertvolles Repertoire vertreten. Das sind die großen Musikverlage. Um diese werden sich die Verwertungsgesellschaften bemühen, da sie über das ertragrei-

---

938 *Düsing*, S. 119 ff.

939 Ausführlich hierzu *Kommission*, Entscheidung v. 16.7.2008, Fall COMP/C2/38.698 (im Folgenden: CISAC-Entscheidung), Rn. 27 ff.

940 *Kommission*, Entscheidung v. 2.6.1971, ABl. L 134 v. 20.6.1971, S. 15 – GEMA-I; Entscheidung v. 6.7.1972, ABl. L 166 v. 24.7.1972, S. 22 – GEMA-II.

941 *Kommission*, Studie, S. 35.

942 *Schmidt*, ZUM 2005, 783 (786).

che Repertoire verfügen.[943] Sie können durch ihre besondere Stellung beim Abschluss neuer Wahrnehmungsverträge höhere Tarife durchsetzen. Schließlich werden sie nur zu der Verwertungsgesellschaft wechseln, die ihnen die höchsten Ausschüttungen zusichert.[944] Nicht nur dadurch erhöhen sich die Ausschüttungen der Verwertungsgesellschaften an die Majors. Auch müssen diese nicht mehr die kleinen Rechteinhaber mitfinanzieren, die über wirtschaftlich nicht bedeutendes Repertoire verfügen. Zudem könnte der Abzug für soziale und kulturelle Zwecke zu ihren Gunsten entfallen. Darüber hinaus würde bei ihnen aufgrund der direkten Lizenzierung der sog. doppelte Verwaltungskostenabzug[945] fortfallen. Insgesamt profitieren die großen Musikverlage demnach in mehrfacher Hinsicht von dem Wettbewerb. Die verbleibende Wahlfreiheit ist demnach für die großen Musikverlage vorteilhaft.

Für die kleineren Urheber und ausübenden Künstler ist es juristisch und tatsächlich aufwendiger als für die großen, international agierenden Musikverlage, die Verwertungsgesellschaft zu wechseln. Ihnen fehlt darüber hinaus das erforderliche Know-How, um die Vor- und Nachteile eines Wechsels einschätzen zu können.[946] Bei dem Wechsel zu einer ausländischen Gesellschaft ergeben sich zudem Unsicherheiten im Hinblick auf Steuerabgaben und die soziale Absicherung[947]. Darüber hinaus erscheint fraglich, ob den kleineren Rechteinhabern, also Rechteinhaber, die vorwiegend Nischenrepertoire repräsentieren, der Wechsel zu jeder Verwertungsgesellschaft tatsächlich möglich ist. Denn rechtlich sind die Verwertungsgesellschaften nicht zu der Aufnahme jedes Rechteinhabers verpflichtet. Der deutsche Wahrnehmungszwang begründet eine solche Pflicht außerhalb des Systems der Gegenseitigkeitsverträge nicht. Ein europäischer Wahrnehmungszwang existiert insoweit nicht, und auch aus Art. 102 AEUV lässt sich ein Kontrahierungszwang gegenüber Rechteinhabern nicht herleiten.[948] Mithin fehlt es sogar an einem rechtlichen Mittel für die Rechteinhaber, ihre Wahl umzusetzen. Ein vermehrter Wechsel kleiner Rechteinhaber ist demnach illusorisch.[949] Machen die Rechteinhaber dementsprechend keinen Gebrauch von der Wahlmöglichkeit, werden sie auf die kleineren Verwertungsgesellschaften zurückgreifen müssen bzw. bei solchen Verwertungsgesellschaften verbleiben,

943 *Geiger/Engelhardt/Hansen/Markowski,* GRUR Int 2006, 475 (486).
944 *GRUR e. V.,* Stellungnahme zur Empfehlung und zur Studie, S. 11 f.
945 Siehe oben Kap. 2, A.II.1.a).
946 *Poll,* ZUM 2008, 500 (504).
947 *GESAC,* Stellungnahme zur Studie v. 28.7.2005, Ziff. 2.3.1.
948 *Drexl,* in: Riesenhuber, Wahrnehmungsrecht in Polen, Deutschland und Europa, S. 193 (229 ff.).
949 *GESAC,* Stellungnahme zur Studie v. 28.7.2005, Ziff. 2.3.1.; *Wittmann,* MR-Int 2005, 84 (85).

denen sie sprachlich und kulturell verbunden sind[950]. In dem Maße, in dem die großen Musikverlage davon profitieren, dass sie die kleinen Rechteinhaber nicht mehr mitfinanzieren müssen, werden diese benachteiligt. Zudem wird sich auch der Wettbewerb hinsichtlich des Abzugs für soziale und kulturelle Zwecke zu ihren Ungunsten auswirken, denn dieser kam vor allem inländischen Rechteinhabern zugute. Zudem werden die Fixkosten bei Austreten der großen Musikverlage durch weniger Rechteinhaber geteilt, sodass sich die Ausschüttungen an diese entsprechend verringern. Darüber hinaus ist es wahrscheinlich, dass die derzeitigen Tarifhöhen nicht mehr gegenüber den Nutzern durchsetzbar sind.[951] Neben dieser Aushöhlung der Ausgleichs- und Schutzfunktion wirkt sich der Verlust der Tarifautonomie der Verwertungsgesellschaften zu Lasten kleinerer Rechteinhaber aus[952]. Darüber hinaus will der Wettbewerb der Verwertungsgesellschaften finanziert werden. Auch diese Kosten werden vor allem den Rechteinhabern aufgebürdet, die bei ihrer Verwertungsgesellschaft verbleiben.[953]

Entscheiden sich kleinere Rechteinhaber trotz der oben erörterten Hindernisse dazu, die Verwertungsgesellschaft zu wechseln, und ist ihnen der Wechsel auch möglich, so hat das zwar nicht zwangsläufig eine geringere Vergütung zur Folge. Allerdings würden die Interessen der Urheber und Leistungsschutzberechtigten dann nur noch in größeren Gruppen wahrgenommen werden. In diesen könnten die kleineren Rechteinhaber ihre Interessen nicht mehr mit dem gleichen Gewicht wie zuvor geltend machen.[954] Zudem würde mit der Verlagerung der Wahrnehmung ins Ausland die Rechtewahrnehmung von nationalen urhebervertragsrechtlichen Regelungen abgekoppelt. Dies führt insbesondere zu Problemen im Hinblick auf die unterschiedlichen Ausrichtungen von Copyright- und Droit d'auteur-System[955].[956]

Die Wahlfreiheit ist also aus Sicht der kleineren Rechteinhaber nicht von Vorteil, unabhängig davon, ob sie in ihrer ursprünglichen Verwertungsgesellschaft verbleiben oder zu einer größeren wechseln.

Insgesamt wird die Situation im Bereich der Wahrnehmung von Online-Rechten zudem für die Rechteinhaber unübersichtlicher, da es ein Nebeneinander unterschiedlicher Wahrnehmungsmodelle im Online-Bereich gibt, nämlich

950 *Müller,* ZUM 2009, 121 (126).

951 *Enquete-Kommission „Kultur in Deutschland"*, BT-Drucks. 16/7000, S. 279.

952 *Enquete-Kommission „Kultur in Deutschland"*, BT-Drucks. 16/7000, S. 279.

953 *Evers,* GEMA-Nachrichten 11/2006, 10 (13).

954 *GRUR e.V.,* Stellungnahme zur Empfehlung und zur Studie, S. 15.

955 Siehe oben Kap. 1, F.I.

956 *GRUR e.V.,* Stellungnahme zur Empfehlung und zur Studie, S. 15.

ein System, welches über Gegenseitigkeitsverträge funktioniert[957], und das neue System der Direktlizenzierung.

Schlussendlich kann festgehalten werden, dass die großen Musikverlage insbesondere von der in der Empfehlung fokussierten Wahlfreiheit profitieren, während die Situation für die kleineren Rechteinhaber diffiziler wird. Das verdeutlichen auch die tatsächlichen Entwicklungen. Bislang haben vor allem die großen Musikverlage, die über das begehrte angloamerikanische Repertoire verfügen können, ihre Rechte aus dem System der Gegenseitigkeitsverträge herausgenommen. Da diese Verlage lediglich über die mechanischen Rechte verfügen können, beschränken sich die Entwicklungen vor allem auf die mechanischen Rechte an angloamerikanischem Repertoire.[958]

cc) Nutzer

Die Wahlfreiheit der Rechteinhaber, welche insbesondere von den großen Verlagen ausgenutzt werden kann, führt dazu, dass die Rechte der Verlage, welche diese Rechte einer anderen Verwertungsgesellschaft zur Wahrnehmung übertragen, aus dem System der Gegenseitigkeitsverträge herausgenommen werden. Dadurch können die Verwertungsgesellschaften auch im System der Gegenseitigkeitsverträge im Online-Bereich nicht mehr die Rechte am Weltrepertoire lizenzieren. Der sog. One-Stop-Shop wurde somit aufgegeben. Für die Nutzer bedeutet dies, dass sie aufgrund der theoretischen Möglichkeit einer europaweiten Lizenz zwar nicht mehr bei 27 Verwertungsgesellschaften Lizenzen einholen müssen. Allerdings müssen sie wegen des fehlenden One-Stop-Shops nach wie vor mit mehreren Verwertungsgesellschaften verhandeln. Sie müssten vorab zudem selber klären, von welcher Verwertungsgesellschaft die Rechte eines bestimmten Künstlers oder Verlages wahrgenommen werden. Verkompliziert wird die Lizenzierung für den Nutzer darüber hinaus dadurch, dass ein Rechteinhaber das geografische Gebiet, für das er der Verwertungsgesellschaft den Wahrnehmungsauftrag erteilt, festlegen kann und es so möglich ist, dass ein Künstler die Wahrnehmung seiner Rechte gleichzeitig an mehrere Verwertungsgesellschaften auf nicht-exklusiver Basis einräumt.[959] Es ist mithin möglich, dass mehrere Verwertungsgesellschaften für den gleichen Künstler kontaktiert werden müssen. Dadurch wird auch das System insgesamt ineffizienter. Darüber hinaus soll der Rechteinhaber die Möglichkeit haben festzulegen, für welche seiner Online-Rechte er einer Verwertungsgesellschaft den Auftrag zur Wahrnehmung

957 Siehe zu den neuverhandelten Gegenseitigkeitsverträgen unten Kap. 2, B.IV.4.b).

958 Siehe unten Kap. 2, C.

959 *Toft,* MR-Int 2006, 63 (67).

erteilt. Dadurch könnte eine Verwertungsgesellschaft für das Recht der öffentlichen Zugänglichmachung[960] und eine andere für das Senderecht[961] verantwortlich sein. Für die Nutzer wird es komplizierter, in Erfahrung zu bringen, wessen Rechte von wem wahrgenommen werden, um so sicher zu stellen, dass eine bestimmte Lizenz auch sämtliche von dem Nutzer benötigten Rechte abdeckt. Die Rechteklärung wird demnach verkompliziert. Verstärkt wird dies durch das Nebeneinander von mehreren Systemen; denn den Rechteinhabern steht auch im Online-Bereich nach wie vor das System der Gegenseitigkeitsverträge zur Verfügung. Dies hat sich auch durch die Neuverhandlung der Gegenseitigkeitsverträge in Folge des CISAC-Verfahrens[962] nicht geändert. Schließlich wurden hier lediglich die Gegenseitigkeitsverträge neu verhandelt, welche auf dem CISAC-Standardvertrag beruhen. Die Gegenseitigkeitsverträge, denen der BIEM-Standardvertrag zugrunde liegt, wurden bislang nicht neu verhandelt. Um die Rechte zu erlangen, welche noch im herkömmlichen System stecken, müssen die Nutzer also nach wie vor mit 27 Verwertungsgesellschaften kontrahieren, um eine europaweite Nutzung sicher zu stellen. Darüber hinaus kann die Rechteklärung für die Nutzer komplizierter werden, da sich die Entwicklungen auf vor allem mechanische Vervielfältigungsrechte beschränken. Das könnte zur Folge haben, dass für dasselbe Lied das Recht der mechanischen Vervielfältigung von einer neu gegründeten Gesellschaft eingeholt werden muss, das Recht der öffentlichen Zugänglichmachung jedoch von einer der herkömmlichen Verwertungsgesellschaften.[963] Insbesondere im Hinblick auf das Nischenrepertoire könnte der Lizenzerwerb im Hinblick auf die Transaktionskosten für die Nutzer teurer werden.[964] Der Erwerb von Lizenzen wird für die Nutzer also schon in dieser Hinsicht nicht wie von der Kommission zuvor angekündigt einfacher. Insbesondere die Phase, in der sich das System der Rechtewahrnehmung im Online-Bereich im Umbruch befindet, was noch stets, also fünf Jahre nach der Empfehlung, der Fall ist[965], ist der Erwerb von Lizenzen für die Nutzer und insbesondere die Content-Provider somit komplizierter und dadurch aufwendiger als vor der Empfehlung. Fraglich erscheint, ob mit einer Vereinfachung zu rechnen ist wenn sich der Markt strukturiert hat. Nach dem Konzept der Kommission sollen drei oder vier Verwertungsgesellschaften für die europaweite Lizenzierung im Online-Bereich zuständig sein. Angedacht wird auch die Möglichkeit, dass diese kooperieren

960 Siehe oben Kap. 1, B.II.1.
961 Siehe oben Kap. 1, B.II.2.
962 Siehe unten Kap. 2, B.IV.4.b).
963 *Ventroni*, MMR 2008, 273 (274).
964 *BMJ*, Stellungnahme zu der Studie v. 20.9.2005, S. 6.
965 Siehe unten Kap. 2, C.

und so eine zentrale Anlaufstelle für die Nutzer geschaffen werden könnte.[966] Dann würde tatsächlich eine Vereinfachung des Lizenzerwerbs erreicht, da die Nutzer nur noch mit diesen Verwertungsgesellschaften verhandeln müssten. Es ist allerdings nicht ausgeschlossen, dass kleinere Rechteinhaber bei den lokalen Verwertungsgesellschaften und im System der Gegenseitigkeitsverträge verbleiben. In Bezug auf diese müsste ein Nutzer bei europaweiter Nutzung also auch in diesem Fall mit mehreren Verwertungsgesellschaften Verträge abschließen. Nebensächlich wäre das lediglich, wenn dies ausschließlich Rechteinhaber einheimischen Repertoires wären. Denn dann würde sich ein Nutzer die Nutzung vermutlich nur in dem dementsprechenden Land lizenzieren lassen, wodurch er auch in diesen Fällen nur eine Lizenz benötigen würde. Dennoch bliebe die Frage, bei welcher Verwertungsgesellschaft ein Rechteinhaber nun seine Rechte eingebracht hat und ob diese zu den Online-Verwertungsgesellschaften oder zu den lokalen Verwertungsgesellschaften gehört. Auch bei einer Entwicklung nach dem Konzept der Kommission müsste der Nutzer demnach Nachforschungen anstellen.[967] Der Lizenzerwerb wird somit verkompliziert[968]. Dadurch steigen die Kosten der Nutzer[969].[970]

Infrage steht auch, wie sich der Umbruch des Systems auf die Tarifkosten auswirkt. Zunächst werden die Verwertungsgesellschaften versuchen, zumindest den Verlagen, um die sie wetteifern, sogar höhere Vergütungen anzubieten, was zu einer Erhöhung der Tarifkosten für die Nutzer führen würde. Eine Senkung der Kosten für die Nutzer durch eine Verringerung des Kostenaufwandes der Verwertungsgesellschaften ist aus drei Gründen unwahrscheinlich. Zunächst ist fraglich, ob die Kosten der Verwertungsgesellschaften überhaupt sinken[971]. Darüber hinaus kann aus der Senkung der Verwaltungskosten nicht automatisch geschlossen werden, dass die sinkenden Kosten auch an die Nutzer weitergegeben werden oder nicht vielmehr den Verlagen zugutekämen, um die sich ja schließlich der Wettbewerb unter den Verwertungsgesellschaften dreht[972]. Des Weiteren erlangen die Verwertungsgesellschaften nach dem Willen der Kommission vermutlich eine erhöhte Verhandlungsmacht. Die Erwähnung von Streitbeilegungsmechanismen in der Empfehlung ist demgegenüber zu kraftlos.

966 *Lüder,* GRUR Int 2007, 649 (657).

967 *Schmidt,* ZUM 2005, 783 (786 f.)

968 *Guibault/van Gompel,* in: Gervais, Collective Management of Copyright and Related Rights, 2. Aufl., S. 135 (161); *GESAC,* Stellungnahme zur Studie v. 28.7.2005, 2.3.3.

969 *GRUR e.V.,* Stellungnahme zur Empfehlung und zur Studie, S. 11; *VPRT,* Stellungnahme zur Studie v. 8.8.2005, S. 4.

970 *BReg,* Stellungnahme zur Studie v. 7.7.2005, S. 6.

971 Siehe oben Kap. 2, B.III.3.b)aa).

972 Siehe oben Kap. 2, B.III.3.b)aa).

Denn dort wird nur eine „Einladung“ zur Schaffung von Streitbeilegungsmechanismen ausgesprochen, wohingegen die übrigen Empfehlungen mit dem Begriff „sollten“ eingehender gefordert wurden.

dd) Kulturelle Vielfalt

Durch die Benachteiligung der mittleren und kleinen Rechteinhaber besteht für diese nicht mehr ein so großer Anreiz, Werke zu schaffen. U.U. fehlt ihnen durch geringere Vergütungen sogar die Möglichkeit hierzu. Das wirkt sich zu Lasten der kulturellen Vielfalt aus. Darüber hinaus könnte es für Nutzer durch eine Verkomplizierung des Lizenzerwerbs und die damit verbundene Steigung der Transaktionskosten im Hinblick auf Nischenrepertoire unattraktiver werden, dieses Repertoire zu erwerben.[973] Hinzu kommt auch der von der Kommission bezweckte Wettbewerb um den Abzug für kulturelle und soziale Zwecke. Dies kann zu einer Verminderung der Förderung der Verwertungsgesellschaften von kulturell bedeutenden Werken führen. Müssen einzelne Verwertungsgesellschaften ihre Tätigkeit einstellen, so würde eine kulturelle Förderung durch die entsprechende Verwertungsgesellschaft in ihrem Land möglicherweise im Online-Bereich gänzlich ausfallen. Beschränkt wird also nicht nur die Kreativität, sondern auch die kulturelle Vielfalt von Musik im Online-Bereich.[974]

ee) Wettbewerb

Die traditionellen Gegenseitigkeitsverträge haben wettbewerbsbeschränkende Wirkung, welche im Online-Bereich nicht gerechtfertigt werden kann[975], und verstoßen daher gegen EU-Wettbewerbsrecht. Das Simulcasting-Modell stößt für den gesamten Online-Bereich auf Bedenken, weil es die Gefahr mit sich bringt, dass die Verwertungsgesellschaft im Wettbewerb um die Verwerter die Tarife reduzieren bzw. Lizenzbedingungen vereinbaren, die zum Nachteil der Rechteinhaber sind. Insbesondere die kleineren Verwertungsgesellschaften können dabei von den Nutzern zu niedrigeren Tarifen gedrängt werden und so ein „race to the bottom“ hervorrufen.[976] Die Gefahr eines „race to the bottom“ besteht bei dem mit der Empfehlung verfolgten Konzept nicht. Die Empfehlung eröffnet

---

973 *Guibault/van Gompel*, in: Gervais, Collective Management of Copyright and Related Rights, 2. Aufl., S. 135 (161).

974 *Kommission,* Studie, S. 96 f; *Zimmermann,* puk Nr. 06/07, 11 (13); *GRUR e.V.,* Stellungnahme zur Empfehlung und zur Studie, S. 14; *ELIAMEP,* Study on collecting societies, S. 97 f.; *VPRT,* Stellungnahme zur Studie v. 8.8.2005, S. 4; *MPI,* GRUR Int 2006, 222 (225).

975 Siehe oben Kap. 2 B.II.1.b)aa)(3).

976 *Kommission,* Folgenabschätzung, S. 232; Siehe oben Kap. 2, B.II.1.c).

einen Wettbewerb der Verwertungsgesellschaften um die Rechteinhaber. Ein solcher war im klassischen System der Gegenseitigkeitsverträge nicht gegeben, da die Verwertungsgesellschaften über die Gegenseitigkeitsverträge in jedem Fall die Rechte aller Rechteinhaber wahrnehmen konnten, ohne um diese konkurrieren zu müssen. In der Phase, in der die Verwertungsgesellschaften mit dem Aufbau ihres Hausrepertoires befasst sind, werden sie um das wirtschaftlich bedeutende Repertoire kämpfen. Insofern ist die Empfehlung aus wettbewerbsrechtlicher Sicht zunächst positiv zu beurteilen.[977] Allerdings sollen nach dem Ziel der Kommission letztendlich nur drei oder vier Verwertungsgesellschaften übrig bleiben. Der Wettbewerb wäre dann also auf diese drei bis vier Verwertungsgesellschaften begrenzt. Darüber hinaus würde jede Verwertungsgesellschaft für ein anderes Repertoire zuständig sein, sodass insofern sachlich getrennte Märkte entstehen würden.[978]

Noch weiter geht die Eingrenzung des Wettbewerbs, wenn diese Verwertungsgesellschaften kooperieren, um eine zentrale Anlaufstelle zu schaffen[979]. In der Literatur wird die Möglichkeit des Entstehens eines europäischen Verwertungsmonopols aufgegriffen. Dies wird auf die Vorteile eines großen Repertoires zurückgeführt, weswegen sich die Märkte der einzelnen Sparte ausnahmslos auf ein natürliches Monopol zubewegen würden.[980] Zunächst wird der Wettbewerb der Verwertungsgesellschaften jedoch – begrenzt auf die großen Musikverlage – funktionieren. Der Wettbewerb wird allerdings nachlassen, sobald einige wenige Verwertungsgesellschaften verbleiben[981].

## 4. Fazit

Die von der Kommission verfasste Empfehlung wirkt sich in der Anlaufphase positiv auf den Wettbewerb aus. Insoweit ist sie aus wettbewerbsrechtlicher Sicht zunächst begrüßenswert. Auch für die Ziele der Kommission, einen gemeinsamen Binnenmarkt und einen freien Dienstleistungsverkehr zu schaffen, ist die Empfehlung förderlich. Denn aus dem Wettbewerb der Verwertungsgesellschaften um Rechteinhaber im EWR entsteht ein grenzüberschreitender Verkehr von Wahrnehmungs- und Lizenzleistungen, was zuvor nicht der Fall war.[982]

977 *Heine,* S. 232 f.

978 *MPI,* GRUR Int 2006, 222 (222).

979 *Lüder,* GRUR Int 2007, 649 (657).

980 *MPI,* GRUR Int 2006, 222 (222); *Drexl,* in: Riesenhuber, Wahrnehmungsrecht in Polen, Deutschland und Europa, S. 193 (226 ff.).

981 *Lüder,* GRUR Int 2007, 649 (656 f.).

982 Ausführlich hierzu *Heine,* S. 231 f.

Darüber hinaus sind auch die in der Empfehlung vorgesehenen Informations- und Rechenschaftslegungspflichten positiv zu beurteilen. Sie dienen der Umsetzung von mehr Transparenz der Verwertungsgesellschaften, sodass sämtliche Berechtigten der Verwertungsgesellschaften von besseren Kontrollmöglichkeiten profitieren würden. Zudem könnte durch mehr Transparenz die gesellschaftliche Akzeptanz des Systems der kollektiven Rechtewahrnehmung gestärkt werden. Des Weiteren ist der Wille der Kommission, das bisherige System der Rechtewahrnehmung im Online-Bereich zu ändern, begrüßenswert. Denn in der Tat ist eine europaweite Lizenz für die Nutzer von Bedeutung[983]. Vor allem im Hinblick auf die illegale Nutzung von Musik im Internet sollten legale Online-Musikdienste gefördert werden. Dies möchte die Kommission mit einer Erleichterung des Lizenzerwerbs erreichen. Auch die Möglichkeit der Direktlizenz birgt Vorteile, da der doppelte Verwaltungskostenabzug entfällt und Einnahmen schneller ausgeschüttet werden können. Die Ziele der Kommission sind also begrüßenswert.

Allerdings ist fraglich, ob der von der Kommission eingeschlagene Weg insoweit zielführend ist und ob dabei die Interessen aller Beteiligten gleichermaßen berücksichtigt werden. Bereits das von der Kommission gewählte Instrument der Empfehlung ist problematisch. Zunächst übergeht die Kommission dabei das Parlament. Bei Verabschiedung einer Richtlinie hätte dieses im ordentlichen Gesetzgebungsverfahren ein Mitspracherecht (Art. 294 AEUV (Art. 251 EG a. F.)) gehabt. Bei einer Empfehlung kommen dem Parlament hingegen keinerlei Einwirkungsmöglichkeiten zu. Faktisch handelt somit allein die Kommission als Exekutive ohne den demokratisch legitimierten EU-Gesetzgeber einzubinden. Das Europäische Parlament wurde übergangen. Das erscheint umso problematischer, als das Parlament den Ansatz der Kommission nicht teilt.[984] Darüber hinaus kann die rechtliche Unverbindlichkeit der Empfehlung dazu führen, dass einige Mitgliedstaaten und Verwertungsgesellschaften ihr Folge leisten, sie also gewissermaßen umsetzen, andere hingegen nicht oder nur teilweise. Der Rechtszustand innerhalb der EU kann dadurch (noch) unübersichtlicher werden, was für sämtliche Interessengruppen nachteilhaft wäre. Eine Richtlinie ist insoweit das klarere Instrument. Die Argumentation von Lüder, man wolle den Verwertungs-

983 Siehe oben Kap. 2, B.I.

984 *EP,* Entschließung v. 13.3.2007 zu der Empfehlung 2005/737/EG der Kommission vom 18. Oktober 2005 für länderübergreifende kollektive Wahrnehmung von Urheberrechten und verwandten Schutzrechten, die für legale Online-Musikdienste benötigt werden, ABl. C 301 v. 13.12.2007 (im Folgenden: Entschließung zur Empfehlung); Entschließung v. 25.9.2008 zur länderübergreifenden kollektiven Wahrnehmung von Urheberrechten und verwandten Schutzrechten für legale Online-Musikdienste, ABl. C 008 E v. 14.1.2010 (im Folgenden: Entschließung zur länderübergreifenden kollektiven Wahrnehmung).

gesellschaften die Umsetzung überlassen und möglichst große Flexibilität schaffen, da die Lizenzierungspraxis grundsätzlich in ihrem Ermessen stehe[985], überzeugt insoweit nicht. Vor allem verkennt er, dass die Lizenzierungspraxis in vielen Ländern gesetzlich reglementiert und eben nicht Ermessensfrage der Verwertungsgesellschaften ist. Darüber hinaus verzichtet die Kommission auf eine umfassende Regelung des Rechtes der Verwertungsgesellschaften in der EU. Sie erfasst mit der Empfehlung lediglich die Online-Vermarktung von Urheber- und verwandten Schutzrechten. So hat auch die Kommission mittlerweile eingelenkt und plant eine Rahmenrichtlinie zur Regelung der kollektiven Rechtewahrnehmung in Europa[986]. Inwieweit diese umfassende Regelungen zur kollektiven Wahrnehmung enthalten wird, bleibt abzuwarten.

Mit der Empfehlung möchte die Kommission vor allem die von ihr als Rechteinhaber bezeichneten Berechtigten stärken. Allerdings kommen die angeregten Veränderungen nicht allen Berechtigten gleichermaßen zugute. Vielmehr profitieren vor allem die großen Musikverlage, welche die Mainstream-Musik vertreten, weswegen das in der Empfehlung anvisierte Modell auch als „Verleger-Option" bezeichnet wird.[987] Kleinere Rechteinhaber, die eher musikalische Nischen besetzen, werden durch die Empfehlung benachteiligt. Verstärkt wird dieser Effekt insbesondere durch das Untergraben der Tarifautonomie und die Aushöhlung der Ausgleichs- und Schutzfunktion der Verwertungsgesellschaften.

Für die kulturelle Vielfalt ist die Empfehlung ebenfalls nicht förderlich. In der Empfehlung wird die Unterstützung der kulturellen Vielfalt nicht erwähnt. Vielmehr macht die in der Empfehlung enthaltene Definition von Verwertungsgesellschaften deutlich, dass Verwertungsgesellschaften von der Kommission als reine Inkassostellen betrachtet werden[988]. Damit konterkariert die Kommission sowohl ein fundamentales Ziel des kontinentaleuropäischen Urheberrechtes als auch das kulturelle Rücksichtnahmegebot, welches in Art. 167 Abs. 4 AEUV enthalten ist und vom EuGH bekräftigt wurde[989]. Dabei ist Art. 167 Abs. 4 AEUV insbesondere bei der Rechtsetzung zu beachten. Nach Art. 167 Abs. 4 AEUV soll die

985 Lüder laut *Alich/Schmidt-Bischoffshausen*, GRUR 2008, 43 (43).

986 *Kommission,* Pressemitteilung v. 19.5.2010 (MEMO/10/200), abrufbar unter: europa.eu/rapid/pressReleasesAction.do?reference=MEMO/10/200&format=HTML&aged=0&language=EN&guiLanguage=en (letzter Abruf am 25.1.2011).

987 *Ventroni,* MMR 2008, 273 (274).

988 *Kommission,* Empfehlung, Ziff. 1. e) i. V. m. Ziff. 1. a) „Verwertungsgesellschaft bedeutet jede Person, die Dienstleistungen im Sinne des Buchstabens a) für mehrere Rechteinhaber wahrnimmt. Diese Dienstleistungen sind nach a) „Erteilung von Lizenzen an gewerbliche Nutzer; Prüfung und Überwachung von Rechten; Durchsetzung von Urheberrechten und verwandten Schutzrechten; Einziehung von Nutzungsgebühren und Verteilung an Rechteinhaber".

989 *EuGH*, Slg. 1998, I-1971 (1979) – Metronome Musik.

Gemeinschaft bei ihrer Tätigkeit aufgrund anderer Bestimmungen des Vertrages kulturellen Aspekten Rechnung tragen. Zu diesen kulturellen Aspekten gehören die Wahrung und Förderung der kulturellen Vielfalt. Mit der sog. Querschnittsklausel soll der kulturellen Rücksichtnahme Vorrang im Konflikt mit der konsequenten Durchsetzung der wirtschaftlichen Gebote des Binnenmarktes eingeräumt werden[990]. Dies hat die Kommission offensichtlich bei Erlass der Empfehlung übersehen.[991]

Auch für die Nutzer birgt die Empfehlung Nachteile. Dabei ist die Stärkung der Verhandlungsmacht der Verwertungsgesellschaften gegenüber den Nutzern sinnvoll. Insbesondere im Hinblick auf die Tarifierung müssten dieser Stärkung jedoch funktionierende Streitbeilegungsmechanismen gegenüberstehen, was nicht der Fall ist. Nach dem Willen der Kommission sollten die Nutzer von einer Vereinfachung des Lizenzerwerbs profitieren, damit neue Online-Musik-Dienste entstehen. Von einer Vereinfachung kann bislang jedoch nicht die Rede sein. Vielmehr ist der Lizenzerwerb auch durch den Wegfall des One-Stop-Shops komplizierter und teurer für die Nutzer geworden. Insofern hat die Kommission mit der Empfehlung eines ihrer zentralen Ziele[992], nämlich die Vereinfachung des Lizenzerwerbs für die Nutzer und damit die Ausschöpfung des Wachstumspotenzials im Online-Musik-Bereich, bis dato nicht erreicht. Insgesamt ist das System der kollektiven Rechtewahrnehmung nicht einfacher, sondern komplizierter und damit ineffizienter geworden.

Die Empfehlung hat also bislang nicht zu der anvisierten Vereinfachung für Online-Musikdienste geführt, schwächt die kulturelle Vielfalt in Europa und bevorteilt einseitig die großen Musikverlage. Sie schafft mithin ein Ungleichgewicht. Es hätte einer Richtlinie bedurft, die das Wahrnehmungsrecht in Europa vereinheitlicht. Insgesamt ist der wettbewerbsorientierte Ansatz der Kommission zweifelhaft[993]. Schließlich sind bei der Rechtewahrnehmung auch soziale und kulturelle Aspekte zu berücksichtigen[994]. Dabei wird eine rein wirtschaftliche und wettbewerbsorientierte Betrachtung der Verwertungsgesellschaften insbe-

---

990 *EuGH*, Slg. 1998, I-1971 (1979) – Metronome Musik; *Rabe,* in: Riesenhuber, Wahrnehmungsrecht in Polen, Deutschland und Europa, S. 174 (176 f.).

991 So Rabe laut *Wichary,* in: Riesenhuber, Wahrnehmungsrecht in Polen, Deutschland und Europa, S. 243 (251); *ELIAMEP,* Study on collecting societies, S. 97 f.

992 Siehe oben Kap. 2, B.III.1.

993 *Enquete Kommission „Kultur in Deutschland",* BT-Drucks. 16/7000, S. 279; *Ausschuss für Kultur und Medien,* Beschlussempfehlung und Bericht v. 18.6.2008, BT-Drucks. 16/9632, S. 4; *BReg,* Stellungnahme zur Studie v. 20.9.2005, S. 1; *v. Lewinski,* in: Ohly u. a., FS für Schricker, S. 401 (403, 405 f.); *Poll,* ZUM 2008, 500 (503); *Riesenhuber,* ZUM 2006, 85 (85); *Hoeren/Altemark,* GRUR 2010, 16 (22); *EP,* Entschließung zur Empfehlung, S. 64; Entschließung zur länderübergreifenden kollektiven Wahrnehmung, S. 150.

994 Siehe oben Kap. 1, F.

sondere dem Leitbild des WahrnG nicht gerecht, welches Verwertungsgesellschaften als staatsnahe Einrichtungen sieht und ihnen eine kulturelle und soziale Verantwortung zuschreibt[995]. Schwächere Künstler sollen durch den Wahrnehmungszwang und die Tarifautonomie geschützt werden[996]. Zudem werden die Funktionen, die Verwertungsgesellschaften bei ihrer Tätigkeit übernehmen[997], insbesondere die Ausgleichs- und Schutzfunktion, übersehen.

Bislang existiert im EU-Wettbewerbsrecht keine Regelung, welche die Besonderheiten der Verwertungsgesellschaften berücksichtigt. Auch dies sollte überdacht werden. Eine Ausnahmevorschrift zugunsten der Verwertungsgesellschaften wäre wünschenswert.[998] In einem europäischen Wahrnehmungsrecht könnte einem möglichen Monopol durch eine entsprechende europaweite Aufsicht Rechnung getragen werden. Des Weiteren wäre die Einführung effizienter Streitbeilegungsmechanismen sinnvoll. Zudem könnte die kulturelle Vielfalt gestärkt werden, indem die Abzüge für kulturelle und soziale Zwecke den Gegebenheiten anpasst werden. Es sollte z. B. sichergestellt werden, dass alle Berechtigten – auch die ausländischen – von diesem Abzug profitieren können. Dann könnte von einem Wettbewerb um diese Abzüge abgesehen werden. In einer Richtlinie müssten wettbewerbsrechtliche Motive und kulturpolitische Erwägungen in ein ausgewogeneres Verhältnis gebracht werden. Notwendig ist ein gerechter Ausgleich zwischen den Interessen der Beteiligten. Die bislang insbesondere unter den Nutzern, kleineren Rechteinhabern und Verwertungsgesellschaften vorherrschende Rechtsunsicherheit könnte mit Hilfe einer klaren Regelung, die für die Mitgliedstaaten rechtlich verbindlich ist, beseitigt werden. Daher wird von vielen Seiten eine Richtlinie befürwortet.[999]

---

995 *Enquete Kommission „Kultur in Deutschland"*, BT-Drucks. 16/7000, S. 279.

996 Siehe oben Kap. 1, D.I.4.

997 Siehe oben Kap. 1, D.I.3.

998 *Dördelmann*, GRUR 1999, 890 (894).

999 *EP*, Entschließung zur Empfehlung; Entschließung zur länderübergreifenden kollektiven Wahrnehmung; Pressemitteilung v. 27.2.2007, abrufbar unter: www.europarl.europa.eu/sides/getDoc.do?language=DE&type=IM-PRESS&reference=20070226IPR03584 (letzter Abruf am 25.1.2011); *Leutheusser-Schnarrenberger*, Berliner Rede zum Urheberrecht v. 14.6.2010, abrufbar unter: www.bmj.bund.de/enid/0,306f0777656974657265656d706665686c656e092d0931093a09706d635f6964092d0936393139/Reden/Sabine_Leutheusser-Schnarrenberger_1mt.html (letzter Abruf am 25.1.2011); *Alich*, GRUR Int 2008, 996 (1007); auch die GEMA und sieben weitere Verwertungsgesellschaften fordern einen einheitlichen Rechtsrahmen für die kollektive Rechtewahrnehmung, Pressemitteilung der GEMA v. 25.1.2010, abrufbar unter: www.gema.de/presse/aktuelle-pressemitteilungen/presse-details/article/harmonisierung-des-wahrnehmungsrechts-in-europa.html (letzter Abruf am 25.1.2011); *GRUR e.V.*, Stellungnahme zur Empfehlung und zur Studie, S. 20; *EDiMA*, Stellungnahme zur Studie v. 29.7.2005, Ziff. VII.; *GESAC*, Stellungnahme zur Studie v. 28.7.2005, Ziff. 3.; *Poll*, MMR 2007 (Heft 2), XXVII (XXX); zu

## IV. CISAC-Verfahren

Eine weitere Modifikation hat das System der kollektiven Rechtewahrnehmung über Gegenseitigkeitsverträge im EWR durch eine Untersagungsverfügung der Kommission erfahren, welche im Rahmen des sog. CISAC-Verfahrens getroffen wurde. Das CISAC-Verfahren bezieht sich dabei ausschließlich auf die Wahrnehmung von Aufführungsrechten.[1000]

### 1. Ablauf

Auslöser des CISAC-Verfahrens war eine Beschwerde der RTL Group, welche diese im November 2000 bei der Kommission einreichte. Darin beanstandete die RTL Group die Weigerung der GEMA, der RTL Group eine gemeinschaftsweite und zentrale Lizenz auf Basis der Gegenseitigkeitsverträge zur Nutzung des Weltrepertoires für Satellit, Kabelweiterverbreitung und Internet zu erteilen. Im April 2003 reichte das Unternehmen Music Choice, ein Anbieter von digitalen und interaktiven Musikkanälen, ebenfalls eine Beschwerde bei der Kommission ein. Diese richtete sich gegen den CISAC-Mustervertrag[1001], der nach Ansicht von Music Choice gegen Art. 101 AEUV verstoße, weil er insbesondere in den Bereichen Satellit und Kabel einen Wettbewerb der Verwertungsgesellschaften um gewerbliche Nutzer bei der Erteilung von Lizenzen für das Weltrepertoire verhindere.[1002] Die beiden Verfahren wurden im CISAC-Verfahren zusammengefasst. Anfang 2006 übermittelte die Kommission der CISAC[1003] und allen Verwertungsgesellschaften, die für die Wahrnehmung von Aufführungsrechten zuständig sind, Beschwerdepunkte mit der Androhung einer Verbotsverfügung und eines Bußgeldes. Im März 2007 haben die CISAC und 18 Verwertungsgesellschaften daraufhin einen Vorschlag für Verpflichtungszusagen unterbreitet, um

den Vorteilen einer Richtlinie gegenüber einer Empfehlung: *Reinbothe* in: Ganea/Heath/Schricker, FS für Dietz, S. 517 (530); v. Einem, MMR 2006, 647 (652); *Wittmann,* MR-Int 2005, 84 (85); *Guibault/van Gompel,* in: Gervais, Collective Management of Copyright and Related Rights, 2. Aufl., S. 135 (146 ff.); *Hoeren/Altemark,* GRUR 2010, 16 (22); *Gotzen,* in: Ohly u. a., FS für Schricker, S. 299 (304).

1000 *Alich,* GRUR Int 2009, 91 (91); GRUR Int 2008, 996 (997 f.); *Hauptmann,* in: Kölner Tage zum Urheber- und Medienrecht, S. 25 (30 f., 40 f.); *Möller/Feidt,* MMR 2008 (Heft 12), XXXI; *Müller,* ZUM 2009, 121 (128 ff.).

1001 Siehe oben Kap. 2, A. II.1.

1002 *Müller,* ZUM 2009, 121 (128 f.); *Wittmann,* MR-Int 2008, 63 (63).

1003 Siehe oben Kap. 2, B.III.3.b)aa).

die Verbotsverfügung der Kommission zu verhindern[1004]. Nach einer Marktprüfung der Verpflichtungszusagen, bei der über 80 Stellungnahmen von beteiligten Marktteilnehmern, wie Sendeanstalten, Anbieter von Inhalten und bestimmte Verwertungsgesellschaften, vorgelegt wurden, lehnte die Kommission die Verpflichtungszusagen ab[1005]. Die Stellungnahmen der beteiligten Dritten waren überwiegend negativ ausgefallen. Allgemein waren diese der Meinung, der Erwerb europaweiter Lizenzen würde auch nach den Verpflichtungszusagen für gewerbliche Nutzer weiterhin schwierig sein.[1006] Der Ablehnung der Verpflichtungszusagen folgte am 16.7.2008 die Untersagungsverfügung der Kommission[1007]. Die Entscheidung wurde für sofort vollziehbar erklärt. Anträge auf Aussetzung des Vollzugs wurden durch Beschluss des Präsidenten des EuG vom 14.11.2008 abgewiesen[1008]. Gegen die Entscheidung der Kommission haben die CISAC und 22 Verwertungsgesellschaften Nichtigkeitsklage eingereicht. Eine Entscheidung steht allerdings noch aus.[1009]

## 2. Inhalt der Untersagungsverfügung

Die Entscheidung der Kommission bezieht sich auf die Lizenzierung und Verwaltung von Aufführungsrechten für Satellit, Kabelweiterverbreitung und Internet. Gegenstand der Entscheidung sind einzelne Bestimmungen in den zwischen den Verwertungsgesellschaften auf Grundlage des CISAC-Mustervertrages geschlossenen Gegenseitigkeitsverträgen. Dabei wendet sich die Kommission im Einzelnen gegen Bestimmungen, die den Wechsel zu einer anderen Verwertungsgesellschaft (Mitgliedschaftsklauseln), die Beschränkung der Rechteübertragung auf das jeweilige Verwaltungsgebiet der vertragsschließenden Verwer-

1004 Informationen zu den vorgeschlagenen Verpflichtungen bei *Kommission*, Bekanntmachung gemäß Artikel 27 Absatz 4 der Verordnung (EG) Nr. 1/2003 des Rates in der Sache COMP/38698 — CISAC, ABl. C 128 v. 9.6.2007, S. 12; die Verpflichtungszusage ist abrubar unter: ec.europa.eu/competition/antitrust/cases/decisions/38698/commitments.pdf (letzter Abruf am 25.1.2011).

1005 *Kommission*, Pressemiteilung v. 14.6.2007 (IP/07/829), abrufbar unter: europa.eu/rapid/pressReleasesAction.do?reference=IP/07/829&format=HTML&aged=1&language=DE (letzter Abruf am 25.1.2011).

1006 *Kommission*, Pressemitteilung v. 16.6.2008 (IP/08/1165), abrufbar unter: europa.eu/rapid/pressReleasesAction.do?reference=IP/08/1165&format=HTML&aged=1&language=DE&gui Language=en (letzter Abruf am: 25.1.2011); CISAC-Entscheidung, Rn. 72.

1007 *Kommission*, CISAC-Entscheidung, Rn. 70 ff.

1008 *EuG*, Beschl. v. 14.11.2008, Rs. T-410/08 R, EWS 2008, 518.

1009 *Hauptmann*, in: Kölner Tage zum Urheber- und Medienrecht, S. 25 (41); *Müller*, ZUM 2011, 13 (14).

tungsgesellschaften (Territorialitätsklauseln) und die Vereinbarung einer ausschließlichen Rechtewahrnehmung durch die Gesellschaft in diesem Gebiet betreffen. Nach der Kommission sind die Mitgliedschaftsklauseln den Wettbewerb unter den Verwertungsgesellschaften um die Rechteinhaber und mittelbar auch den Wettbewerb auf dem Lizenzierungsmarkt beschränkende Vereinbarungen i. S. v. Art. 101 Abs. 1 AEUV[1010]. Auch die Festlegung einer ausschließlichen Wahrnehmung der anvertrauten Rechte durch die Verwertungsgesellschaften im Zielland stellt der Kommission zufolge einen Wettbewerbsverstoß dar[1011]. Darüber hinaus geht die Kommission auf die territorialen Beschränkungen in den Gegenseitigkeitsverträgen ein[1012]. Dabei stützt sie sich auf das Tournier-Urteil des EuGH[1013]. Wie bei der Simulcasting-Vereinbarung kann hier davon ausgegangen werden, dass eine Neubewertung der territorialen Beschränkungen in den Gegenseitigkeitsverträgen aufgrund der im Internetbereich wegfallenden Notwendigkeit der physischen Präsenz, mit der Rechtsprechung des EuGH übereinstimmt[1014]. Die Kommission erklärt die territorialen Beschränkungen in den Gegenseitigkeitsverträgen innerhalb des Gemeinschaftsmarktes nicht generell für unzulässig. Unzulässig sind allerdings solche territorialen Beschränkungen, die auf ein abgestimmtes Verhalten hinweisen bzw. auf einem solchen beruhen. Ein abgestimmtes Verhalten liegt nach der Kommission hier vor. Dafür sprechen nach ihrer Ansicht die Regelungen des Standardvertrages und die Verhandlungen unter den Verwertungsgesellschaften im Zusammenhang mit dem Santiago-Abkommen. Durch individuelles Marktverhalten könne das Verhalten nicht erklärt werden. Das abgestimmte Verhalten habe wettbewerbsbeschränkende Wirkung, da es zur Folge habe, dass nur eine Verwertungsgesellschaft eine Mehrgebietslizenz für ein bestimmtes Land erteilen könne. Es werde dadurch sowohl der Wettbewerb um Wahrnehmungsdienstleistungen als auch um Lizenzerteilung beschränkt.[1015] Auch eine Anwendung von Art. 101 Abs. 3 AEUV oder Art. 106 Abs. 2 AEUV wird von der Kommission abgelehnt[1016].

Dementsprechend gibt die Kommission den Verwertungsgesellschaften in Art. 4 i. V. m. Art. 1 ihrer Entscheidung auf, die Mitgliedschaftsklauseln sowie in Art. 4 i. V. m. Art. 2 die ausschließliche Rechtewahrnehmung abzuschaffen. Zudem sollen die Verwertungsgesellschaften nach Art. 4 i. V. m. Art. 3 der Entscheidung das abgestimmte Verhalten im Hinblick auf die territorialen Be-

1010 *Kommission,* CISAC-Entscheidung, Rn. 123 ff.
1011 *Kommission,* CISAC-Entscheidung, Rn. 138 ff.
1012 *Kommission,* CISAC-Entscheidung, Rn. 153 ff.
1013 Siehe oben Kap. 2, A.III.1.a).
1014 Siehe oben Kap. 2, B.II.1.b)aa)(3).
1015 *Kommission,* CISAC-Entscheidung, Rn. 153 ff.
1016 *Kommission,* CISAC-Entscheidung, Rn. 229 ff.

schränkungen abstellen. Adressaten der Entscheidung sind ausschließlich europäische Verwertungsgesellschaften. Die CISAC hatte die entsprechenden Klauseln bereits zuvor aus ihrem Mustervertrag gestrichen und wurde deshalb nicht adressiert. Für die Umsetzung hatte die Kommission den Verwertungsgesellschaften 120 Tage eingeräumt. Von einem Bußgeld hat die Kommission in ihrer Entscheidung entgegen ihrer Androhung abgesehen.

## 3. Übereinstimmung mit der Empfehlung

Fraglich erscheint, ob die Entscheidung der Generaldirektion Wettbewerb im CISAC-Verfahren mit der Empfehlung der Generaldirektion Binnenmarkt übereinstimmt. Dies erscheint insbesondere im Hinblick auf die Beurteilung der territorialen Beschränkungen problematisch. Denn mit deren Wegfall würde der Wettbewerb der Verwertungsgesellschaften um die Nutzer gefördert. So wird kritisiert, die Generaldirektion Wettbewerb bezwecke mit der CISAC-Entscheidung in erster Linie nicht – wie die Empfehlung – die Förderung eines Wettbewerbs um Rechteinhaber. Vielmehr solle ein Wettbewerb unter den Verwertungsgesellschaften selbst ermöglicht werden. Davon solle letztlich der Nutzer profitieren, der die Möglichkeit habe, das Weltrepertoire aus mehreren Händen zu erhalten.[1017] Darüber hinaus hatten auch mehrere CISAC-Mitglieder vorgebracht, die CISAC-Entscheidung widerspreche der Empfehlung dadurch, dass der Wettbewerb auf der Nutzerebene geführt werden solle und nicht wie bei der Empfehlung auf der Ebene der Rechteinhaber[1018]. Nach Ansicht der Kommission widerspricht die CISAC-Entscheidung nicht der Empfehlung[1019]. Die Empfehlung befürworte in erster Linie die Wahlfreiheit der Rechteinhaber. Beide Entscheidungen seien daher widerspruchsfrei. Sie würden beide die Aufhebung wettbewerbswidriger Hindernisse fördern, welche die Rechteinhaber daran hindern würden, ihre Verwertungsgesellschaft frei zu wählen, und die Verwertungsgesellschaften daran, Mehrgebietslizenzen zu erteilen.[1020]

Tatsächlich fördert die CISAC-Entscheidung jedoch den Wettbewerb um die Nutzer insoweit, als nach dem Willen der Kommission mehrere Verwertungsgesellschaften den Nutzern für eine Lizenzierung zur Wahl stünden. Dies intendiert die Empfehlung nicht. Dennoch widerspricht die CISAC-Entscheidung der Empfehlung nicht notwendigerweise. Vielmehr wird der Schwerpunkt verschoben. Sollte sich der Wettbewerb nach der Empfehlung vorrangig auf die Rechteinha-

1017 *Müller,* ZUM 2009, 121 (130).
1018 *Kommission,* CISAC-Entscheidung, Rn. 107.
1019 *Kommission,* CISAC-Entscheidung, Rn. 109.
1020 *Kommission,* CISAC-Entscheidung, Rn. 109.

ber konzentrieren, müsste er nun bei Bestätigung der Entscheidung faktisch auch um die Nutzer geführt werden.

## 4. Auswirkungen

Die Auswirkungen der CISAC-Entscheidung sind vor allem im Hinblick auf die territorialen Beschränkungen innerhalb der Gegenseitigkeitsverträge bedeutend. Denn diese waren den herkömmlichen Gegenseitigkeitsverträgen immanent[1021]. Die territorialen Beschränkungen werden jedoch nicht von der Kommission verboten. Sie sind nicht als solche unwirksam. Beschränkungen territorialer Art werden in streng bilateral ausgehandelten Gegenseitigkeitsverträgen weiterhin zugelassen. Dies wird auch durch die Entscheidung des EuG bestätigt. Dort heißt es: „(G)erügt werde lediglich der koordinierte Ansatz sämtlicher Verwertungsgesellschaften bezüglich dieser Abgrenzung. Die Erteilung einer auf ein bestimmtes Gebiet beschränkten Lizenz stelle somit an sich nicht automatisch eine Wettbewerbsbeschränkung dar. Kurzum, ein Lizenzgeber könne seine Lizenz auf ein bestimmtes Gebiet beschränken, ohne damit gegen Art. 101 AEUV zu verstoßen."[1022] Allerdings ist ein koordiniertes Verhalten der Verwertungsgesellschaften im Hinblick auf die territorialen Beschränkungen nicht mehr zulässig. Daher kann die Beschränkung der Rechteübertragung in territorialer Hinsicht zukünftig ein kartellrechtliches Risiko darstellen.[1023]

### *a) Erteilung einer europaweiten Lizenz für das Weltrepertoire*

In praxi reagierte die niederländische Verwertungsgesellschaft BUMA, indem sie dem Online-Musikanbieter Beatport drei Tage nach der Untersagungsentscheidung eine europaweite Lizenz für das Weltrepertoire einräumte[1024]. Hiergegen wehrten sich GEMA und PRS for Music. PRS for Music erwirkte vor dem Landgericht Haarlem eine einstweilige Verfügung gegen BUMA[1025]. Danach darf BUMA keine europaweiten Lizenzen über das Repertoire von PRS for Music für Online-Musikanbieter vergeben, die außerhalb der Niederlande abgerufen

1021 Siehe oben Kap. 2, A.II.1.b) und Kap. 2, A.II.2.b).

1022 *EuG*, Beschl. v. 14.11.2008, Rs. T-410/08 R, EWS 2008, 518, Rn. 55; *Müller*, ZUM 2009, 121 (130).

1023 *Alich*, GRUR Int 2008, 996 (998).

1024 *eMusic*, Pressemitteilung v. 12.9.2006, abrufbar unter: www.openpr.com/news/11182/direct-eMusic-and-Buma-Stemra-Announce-First-Pan-European-Author-Society-Licensing-Deal.html (letzter Abruf am 25.1.2011).

1025 *Rechtbank Haarlem*, 19.8.2008, 148418/KG ZA 08-410, LJN: BE8765 – The Performing Rights Society Limited v. Vereniging BUMA.

werden können. Diese Entscheidung wurde auch von der Berufungsinstanz bestätigt.[1026] GEMA hat in getrennten Verfahren einstweilige Verfügungen gegen BUMA und gegen Beatport erwirkt und ebenso wie PRS for Music die Lizenzierung ihres eigenen Repertoires außerhalb der Niederlande untersagen lassen[1027]. Ob die Erteilung einer europaweiten Lizenz durch eine Verwertungsgesellschaft, die Vertragspartei eines Gegenseitigkeitsvertrages ist, bereits aufgrund der CISAC-Entscheidung möglich ist, erscheint fraglich. Schließlich war die Verwertungsgesellschaft BUMA nicht von der GEMA bzw. der PRS for Music als ausschließlich Nutzungsberechtigte zur Einräumung der Rechte an Beatport ermächtigt worden. Allerdings könnte die territoriale Begrenzung in den Gegenseitigkeitsverträgen nach der CISAC-Entscheidung unwirksam geworden sein. Zunächst könnte sich die Unwirksamkeit der territorialen Begrenzung aus § 313 BGB ergeben. § 313 BGB hat jedoch lediglich ein Anspruch auf Vertragsanpassung oder ggf. ein Kündigungsrecht zur Folge. Somit kann aus § 313 BGB nicht auf die Unwirksamkeit der territorialen Begrenzung geschlossen werden[1028]. Allerdings könnte die Begrenzung nach Art. 101 Abs. 2 AEUV nichtig sein. Die Kommission hat in ihrer Entscheidung zwar ein abgestimmtes Verhalten, nicht jedoch eine Unvereinbarkeit der individuellen Gegenseitigkeitsverträge mit Art. 101 Abs. 1 AEUV konstatiert[1029]. Daher hat die CISAC-Entscheidung keine Bindungswirkung für die Frage nach einer kartellrechtlichen Nichtigkeit. Auch eine kartellrechtliche Nichtigkeit der territorialen Begrenzung nach Art. 101 Abs. 2 AEUV ist nicht gegeben.[1030] Selbst wenn von einer Nichtigkeit der Klauseln nach Art. 101 Abs. 2 AEUV auszugehen wäre, würde dies eine Verwertungsgesellschaft nicht zur Erteilung einer europaweiten Lizenz ermächtigen. Gem. § 139 BGB wäre in diesem Fall das gesamte Rechtsgeschäft, also die Rechtegewährung insgesamt, nichtig.[1031] Mithin ist die territoriale Begrenzung in den Gegenseitigkeitsverträgen weiterhin wirksam. Dementsprechend ist die Erteilung einer europaweiten Lizenz aufgrund der CISAC-Entscheidung nicht möglich.

---

1026 *Gerechtshof Amsterdam,* 19.1.2010, 200.016.122/01 KG, LJN: BL4289 – Vereiniging BUMA v. The Performing Rights Society Limited,.

1027 *LG Mannheim,* GRUR-RR 2009, 277; *Guibault/van Gompel,* in: Gervais, Collective Management of Copyrights and Related Rights, 2. Aufl., S. 135 (164 f.).

1028 *LG Mannheim,* GRUR-RR 2009, 277 (278).

1029 Siehe oben Kap. 2, B.IV.2.

1030 *LG Mannheim,* GRUR-RR 2009, 277 (278 f.).

1031 *LG Mannheim,* GRUR-RR 2009, 277 (279).

*b) Neuverhandlung der Gegenseitigkeitsverträge*

In Reaktion auf die CISAC-Entscheidung der Kommission haben die an dem Verfahren beteiligten Verwertungsgesellschaften die bestehenden Gegenseitigkeitsverträge im Online-Bereich bilateral neu verhandelt[1032]. Offengelegt wurden diese Gegenseitigkeitsverträge nicht. In den jeweiligen Verträgen wurden drei verschiedene Modelle verfolgt. Dabei finden auf Abruf- und Zugriffsysteme bzw. auf interaktive und nicht interaktive Nutzungen[1033] grundsätzlich[1034] die gleichen Kriterien Anwendung.

Zunächst sehen einige der bilateral verhandelten Verträge ein Mandat vor, dass auf nationale Online-Dienste beschränkt ist. Die gegenseitige Rechteeinräumung erfolgt also ausschließlich für diese Dienste. Als nationaler Online-Dienst werden dabei Angebote eingeordnet, die ausschließlich oder im Wesentlichen für Endverbraucher des Verwaltungsgebietes der entsprechenden Verwertungsgesellschaft bestimmt sind.[1035] Bei diesem Modell ist die Rechteinräumung also auf bestimmte Nutzer begrenzt.

Bei dem zweiten Modell ist das Mandat zwar nicht auf nationale Online-Dienste begrenzt. Allerdings erfolgt die Rechteeinräumung nur für solche Online-Nutzungen, bei denen die Anbieter ihren wirtschaftlichen Sitz innerhalb des Verwaltungsgebietes der jeweiligen Gesellschaft haben. Ausgenommen sind dabei jedoch bestimmte Nutzungen für das Territorium der mandatierenden Verwertungsgesellschaft, wie bspw. Klingeltöne, MOD, Video-On-Demand und User-generated-Content-Nutzungen.[1036] Beim zweiten Modell ist die gegenseitige Rechteeinräumung also auf bestimmte Nutzungen begrenzt.

Die Verträge des dritten Modells sehen keine gegenseitige Rechteinräumung im jeweiligen Gegenseitigkeitsvertrag vor. Hier erfolgt die Rechteinräumung auf Einzelfallbasis. Im Gegenseitigkeitsvertrag sind allerdings Kriterien enthalten, anhand derer die vertragsschließenden Verwertungsgesellschaften einschätzen können, ob eine Rechteeinräumung zu erwarten ist.[1037]

Nach den neu verhandelten Gegenseitigkeitsverträgen ist es den Verwertungsgesellschaften möglich, für nationale Angebote und für programmbeglei-

---

1032 *Müller,* ZUM 2011 13 (14).

1033 Siehe hierzu oben Kap. 1, B.I.

1034 Ausnahmeregelungen bestehen teilweise für die Nutzung im Wege des Simulcastings, Webcastings oder bei Near-On-Demand-Diensten. Hier kann sich die Zuständigkeit einer Verwertungsgesellschaft auch danach richten, welche Verwertungsgesellschaft bereits für die Vergabe der Senderechte zuständig ist, *Müller,* ZUM 2011 13 (15).

1035 *Müller,* ZUM 2011 13 (14).

1036 *Müller,* ZUM 2011 13 (14).

1037 *Müller,* ZUM 2011 13 (15).

tende Nutzungen der Sendeunternehmen europaweite Lizenzen zu erteilen. Für internationale Anbieter können Verwertungsgesellschaften regelmäßig nur ihr eigenes und – allerdings mit Einschränkungen – das Repertoire der europäischen Verwertungsgesellschaften anbieten.[1038] Im Hinblick auf internationale Anbieter haben einige Verwertungsgesellschaften entschieden, ihr eigenes Repertoire europaweit ausschließlich selbst zu lizenzieren.

## 5. Fazit

Die CISAC-Entscheidung der Kommission kann im Hinblick auf die territorialen Begrenzungen bedeutende Folgen haben. Ein Wegfall dieser Begrenzungen könnte den Wettbewerb der Verwertungsgesellschaften um die Nutzer fördern. Verwertungsgesellschaften würden nicht nur um Rechteinhaber, sondern auch um Nutzer buhlen müssen. Das würde die Situation vor allem für die Verwertungsgesellschaften noch unübersichtlicher machen. Zudem bestünde die Gefahr eines „race to the bottom". Die territorialen Begrenzungen sind jedoch nicht bereits aufgrund der CISAC-Entscheidung unwirksam geworden.

Allerdings wurden die Gegenseitigkeitsverträge durch die an dem Verfahren beteiligten Verwertungsgesellschaften neu verhandelt. Diese Gegenseitigkeitsverträge sehen keine territoriale Begrenzung vor. Fraglich erscheint dennoch, ob durch diese Verträge ein Wettbewerb um die Nutzer gefördert wird. Die Modelle eins und zwei enthalten Zuständigkeitsregelungen. Danach ist für die Erteilung einer europaweiten Lizenz jeweils nur eine einzelne Verwertungsgesellschaft zuständig. Ein Wettbewerb um die Nutzer ist durch diese Zuständigkeitsregelungen nicht möglich. Bei dem dritten Modell findet keine Rechteeinräumung statt. Ob auch diese Verträge die Zuständigkeit einer bestimmten Gesellschaft regeln, ist unklar. Ein Wettbewerb um Nutzer wird durch die bilateral verhandelten Gegenseitigkeitsverträge mithin nicht vorangetrieben. Insoweit sind die neu verhandelten Verträge für die Nutzer nicht von Vorteil. Darüber hinaus ist zweifelhaft, ob die Möglichkeit, eine europaweite Lizenz zu erhalten, für die Nutzer von Vorteil ist. Eine europaweite Lizenz aus einer Hand können die Verwertungsgesellschaften insbesondere für nationale Online-Provider anbieten. Für diese ist eine europaweite Lizenz jedoch nicht erforderlich, da sich ihre Dienste an Endverbraucher in einem bestimmten Land richten. Sie benötigen also ohnehin nur eine Lizenz, die die Nutzungen in diesem Land abdeckt. Für diese Nutzer hat der Wegfall der territorialen Begrenzungen somit keinen Vorteil gebracht. Eine europaweite Lizenz ist vor allem für solche Nutzer interessant, die ihr An-

---

1038 *Müller*, ZUM 2011 13 (15).

gebot in mehreren Ländern zur Verfügung stellen wollen, also für internationale Anbieter. Im Hinblick auf diese Anbieter jedoch ist nunmehr zwar eine europaweite Lizenzierung möglich, allerdings können sie die Rechte nicht aus einer Hand erwerben. Sie müssen sich also nicht aufgrund der territorialen Begrenzung an mehrere Verwertungsgesellschaften wenden, sondern weil sich die Verwertungsgesellschaften nicht mehr lückenlos gegenseitig Rechte einräumen. Auch für die internationalen Anbieter bergen die neu verhandelten Gegenseitigkeitsverträge mithin keinen Vorteil. Vielmehr wird das Erlangen einer Lizenz durch das Nebeneinander mehrere Systeme diffiziler[1039].

Letztendlich verdeutlicht die CISAC-Entscheidung der Kommission, dass das Simulcasting-Modell, welches in zahlreichen Stellungnahmen und Aufsätzen favorisiert wird, nach dem Willen der Kommission nicht das Modell der Zukunft für den gesamten Online-Bereich sein wird. Denn die von den Verwertungsgesellschaften getätigten Verpflichtungszusagen kamen diesem Modell sehr nahe und wurden dennoch von der Kommission abgelehnt.[1040] Darüber hinaus bekräftigt die Entscheidung der Kommission, dass die Kommission ihre wettbewerbsrechtlichen Ansichten durchsetzen möchte und bei ihrem wettbewerbsrechtlichen Ansatz zur Regelung der kollektiven Rechtewahrnehmung innerhalb der EU bleibt. Die CISAC-Entscheidung ist so gewissermaßen ein Druckmittel der Kommission zur Durchsetzung ihrer wettbewerbsrechtlichen Haltung.[1041] Die wettbewerbsorientierte Sichtweise der Kommission ist jedoch im Hinblick auf die kollektive Wahrnehmung von Musikrechten bedenklich[1042].

## V. Zusammenfassung

Im digitalen Zeitalter besteht im Musikbereich ein Bedürfnis nach Mehrgebietslizenzen. Darauf beruhen die Entwicklungen in diesem Bereich. Um dem Bedürfnis nach Mehrgebietslizenzen nachzukommen, wurden Gegenseitigkeitsverträge für den Online-Bereich geschlossen. Hierzu gehören die Simulcasting- und Webcasting-Vereinbarung sowie das Santiago- und das Barcelona-Abkommen. Dabei sind die Santiago- und Barcelona-Abkommen ausgelaufen. Gegen sämtliche Gegenseitigkeitsverträge im Online-Bereich bestanden wettbewerbsrechtliche Bedenken. Die Simulcasting-Vereinbarung wurde unter den Verwertungsgesellschaften der Tonträgerhersteller geschlossen. Gegenstand ist die Vergabe von

1039 Siehe unten Kap. 2, C.IV.3.

1040 *Alich,* GRUR Int 2008, 996 (998).

1041 *Heine,* S. 227.

1042 Siehe oben Kap. 2, B.III.4.

Lizenzen an Radio- und Fernsehveranstalter für das Simulcasting. Die Simulcasting-Vereinbarung beinhaltet keine Zuständigkeitsregelung, sodass Lizenzen von jeder im EWR tätigen Verwertungsgesellschaft eingeholt werden können. Die Vergütung richtet sich nach dem Bestimmungslandtarif. Die Tarifierung beruht auf einem Gesamttarif. Zudem werden Lizenz- und Verwaltungskosten getrennt ausgewiesen. Wettbewerbsrechtlich stößt die Vereinbarung auf Bedenken. Die Kommission konstatierte einen Verstoß gegen Art. 101 AEUV, der auf die Anwendung des Bestimmungslandtarifs gestützt wird. Allerdings entschied die Kommission, dass im Fall der Simulcasting-Vereinbarung eine Freistellung nach Art. 101 Abs. 3 AEUV möglich ist und sie daher nicht gegen EU-Wettbewerbsrecht verstößt. Die Entscheidung ist auch mit dem Tournier-Urteil des EuGH vereinbar, da in diesem eine Neubewertung zugelassen wurde. Allerdings kann der Einschätzung der Kommission nicht gefolgt werden, da das Bestimmungslandprinzip nicht unerlässlich i. S. v. Art. 101 Abs. 3 AEUV ist und somit die Voraussetzungen einer Freistellung nicht vorliegen. Auf andere Bereiche ist das Simulcasting-Modell aufgrund der Gefahr eines „race to the bottom“ nicht übertragbar.

Die Webcasting-Vereinbarung entspricht der Simulcasting-Vereinbarung mit dem Unterschied, dass sie sich auf das Webcasting bezieht.

Die Santiago- und Barcelona-Abkommen wurden von Verwertungsgesellschaften geschlossen, die für Aufführungs- und Senderechte zuständig sind. Anders als die Simulcasting-Vereinbarung enthielten die Abkommen Zuständigkeitsregelungen. Nur eine Verwertungsgesellschaft sollte für die Erteilung einer Lizenz zuständig sein. Aufgrund dieser Regelung bedurften die Abkommen einer Freistellung nach Art. 101 Abs. 3 AEUV, die nicht erteilt wurde. Die Kommission wollte, dass die Zuständigkeitsregelungen gestrichen werden. Dies war jedoch für die beteiligten Verwertungsgesellschaften nicht akzeptabel. Daher wurden die Abkommen nicht verlängert und liefen aus.

Sodann erließ die Kommission eine Empfehlung für die länderübergreifende kollektive Wahrnehmung von Rechten, die für Online-Musikdienste benötigt werden. Auch hier sollten Mehrgebietslizenzen gefördert werden, umso mehr legale Online-Dienste für Musik zu schaffen. Dadurch sollte das Wachstumspotenzial des Marktes ausgeschöpft werden. Daneben sollten vor allem die Rechteinhaber gestärkt werden. Dementsprechend gehören die Wahlmöglichkeiten der Rechteinhaber zu den wesentlichen Regelungen der Empfehlung. Dabei sind auch die Musikverlage Rechteinhaber i. S. d. Empfehlung. Zwar hat eine Empfehlung keine unmittelbaren rechtlichen Auswirkungen. Dafür waren und sind die faktischen Auswirkungen der Empfehlung enorm. Auf den Wettbewerb hat die Empfehlung zunächst positive Wirkung. Die angeregten Wahlmöglichkeiten unter Verwertungsgesellschaften zugunsten der Rechteinhaber kommen jedoch vor allem den großen Musikverlagen zugute. Diese haben ihre Rechte bereits aus dem System der Gegenseitigkeitsverträge herausgenommen. Kleinere Rechteinhaber werden durch die Regelung benachteiligt, ebenso wie kleinere und mittlere Verwertungsgesellschaften. Auch für die kulturelle Vielfalt in Europa ist die Empfehlung nicht förderlich. Darüber hinaus wirkt sich die Empfehlung für die Nutzer negativ aus. Für sie wird die Lizenzierung komplizierter und teurer.

Der Empfehlung folgte das CISAC-Verfahren. Wiederum ging es um die wettbewerbsrechtliche Beurteilung von Gegenseitigkeitsverträgen. Die in dem Verfahren ergangene Entscheidung der Kommission richtet sich gegen Mitgliedschaftsklauseln, Territorialitätsklauseln und Vereinbarungen einer ausschließlichen Rechtewahrnehmung. Im Unterscheid zu der Empfehlung fördert die CISAC-Entscheidung den Wettbewerb der Verwertungsgesellschaften um Nutzer. Dennoch widersprechen sich die Akte nicht zwangsläufig. Aufgrund der CISAC-Entscheidung wurden die Gegenseitigkeitsverträge von den beteiligten Verwertungsgesellschaften neu verhandelt. Nach diesen Verträgen ist zwar die Erteilung einer europaweiten Lizenz möglich, ein One-Stop-Shop kann jedoch nur für nationale Anbieter gewährleistet werden. Internationale Anbieter, die eine Mehrgebietslizenz im Unterschied zu den nationalen Anbietern benötigen, müssen sich an mehrere Verwertungsgesellschaften wenden, um das Repertoire sämtlicher Verwertungsgesellschaften anbieten zu können. Ein Wettbewerb um die Nutzer findet nach wie vor nicht statt. Mithin haben die neu verhandelten Verträge für Nutzer keine wesentlichen Vorteile gebracht.

Die Entscheidung verdeutlicht, dass das Simulcasting-Modell von der Kommission nicht favorisiert wird und dass diese weiterhin einen wettbewerbsrechtlichen Ansatz bei der Beurteilung der kollektiven Rechtewahrnehmung im Online-Musik-Bereich verfolgt.

## C. System der Rechtewahrnehmung seit der Empfehlung

Seit der Empfehlung der Kommission hat sich die Rechtewahrnehmung im EWR deutlich verändert. Die Veränderung des Systems beruht dabei zunächst auf dem Bedürfnis der Nutzer nach europaweiter Lizenzierung[1043]. Auch das CISAC-Verfahren hat im Hinblick auf die Neuverhandlung der CISAC-Gegenseitigkeitsverträge zu Veränderungen geführt[1044]. Auf Seiten der Verlage und Rechte-

---

1043 Siehe oben Kap. 2, B.I.

1044 Siehe oben Kap. 2, B.IV.5.

inhaber wurde der Ruf nach mehr Effizienz und Transparenz der Verwertungsgesellschaften laut. So hat EMI Music Publishing die veralteten und in manchen Verwertungsgesellschaften intransparenten Monopolstrukturen kritisiert. Zudem wurde eine Preisdifferenzierung zwischen kommerziell erfolgreichen und weniger erfolgreichen Künstlern gefordert. EMI Music Publishing bemängelt, dass bedeutende Künstler in Teilen der EU deutlich weniger von dem bekommen, was ihnen aufgrund ihrer Beliebtheit eigentlich zusteht.[1045] Damit wird die „Gleichmacherei" zwischen erfolgreichem und weniger erfolgreichem Repertoire beklagt[1046]. Es lag den Verlagen somit insbesondere daran, größere Einnahmen zu generieren. Die Empfehlung der Kommission veranlasste zunächst die großen Musikverlage umzudenken. Als Reaktion auf die Empfehlung haben sie ihre Rechte aus der kollektiven Rechtewahrnehmung durch die nationalen Verwertungsgesellschaften – und damit dem Netz der Gegenseitigkeitsverträge – herausgenommen und in neue Gemeinschaftsunternehmen eingebracht. Diese Rückholung beruht auf der Empfehlung der Kommission zu den Wahlmöglichkeiten von Rechteinhabern. Dabei ist eine Herausnahme der Rechte nicht für sämtliche Verlage gleichermaßen möglich. Schließlich bezieht sich die Empfehlung bei der Wahlmöglichkeit ausschließlich auf Rechteinhaber. Die Kommission definiert als Rechteinhaber unspezifisch jede natürliche oder juristische Person, die Rechte hält[1047]. Bei der Einordnung einer Person als Rechteinhaber ist diese Definition nicht hilfreich, da sie nicht auf die zumeist von Interessengegensätzen geprägten Rechtsbeziehungen von Autoren, Verlagen und Verwertungsgesellschaften eingeht und eine Unterscheidung von originären und sekundären Rechteinhabern übersieht. Dies ist jedoch wesentlich, weil sich der Begriff des Rechteinhabers im kontinentaleuropäischen Rechtsraum und dem angloamerikanischen Rechtsraum voneinander unterscheidet.[1048] Im angloamerikanischen Raum, also insbesondere in Großbritannien und den USA, können auch Verlage Inhaber von Rechten werden, während das nach dem kontinentaleuropäischen Verständnis des Urheberrechtes nicht möglich ist[1049]. Im kontinentaleuropäischen Raum übertragen die einzelnen Autoren sowohl ihre Aufführungsrechte als auch ihre mechanischen Rechte den Verwertungsgesellschaften zur Wahrnehmung. Verlage sind in diesem Rechtsraum regelmäßig also nicht befugt, über die jeweiligen Werke zu verfügen oder diese gar aus den Verwertungsgesellschaften abzuziehen. Dies ist bei Verlagen, die dem angloamerikanischen Rechtskreis ent-

1045 *Schwenzer,* Musikwoche 34/2008, 38 (38).

1046 *Hauptmann,* in: Kölner Tage zum Urheber- und Medienrecht, S. 25 (47).

1047 *Kommission,* Empfehlung, Ziff. 1. g).

1048 *Alich,* GRUR Int 2008, 996 (999); *Poll,* ZUM 2008, 500 (503).

1049 Siehe oben Kap. 1, F.I.

stammen anders. US-amerikanische Musikverlage, zu denen insbesondere die großen Musikverlage zählen, erwerben durch Rechteübertragung der Autoren regelmäßig die vollständige Kontrolle über die mechanischen Rechte ihrer Urheber. Die Aufführungsrechte werden in eine der drei US-amerikanischen Verwertungsgesellschaften (ASCAP, BMI oder SESAC) eingebracht und gelangen so in das System der Gegenseitigkeitsverträge. Viele der US-amerikanischen Verlage lizenzieren die mechanischen Rechte in anderen Ländern über Verträge mit lokalen Subverlagen[1050] oder ihren eigenen Niederlassungen in dem jeweiligen Land. Diese nehmen die Rechte dann selber, also individuell wahr. In der Regel wurden diese Rechte jedoch bis zur Empfehlung an die nationalen Verwertungsgesellschaften vergeben, allerdings in territorial begrenzter Form.[1051] Ähnlich war dies auch bei den lateinamerikanischen Verlagen. Hinsichtlich der mechanischen Rechte ist den angloamerikanischen und den lateinamerikanischen Verlagen eine Herausnahme ihrer Rechte ohne Beteiligung der jeweiligen Urheber möglich. Denn die zwischen den Subverlagen und den Verwertungsgesellschaften geschlossenen Wahrnehmungsverträge beinhalten regelmäßig eine generalklauselartige Einbringung der von den Subverlagen gehaltenen Rechte. Die Herausnahme kann dann durch eine Beschränkung oder Kündigung dieser Verträge ermöglicht werden[1052].[1053]

Zunächst kann also festgehalten werden, dass sich die Herausnahme von Rechten aus den Verwertungsgesellschaften aus den oben erörterten Gründen derzeit auf die mechanischen Rechte und die angloamerikanischen und lateinamerikanischen Verlage beschränkt. Nach der Herausnahme ihrer Rechte haben zunächst die großen Verlage zusammen mit Verwertungsgesellschaften – begonnen mit CELAS – Initiativen initiiert, welche die Wahrnehmung ihrer Online-Rechte europaweit sicherstellen sollen. Aber auch die Verwertungsgesellschaften haben auf die geschilderten Veränderungen reagiert. So gründeten Verwertungsgesellschaften unabhängig von Verlagen eigene Initiativen zur europaweiten Vergabe von Online-Lizenzen ihrer Repertoires. Nach der Empfehlung ist das System der Rechtewahrnehmung durch die seitdem von Verlagen und/oder Verwertungsgesellschaften gegründeten Initiativen geprägt. Deshalb orientiert sich die vorliegende Arbeit bei der Diskussion der rechtlichen und praktischen Fragestellungen des Systems der Rechtewahrnehmung an diesen Initiativen.

---

1050 Siehe oben Kap. 1, D.III.1.a)cc)(2).

1051 Hierzu ausführlich *Alich,* GRUR Int 2008, 996 (999 f.); *Kommission,* Entscheidung v. 22.5.2007, Fall COMP/M.4404 – Universal/BMG Music Publishing, Rn.169 f.

1052 Siehe unten Kap. 2, C.III.1.b)dd)(1).

1053 *Kommission,* Entscheidung v. 22.5.2007, Fall COMP/M.4404 – Universal/BMG Music Publishing, Rn.169 f.; *Alich,* GRUR Int 2008, 996 (999 f.).

# I. Initiativen

Gegenwärtig gibt es mehrere unterschiedlich organisierte Initiativen[1054], die auf verschiedene Verlage und/oder Verwertungsgesellschaften zurückgehen. Im Folgenden sollen die bedeutendsten dieser Initiativen zunächst vorgestellt werden. Dabei kann die Darstellung nur eine Momentaufnahme sein, denn der Markt entwickelt sich rasant. So wurde bspw. die Initiative Alliance Digital Anfang 2010 aufgelöst[1055].

## 1. Armonia

Im Januar 2007 wurde der Grundstein für Armonia[1056] gelegt. Zu diesem Zeitpunkt unterzeichneten die spanische Verwertungsgesellschaft SGAE und die französische Verwertungsgesellschaft SACEM ein Memorandum of Understanding über die Gründung einer gemeinsamen Einrichtung für die Verwertung von Online- und Mobilfunkrechten. Später schloss sich die italienische Verwertungsgesellschaft SIAE an.[1057] Bislang haben sich keine weiteren Verwertungsgesellschaften der Initiative angeschlossen. Armonia ist jedoch offen für eine solche Erweiterung[1058]. In dem Memorandum of Understanding verständigten sich die Gesellschaften darüber, ein gemeinsames System für die Lizenzierung von Online-Musik zu entwickeln[1059]. Zunächst war geplant, hierfür eine eigene unabhängige Einrichtung zu gründen. Diese Pläne wurden jedoch aufgegeben.[1060] Armonia selbst ist somit keine Gesellschaft und/oder juristische Person, sondern beruht auf Vereinbarungen zwischen den drei beteiligten Verwertungsgesellschaften. In den Jahren 2007 und 2008 arbeiteten die Gesellschaften zusammen an der Lösung von Fragen rund um die Gründung von Armonia. Mittlerweile ist die Ausrichtung der Einrichtung klar. Armonia wird gemeinsam durch SACEM, SGAE und SIAE organisiert und verwaltet. Hauptaufgabe der Initiative ist die

---

1054 Der Begriff „Initiativen" wurde gewählt, weil dieser keine Wertung hinsichtlich der rechtlichen Einordnung dieser zulässt und sowohl Vereinbarungen als auch Unternehmen umfassen kann.

1055 Siehe unten Kap. 2, C.I.4.

1056 Zunächst wurde diese Einrichtung auch Joint Venture Alliance (JVA) genannt. Mittlerweile ist der Name Armonia gebräuchlich.

1057 *ELIAMEP*, Study on collecting societies, S. 33.

1058 *Kommission*, Monitoring, S. 6; Dies geht auch aus den FAQ's der Einrichtung hervor, abrufbar auf der Website von Armonia unter: www.armoniaonline.org/faq.html?param=5 (letzter Abruf am 25.1.2011).

1059 *ELIAMEP*, Study on collecting societies, S. 33.

1060 *ELIAMEP*, Study on collecting societies, S. 33 Fn. 49.

Vergabe europaweiter Lizenzen und die Nutzung gemeinsamer technischer Tools[1061]. Armonia selbst kann nicht über das gemeinsame Repertoire der drei Verwertungsgesellschaften verfügen, da bisher keine Mandatierung der drei Verwertungsgesellschaften an Armonia vorliegt. Die Vergabe einer Lizenz über das Repertoire der drei beteiligten Verwertungsgesellschaften geschieht vielmehr über eine der drei Gesellschaften. Insgesamt verfügt die Einrichtung also über das jeweils nationale Repertoire von SACEM, SGAE und SIAE. Diesbezüglich können über Armonia sowohl die Vervielfältigungsrechte als auch die Aufführungsrechte, also insbesondere das Recht der öffentlichen Zugänglichmachung, vertreten werden.[1062] Für die Tätigkeit von Armonia wurde eine Repertoire-Datenbank aufgebaut. Darin soll jedes Werk automatisch identifiziert und seiner ursprünglichen Gesellschaft zugeordnet werden können. Dies soll die Möglichkeit eröffnen, den Rechteinhaber und so die Ansprüche für jedes Territorium identifizieren zu können. Die Abrechnung soll dann getrennt nach der jeweiligen Verwertungsgesellschaft auf der Basis eines für alle Verwertungsgesellschaften einheitlichen Formats erfolgen.[1063] Bislang wurden über die Initiative keine europaweiten Lizenzen vergeben. Sie ist jedoch mittlerweile offiziell gegründet worden[1064]. Sowohl die Website, als auch die Dokumentations-Module sind zudem zugänglich.[1065]

## 2. CELAS

CELAS wurde Anfang 2007 durch die englische Verwertungsgesellschaft PRS for Music und GEMA ins Leben gerufen. Die CELAS soll dabei grenzüberschreitende Lizenzierungs- und Verwaltungsdienste für EMI Music Publishing auf europaweiter Basis anbieten.[1066]

CELAS ist in der Rechtsform der GmbH mit Sitz in München gegründet worden. Unternehmensgegenstand, Organisation und Ausstattung der CELAS sind

1061 *GESAC,* Stellungnahme zur Empfehlung v. 1.7.2007, S. 3.

1062 *Kommission,* Monitoring, S. 6; das geht auch aus den FAQ's von Armonia hervor, „The Societies intend to give this alliance the mandate to administer the mechanical and performing rights in their repertoires for online and/or mobile exploitation, on the territory of EEA.“ abrufbar auf der Website von Armonia unter: www.armoniaonline.org (letzter Abruf am 25.1.2011).

1063 *ELIAMEP,* Study on collecting societies, S. 34 Fn. 50.

1064 *Armonia,* Meldung v. 17.7.2009, abrufbar unter: www.armoniaonline.org/home.html (letzter Abruf am 25.1.2011).

1065 Einige dieser Informationen wurden von Manlio Mallia von der SIAE zur Verfügung gestellt (Interview).

1066 *Himmelmann,* in: Kreile u. a., Recht und Praxis der GEMA, Kap. 18 Rn. 208.

im Gesellschaftsvertrag sowie in den Grundverträgen, also den Rechteübertragungs- und Leistungsverträgen zwischen CELAS und EMI Music Publishing geregelt. Dort sind insbesondere die Repertoirebeschaffung, Tarifanwendung, administrative Pflichten von CELAS und ihren Gesellschaftern sowie Anzahl und Struktur der Kontrollgremien festgelegt.[1067] CELAS wird durch einen Vorsitzenden und zwei Geschäftsführer geleitet, von denen einer der GEMA und einer PRS for Music zugeordnet werden kann. Dementsprechend sind die Geschäftsführer zwar für CELAS verantwortlich, jedoch bei GEMA bzw. PRS for Music beschäftigt. Die Diensträume von CELAS befinden sich in den Geschäftsräumen von GEMA und PRS for Music. Dienstverträge der beiden Verwertungsgesellschaften mit CELAS erlauben der CELAS, auf die Datenbank von GEMA und PRS for Music zuzugreifen und die deren Infrastruktur zu nutzen.[1068] CELAS repräsentiert das angloamerikanische Repertoire von EMI Music Publishing und kann europaweite Lizenzen für die Online- und Mobilfunknutzung von Werken, die diesem Repertoire zuzuordnen sind, vergeben. Allerdings nimmt CELAS selbst lediglich die mechanischen Vervielfältigungsrechte von EMI Music Publishing wahr.[1069] Die für den Betrieb von Online-Diensten erforderlichen Aufführungsrechte erhält der Nutzer nicht durch CELAS selbst, sondern durch einen weiteren Lizenzvertrag, den er mit GEMA oder PRS for Music vertreten durch CELAS abschließt[1070], wobei jeweils nur eine der Gesellschaften für bestimmte Territorien zuständig ist[1071]. Die Rechteeinräumung durch EMI Music Publishing erfolgte zunächst auf exklusiver Basis[1072]. Mittlerweile wird die CELAS auf nicht-exklusiver Basis tätig[1073]. Grundsätzlich ist CELAS offen für weitere Rechteinhaber neben EMI Music Publishing[1074]. Eine Erweiterung dieser Art hat bislang jedoch nicht stattgefunden. Die von den Nutzern zu zahlenden Tarife werden nach einer Angemessenheitsprüfung festgelegt, die nach

1067 *Wolf/Evert* in: Kreile u. a., Recht und Praxis der GEMA, Kap. 17 Rn. 98.

1068 *ELIAMEP,* Study on collecting societies, S. 29.

1069 *LG München*, ZUM 2009, 788 (789).

1070 *Alich,* GRUR Int 2008, 996 (1001); *Ventroni,* MMR 2008, 273 (274); Angaben der CELAS auf ihrer Website: „CELAS aims to ensure the maximum bundle of rights by including the PRS and GEMA license of that repertoire on a pan-European basis“, abrufbar unter: www.celas.eu (letzter Abruf am 25.1.2011).

1071 *Alich,* GRUR Int 2008, 996 (1001).

1072 *Alich,* GRUR Int 2008, 996 (1001); *Wolf/Evert,* in: Kreile u. a., Recht und Praxis der GEMA, Kap. 17 Rn. 102; *ELIAMEP,* Study on collecting societies, S. 30; das kann auch aus den Angaben von CELAS auf ihrer Website geschlossen werden: „these rights are only available through CELAS or CELAS approved agents“, abrufbar unter: www.celas.eu/CelasTabs/Licensing.aspx (letzter Abruf am 25.1.2011)..

1073 *LG München*, ZUM 2009, 788 (790).

1074 *Kommission*, Monitoring, S. 6; *ELIAMEP,* Study on collecting societies, S. 29.

den in den jeweils betroffenen Ländern veröffentlichten Tarifen für die entsprechende Nutzungsart erfolgt (Bestimmungslandprinzip)[1075]. Die Online-Provider übermitteln monatlich für jedes Auswertungsland Nutzungsmeldungen (sog. Sales Reports) an die CELAS, welche Art und Umfang der genutzten Musik und der Nutzungsform abbilden[1076]. Durch einen Abgleich dieser Meldungen mit der Datenbank der CELAS soll sichergestellt werden, dass ausschließlich Nutzungen des CELAS-Repertoires abgerechnet werden. Die Datenbank über alle von der CELAS lizenzierten Werke soll über die Website der CELAS zugänglich sein und so über den Umfang der Rechteeinräumung informieren.[1077] Dieser Service steht den bei der CELAS registrierten Personen zur Verfügung. Die Öffentlichkeit hat keine Möglichkeit, die Datenbank abzurufen. Neben der eigenen Datenbank ist CELAS auch an DDEX[1078] beteiligt[1079]. Die Verteilung der durch CELAS generierten Einnahmen richtet sich nach den Verteilungsbestimmungen der CELAS in Übereinstimmung mit den Vorgaben von EMI Music Publishing[1080]. Die Ausschüttungen für den mechanischen Anteil der eingezogenen Lizenzgebühren erfolgen direkt an EMI Music Publishing. Der Verlag beteiligt die jeweiligen Autoren sodann nach den Vorgaben der Verlagsverträge.[1081] Die Lizenzgebühren, die auf den Aufführungsanteil entfallen, fließen entsprechend der territorialen Zuständigkeit der beiden Verwertungsgesellschaften weiter an PRS for Music oder GEMA, die diese wiederum entsprechend ihrer Verteilungspläne an die Subverlagsmitglieder oder an die angloamerikanischen Verwertungsgesellschaften ausschütten[1082]. CELAS hat mehrere europaweite Lizenzen erteilt. Bereits im Dezember 2007 vergab die CELAS eine Lizenz an die Talent-Run GmbH, die einen Online-Karaoke-Dienst betreibt[1083]. Am 26.1.2008 lizen-

---

1075 *Wolf/Evert,* in: Kreile u. a., Recht und Praxis der GEMA, Kap. 17 Rn. 106.

1076 *Wolf/Evert,* in: Kreile u. a., Recht und Praxis der GEMA, Kap. 17 Rn. 107.

1077 *Wolf/Evert,* in: Kreile u. a., Recht und Praxis der GEMA, Kap. 17 Rn. 108 f.

1078 DDEX ist eine 2006 gegründete Arbeitsgemeinschaft zur Unterstützung der Online-Vermarktung von Musik. Durch standardisierte XML-Übermittlungsformate soll der Datenaustausch innerhalb von Geschäftsprozessen mit digitalen Medieninhalten, bspw. bei Meldungen über Verkäufe von lizenzierten Online-Musikvertrieben, verbessert werden. Mehrere Gesellschaften und Verbände sind an DDEX beteiligt: bspw. CISAC, BIEM, IFPI, RIAA, GEMA, PRS for Music, PAECOL, SACEM, *Krempl*, heise online – Meldung v. 25.1.2010, abrufbar unter: www.heise.de/newsticker/meldung/EU-Gesetz-zur-Lizenzierung-von-Online-Musik-gefordert-912445.html (letzter Abruf am 25.1.2011).

1079 *ELIAMEP,* Study on collecting societies, S. 30 und Fn. 40.

1080 *Wolf/Evert,* in: Kreile u. a., Recht und Praxis der GEMA, Kap. 17 Rn. 113.

1081 *Alich,* GRUR Int 2008, 996 (1001 f.).

1082 *Alich,* GRUR Int 2008, 996 (1002).

1083 *GEMA,* Pressemitteilung v. 14.12.2007, abrufbar unter: www.gema.de/recht-politik/neuig keiten/neuigkeiten-archiv/article/erster-lizenzvertrag-der-celas-gmbh.html (letzter Abruf am 25.1.2011).

zierte CELAS ihr Repertoire an die US-amerikanische Firma Omnifone für ihren Mobilfunkdienst „MusicStation“[1084]. Im September desselben Jahres erhielt der Musik-Streaming-Dienst Roccatune eine europaweite Lizenz über das angloamerikanische Repertoire von EMI Music Publishing[1085]. Es folgte ein europäischer Lizenzvertrag der CELAS mit RealNetworks für seine Real Music-Dienste, die ein Webradio und einen Download-Shop umfassen[1086]. Auch Nokia hat einen Lizenzvertrag über die europaweite Nutzung des Repertoires von CELAS für seinen Nokia Music Store abgeschlossen[1087]. Ebenso vereinbarte Napster Luxemburg S.A.R.L. im Juli 2009 einen Lizenzvertrag mit CELAS für die Online-Nutzung des Repertoires in Europa[1088]. Zudem hat CELAS im Juli 2010 einen Subagenten-Vertrag mit dem Musikverlag IDM Music für osteuropäische Länder abgeschlossen. Hierdurch wurde die IDM Music mit Sitz in Kroatien damit beauftragt, die mechanischen Rechte des angloamerikanischen Repertoires von EMI Music Publishing an Musiknutzer im Online- und Mobilfunkbereich zu lizenzieren. Dabei soll IDM Music die Lizenzierung in Albanien, Bosnien und Herzegowina, Kosovo, Kroatien, Mazedonien, Montenegro, Serbien und Slowenien übernehmen. Der Vertrag hat zunächst eine Laufzeit von einem Jahr. Dabei möchte CELAS weitere derartige Subagenten-Verträge für andere Gebiete abschließen. Ziel dieser Verträge ist es laut GEMA, nationalen Märkten im Rahmen der rechtlichen Situation der europaweiten Lizenzierung pragmatische Lösungen für die Lizenzierung des Weltrepertoires anzubieten.[1089]

---

1084 *Kommission*, Monitoring, S. 6.

1085 *Krempl,* heise online – Meldung v. 1.10.2008, abrufbar unter: www.heise.de/newsticker/meldung/116770 (letzter Abruf am 25.1.2011).

1086 *GEMA,* Pressemitteilung v. 29.10.2008, abrufbar unter: www.gema.de/presse/aktuelle-presse mitteilungen/presse-details/article/realnetworks-unterzeichnet-pan-europaeischen-vertrag-mit-celas-ueber-das-repertoire-von-emi-music-pu.html (letzter Abruf am 25.1.2011).

1087 *GEMA,* Pressemitteilung v. 3.11.2008, abrufbar unter: www.gema.de/presse/aktuelle-pressemitteilungen/presse-details/article/celas-effektive-lizenzierung-fuer-pan-europaeische-musikdienste.html (letzter Abruf am 25.1.2011).

1088 *GEMA,* Pressemitteilung v. 31.7.2009, abrufbar unter: www.gema.de/presse/aktuelle-presse mitteilungen/presse-details/article/celas-lizenziert-emi-katalog-an-napster.html (letzter Abruf am 25.1.2011).

1089 *GEMA,* Pressemitteilung v. 2.7.2010, abrufbar unter: www.gema.de/presse/aktuelle-presse-mitteilungen/presse-details/article/celas-schliesst-subagenten-vertrag-fuer-osteuropaeische-laen der.html (letzter Abruf am 25.1.2011).

## 3. DEAL

DEAL ist eine Initiative der französischen Verwertungsgesellschaft SACEM und dem Major-Musikverlag UMPG, die Anfang 2008 gegründet wurde[1090]. DEAL ist nicht die Bezeichnung für ein Unternehmen, sondern für Lizenzierungsvereinbarungen zwischen SACEM und UMPG. Dabei wird DEAL vor allem von der SACEM verwaltet. Diese wickelt die Verhandlungen ab, erstellt die Verträge und Rechnungen und kümmert sich um die Verteilung der Einkünfte an UMPG.

Die Initiative deckt dabei die mechanischen Vervielfältigungsrechte des angloamerikanischen Repertoires von UMPG und des französischen Repertoires ab[1091]. Für eine europaweite Lizenz über das „DEAL-Repertoire" sind stets zwei Lizenzen bzw. Verträge erforderlich. Eine im Namen von UMPG über dessen Rechte, also die mechanischen Vervielfältigungsrechte und eine von SACEM für deren Rechte, also die dementsprechenden Aufführungsrechte. DEAL ist dabei offen für eine Erweiterung durch andere Rechteinhaber[1092]. DEAL hat ein Abrechnungssystem entworfen, welches Autoren ermöglicht, Tantiemenrechnungen online einzusehen und auf diesem Wege Informationen hinsichtlich der Auswertung ihrer Rechte abzufragen[1093].[1094]

DEAL ist bereits operational. So wurde am 20.1.2009 eine europaweite Lizenz an Amazon Europe S.A.R.L. für dessen MP3-Angebot in Europa vergeben[1095]. Auch der Streaming-Provider Spotify verfügt für seinen Abo-Dienst sowie ein anzeigenfinanziertes kostenfreies Angebot über Lizenzen von DEAL.

---

1090 *Schütt,* MMR 2008 (Heft 4), XVIII; *UMPG,* Pressemitteilung v. 28.1.2008, abrufbar unter: www.universalmusic.com/corporate/news35520 (letzter Abruf am 25.1.2011).

1091 *Alich,* GRUR Int 2008, 996 (1000); *Butler,* Billboard.biz – Meldung v. 28.1.2008, abrufbar unter www.billboard.biz/bbbiz/content_display/industry/news/e3i1fe3c2dd05a1be9680b5b858e589fb25 (letzter Abruf am 25.1.2011); *Schütt,* MMR 2008 (Heft 4), XVIII.

1092 *Kommission,* Monitoring, S. 6.

1093 *Butler,* Billboard.biz – Meldung v. 28.1.2008, abrufbar unter www.billboard.biz/bbbiz/content_display/industry/news/e3i1fe3c2dd05a1be9680b5b858e589fb25 (letzter Abruf am 25.1.2011); *Schütt,* MMR 2008 (Heft 4), XVIII.

1094 Einige dieser Informationen wurden von Andrew Jenkins von UMPG zur Verfügung gestellt (Interview).

1095 *SACEM,* Pressemitteilung v. 20.1.2009, abrufbar unter www.sacem.fr/cms/site/en/home/about-sacem/2009-press-releases/universal-music-publishing-group-and-sacem-via-d-e-a-l-announce-new-pan-european-agreement-with-amazon-eu-sarl-for-the-amazon-mp3-service (letzter Abruf am 25.1.2011).

Ebenso kann Nokia für sein Musikangebot „Comes with Music“ auf das Repertoire von DEAL zugreifen[1096].[1097]

## 4. IMPEL

Die Initiative IMPEL wurde ins Leben gerufen, nachdem die Alliance Digital[1098], die eine Initiative der englischen PRS for Music und den unabhängigen Verlagen in Großbritannien für die Vergabe europaweiter Lizenzen war, aufgelöst wurde. IMPEL geht auf einige unabhängige Verlage und die PRS for Music zurück und wurde am 1.1.2010 gegründet.[1099] IMPEL selbst ist ein Zusammenschluss von derzeit elf unabhängigen Verlagen: Conexion Music Ltd., Fairwood Music (UK) Ltd., Hornall Brothers Ltd., The Music Sales Group, Proof Songs Ltd., Red Ink Music Ltd., Reverb Music Ltd., Moncur Street Music Ltd., RZO Music Ltd. und Truelove Music[1100]. Dabei ist eine Erweiterung der Initiative für Januar und Juli 2011 geplant[1101]. IMPEL ist als juristische Person gegründet worden. Als Partner hat sich IMPEL als Zusammenschluss der Verleger die Verwertungsgesellschaft PRS for Music ausgesucht. IMPEL lizenziert selbst direkt die mechanischen Vervielfältigungsrechte am angloamerikanischen Repertoire der angeschlossenen

---

1096 *SACEM,* Pressemitteilung v. 20.1.2009, abrufbar unter www.sacem.fr/cms/site/en/home/about-sacem/2009-press-releases/universal-music-publishing-group-and-sacem-via-d-e-a-l-sign-pan-european-agreement-for-nokia-comes-with-music-service (letzter Abruf am 25.1.2011).

1097 *Emert,* heise online – Meldung v. 19.1.2009, abrufbar unter www.heise.de/newsticker/meldung/Universal-Music-und-franzoesische-Verwertungsgesellschaft-schliessen-Lizenzab kommen-199635.html (letzter Abruf am 25.1.2011); *SACEM,* Pressemitteilung v. 20.1.2009 abrufbar unter www.sacem.fr/cms/site/en/home/about-sacem/2009-press-releases/universal-music-publishing-group-and-sacem-announce-name-of-pan-european-licensing-model-as-well-as-a-variety-of-pan-european-deals-with-major-internet-companies (letzter Abruf am 25.1.2011).

1098 Hierzu ausführlich *PRS for Music,* Pressemitteilung v. 21.01.2007, abrufbar unter www.prsformusic.com/aboutus/press/latestpressreleases/mcpsprsalliance/Pages/MPA.aspx (letzter Abruf am 25.1.2011); *MPA,* Stellungnahme zur Empfehlung v. 31.7.2007, Appendix 1; *PRS for Music,* Pressemitteilung v. 19.01.2009, abrufbar unter www.prsformusic.com/aboutus/press/latestpressreleases/Pages/HighprofileindependentpublisherschoosePRSforMusic inmulti-territorylicensinginitiative.aspx (letzter Abruf am 25.1.2011); *Alich,* GRUR Int 2008, 996 (1001); *Kommission,* Monitoring, S. 5.

1099 *PRS for Music,* Pressemitteilung v. 25.1.2010, www.prsformusic.com/aboutus/press/latest pressreleases/Pages/IndypublishersandPRSforMusiclaunchIMPEL.aspx (letzter Abruf am 25.1.2011).

1100 Angaben von PRS for Music, abrufbar unter: http://www.prsformusic.com/impel/Pages/default.aspx.

1101 Angaben von PRS for Music, abrufbar unter: http://www.prsformusic.com/impel/Pages/default.aspx.

Verlage im Online- und Mobilfunkbereich, während PRS for Music die Aufführungsrechte vergibt[1102].[1103] Insofern ist IMPEL vergleichbar mit CELAS. Auch dort vergibt CELAS direkt Lizenzen für die mechanischen Vervielfältigungsrechte, während die Lizenzierung der Aufführungsrechte über die GEMA und PRS for Music läuft.[1104]

## 5. Nordic model

Das sog. Nordic model ist eine Einrichtung der nordischen und baltischen Verwertungsgesellschaften. Im Einzelnen sind die dänische Verwertungsgesellschaft KODA, die isländische STEF, die schwedische Verwertungsgesellschaft STIM, die finnische Verwertungsgesellschaft TEOSTO, die norwegische TONO, die estländische Verwertungsgesellschaft EAÜ, die lettische Verwertungsgesellschaft AKKA/LAA und die litauische Verwertungsgesellschaft LATGA-A beteiligt. Diese arbeiten bei der Vergabe von Mehrgebietslizenzen für die nordische und baltische Region bereits für die traditionelle Verwertung über das NCB zusammen.[1105] Das NCB gehört dabei den Verwertungsgesellschaften KODA, STEF, STIM, TEOSTO und TONO und kooperiert mit AKKA/LAA, EAÜ und LATGA-A. Im traditionellen Bereich übernimmt das NCB die Wahrnehmung der mechanischen Vervielfältigungsrechte, während die nationalen Verwertungsgesellschaften die Rechtewahrnehmung der Aufführungsrechte übernehmen.[1106] Dabei wird das NCB selbst als Verwertungsgesellschaft eingeordnet[1107]. Die beteiligten Verwertungsgesellschaften untersuchten die Möglichkeit einer auf das Gebiet der Online-Lizenzierung erweiterten Zusammenarbeit, welche auf den existierenden Strukturen des NCB aufbauen sollte und entwickelten ein Modell für die Online Verwertung, das sog. Nordic model. Bei dem Nordic model handelt es sich nicht um eine juristische Person. Vielmehr bezeichnet es die Zusammenarbeit der beteiligten Verwertungsgesellschaften. Die Organisation

---

1102 *PRS for Music* Pressemitteilung v. 25.1.2010, abrufbar unter: www.prsformusic.com/aboutus/press/latestpressreleases/Pages/IndypublishersandPRSforMusiclaunchIMPEL.aspx (letzter Abruf am 25.1.2011); www.prsformusic.com/SiteCollectionDocuments/Online%20and%20Mobile/IMPEL%20Licensee%20FAQ%2019%20Jan.pdf (letzter Abruf am 25.1.2011).

1103 Einige dieser Informationen wurden von Barney Hooper von der PRS for Music zur Verfügung gestellt (Interview).

1104 Siehe oben Kap. 2, C.I.2.

1105 *Fiscor,* ZUM 2003, 3 (13).

1106 Angaben des NCB, abrufbar unter: www.ncb.dk/english/00/ncbhistorie.html (letzter Abruf am 25.1.2011).

1107 *Möhring/Schulze/Ulmer/Zweigert*, Quellen des Urheberrechts, Dänemark/IV, S. 1; *Kommission,* Studie S. 59, dort wird das NCB als Verwertungsgesellschaft ausgewiesen.

der Nordic model übernimmt das NCB. Es ist verantwortlich für die Verwaltung der Online-Vereinbarungen, die Dokumentation von Verkäufen und Nutzungen, das Erstellen von Rechnungen und das Einziehen der Gebühren und die Verteilung an die Rechteinhaber. Die Betreuung der Nutzer soll in einem Komitee dem NOCC in enger Kooperation mit den lokalen Verwertungsgesellschaften abgestimmt werden. Das Nordic model soll sich insbesondere an Nutzer, also vor allem an ISP richten, die in mehr als einem der nordisch-baltischen Staaten tätig werden. Eine Lizenz soll Online- und Mobilfunknutzungen in zwei bis acht Territorien der beteiligten Verwertungsgesellschaften abdecken[1108]. Dabei ist geplant, auch europaweite Lizenzen an dem nordisch-baltischen Repertoire der eingebundenen Verwertungsgesellschaften zu vergeben[1109]. Eine Lizenz erfasst sowohl die Aufführungsrechte, als auch die mechanischen Vervielfältigungsrechte aller lokalen Verwertungsgesellschaften.[1110] Der Nutzer kann dabei frei wählen, von welcher der beteiligten Verwertungsgesellschaften er die Lizenz erhalten möchte. Die Tarife werden nach dem Bestimmungslandprinzip[1111] festgesetzt.[1112] Dabei wurde auf der Grundlage des Nordic model bereits eine – allerdings nicht europaweite – Lizenz vergeben, welche sich auf die acht Territorien der beteiligten Verwertungsgesellschaften bezieht.[1113]

## 6. PAECOL

PAECOL ist eine Tochtergesellschaft der GEMA und wurde im Juli 2008 mit Sitz in München gegründet. PAECOL repräsentiert das angloamerikanische Repertoire von SONY/ATV Music Publishing im Online-Bereich hinsichtlich der mechanischen Vervielfältigungsrechte auf nicht-exklusiver Basis. Dabei ist PAECOL nicht, wie die meisten anderen Einrichtungen, offen für die Vertretung weiterer Rechteinhaber[1114]. Die Lizenzen sollen sämtliche Formen der Online-Verwertung abdecken[1115]. Daher ist wahrscheinlich, dass die hierfür erforderli-

---

1108 Geschäftsbericht 2009 des NCB, S. 8; Geschäftsbericht 2009 der KODA, S. 9.

1109 Geschäftsbericht 2009 des NCB, S. 8.

1110 Angaben des NCB:"The joint online licence covers exclusively the mechanical and performing rights", abrufbar unter: www.ncb.dk/english/01/intergenerel.html (letzter Abruf am 25.1.2011).

1111 Siehe oben Kap. 2, A.II.1.a)cc)(1).

1112 *GESAC,* Stellungnahme zur Empfehlung v. 1.7.2007, S. 3.

1113 Einige dieser Informationen wurden von Christian Schmidt Klyhn vom NCB zur Verfügung gestellt (Interview).

1114 *ELIAMEP,* Study on collecting societies, S. 31.

1115 *GEMA*, Pressemitteilung v. 16.6.2008, abrufbar unter: www.gema.de/presse/aktuelle-pressemitteilungen/presse-details/article/sonyatv-music-publishing-und-gema-errichten-onechen Aufführungsrechte, ähnlich wie bei CELAS über einen weiteren mit der GEMA zu schließenden Lizenzvertrag vermittelt werden[1116]. Die Tarife werden auch hier nach dem Bestimmungslandprinzip[1117] festgelegt. Dabei hat PAECOL bereits europaweite Online-Lizenzen für das angloamerikanische Repertoire von SONY/ATV Music Publishing Ltd. vergeben.[1118]

## 7. PEDL

PEDL wurde im Juni 2006 von Warner/Chappell Music gegründet. Dieser lud europäische Verwertungsgesellschaften ein, an der Initiative teilzunehmen. Zurzeit partizipieren sechs Verwertungsgesellschaften: PRS for Music, STIM, SACEM, SGAE, BUMA/STEMRA und seit dem 20.10.2009 auch SABAM[1119].[1120] Dabei ist die Initiative grundsätzlich offen für weitere europäische Verwertungsgesellschaften. Diese müssen allerdings bestimmten Mindestanforderungen genügen. Zu diesen gehören u. a. die Festlegung maximaler Verwaltungskostensätze, das Verbot sonstiger Abzüge sowie bestimmte Transparenz- und IT-Standards.[1121] Alle teilnehmenden Verwertungsgesellschaften wurden durch Warner/Chappell Music auf nicht-exklusiver Basis zur Vergabe von europaweiten Lizenzen für den digitalen Bereich über das angloamerikanische Repertoire von Warner/Chappell Music ermächtigt[1122]. Ein eigenes Unternehmen wurde also nicht gegründet. Dabei beziehen sich die Lizenzen auf die mechanischen Vervielfältigungsrechte von Warner/Chappell Music.[1123] Auch hier beruhen die Tarife auf dem Bestimmungslandprinzip[1124]. Über PEDL wurden bereits europaweite Lizenzen vergeben.[1125]

---

stop-shop-fuer-die-europaweite-lizenzierung-von-m.html (letzter Abruf am 25.1.2011); *ELIAMEP,* Study on collecting societies, S. 31.

1116 Siehe oben Kap. 2, C.I.2.

1117 Siehe oben Kap. 2, A.II.1.a)cc)(1).

1118 *ELIAMEP,* Study on collecting societies, S. 31.

1119 *Warner Music Group*, Pressemitteilung v. 20.10.2009, abrufbar unter: www.wmg.com/news details/id/8a0af81223ca5ea0012477f6614d50dd (letzter Abruf am 25.1.2011).

1120 Die GEMA ist anders, als es in einigen Pressemitteilungen verkündet wurde, nicht der Initiative beigetreten, *ELIAMEP,* Study on collecting societies, S. 32 Fn. 47; *Müller,* ZUM 2009, 121 (128).

1121 *Alich,* GRUR Int 2008, 996 (1000); *GESAC,* Stellungnahme zur Empfehlung vom. 1.1.2007, S. 4; *ELIAMEP,* Study on collecting societies, S. 33.

1122 *Kommission*, Monitoring, S. 6.

1123 *Müller,* ZUM 2009, 121 (128).

1124 *ELIAMEP,* Study on collecting societies, S. 33.

1125 *ELIAMEP,* Study on collecting societies, S. 33.

## 8. PEL

Die Initiative PEL geht auf die spanische SGAE zurück. Hauptaufgabe dieser Initiative soll die Verwaltung lateinamerikanischen Repertoires im Online- und Mobilfunkbereich und die Vergabe europaweiter Lizenzen für dieses Repertoire sein. Zu diesem Zweck hat SGAE Verträge zur Vergabe europaweiter Lizenzen über das lateinamerikanische Repertoire mit den Verlagen Peermusic im Jahre 2008 und Sony/ATV im Jahre 2009 im Hinblick auf die mechanischen Vervielfältigungsrechte und Verträge mit zentral- und südamerikanischen Verwertungsgesellschaften abgeschlossen.[1126] Darüber hinaus steht SGAE kurz vor dem Abschluss von Vereinbarungen mit EMI Music Publishing.

Fraglich erscheint, ob die Wahrnehmung lateinamerikanischen Repertoires mit der des angloamerikanischen Repertoires vergleichbar ist. In Lateinamerika werden die mechanischen Vervielfältigungsrechte ebenso wie in den angloamerikanischen Staaten in der Regel auf individueller Basis von den Verlagen oder deren Vereinigungen lizenziert. Die Rechte werden also nicht von den Urhebern oder den Verlagen den lateinamerikanischen Verwertungsgesellschaften zur Wahrnehmung übertragen. Dies ist lediglich bei den Aufführungsrechten der Fall.[1127] Mithin ist die Situation insoweit vergleichbar mit der Situation angloamerikanischer Verlage bzw. des angloamerikanischen Repertoires[1128]. Auch für das lateinamerikanische Repertoire ist eine Herausnahme aus dem traditionellen System der Gegenseitigkeitsverträge der Verwertungsgesellschaften somit im Unterschied zu dem kontinentaleuropäischen Repertoire umsetzbar.

Die Vereinbarungen zwischen SGAE und den zentral- und südamerikanischen Verwertungsgesellschaften bestehen aus Ausnahmen hinsichtlich des geografischen Bereichs der Gegenseitigkeitsverträge, welche diese Verwertungsgesellschaften mit SGAE abgeschlossen haben. SGAE ist dadurch im Online- und Mobilfunkbereich in der Lage, europaweite Lizenzen zu vergeben und ist nicht auf das Gebiet Spaniens begrenzt. Eine derartige Erweiterung ist dabei auch im Hinblick auf die portugiesische Verwertungsgesellschaft geplant.

Die Initiative ist in das herkömmliche System der Rechtewahrnehmung durch SGAE integriert. Auch bei PEL handelt es sich demnach nicht um eine Gesellschaft. Die Initiative beruht vielmehr auf Vereinbarungen zwischen SGAE und Sony/ATV bzw. Peermusic und den angesprochenen Verwertungsgesellschaften. Die Organisation übernimmt dementsprechend die SGAE. PEL repräsentiert also das Repertoire von Sony/ATV und Peermusic und das Repertoire, welches den

1126 *Brownlow/Miksche/Forsyth,* Intellectual Asset Magazin, October/November 2008, 69 (71).

1127 *Alich,* S. 88 f.

1128 Siehe oben Kap. 2, C.

zentral- und südamerikanischen Verwertungsgesellschaften zuzuordnen ist. PEL kann sowohl mechanische Vervielfältigungsrechte als auch Aufführungsrechte vergeben.[1129] Wie dies rechtstechnisch umgesetzt wird, ist unklar. Aufgrund der ähnlichen Struktur von PEL und DEAL ist es wahrscheinlich, dass dies hinsichtlich des Repertoires von Sony/ATV und Peermusic ähnlich geschieht, wie bei DEAL[1130]. Das Repertoire von SGAE und die Aufführungsrechte wird diese selbst lizenzieren. Dabei ist die Einrichtung offen für eine Erweiterung ihres lateinamerikanischen Repertoires und steht zu diesem Zweck in Vertragsverhandlungen mit anderen Verlagen und lateinamerikanischen Verwertungsgesellschaften.[1131] Wie auch einige andere Initiativen, verfügt auch PEL über eine Online-Datenbank, die einen Überblick über sämtliche von PEL vertretenen Werke verschafft. Diese ist über die Website von SGAE zugänglich[1132]. Allerdings ist für den Zugang zu der Datenbank ein Login erforderlich, der von der SGAE vergeben wird.[1133] Die Öffentlichkeit hat also keine Möglichkeit, sich über das vertretene Repertoire zu informieren. Die Tarife basieren auf dem Bestimmungslandprinzip[1134]. SGAE hat begonnen, Verhandlungen mit anderen europäischen Verwertungsgesellschaften zu führen, die als Subagenten für PEL tätig werden könnten, indem sie das Repertoire in ihren jeweiligen Verwaltungsgebieten verwalten. PEL hat ebenfalls bereits europaweite Lizenzen vergeben.[1135]

## 9. Fazit

Die Empfehlung der Kommission hat dazu geführt, dass die großen Musikverlage ihr Repertoire hinsichtlich der mechanischen Vervielfältigungsrechte aus dem herkömmlichen System der Gegenseitigkeitsverträge herausgenommen und einzelnen oder mehreren Verwertungsgesellschaften oder Unternehmen zur Wahrnehmung außerhalb dieses Systems übertragen haben. Daneben haben einzelne Verwertungsgesellschaften Initiativen gegründet. Sämtlichen Initiativen ist gemein, dass sie europaweite Lizenzen vergeben[1136] und dass sie zwangsläufig auf ein bestimmtes Repertoire begrenzt sind. So wird bspw. das Nordic model

1129 *ELIAMEP,* Study on collecting societies, S. 31 f.

1130 Siehe oben Kap. 2, C.I.3.

1131 *ELIAMEP,* Study on collecting societies, S. 32.

1132 www.sgae.es.

1133 *ELIAMEP,* Study on collecting societies, S. 32 und Fn. 45.

1134 Siehe oben Kap. 2, A.II.1.a)cc)(1).

1135 *ELIAMEP,* Study on collecting societies, S. 32. Einige dieser Informationen wurden von Cristina Perpiña Robert von SGAE zur Verfügung gestellt (Interview).

1136 Auch bei Armonia und beim Nordic model wird dies in absehbarer Zeit der Fall sein.

für das nordisch-baltische Repertoire und CELAS für das Repertoire von EMI Music Publishing zuständig sein. Die Initiativen können somit als repertoirebezogen bezeichnet werden. Einige Initiativen verfügen über Online-Datenbanken, die einen Überblick über die von ihnen wahrgenommen Werke geben. Allerdings sind diese Datenbanken meist nur nach einem Login einsehbar, der von der jeweiligen Gesellschaft vergeben wird. Zudem erfolgt die Tarifierung bei allen Initiativen nach dem Bestimmungslandprinzip.

Im Hinblick auf das System der Rechtewahrnehmung seit Erlass der Empfehlung der Kommission lässt sich somit bereits an dieser Stelle festhalten, dass ein Umbruch stattgefunden hat. Die mechanischen Vervielfältigungsrechte der großen angloamerikanischen Musikverlage werden nicht mehr über das System der Gegenseitigkeitsverträge wahrgenommen. Zum Teil wurden von großen Verlagen eigene Unternehmen gegründet und Vereinbarungen geschlossen, die eine gesonderte Lizenzierung der Vervielfältigungsrechte dieser Verlage ermöglichen sollen. Hier erfolgt nun also eine getrennte Vergabe von Vervielfältigungsrechten und Aufführungsrechten. Zudem werden in diesem System europaweite Lizenzen vergeben und die Rechtewahrnehmung erfolgt repertoirebezogen. Ein One-Stop-Shop für das Weltrepertoire existiert nicht mehr.

## II. Modelle

Die einzelnen Initiativen können zunächst in drei Arten von Modellen eingeordnet werden, je nach Ausrichtung der Initiativen und ihrer primären Steuerung. Zunächst gibt es Initiativen, die an bestimmten Verlagen ausgerichtet sind. Diese Initiativen vertreten dementsprechend ausschließlich das Repertoire des jeweiligen Verlages. Sie können von dem Verlag auch insofern gesteuert werden, als die angloamerikanischen Verlage die mechanischen Vervielfältigungsrechte kontrollieren können[1137]. Daher werden diese Modelle als verlagsspezifisch bezeichnet. Des Weiteren gibt es Initiativen der Verwertungsgesellschaften zur europaweiten Lizenzierung ihrer nationalen Repertoires, die nicht auf einen bestimmten Verlag ausgerichtet sind und nicht von diesem gesteuert werden können. Eine Art Zwischenstellung nehmen Initiativen ein, bei denen sowohl mit Verlagen als auch mit einzelnen Verwertungsgesellschaften Vereinbarungen geschlossen wurden. Diese sind also nicht auf einen bestimmten Verlag und dessen Repertoire bezogen. Vielmehr zeichnen sich diese Initiativen dadurch aus, dass sie möglichst umfassend ein bestimmtes Repertoire anbieten wollen. Sie können nicht vollständig durch einen bestimmten Verlag kontrolliert werden,

1137 *Alich,* GRUR Int 2008, 996 (999).

auch wenn der jeweilige Verlag die mechanischen Vervielfältigungsrechte innehat, da es mehrere Verlage gibt und darüber hinaus auch Verwertungsgesellschaften beteiligt sind.

Die verlagsspezifischen Modelle der Rechtewahrnehmung können wiederum ihrer Strukturierung nach in drei Modelle untergliedert werden. So existieren Initiativen, hinter denen eine juristische Person steht. Daneben bestehen Initiativen, bei denen die Rechtewahrnehmung von einer Verwertungsgesellschaft übernommen wird und die Initiative selbst lediglich eine Bezeichnung für Vereinbarungen darstellt, welche zwischen der Verwertungsgesellschaft und dem Verlag geschlossen wurden. Darüber hinaus gibt es eine Initiative, bei der in dieser Form nicht nur eine einzelne Initiative mit der Rechtewahrnehmung betraut wurde, sondern mehrere Verwertungsgesellschaften gleichzeitig. Dabei richtet sich die Art und Weise der Rechtewahrnehmung bei den Initiativen jeweils nach den spezifischen Vereinbarungen. Insgesamt existieren also derzeit fünf Modelle der Rechtewahrnehmung. Dabei ist zu konstatieren, dass das System der Rechtewahrnehmung und die einzelnen Initiativen nach wie vor in Bewegung sind. Es können also weitere Modelle entstehen oder aber Initiativen einem anderen Modell zuzuordnen sein. So könnte bspw. Armonia, die bislang dem Modell 5 unterfällt, durch neue Vertragsschlüsse mit Verlagen zukünftig möglicherweise dem Modell 4 zuzuordnen sein.

Die derzeit existierenden Modelle sollen im Folgenden zunächst kurz dargestellt werden, bevor eine Erörterung der rechtlichen und praktischen Problemfelder erfolgt.

## 1. Verlagsspezifische Rechtewahrnehmung durch eine Initiative, hinter der eine juristische Person steht (Modell 1)

Den Initiativen, die hierunter fallen, ist gemein, dass sie auf einen bestimmen Verlag ausgerichtet sind und der Verlag die Kontrolle über die mechanischen Vervielfältigungsrechte ausübt. Die Initiativen lizenzieren nur Repertoire, das diesem Verlag zugeordnet werden kann. Zuständig für die Wahrnehmung der Rechte ist jeweils eine juristische Person, welche eigens zu diesem Zweck gegründet wurde. Dabei sind an den Initiativen dieses Modells jeweils auch eine oder zwei Verwertungsgesellschaften beteiligt, welche in der Regel die Lizenzierung der Aufführungsrechte ermöglichen. Zu diesem Modell zählen CELAS, PAECOL und IMPEL.

## 2. Verlagsspezifische Rechtewahrnehmung durch eine Initiative, die auf Vereinbarungen zwischen Verlag und Verwertungsgesellschaft beruht (Modell 2)

Das zweite Modell ist die verlagsspezifische Rechtewahrnehmung durch eine Verwertungsgesellschaft. Auch die Initiativen, die diesem Modell zuzuordnen sind, sind auf Verlage zugeschnitten. Allerdings ist nicht eine eigens gegründete Gesellschaft, sondern aufgrund von Vereinbarungen eine bestimmte Verwertungsgesellschaft für die europaweite Lizenzierung der Rechte der Verlage zuständig. Die Initiative steht dementsprechend für die Vereinbarungen zwischen Verlag und Verwertungsgesellschaft und nicht für ein bestimmtes Unternehmen. Zu diesem Modell gehört DEAL. Dort ist primär die SACEM für die Rechtevergabe zuständig.

## 3. Verlagsspezifische Rechtewahrnehmung durch eine Initiative, die auf Vereinbarungen zwischen einem Verlag und mehreren Verwertungsgesellschaften beruht (Modell 3)

Bei dem dritten Modell ist die Initiative ebenso wie bei den Modellen 1 und 2 auf einen bestimmten Verlag und dessen Repertoire ausgerichtet. Allerdings hat dieser in der Initiative nicht eine Verwertungsgesellschaft mit der Wahrnehmung seiner mechanischen Vervielfältigungsrechte betraut, sondern mehrere Verwertungsgesellschaften, die alle gleichberechtigt europaweite Lizenzen über das Repertoire des Verlages vergeben können. Wie bei Modell 2, so steht hinter der Initiative keine zu diesem Zweck gegründete Gesellschaft. Die Initiative beruht vielmehr auf Vereinbarungen zwischen dem Verlag und den Verwertungsgesellschaften, die sich an der Initiative beteiligen. Derzeit fällt nur die Initiative PEDL, welche für die Verwaltung der Rechte von Warner/Chappell Music zuständig ist, unter dieses Modell.

## 4. Rechtewahrnehmung durch eine Initiative, die auf Vereinbarungen zwischen Verlag/en, Verwertungsgesellschaften und einer primär zuständigen Verwertungsgesellschaft beruht (Modell 4)

Modell 4 ist dadurch gekennzeichnet, dass die Rechtewahrnehmung mit Hilfe einer Initiative organisiert wird, hinter der Vereinbarungen sowohl mit Verlagen als auch mit Verwertungsgesellschaften stehen. Dabei wird die Initiative von einer bestimmten Verwertungsgesellschaft organisiert. Das Modell ist also nicht auf einen bestimmten Verlag oder dessen Repertoire ausgerichtet. Vielmehr geht es darum, ein bestimmtes regionenbezogenes Repertoire möglichst umfassend zu vertreten. Derzeit kann diesem Modell PEL zugeordnet werden.

### 5. Rechtewahrnehmung durch eine Initiative, die auf Vereinbarungen zwischen Verwertungsgesellschaften beruht (Modell 5)

Unter Modell 5 fallen Initiativen, bei denen die kollektive Rechtewahrnehmung und europaweite Lizenzierung durch Kooperationen von Verwertungsgesellschaften geschieht. Auch hier sind die Initiativen nicht auf einen bestimmten Verlag ausgerichtet. Das Modell unterscheidet sich von Modell 4 insoweit, als an den Initiativen ausschließlich Verwertungsgesellschaften beteiligt sind und nur deren Repertoire vertreten wird. Hierzu zählen Armonia und Nordic model. Armonia geht auf die Verwertungsgesellschaften SGAE, SACEM und SIAE zurück. Hinter dem Nordic model stehen die nordischen und baltischen Verwertungsgesellschaften bzw. das NCB.

## III. Fragestellungen

In dem System der Rechtewahrnehmung, welches sich aufgrund der Empfehlung der Kommission entwickelt hat, geschieht die Rechtewahrnehmung über unterschiedliche Modelle. Im Hinblick auf diese Modelle bzw. den Initiativen, die diesen zugeordnet werden können, tauchen verschiedene Fragestellungen in rechtlicher und in praktischer Hinsicht auf. Diese sollen im Folgenden untersucht werden.

### 1. Rechtliche Fragestellungen

In rechtlicher Hinsicht erscheint zunächst fraglich, ob die Rechtewahrnehmung im Rahmen der einzelnen Modelle durch die Initiativen nach dem WahrnG beurteilt werden kann und die Initiativen den dort vorgesehenen Regulierungen unterliegen. Darüber hinaus stellt sich die Frage, ob eine getrennte Wahrnehmung von Vervielfältigungsrechten und Aufführungsrechten, wie sie im aktuellen

System in einigen Modellen auftaucht, nach deutschem Recht überhaupt möglich ist.[1138]

### *a) Reglementierung nach dem WahrnG*

Fraglich ist zunächst, ob die Modelle und die entsprechenden Initiativen nach dem WahrnG beurteilt werden können und dessen Reglementierungen, also insbesondere den geregelten Rechten und Pflichten der Verwertungsgesellschaften[1139] sowie der Kontrolle durch das DPMA[1140], unterliegen. Dies setzt zunächst voraus, dass das WahrnG anwendbar ist und sodann, dass die jeweilige Initiative eine Verwertungsgesellschaft im Sinne von § 1 Abs. 4 S. 1 i. V. m. Abs. 1 WahrnG darstellt.

#### aa) Anwendbarkeit des WahrnG

Die Anwendbarkeit des WahrnG und dessen Regulierungen setzen zunächst voraus, dass deutsches Recht anwendbar ist. Zudem dürfte der Anwendbarkeit der Regulierungen des WahrnG nicht die DLRL[1141] entgegenstehen.

##### (1) Anwendbarkeit des WahrnG als deutsches Recht

Die Initiativen vergeben europaweite[1142] Lizenzen und werden somit in mehreren Staaten tätig. Aus diesem Grund stellt sich die Frage nach der Anwendbarkeit deutschen Rechts. Dem aus dem Territorialitätsprinzip[1143] folgenden Schutz- und Verwertungslandprinzip[1144] zufolge ist für Fälle, in denen für das Gebiet Deutschlands Rechtsschutz begehrt wird, deutsches Recht anzuwenden. Das gilt auch für die Frage, ob eine Gesellschaft eine Verwertungsgesellschaft i. S. d.

---

1138 Von einer wettbewerbsrechtlichen Untersuchung wird abgesehen. Bei der Rechtewahrnehmung im beschriebenen System hängt ein Verstoß sowohl gegen Art.101 AEUV als auch gegen Art. 102 AEUV vom Einzelfall, also den jeweils zwischen Verwertungsgesellschaften und Verlagen geschlossenen Verträgen ab, welche nicht veröffentlicht wurden. Ausführlich zu einer wettbewerbsrechtlichen Prüfung im Einzelnen *Runge,* S. 158 ff. und 186 ff.

1139 Siehe oben Kap. 1, D.I.4.

1140 Siehe oben Kap. 1, D.II.1.a).

1141 Richtlinie 2006/123/EG des Europäischen Parlamentes und des Rates v. 12.12.2006 über Dienstleistungen im Binnenmarkt, ABl. L 367/36 v. 27.12.2006.

1142 Beim Nordic model ist dies geplant. Derzeit werden jedoch nur Lizenzen vergeben, die zwei bis acht Territorien der beteiligten Verwertungsgesellschaften abdecken, siehe oben Kap. 2, C.I.5.

1143 Siehe oben Kap. 1, F.II.1.

1144 Siehe oben Kap. 1, F.II.2.

Wahrnehmungsrechtes ist.[1145] Demnach ist das WahrnG als deutsches Recht anwendbar.

(2) Anwendbarkeit der Regulierungen des WahrnG im Hinblick auf die DLRL

Fraglich ist, ob die DLRL der Anwendbarkeit der im WahrnG enthaltenen Reglementierungen auf die Initiativen entgegensteht.

Mit der DLRL möchte die EU die im AEUV gewährleistete Dienstleistungsfreiheit (Art. 56 AEUV (Art. 49 EG a. F.)) und die Niederlassungsfreiheit (Art. 49 AEUV (Art. 43 EG a. F.)) der Dienstleitungserbringer einer bereichsübergreifenden Regelung zuführen, um den Abbau von Hindernissen für den grenzüberschreitenden Dienstleistungsverkehr anzutreiben[1146]. Es soll also vor allem der Binnenmarkt als Raum ohne Grenzen (Art. 26 Abs. 2 AEUV (Art. 14 Abs. 4 EG a.F.)) verwirklicht werden[1147].

Dabei sind die Auswirkungen der Dienstleistungsfreiheit auf den Bereich der grenzüberschreitenden Dienstleistungserbringung wesentlich stärker als auf die Niederlassungsfreiheit der Dienstleistenden. Denn die Rechtfertigungsanforderungen an Beschränkungen der Dienstleistungsfreiheit sind ungleich höher als solche, die an die Niederlassungsfreiheit gestellt werden.[1148] Die engen Voraussetzungen der DLRL, welche die Anwendbarkeit der Reglementierung des Wahrnehmungsrechts konterkarieren können, finden nur Anwendung, wenn die Dienstleistungsfreiheit tangiert ist. Daher sind Dienst- und Niederlassungsfreiheit voneinander abzugrenzen. Die Abgrenzung richtet sich danach, ob ein Dienstleistungserbringer im Staat der Erbringung seiner Leistung eine Niederlassung hat. Dienstleistungsrecht ist nur dann betroffen, wenn der Erbringer der Dienstleistung seine Dienstleistung in einem anderen Mitgliedstaat als demjenigen seiner Niederlassung erbringt.[1149] Als Niederlassung definiert Art. 4 Abs. 5 DLRL die „tatsächliche Ausübung einer von Art. 43 des Vertrages erfassten wirtschaftlichen Tätigkeit durch den Dienstleistungserbringer auf unbestimmte Zeit und mittels einer festen Infrastruktur, von der aus die Geschäftstätigkeit der Dienstleistungserbringung tatsächlich ausgeübt wird." Sämtliche Initiativen haben, sofern sie als Unternehmen organisiert sind, keine weiteren Niederlassungen in anderen Mitgliedstaaten[1150]. Bei den übrigen Initiativen sind regelmäßig

1145 *Hoeren/Altemark,* GRUR 2010, 16 (17)*; Schulze,* in: Dreier/Schulze, UrhG, § 1 UrhWG Rn. 19.

1146 Erwägungsgründe 1 und 6 der DLRL; *Heine/Eisenberg,* GRUR Int 2009, 277 (279).

1147 Dies geht insbesondere aus den Erwägungsgründen 1, 3, 4, 5, 6 und 7 der DLRL hervor.

1148 Ausführlich hierzu *Heine/Eisenberg,* GRUR Int 2009, 277 (279).

1149 Ausführlich hierzu *Heine/Eisenberg,* GRUR Int 2009, 277 (280 f.).

1150 Siehe oben Kap. 2, C.I.2., 4. und 6.

die Verwertungsgesellschaften für die wesentliche Organisation der Initiative sowie für die Erbringung der Dienstleistung, also die Vergabe von Lizenzen und Verwaltung des Repertoires, zuständig[1151]. Auch diese haben jedoch keine Niederlassungen in anderen Staaten, insbesondere nicht in Deutschland. Insofern sind das Dienstleistungsrecht und die dementsprechenden Vorgaben in der DLRL einschlägig.

Da die in Art. 44 Abs. 1 DLRL vorgesehene Umsetzungsfrist der DLRL am 28.12.2009 ausgelaufen ist, ist sie bei der Anwendung des Wahrnehmungsrechtes zu berücksichtigen. Die Richtlinie wird insbesondere dort relevant, wo das Wahrnehmungsrecht Anforderungen an die Tätigkeit der Verwertungsgesellschaften i. S. v. Art. 4 Abs. 7 DLRL aufstellt. Danach sind Anforderungen „alle Auflagen, Verbote, Bedingungen oder Beschränkungen, die in den Rechts- und Verwaltungsvorschriften der Mitgliedstaaten festgelegt sind (...)". Derartige Auflagen, Verbote, Bedingungen oder Beschränkungen können jedoch in den meisten Vorschriften des WahrnG gesehen werden, insbesondere in denen, die sich an die Verwertungsgesellschaften richten. Eine solche Anforderung stellt bspw. die in § 1 WahrnG vorgesehene Erlaubnispflicht und die Kontrolle der Verwertungsgesellschaften nach §§ 18 ff. WahrnG dar. Aber auch die im WahrnG reglementierten Transparenz- und Kontrahierungspflichten sind als Anforderungen im Sinn der DLRL einzuordnen.[1152] Mithin stellen insbesondere die Reglementierungen des WahrnG, die sich an die Verwertungsgesellschaften richten, Anforderungen i. S. d. DLRL dar. In Art. 16 DLRL werden besondere Rechtfertigungsanforderungen für Beschränkungen der Dienstleistungsfreiheit durch Anforderungen festgelegt, die im WahrnG enthalten sind. Die dort in Art. 16 Abs. 3 DLRL genannten Rechtfertigungsgründe öffentliche Ordnung, Sicherheit und Gesundheit sowie Umweltschutz greifen im Hinblick auf die Tätigkeit der Verwertungsgesellschaften nicht durch.[1153] Allerdings sind Urheber- und verwandte Schutzrechte nach Art. 17 Nr. 11 DLRL von Art. 16 DLRL ausgenommen. Ob sich Art. 17 Nr. 11 DLRL auch auf die kollektive Rechtewahrnehmung erstreckt, ist umstritten.

(a) Art. 17 Nr. 11 DLRL erfasst die kollektive Wahrnehmung

Nach einer Ansicht[1154] ist Art. 17 Nr. 11 DLRL im Wege der Auslegung auf die kollektive Rechtewahrnehmung zu erstrecken. Die gesetzlichen Regelungen

---

1151 Siehe oben Kap. 2, C.I.1., 3., 5., 7. und 8.

1152 *Heine/Eisenberg,* GRUR Int 2009, 277 (282).

1153 *Heine/Eisenberg,* GRUR Int 2009, 277 (282).

1154 *Alich,* GRUR Int 2008, 996 (1004); *Drexl,* in: Hilty/Geiger, Impulse für eine europäische Harmonisierung des Urheberrechts, S. 369 (393 f.); *Geiger/Engelhardt/Hansen/Markowski,* dienten der Sicherstellung einer geordneten und transparenten Rechtewahrnehmung durch die Gesellschaften und damit dem Schutz wichtiger Vermögensinteressen der Mitglieder sowie der Begrenzung der Marktmacht der Gesellschaften gegenüber Mitgliedern und Nutzern. Damit seien die Regelungen der kollektiven Wahrnehmung generell geeignet, Beschränkungen der Dienstleistungsfreiheit zu rechtfertigen.[1155]

Würde im Sinne dieser Ansicht die kollektive Wahrnehmung von Art. 17 Nr. 11 DLRL erfasst werden, dann wären die Regelungen des WahrnG uneingeschränkt auf die infrage stehenden Initiativen anwendbar.

(b) Art. 17 Nr. 11 DLRL erstreckt sich nicht auf die kollektive Wahrnehmung

Der anderen Ansicht[1156] zufolge ist Art. 17 Nr. 11 DLRL nicht auf die kollektive Rechtewahrnehmung anzuwenden. Eine derartige Auslegung des Art. 17 Nr. 11 DLRL sei mit der Entstehungsgeschichte der Richtlinie nicht zu vereinbaren. Im Gesetzgebungsprozess seien verschiedene Vorschläge gemacht worden, die auf eine Ausnahme für Verwertungsgesellschaften abzielten. Im weiteren Verlauf des Gesetzgebungsverfahrens seien diese Vorschläge jedoch nicht weiter verfolgt worden. Demnach entspreche es dem Willen des Gesetzgebers, dass das Wahrnehmungsrecht der Mitgliedstaaten von der Richtlinie umfasst sei und nicht unter die in Art. 17 Nr. 11 DLRL geregelte Ausnahme für Urheberrechte falle. Zudem werde eine andere Auslegung nicht dem Wortlaut der Regelung gerecht, der von den „Urheberrechten" als solchen, nicht aber von deren Wahrnehmung durch Verwertungsgesellschaften spreche.[1157]

Nach dieser Ansicht ist Art. 17 Nr. 11 DLRL nicht auf die kollektive Wahrnehmung anwendbar. Eine Reglementierung nach dem deutschen WahrnG von Initiativen, die in einem anderen Staat als Deutschland ansässig sind, wäre mithin ausgeschlossen.

(c) Stellungnahme

Es entspricht nicht dem Willen des Gesetzgebers, die Ausnahme des Art. 17 Nr. 11 DLRL auf Verwertungsgesellschaften zu erstrecken. Schließlich wurden

GRUR Int 2006, 475 (488); *Mestmäcker,* in: Riesenhuber, Beiträge zum Urheberrecht, S. 407 (420).

1155 *Alich,* GRUR Int 2008, 996 (1004); *Drexl,* in: Hilty/Geiger, Impulse für eine europäische Harmonisierung des Urheberrechts, S. 369 (393 f.); *Geiger/Engelhardt/Hansen/Markowski,* GRUR Int 2006, 475 (488); *Mestmäcker,* in: Riesenhuber, Beiträge zum Urheberrecht, S. 407 (420).

1156 *Heine/Eisenberg,* GRUR Int 2009, 277 (280).

1157 *Heine/Eisenberg,* GRUR Int 2009, 277 (280).

die Vorschläge, die in diese Richtung gingen, nicht umgesetzt. So beabsichtigte bspw. der Ausschuss für Binnenmarkt und Verbraucherschutz des Europäischen Parlaments, die Ausnahmevorschrift für Urheberrechte um die Formulierung „die Gesellschaften zur Verwertung dieser Rechte" zu ergänzen[1158]. Bekräftig wird dies durch die Kommission, die in ihrem Handbuch zur Umsetzung der DLRL feststellt: „Die Ausnahme in Art. 17 Nr. 11 betreffend geistige Eigentumsrechte erfasst die Rechte als solche (Bestehen des Rechts, Umfang und Ausnahmen, Dauer usw.). Sie betrifft im Gegensatz dazu nicht mit der Verwaltung solcher Rechte verbundene Dienstleistungen, wie durch Rechteverwertungsgesellschaften oder Patentanwälte erbrachte Leistungen."[1159] Neben der Entstehungsgeschichte der Norm und dem Willen des Gesetzgebers spricht auch der Sinn und Zweck der DLRL für die Anwendbarkeit der DLRL auf das Wahrnehmungsrecht. Schließlich soll die DLRL insbesondere dazu dienen, den Binnenmarkt zu verwirklichen[1160]. Die Regulierungen des Wahrnehmungsrechts stellen jedoch regelmäßig Beschränkungen der Dienstleistungsfreiheit dar[1161]. Mithin ist der letztgenannten Ansicht zu folgen. Die Regulierungen des WahrnG sind somit auf solche Initiativen nicht anwendbar, welche nicht in Deutschland ansässig sind.

bb) Ergebnis

Der Anwendbarkeit der Regulierungen des WahrnG steht die DLRL bei den Initiativen entgegen, die nicht in Deutschland ansässig sind. Das WahrnG ist also nur auf die Initiativen anwendbar, die ihren Sitz in Deutschland haben.

cc) Folgen

Im Folgenden soll untersucht werden, bei welchen Modellen oder Initiativen das WahrnG nun im Einzelnen nach den oben erörterten Ergebnissen anwendbar ist und, falls dies der Fall ist, ob die Initiativen nach dem WahrnG rechtlich als Verwertungsgesellschaft nach § 1 Abs. 4 WahrnG einzuordnen sind und sich an die dementsprechenden Regelungen des WahrnG halten müssen. Sie müssten

1158 *Ausschuss für Binnenmarkt und Verbraucherschutz des EP,* Berichtsentwurf vom 22.5.2005, S. 76 f.; *Heine/Eisenberg*, GRUR Int 2009, 277 (280).

1159 *Kommission,* Handbuch zur Umsetzung der Dienstleistungsrichtlinie, S. 49, abrufbar unter: ec.europa.eu/internal_market/services/docs/services-dir/guides/handbook_de.pdf (letzter Abruf am 25.1.2011).

1160 Siehe oben Kap. 2, C.III.1.a)aa)(2).

1161 Siehe oben Kap. 2, C.III.1.a)aa)(2).

also die Pflichten aus den §§ 6 ff. WahrnG[1162] erfüllen, würden der Kontrolle durch das DPMA als Aufsichtsbehörde nach §§ 18 ff. WahrnG[1163] unterliegen und bedürften dementsprechend auch der Erlaubnis des DPMA nach §§ 1 ff. WahrnG[1164]. Zudem sollten sie bestimmte Handlungsgrundsätze beachten[1165].

(1) Modell 1

Dem Modell 1 können CELAS, PAECOL und IMPEL zugeordnet werden. Sowohl CELAS als auch PAECOL haben ihren Sitz in Deutschland. IMPEL hingegen ist in Großbritannien ansässig. Da das WahrnG nach der DLRL nur auf solche Initiativen anwendbar ist, die in Deutschland ansässig sind, ist eine getrennte Prüfung angezeigt.

(a) CELAS und PAECOL

CELAS und PAECOL sind in Deutschland niedergelassen. Mithin ist die DLRL hier nicht tangiert und steht der Anwendbarkeit des WahrnG nicht entgegen. Auf die Initiativen CELAS und PAECOL ist das deutsche WahrnG daher nicht nur nach dem Schutzlandprinzip anwendbar, der Anwendbarkeit steht auch die DLRL nicht entgegen.

(aa) Verwertungsgesellschaft i. S. v. § 1 WahrnG

Ob CELAS und PAECOL Verwertungsgesellschaften sind, richtet sich nach § 1 WahrnG. Nach § 1 Abs. 4 S. 1 i. V. m. Abs. 1 WahrnG ist eine Verwertungsgesellschaft gegeben, „wenn eine juristische Person oder eine Personengemeinschaft“ die „Nutzungsrechte, Einwilligungsrechte oder Vergütungsansprüche, die sich aus dem Urheberrechtsgesetz vom 9.9.1965 ergeben, für Rechnung mehrerer Urheber oder Inhaber verwandter Schutzrechte zur gemeinsamen Auswertung wahrnimmt (...) im eigenen oder fremden Namen“. Aus dieser Definition lassen sich sieben Voraussetzungen ableiten.[1166]

---

1162 Siehe oben Kap. 1, D.I.4.
1163 Siehe oben Kap. 1, D.II.1.a).
1164 Siehe oben Kap. 1, D.II.1.a).
1165 Siehe oben Kap. 1, D.I.5.
1166 *Hoeren/Altemark*, GRUR 2010, 16 (17).

(α) Juristische Person oder Personengemeinschaft

Zunächst müssten die hier in Rede stehenden Gesellschaften CELAS und PAECOL eine juristische Person oder Personengemeinschaft bilden[1167]. CELAS und PAECOL sind als GmbHs selbst Träger von Rechten und Pflichten im Rechtsverkehr und somit juristische Personen des Zivilrechts (§ 13 GmbHG)[1168].

(β) Wahrnehmung von Nutzungsrechten, Einwilligungsrechten oder Vergütungsansprüchen

Die Gesellschaften müssten auch Nutzungsrechte, Einwilligungsrechte oder Vergütungsansprüche wahrnehmen[1169]. Die CELAS nimmt die mechanischen Vervielfältigungsrechte im Onlinebereich in Bezug auf das angloamerikanische Repertoire von EMI Music Publishing wahr. Darüber hinaus kann sie als Vertreter über weitere Verträge mit der GEMA über die von der GEMA wahrgenommenen Aufführungsrechte verfügen.[1170] Ähnliches gilt auch für PAECOL. Diese Gesellschaft nimmt die mechanischen Vervielfältigungsrechte von Sony/ATV wahr. Darüber, ob PAECOL ebenso wie CELAS als Vertreter auch Aufführungsrechte lizenzieren kann, liegen keine Informationen vor. Allerdings kann dies angenommen werden.[1171] Sowohl bei den Aufführungsrechten als auch bei mechanischen Vervielfältigungsrechten handelt es sich um Nutzungsrechte i. S. v. §§ 31 ff. UrhG. CELAS und PAECOL erfüllen damit die Voraussetzungen der Wahrnehmung von Nutzungsrechten, Einwilligungsrechten oder Vergütungsansprüchen.

(χ) Nicht nur gelegentliche oder kurzfristige Wahrnehmung

CELAS und PAECOL dürften die angesprochenen Rechte nicht nur gelegentlich oder kurzfristig wahrnehmen. Das ist der Fall, wenn die Wahrnehmung der bezeichneten Rechte geschäftsmäßig und regelmäßig erfolgt[1172]. Die CELAS existiert bereits seit 2006. PAECOL wurde 2008 gegründet. Beide Gesellschaften

1167 *Schulze*, in: *Dreier/Schulze*, UrhG, § 1 UrhWG Rn. 3; *W. Nordemann*, in: *Fromm/Nordemann*, UrhR, § 1 UrhWahrnG Rn. 1; *Melichar*, in: *Loewenheim*, Hdb. d. UrhR, § 50 Rn. 3; *Seifert*, in: *Schmid u. a.*, UrhG, § 1 UrhWahrnG Rn. 4

1168 *Schöpflin*, in: *Prütting u. a.*, BGB, Vor §§ 21 ff. Rn. 1; *Reinbothe*, in: Schricker/Loewenheim, UrhR, § 1 WahrnG Rn.14.

1169 *Schulze*, in: Dreier/Schulze, UrhG, § 1 UrhWG Rn. 6.

1170 Siehe oben Kap. 2, C.I.2.

1171 Siehe oben Kap. 2, C.I.6.

1172 *Schulze*, in: *Dreier/Schulze*, UrhG, § 1 UrhWG Rn. 21; *Reinbothe*, in: Schricker/Loewenheim, UrhR, § 1 WahrnG Rn. 11.

nehmen umfassende Lizenzierungsaufgaben wahr, sodass auch dieses Kriterium erfüllt ist.

(δ) Wahrnehmung zu gemeinsamer Auswertung

Darüber hinaus müsste die Wahrnehmung der Rechte durch Gesellschaften zu gemeinsamer Auswertung erfolgen. Eine gemeinsame Auswertung i. S. v. § 1 WahrnG liegt vor, wenn die in Rede stehende Gesellschaft eine Vielzahl von Rechten und Ansprüchen gegenüber den Nutzern wahrnimmt[1173]. Die CELAS nimmt die Rechte und Ansprüche des gesamten angloamerikanischen Repertoires von EMI Music Publishing wahr, welches ein umfassendes Repertoire darstellt. Sie verwaltet und kontrolliert das von ihr wahrgenommene Repertoire einheitlich.[1174] Ähnliches gilt für PAECOL. PAECOL nimmt die Rechte des angloamerikanischen Verlages Sony/ATV wahr. Auch PAECOL lizenziert dabei zu einheitlichen Nutzungsbedingungen.[1175] Mithin ist die Voraussetzung der Wahrnehmung zu gemeinsamer Auswertung bei beiden Gesellschaften erfüllt.

(ε) Wahrnehmung für Urheber und Leistungsschutzberechtigte

CELAS und PAECOL müssten die Rechte auch für Urheber und Leistungsschutzberechtigte wahrnehmen. Sie nehmen jedoch die Rechte von Verlagen wahr. Allerdings ist nach allgemeiner Auffassung[1176] davon auszugehen, dass selbst Verlage, die nur über abgeleitete Rechte verfügen, Mitglieder von Verwertungsgesellschaften sein können. Dies entspreche dem Sinn und Zweck des WahrnG, welches sämtliche Formen der treuhänderischen kollektiven Wahrnehmung erfassen wolle[1177]. Somit ist auch dieses Kriterium erfüllt.

(ϕ) Wahrnehmung für die Rechnung Mehrerer

Die Wahrnehmung der entsprechenden Rechte durch CELAS und PAECOL muss für die Rechnung mehrerer Urheber oder Inhaber verwandter Schutzrechte erfolgen[1178]. Hiermit wird die für Verwertungsgesellschaften typische treuhände-

1173 *Reinbothe,* in: Schricker/Loewenheim, UrhR, § 1 WahrnG Rn. 7.

1174 Siehe oben Kap. 2, C.I.2.

1175 Siehe oben Kap. 2, C.I.6.

1176 *DPMA,* UFITA Bd. 81 (1978), 348 (357 ff.); *W. Nordemann*, in: *Fromm/Nordemann*, UrhR, § 1 UrhWahrnG Rn. 4.

1177 *DPMA*, UFITA Bd. 81 (1978), 348 (357 ff.); *W. Nordemann*, in: *Fromm/Nordemann*, UrhR, § 1 UrhWahrnG Rn. 4

1178 *Schulze*, in: Dreier/Schulze, UrhG, § 1 UrhWG Rn. 10; *Reinbothe,* in: Schricker/Loewenheim, UrhR, § 1 WahrnG Rn. 4.

rische Verwaltung der Rechte umschrieben[1179]. CELAS und PAECOL dürften also nicht für eigene Rechnung, sondern müssten für Rechnung ihrer Berechtigten handeln. Maßgeblich ist hierbei, wen die wirtschaftlichen Vor- und Nachteile des geschäftlichen Tätigwerdens treffen sollen.[1180] Dabei wird davon ausgegangen, dass Verwertungsgesellschaften wegen ihrer Treuhandstellung keine eigenen Gewinne erzielen können und wollen. Dazu ist eine Gesamtbetrachtung vorzunehmen.[1181] Nach Ansicht des DPMA und des BMJ ist die Treuhandstellung bei der CELAS zu verneinen, da CELAS Gewinne nur für sich selbst bzw. EMI Music Publishing erzielen wolle, jedoch nicht für die dahinter stehenden Urheber[1182]. Selbiges dürfte aufgrund der ähnlichen Unternehmensstruktur auch für PAECOL gelten. Dem kann jedoch nicht gefolgt werden. Zunächst ist eine Gewinnerzielungsabsicht der Gesellschaften nicht ersichtlich[1183]. Vielmehr findet sich auf der Website der CELAS der Hinweis, dass alle Einnahmen, abzüglich der Verwaltungskosten, an nationale und internationale Verlage ausgeschüttet werden[1184]. Zuvor befand sich zudem auf der Website der CELAS eine Auflistung der Urheber, an die ausgeschüttet wird[1185]. Selbst wenn eine Gewinnerzielungsabsicht bei den Unternehmen vorläge, würde das der Annahme des in Rede stehenden Merkmals „für die Rechnung Mehrerer“ nicht zwangsläufig entgegenstehen. Dies kann auch aus teleologischen Gründen nicht überzeugen, da sich ein Unternehmen sonst stets einer Aufsicht entziehen könnte, indem es Gewinn erzielt.[1186]

Darüber hinaus ist zu konstatieren, dass CELAS und PAECOL als Vertreter auch Aufführungsrechte lizenzieren[1187] und die entsprechenden Vergütungen einziehen. Dabei ist für die Beurteilung nach dem WahrnG unbeachtlich, dass die Einrichtungen insoweit nur mittelbar tätig werden, solange eine selbstständi-

1179 *Reinbothe,* in: Schricker/Loewenheim, UrhR, § 1 WahrnG Rn. 4.

1180 *Alich,* GRUR Int 2008, 996 (1002); *Riesenhuber,* ZUM 2008, 625 (629).

1181 *Himmelmann,* in: Kreile u. a., Recht und Praxis der GEMA, Kap. 18 Rn. 22 f.

1182 DPMA und BMJ laut *Himmelmann,* in: Kreile u. a., Recht und Praxis der GEMA, Kap. 18 Rn. 26b.

1183 *Alich,* GRUR Int 2008, 996 (1002).

1184 Angaben auf der Website der CELAS: „All CELAS earnings minus administrative costs are paid to domestic/international publishers whose repertoire is used in online and mobile services including downloading, streaming and ringtones.“, abrufbar unter: www.celas.eu/CelasTabs/About.aspx (letzter Abruf am 25.1.2011). An einer entsprechenden Website von PAECOL fehlt es.

1185 *Alich,* GRUR Int 2008, 996 (1002).

1186 Siehe hierzu ausführlich *Riesenhuber,* ZUM 2008, 625 (628 ff.).

1187 Siehe oben Kap. 2, C.I.2. und 6.

ge Treuhandstellung ausgeübt wird[1188]. Auch wenn für die Beurteilung der Frage der Treuhandstellung ausschließlich auf die mechanischen Rechte abgestellt wird, ist eine solche zu bejahen[1189]. Insbesondere können sowohl CELAS als auch PAECOL nicht – auch nicht hinsichtlich des Aufführungsanteils – als bloße Inkassoorganisationen eingeordnet werden. Schließlich verfügen beide Gesellschaften über eigene Rechtspersönlichkeiten und übernehmen neben dem Inkasso verwertungsgesellschaftliche Kerntätigkeiten wie Lizenzierung, Nutzungsüberwachung und Nutzungsabrechnung für EMI Music Publishing. Sowohl CELAS als auch PAECOL handeln mithin für die Rechnung Mehrerer.

(γ) Wahrnehmung von Rechten mehrerer Berechtigter

CELAS und PAECOL müssten darüber hinaus auch für mehrere Berechtigte tätig werden. Wird hierbei jeweils nur auf die mechanischen Rechte abgestellt, so nimmt CELAS lediglich die Rechte von EMI Music Publishing und PAECOL die Rechte von Sony/ATV wahr. Die beiden Gesellschaften nehmen also die Rechte nur eines Berechtigten wahr. Hinter EMI Music Publishing und Sony/ATV steht jedoch eine Vielzahl von Urhebern. Insofern liegt es nahe, bei der Frage nach mehreren Berechtigten auf diese Urheber abzustellen und bereits so das Merkmal zu bejahen.[1190] Wird nicht auf die Urheber hinter den Verlagen abgestellt, könnten die Voraussetzungen einer Analogie vorliegen, sodass § 1 Abs. 4 S. 1 i. V. m. Abs. 1 WahrnG auf CELAS und PAECOL anzuwenden wäre. Eine analoge Anwendung setzt eine planwidrige Regelungslücke und eine vergleichbare Rechts- und Sachlage voraus. Beides ist im Hinblick auf CELAS und PAECOL gegeben.[1191] Insbesondere ist die Sach- und Rechtslage vergleichbar. Die Verhinderung der Missbrauchsgefahr, die bei CELAS und PAECOL aus dem repertoirebezogenen Monopol resultiert, ist Sinn und Zweck des WahrnG[1192]. Allerdings soll die Verhütung der Missbrauchsgefahr nicht allein ausschlaggebend für die Staatsaufsicht sein. Diese setzt die Verbindung einer Monopolstellung mit der treuhänderischen Wahrnehmung der Rechte voraus[1193]. Die treuhänderische Wahrnehmung kann bei der CELAS allerdings ebenfalls bejaht werden[1194].

1188 *Alich,* GRUR Int 2008, 996 (1003), *Reinbothe,* in: Schricker/Loewenheim, UrhR, § 1 WahrnG Rn. 8.

1189 Ausführlich hierzu *Hoeren/Altemark*, GRUR 2010, 16 (18 ff).

1190 *Hoeren/Altemark*, GRUR 2010, 16 (21).

1191 *Hoeren/Altemark*, GRUR 2010, 16 (21).

1192 BT-Drucks. IV/271, S. 9 f.

1193 BT-Drucks. IV/271, S. 14.

1194 Siehe oben Kap. 2, C.I.2.

Es können jedoch auch die Aufführungsrechte in die Betrachtung mit einbezogen werden. Denn bereits der Wortlaut des Gesetzes differenziert nicht danach, ob der Wahrnehmende selbst oder als Vertreter handelt.[1195] Hinsichtlich der Aufführungsrechte jedoch werden CELAS und PAECOL – vermittelt über GEMA und die von dieser abgeschlossenen Gegenseitigkeitsverträge – sowohl für die Verlage EMI Music Publishing bzw. Sony/ATV als auch für die entsprechenden Urheber tätig. Mithin ist auch diese Voraussetzung erfüllt.

(η) Zwischenergebnis

Die Voraussetzungen des § 1 Abs. 4 S. 1 i. V. m. Abs. 1 WahrnG sind somit erfüllt. Demnach sind sowohl CELAS als auch PAECOL als Verwertungsgesellschaften im Sinne des WahrnG einzuordnen.

(bb) Zwischenergebnis

CELAS und PAECOL unterliegen somit den Regelungen zu Rechten und Pflichten von Verwertungsgesellschaften nach §§ 6 ff. WahrnG. Also insbesondere im Hinblick auf den Kontrahierungszwang[1196], die Aufstellung von Tarifen[1197], die Einrichtung von Sozialwerken[1198], die Verteilung ihrer Einnahmen[1199], die Rechnungslegung und Prüfung[1200] und hinsichtlich der Auskunftspflicht[1201]. Darüber hinaus sollten sie den Handlungsgrundsätzen für Verwertungsgesellschaften genügen[1202]. Zudem unterliegen sie der Kontrolle durch das DPMA nach §§ 18 ff. WahrnG und bedürfen der Erlaubnis nach § 1 WahrnG[1203], um ihre Tätigkeit ausüben zu können (§ 1 Abs. 3 WahrnG).

(cc) Fazit

CELAS und PAECOL sind als Verwertungsgesellschaften einzuordnen. Schließlich ist es das Wesen einer Verwertungsgesellschaft, dass sie eine Vielzahl gleichartiger Rechte in ihrer Hand vereint[1204]. Dies trifft auf CELAS im Hinblick

1195 *Alich,* GRUR Int 2008, 996 (1002).
1196 Siehe oben Kap. 1, D.I.4.a).
1197 Siehe oben Kap. 1, D.I.4.b).
1198 Siehe oben Kap. 1, D.I.4.c).
1199 Siehe oben Kap. 1, D.I.4.d).
1200 Siehe oben Kap. 1, D.I.4.e).
1201 Siehe oben Kap. 1, D.I.4.f).
1202 Siehe oben Kap. 1, D.I.5.
1203 Siehe oben Kap. 1, D.II.1.a).
1204 BT-Drucks. IV/271, S. 9; *W. Nordemann*, in: Fromm/Nordemann, UrhR, § 3 UrhWahrnG Rn. 1, 7.

auf das Repertoire von EMI Music Publishing und auf PAECOL im Hinblick auf das Repertoire von Sony/ATV zu. Derartige Tätigkeiten wollte das WahrnG einer Kontrolle unterstellen. Zudem verfügt die CELAS über ein repertoirebezogenes Monopol hinsichtlich des angloamerikanischen Repertoires von EMI Music Publishing. Ebenso hat PAECOL ein Monopol bezüglich des angloamerikanischen Repertoires von Sony/ATV inne. Darüber hinaus handeln die beiden Gesellschaften treuhänderisch. Die Machtfülle, die sich aus einem derartigen Monopol und der treuhänderischen Wahrnehmung von Rechten ergeben, führen zu Missbrauchsgefahren. Eine Anwendung des WahrnG entspricht daher dem Gesetzeszweck. Da CELAS und PAECOL derzeit nicht über eine entsprechende Erlaubnis nach § 1 Abs. 1 WahrnG verfügen, steht dem DPMA nach § 19 Abs. 2 S. 1 WahrnG die Möglichkeit offen, den Geschäftsbetrieb der Gesellschaften zu untersagen. Vor allem für die Nutzer ist die Anwendung des WahrnG bedeutsam. Sie sind auf Lizenzen über derartig wichtige Repertoires[1205] angewiesen. Verweigern CELAS oder PAECOL einen Vertragsschluss oder sind die Vertragsbedingungen unangemessen, also insbesondere bei missbräuchlichen Tariffestlegungen[1206], können sich die Nutzer nicht auf die für sie essentiellen Vorschriften aus dem WahrnG berufen. Der Abschlusszwang[1207] aus § 11 Abs. 1 WahrnG, die Möglichkeit der Hinterlegung gem. § 11 Abs. 2 WahrnG und die im WahrnG vorgesehene Möglichkeit der Streitschlichtung und die Anrufung einer Schiedsstelle blieben dem Nutzer verwehrt. Auch die im WahrnG vorgesehenen Transparenzpflichten[1208] würden bei einer fehlenden Anwendbarkeit nicht greifen. Darüber hinaus würden die Gesellschaften gegenüber anderen potenziellen Wahrnehmungsberechtigten keinem Wahrnehmungszwang[1209] unterliegen. Des Weiteren erscheint aufgrund der Monopolstellung der Gesellschaften eine staatliche Aufsicht[1210] über diese unerlässlich. Zudem erscheint es fragwürdig, dass CELAS und PAECOL über den mit der GEMA geschlossenen Geschäftsbesorgungsvertrag von den Datenbanken und der Infrastruktur der GEMA profitieren. Denn diese werden von den Wahrnehmungsberechtigten der GEMA finanziert.[1211]

---

1205 Siehe oben Kap. 1, B.III.2.
1206 Siehe unten Kap. 2, C.III.2.b).
1207 Siehe oben Kap. 1, D.I.4.a).
1208 Siehe oben Kap. 1, D.I.5.
1209 Siehe oben Kap. 1, D.I.4.a)
1210 Siehe oben Kap. 1, D.II.1.a).
1211 *Hoeren/Altemark,* GRUR 2010, 16 (20).

(b) IMPEL

Im Unterschied zu CELAS und PAECOL ist IMPEL in Großbritannien ansässig. Zwar ist das deutsche WahrnG nach dem Schutzlandprinzip auch in diesem Fall als deutsches Recht anwendbar. Nach dem hier gefundenen Ergebnis steht der Anwendbarkeit der Regelungen des WahrnG jedoch die DLRL entgegen. Mithin unterliegt diese Initiative nicht den Regulierungen des WahrnG.

(c) Ergebnis

Die Rechtewahrnehmung durch Initiativen nach Modell 1 kann dann nach dem WahrnG beurteilt werden, wenn die jeweiligen Initiativen ihre Niederlassung in Deutschland haben.

(2) Modell 2

Dem Modell 2 werden solche Initiativen zugeordnet, welche auf Vereinbarungen zwischen einem Verlag und einer Verwertungsgesellschaft beruhen. Die Organisation, Lizenzierung und Verwaltung des Repertoires dieser Initiativen übernimmt dabei aufgrund der Vereinbarung die Verwertungsgesellschaft. Bei DEAL ist dies SACEM. SACEM hat ihren Sitz in Frankreich. Das deutsche WahrnG ist daher nach den gefundenen Ergebnissen in jedem Fall nicht – auch nicht mittelbar über die Verwertungsgesellschaft – anwendbar. DEAL kann ausschließlich nach französischem Wahrnehmungsrecht beurteilt werden.

Fraglich erscheint, ob das WahrnG bei Modell 2 – wie bei Modell 1 – anwendbar wäre, wenn deutsches Recht zur Anwendung käme, weil bspw. die GEMA dem Modell 2 entsprechende Vereinbarungen getroffen hätte.

Das WahrnG ist nach § 1 Abs. 1 WahrnG ausschließlich auf Verwertungsgesellschaften anwendbar. Wie bereits festgestellt, liegt eine Verwertungsgesellschaft nach § 1 Abs. 4 S. 1 i. V. m. Abs. 1 WahrnG vor, „wenn eine juristische Person oder eine Personengemeinschaft“ „Nutzungsrechte, Einwilligungsrechte oder Vergütungsansprüche, die sich aus dem Urheberrechtsgesetz vom 9.9.1965 ergeben, für Rechnung mehrerer Urheber oder Inhaber verwandter Schutzrechte zur gemeinsamen Auswertung wahrnimmt (...) im eigenen oder fremden Namen“.

Eine Initiative des Modells 2 müsste also eine juristische Person oder Personengemeinschaft darstellen. Der Gesetzgeber wollte dabei grundsätzlich[1212] Unternehmen erfassen. So versteht der Gesetzesentwurf unter Verwertungsgesell-

1212 Als Ausnahme sieht § 1 Abs. 4 S. 2 UrhWG eine sinngemäße Anwendbarkeit der Regelungen des UrhWG auf natürliche Personen vor.

schaften „Unternehmen, die Urheberrechte oder verwandte Schutzrechte für Rechnung mehrerer also treuhänderisch, zur gemeinsamen Auswertung wahrnehmen.“[1213] Bei Modell 2 basiert die Rechtewahrnehmung nicht auf Initiativen, hinter denen ein Unternehmen steht, sondern auf Vereinbarungen hinsichtlich der Einräumung europaweiter Lizenzen. Hier stehen hinter der Initiative keine Gesellschaften mit eigener Rechtsfähigkeit, wie bspw. der Verein oder die GmbH. Eine juristische Person ist nicht gegeben.

Es könnte allenfalls eine Personengemeinschaft vorliegen. Personengemeinschaften sind bspw. die Erbengemeinschaft, die Gesamthandsgemeinschaft, die eheliche Gütergemeinschaft oder die GbR.[1214] Hier kommt das Vorliegen einer GbR in Betracht. Schließlich verfolgen sowohl der Verlag als auch die Verwertungsgesellschaft das Ziel der europaweiten Lizenzierung der Online-Rechte des Verlages. Hierin könnte der Abschluss eines Gesellschaftsvertrages gesehen werden. Dieser ist Grundvoraussetzung einer GbR. Der Vertragsschluss kann sich bereits aus den Umständen ergeben. Ein Gesellschaftsvertrag ist die vertragliche Verpflichtung von zwei oder mehr Gesellschaftern, einen gemeinsamen Zweck zu fördern.[1215] Allerdings müssen sich die Gesellschafter darüber einigen, dass der Zweck gemeinsam verfolgt wird. Die Gemeinsamkeit ist gegeben, wenn jede Partei von der anderen die Förderung des Zweckes verlangen kann und die fördernde Tätigkeit des einen dem anderen zugutekommen soll. Ein lediglich gleich gerichtetes Interesse genügt nicht.[1216] Bei Modell 2 wird die Verwertungsgesellschaft von einem Verlag dazu ermächtigt, bestimmte Rechte wahrzunehmen. Eine gemeinsame Förderung des Zweckes bzw. des Interesses der Vergabe von Lizenzen an den Online-Rechten des Verlages liegt nicht vor. Somit ist ein Gesellschaftsvertrag nicht geschlossen worden, wodurch eine GbR nicht gegeben ist. Es liegt also auch keine Personengemeinschaft vor.

Mithin stellen die Initiativen des Modells 2 keine Verwertungsgesellschaften im Sinne des WahrnG dar. Die Regelungen des WahrnG sind auf die Initiativen nicht unmittelbar anwendbar. Modell 2 kann lediglich mittelbar, über eine Kontrolle der jeweils tätigen Verwertungsgesellschaft reguliert werden. Eine solche mittelbare Regulierung des Modells 2 über das WahrnG ist ebenfalls aufgrund der DLRL nur möglich, sofern die Verwertungsgesellschaft ihre Niederlassung in Deutschland hat.

---

1213 BT-Drucks. IV/271, 13.

1214 *Heider,* in: Goette/Habersack, MünchKommAktG, § 2 Rn.9; *Patzina,* in: Rauscher/Wax/Wenzel, MünchKommZPO, § 29 c Rn. 10.

1215 *Ulmer,* in: Rebmann/Säcker/Rixecker, MünchKomm, § 705 Rn. 1.

1216 *Ulmer,* in: Rebmann/Säcker/Rixecker, MünchKomm, § 705 Rn. 17, 142, 148 und 153.

(3) Modell 3

Dem Modell 3 ist die Initiative PEDL zuzuordnen. Auch bei dieser Initiative handelt es sich nicht um ein eigenständiges Unternehmen. Vielmehr geschieht die Lizenzierung über vom Verlag ermächtigte Verwertungsgesellschaften. Sämtliche Verwertungsgesellschaften, die an der Initiative teilnehmen, sind nicht in Deutschland niedergelassen. Mithin ist das WahrnG auf die Initiative nicht anwendbar. Die Regulierung der Initiative richtet sich nach dem Wahrnehmungsrecht der Herkunftsländer der beteiligten Verwertungsgesellschaften. Eine mittelbare Regulierung von Modell 3 über die Verwertungsgesellschaften nach dem WahrnG ist nur möglich, wenn eine Verwertungsgesellschaft in Deutschland niedergelassen ist.[1217]

(4) Modell 4

Modell 4 gründet ebenfalls auf Vereinbarungen. Eine Gesellschaft wurde auch hier nicht gegründet. Dem Modell kann derzeit PEL zugeordnet werden. Diese Initiative wird von der SGAE organisiert, die ihren Sitz in Spanien hat. Die DLRL steht mithin der Anwendbarkeit des WahrnG entgegen. Auch bei einer Initiative des Modells 4, die auf eine deutsche Verwertungsgesellschaft zurückgeht, würde die unmittelbare Anwendbarkeit der Regulierungen des WahrnG daran scheitern, dass die Initiative keine Verwertungsgesellschaft im Sinne des WahrnG darstellt. Es wäre auch hier lediglich eine mittelbare Kontrolle möglich.[1218]

(5) Modell 5

Wie bei Modell 2, 3 und 4 basieren auch die Initiativen des Modells 5 auf Vereinbarungen. Eigene Gesellschaften werden nicht gegründet. Armonia beruht auf Vereinbarungen zwischen den drei beteiligten Verwertungsgesellschaften SGAE, SACEM und SIAE. Diese übernehmen die Verwaltung und Organisation der Initiative gemeinschaftlich. Auch diese Verwertungsgesellschaften haben keine Niederlassungen außerhalb ihrer Herkunftsstaaten, womit einer Anwendbarkeit des deutschen Wahrnehmungsrechts wiederum die DLRL entgegensteht.

Bei dem Nordic model übernimmt die Verwertungsgesellschaft NCB die wesentliche Organisation und Verwaltung. Auch das NCB hat keine Niederlassung in Deutschland. Mithin steht auch hier die DLRL der Anwendbarkeit der Regulierungen des WahrnG entgegen. Modell 5 könnte mithin wie die Modelle 2 – 4

1217 Siehe oben Kap. 2, C.III.1.a)cc)(2).

1218 Siehe oben Kap. 2, C.III.1.a)cc)(2).

lediglich mittelbar über das WahrnG reguliert werden, wenn eine Verwertungsgesellschaft an einer Initiative beteiligt wäre, die in Deutschland niedergelassen ist.[1219]

dd) Fazit

Aufgrund der DLRL unterliegen die Initiativen der Modelle ausschließlich den Regulierungen in ihren Niederlassungsstaaten bzw. der Herkunftsstaaten der Verwertungsgesellschaften, welche aufgrund der Vereinbarungen mit den Verlagen tätig werden oder eigene Initiativen aufgebaut haben. Dieses Ergebnis erscheint problematisch und nicht interessengerecht. Zunächst führt es dazu, dass die Initiativen, auf die nationales Wahrnehmungsrecht anzuwenden ist, unter Umständen gegenüber Verwertungsgesellschaften bzw. Initiativen anderer Länder strengeren Regulierungen unterliegen und dadurch im gemeinschaftsweiten Wettbewerb mit den anderen Initiativen, die in ihren Ländern u. U. weniger strengeren Regeln unterliegen, benachteiligt sind. So sieht das deutsche WahrnG eine strenge Kontrolle von Verwertungsgesellschaften vor[1220], während bspw. das Aufsichtsrecht in Großbritannien keine spezielle Gründungskontrolle vorsieht und lediglich die anschließende Tätigkeit kontrolliert wird. Auch diese Kontrolle findet jedoch nur auf Antrag und hinsichtlich der Außenbeziehungen der Verwertungsgesellschaft statt.[1221] Zudem sind die vom WahrnG vorgegebenen Transparenzpflichten[1222] nicht in jedem europäischen Staat vergleichbar umfangreich. So werden bspw. in Großbritannien und Irland kaum Transparenzvorschriften getroffen.[1223]

Darüber hinaus kann eine Anwendung der DLRL auf die Rechtewahrnehmung dazu führen, dass sich Verlage primär Verwertungsgesellschaften in Mitgliedstaaten mit möglichst niedrigem Schutzniveau als geeigneten Vertragspartner aussuchen oder aber die Initiativen dort ansiedeln, um mögliche Wettbewerbsnachteile zu vermeiden und ihre Tätigkeit möglichst unreguliert ausüben zu können. Die angesprochenen Wettbewerbsnachteile können dabei vor allem bei den auf Verlage ausgerichteten Modellen 1 bis 3 auftreten. Diese haben die Möglichkeit, sich eine für ihre Initiative zuständige Verwertungsgesellschaft auszusuchen bzw. eine Gesellschaft in dem Land mit den geringsten Anforderungen anzusiedeln. Es kann allerdings nicht nur zu den beschriebenen Wettbe-

---

1219 Siehe oben Kap. 2, C.III.1.a)cc)(2).

1220 Siehe oben Kap. 1, D.II.1.a).

1221 *Katzenberger,* in: Hilty: Die Verwertungsgesellschaften von Urheberrechten in Europa, S. 1 (10).

1222 Siehe oben Kap. 1, D.I.5.

1223 Im Einzelnen hierzu *KEA*, S. 107 und 117.

werbsnachteilen kommen. Der Umstand, dass sich Verlage primär die Verwertungsgesellschaften in Mitgliedstaaten mit möglichst niedrigem Schutzniveau als Vertragspartner aussuchen oder Initiativen dort ansiedeln können, wo ihre Tätigkeit möglichst unreguliert bleibt, führt dazu, dass Verlage unliebsame nationale Regelungen umgehen können.

Dadurch, dass nur das Wahrnehmungsrecht des Landes angewendet werden kann, in dem die Verwertungsgesellschaft und/oder die Initiative ihren Sitz hat, können Rechtschutzlücken entstehen, die vor allem für die Nutzer nachteilig sind, die sich bspw. gegen unangemessene Tarife wehren möchten. Die jeweils geltenden Wahrnehmungsgesetze sind auf Sachverhalte, die sich in anderen Ländern abspielen, aufgrund des Territorialitätsprinzips[1224] nicht ohne weiteres anwendbar.[1225] Auf Sachverhalte, die sich bspw. in Deutschland abspielen, wäre ausländisches Wahrnehmungsrecht nur anwendbar, wenn Art. 16 DLRL als Kollisionsregel mit einer Sachnormverweisung auf das Recht des Herkunftsstaates, z. B. Spanien, verstanden wird. Der Wortlaut der Richtlinie lässt eine derartige Auslegung jedoch nicht zu. Vielmehr wird in Art. 3 Abs. 2 DLRL bestimmt, dass die Richtlinie nicht die Regeln des Internationalen Privatrechts betrifft.[1226] Diese Rechtsschutzlücken sind bei sämtlichen Modellen relevant[1227].

Die Anwendbarkeit der DLRL auf die Tätigkeit von Verwertungsgesellschaften zusammen mit der fehlenden Vereinheitlichung des Wahrnehmungsrechtes in Europa führen demnach zu erheblichen Problemen und Rechtsunsicherheit im Bereich der europaweiten Lizenzierung.[1228] Insofern wird deutlich, dass eine europaweite Regelung der kollektiven Wahrnehmung erforderlich ist.

#### *b) Einräumung von Vervielfältigungsrechten und dem Recht der öffentlichen Zugänglichmachung*

Fraglich ist neben der rechtlichen Einordnung und Reglementierung zudem, ob die Online-Nutzungsrechte[1229] wirksam eingeräumt wurden. Hier erscheint problematisch, ob diese getrennt nach Vervielfältigungsrechten und dem Recht auf öffentliche Zugänglichmachung vergeben bzw. eingeräumt werden können. Wie bereits festgestellt, beruht die Mehrzahl der Initiativen, insbesondere die der Modelle 1 bis 4, auf dem Umstand, dass die Musikverlage ihre mechanischen

---

1224 Siehe oben Kap. 1, F.II.1.

1225 *Himmelmann,* in: Kreile u. a., Recht und Praxis der GEMA, Kap. 18 Rn. 215 f.

1226 *Heine/Eisenberg,* GRUR Int 2009, 277 ( 282 f., Fn. 49).

1227 Bei der Initiative des Modells 4 Nordic model ist dies der Fall, wenn diese beginnt, europaweit zu agieren.

1228 *Heine/Eisenberg,* GRUR Int 2009, 277 (282 f.).

1229 Siehe oben Kap. 1, B.II.

Vervielfältigungsrechte den Verwertungsgesellschaften entzogen und in diese Initiativen eingespeist haben. Ob die isolierte Einräumung der Nutzungsrechte, also hier der Vervielfältigungsrechte nach § 16 UrhG, nach deutschem Recht zulässig ist, ist problematisch. Um die Frage nach der Möglichkeit einer getrennten Einräumung von Vervielfältigungsrechten und dem Recht der öffentlichen Zugänglichmachung beantworten zu können, ist zunächst zu prüfen, ob deutsches Recht anwendbar ist. Sodann kann in die Prüfung eingestiegen werden, ob eine getrennte Einräumung der beiden Rechte bei den gängigen Online-Nutzungen[1230], insbesondere also bei Streaming- und Download-Angeboten, in Vervielfältigungsrechte und das Recht auf öffentliche Zugänglichmachung möglich ist.

aa) Anwendbarkeit des deutschen UrhG

Zunächst müsste das deutsche Urheberrecht auch auf die Frage der Einräumung von gegenständlich wirkenden Nutzungsrechten zur Anwendung gelangen. Wie bereits festgestellt, verfügt jeder Urheber aufgrund des Territorialitätsprinzips[1231] über ein Bündel nationaler Urheberrechte. Damit gelten die Regelungen des deutschen UrhG auch für jede ausländische Person, welche als Angehöriger eines EU- oder EWR-Staates nach § 120 Abs. 2 Nr. 2 UrhG oder im Übrigen über § 121 Abs. 1 oder Abs. 4 UrhG i. V. m. einem Staatsvertrag ein inländisches deutsches Recht in Bezug auf sein Werk zusteht. Kollisionsrechtlich maßgeblich ist dabei das Schutzlandprinzip[1232], wonach in urheberrechtlichen Streitigkeiten grundsätzlich das Recht des Staates zur Anwendung gelangt, für dessen Gebiet Schutz begehrt bzw. erörtert wird. Somit richtet sich auch die Frage der Einräumung gegenständlich wirkender Nutzungsrechte aus Urheber- und Leistungsschutzrechten, die innerhalb des deutschen Territoriums wirken, nach deutschem Urheberrecht.[1233]

bb) Möglichkeit der getrennten Einräumung

Bei der Online-Nutzung von Musik sind regelmäßig zwei Rechte, insbesondere das Vervielfältigungsrecht nach § 16 UrhG und das Recht der öffentlichen Zu-

1230 Siehe oben Kap. 1, B.I.

1231 Siehe oben Kap. 1, F. II.1.

1232 Siehe oben Kap. 1, F. II.1.b).

1233 *BGH,* GRUR 1988, 296 (298) – GEMA-Vermutung-IV; *BGH,* GRUR 1999, 152 (153 f.) – Spielbankaffäre; *OLG München*, ZUM 2010, 709 (712); *LG München,* ZUM 2009, 788 (792);*Ullrich,* ZUM 2010, 311 (321); *Dreier,* in: Dreier/Schulze, UrhG, Vor 120 ff. Rn. 28.

gänglichmachung nach § 19a UrhG betroffen[1234]. Die Nutzer, also entsprechende Onlineanbieter, müssen über eine Erlaubnis verfügen, welche diese beiden Verwertungsrechte abdeckt. Ein Urheber hat zum einen die Möglichkeit, den Nutzern rein schuldrechtlich eine Erlaubnis zu erteilen.[1235] Zum anderen hat der Gesetzgeber in § 31 Abs. 1 S. 1 UrhG eine weitere Möglichkeit der Erlaubniserteilung vorgesehen. Diese Art der Erlaubniserteilung ist im Zusammenhang mit den hier diskutierten Initiativen zentral. Danach kann der Urheber einem anderen konstitutiv das Recht einräumen, ein Werk auf einzelne oder alle Nutzungsarten zu nutzen (Nutzungsrecht).[1236] Ein Nutzungsrecht darf räumlich, zeitlich und/oder inhaltlich beschränkt werden (§ 31 Abs. 1 S. 2 UrhG). Auch in der beschränkten Form jedoch müssen es gegenständliche Nutzungsrechte sein, also Nutzungsarten, die nach der Verkehrsauffassung als solche hinreichend klar abgrenzbar und wirtschaftlich-technisch als einheitlich und selbstständig anzusehen sind[1237]. Bei der Einräumung von Nutzungerechten existieren also Grenzen. Ob Vervielfältigungsrechte und das Recht der öffentlichen Zugänglichmachung im Hinblick auf die gängigen Online-Nutzungen getrennt eingeräumt werden dürfen, ist umstritten.

(1) Getrennte Einräumung zulässig

Nach einer Ansicht[1238] ist eine getrennte Einräumung der Online-Nutzungsrechte, also getrennt nach den Vervielfältigungsrechten nach § 16 UrhG und dem Recht der öffentlichen Zugänglichmachung nach § 19a UrhG, zulässig. Da diese beiden Verwertungsrechte sowohl im deutschen als auch im europäischen und im internationalen Urheberrecht nebeneinander bestehen und für Online-Nutzungen Lizenzen aus beiden Rechten erworben werden müssen, könnten diese auch gesondert „lizenziert" werden. Das Urhebervertragsrecht stehe dem nicht entgegen.[1239] Eine Abgrenzung sei bereits durch die Verwertungsrechte hinreichend klar vorgegeben. Die Abgrenzung ergebe sich zwingend aus der Festlegung der verschiedenen Verwertungsrechte in § 16 UrhG und § 19a UrhG. Einer Rechtfertigung des Aufspaltens mittels § 31 Abs. 1 UrhG bedürfe es nicht mehr.[1240] § 31

1234 Siehe oben Kap. 1, B.II.4.

1235 *Schulze,* in: Dreier/Schulze, UrhG, § 31 Rn. 7 f.

1236 *Wandtke/Grunert,* in: Wandtke/Bullinger, UrhR, § 31 UrhG Rn. 2.

1237 *BGH,* GRUR 1992, 310 (311) – Taschenbuchlizenz; *BGH,* GRUR 2001, 153 (154) – OEM-Version; *BGH,* GRUR 2003, 416 (418) – CPU-Klausel; *Schricker/Loewenheim,* in: Schricker/Loewenheim, UrhR, § 31 Rn. 7; *Schulze,* in: Dreier/Schulze, UrhG, § 31 Rn. 28.

1238 *Jani,* ZUM 2009, 722 (725); *Melichar,* ZUM 2010, 713 (713); *Spohn/Hullen,* GRUR 2010, 1053 (1056 f.).

1239 *Jani,* ZUM 2009, 722 (725).

1240 *Melichar,* ZUM 2010, 713 (713).

Abs. 1 UrhG ist also dieser Ansicht nach hier nicht anwendbar. Vielmehr werde andernfalls die Gesetzessystematik verletzt und die Entkoppelung von Verwertungs- und Nutzungsrechten betrieben[1241]. Eine Aufspaltung nach Maßgabe der Verwertungsrechte sei möglich[1242]. Eine Beschränkung der rechtlichen Aufspaltbarkeit gelte nur innerhalb eines oder mehrerer für die Verwertungsrechte der § 15 Abs. 1 und Abs. 2 UrhG in Bezug auf die unterschiedlichen Nutzungsarten gewährten Nutzungsrechte. Ein Grundsatz, dass die Aufteilung eines Nutzungsvorgangs in die Verwertungsrechte der §§ 15 ff. UrhG unzulässig sei, lasse sich dem Urheberrecht nicht entnehmen.[1243]

Auch wenn § 31 Abs. 1 UrhG angewendet wird, gelangt man nach dieser Ansicht nicht zu dem Ergebnis, dass eine Aufspaltung unzulässig ist[1244]. Zunächst besteht dieser Ansicht zufolge die Gefahr der doppelten Inanspruchnahme nicht, da die Verwertungsrechte trennscharf voneinander abgegrenzt werden könnten und deshalb das Risiko einer Doppelvergütung für ein und dieselbe Lizenz ausgeschlossen sei[1245]. Darüber hinaus werden nach dieser Ansicht die Verkehrsschutzinteressen nicht verletzt, da mehrere Verwertungsrechte betroffen sind und sich dadurch keine Abgrenzungsschwierigkeiten ergeben[1246]. Auch bestehe bei den Online-Nutzungen kein einheitlicher Nutzungsvorgang[1247], welcher einer dinglichen Aufspaltung entgegenstehen könne. Es seien vielmehr unterschiedliche Nutzungsarten gegeben. Das Vervielfältigungsrecht habe eine eigenständige Bedeutung bei Online-Nutzungen. Beim Streaming sei eine eigenständige wirtschaftliche Bedeutung gegeben. Diese Aussage wird darauf gestützt, dass in den USA gesondert für das Vervielfältigungsrecht bezahlt werde, und wird mit weiteren betriebswirtschaftlichen Erwägungen begründet.[1248]

Auch das Gemeinschaftsrecht ginge davon aus, dass jedes der bei der Online-Nutzung betroffenen Rechte separat erworben werden müsse[1249]. Die Online-Empfehlung der Kommission differenziere nicht zwischen den einzelnen Online-Rechten. Sie schreibe nicht vor, dass die einzelnen Online-Rechte von einem der in Betracht kommenden Akteure im Bündel wahrgenommen werden müssen.[1250]

---

1241 *Melichar,* ZUM 2010, 713 (714).

1242 *Schricker/Loewenheim,* in: Schricker/Loewenheim, UrhR, Vor § 28 Rn. 92; *Schindler,* S. 41.

1243 *Spohn/Hullen,* GRUR 2010, 1053 (1056 f.).

1244 *Müller,* ZUM 2011, 13 (17).

1245 *Jani,* ZUM 2009, 722 (726).

1246 *Müller,* ZUM 2011, 13 (18).

1247 *Jani,* ZUM 2009, 722 (726 f.).

1248 *Jani,* ZUM 2009, 722 (727).

1249 *Jani,* ZUM 2009, 722 (727 f.).

1250 *Jani,* ZUM 2009, 722 (727).

Auch aus den GEMA-Entscheidungen der Kommission[1251] folge nichts anderes. Nach diesen Entscheidungen sollten die Berechtigten alle wirtschaftlich trennbaren Formen der Ausübung des Urheberrechts unter Berücksichtigung der Differenzen der jeweiligen nationalen Gesetzgebung über das Urheberrecht gesondert übertragen können.[1252]

Aus der Rechtsprechung des BGH kann dieser Ansicht nach ebenfalls kein anderer Schluss gezogen werden[1253].

Zudem ergebe sich auch aus den urheberrechtlichen Schranken der §§ 52a, 52b und 55 UrhG, dass eine getrennte Lizenzierung möglich sei[1254]. Diese Schrankenregelungen gingen von einer „Einheitlichkeit der Nutzungshandlungen" aus und seien überflüssig, wenn sowieso der Grundsatz der Einheitlichkeit gelte[1255].

Des Weiteren wird mit der Praxis der Rechtevergabe im Ausland argumentiert. Insbesondere im angloamerikanischen Raum lägen mechanische Vervielfältigungsrechte und Aufführungsrechte regelmäßig bei unterschiedlichen Rechteinhabern.[1256]

Darüber hinausgehend wird teilweise vertreten, eine Einschränkung von Nutzungsrechten sei beliebig zulässig, da überhaupt kein Bedürfnis bestehe, die Einschränkung von Nutzungsrechten zu begrenzen[1257].

Dieser Ansicht zufolge sind Vervielfältigungsrecht und das Recht der öffentlichen Zugänglichmachung bei Online-Nutzungen mithin getrennt einräumbar.

(2) Keine getrennte Einräumung

Die andere Ansicht[1258] geht davon aus, dass eine getrennte Einräumung des Vervielfältigungsrechts und des Rechts der öffentlichen Zugänglichmachung bei Online-Nutzungen nicht möglich sei. Nach dieser Ansicht sprechen sehr wohl urhebervertragliche Grenzen gegen eine Aufspaltung der Rechte. Nutzungsrechte

---

1251 *Kommission,* Entscheidung v. 2.6.1971, ABl. L134 v. 6.7.1972, S. 15 – GEMA-I; Entscheidung v. 6.7.1972, ABl. L166 v. 24.7.1972, S. 22 – GEMA-II.

1252 *Jani,* ZUM 2009, 722 (727 f.); *Müller,* ZUM 2011, 13 (19).

1253 *Müller,* ZUM 2011, 13 (19).

1254 *Jani,* ZUM 2009, 722 (728 f.).

1255 *Jani,* ZUM 2009, 722 (728 f.); *Melichar,* ZUM 2010, 713 (714 f.); *Müller,* ZUM 2011, 13 (19 f.).

1256 *Jani,* ZUM 2009, 722 (729).

1257 *Schindler,* S. 149.

1258 *OLG München,* ZUM 2010, 709 (712 ff.); *LG München,* ZUM 2009, 788 (792 f.); *v. Albrecht,* K&R 2009, 661 (662 f.); *Schaefer,* ZUM 2010, 150 (150 ff.); *Ullrich,* ZUM 2010, 311 (313 ff.).

orientieren sich dieser Ansicht zu Folge nicht zwangsläufig an den Verwertungsrechten. Dies richte sich allein danach, ob eine Nutzungsart vorliegt.[1259]

Bei Online-Nutzungen, insbesondere beim Streaming und Download, gehe die öffentliche Zugänglichmachung stets mit einer Vervielfältigung einher[1260]. Es liege ein einheitlicher Nutzungsvorgang vor.[1261] Eine Nutzungsart „mechanische Vervielfältigungsrechte im Onlinebereich, ohne Recht auf öffentliche Zugänglichmachung" gebe es nicht[1262].[1263] Die Vervielfältigung sei keine als solche lizenzierbare Nutzungsart innerhalb der Nutzungsart „Online-Nutzung". Eine Nutzungsart sei eben nicht identisch mit den Verwertungsrechten in §§ 15 ff. UrhG[1264], sondern werde durch die wirtschaftlich-technischen Gestaltungsmöglichkeiten eines Werkes bestimmt[1265]. Im Rahmen der Online-Nutzung durch Streaming habe die Vervielfältigung im Vergleich zur öffentlichen Zugänglichmachung nach der Verkehrsauffassung keine eigenständige wirtschaftliche Bedeutung. Es handele sich vielmehr um eine untergeordnete Vorbereitungshandlung zur öffentlichen Zugänglichmachung.[1266] Darüber hinaus wird auf die Rechtsprechung hingewiesen. In der Rechtsprechung sei eine Tendenz zu erkennen, der separaten Geltendmachung von Annexrechten Grenzen zu setzen. Dabei wird auf die Klingeltonentscheidung des BGH[1267] verwiesen, in der ausgeführt wurde, dass der Urheber typischerweise mit einer Nutzung einhergehende und vorhersehbare Änderungen tolerieren müsse[1268]. Zudem wird mit den Lizenzverträgen der GEMA für Online-Nutzungen argumentiert. Auch diese enthielten das untrennbar miteinander verbundene Nutzungspaket des zentralen § 19a UrhG, das von zwei Vervielfältigungen umklammert werde.[1269] Auch in anderen Entscheidungen des BGH finde sich die Tendenz, annexe Nutzungen, die in einer Hauptnutzung aufgehen oder diese vorbereiten, nicht separat lizenzieren zu können.[1270]

Des Weiteren wird ausgeführt, dass weder bei Streaming- noch bei Download-Angeboten die Vervielfältigung oder die öffentliche Zugänglichmachung eines Werkes eine eigene Nutzungsart darstellten, welche nach der Verkehrsauf-

---

1259 *Ullrich*, ZUM 2010, 311(314).

1260 Siehe oben Kap. 1, B.II.3.a).

1261 *LG München*, ZUM 2009, 788 (793).

1262 *LG München*, ZUM 2009, 788 (792).

1263 *OLG München*, ZUM 2010, 709 (712).

1264 *Nordemann*, in: Fromm/Nordemann, UrhR, § 31 UrhG Rn. 13.

1265 *BGH*, GRUR 1992, 310 (311) – Taschenbuchlizenz.

1266 *OLG München*, ZUM 2010, 709 (712); *LG München*, ZUM 2009, 788 (792 f.).

1267 *BGH*, NJW 2009, 774 – Klingeltöne für Mobiltelefone.

1268 *BGH*, NJW 2009, 774 (777) – Klingeltöne für Mobiltelefone.

1269 *v. Albrecht*, K&R 2009, 661 (662).

1270 *v. Albrecht*, K&R 2009, 661 (663).

fassung als solche hinreichend klar abgrenzbar, d. h. wirtschaftlich einheitlich und selbstständig sein müssten[1271]. Bei der Vervielfältigung im Rahmen von Streaming- oder Download-Angeboten fehle es insbesondere an der wirtschaftlichen Bedeutung. Entscheidend sei entgegen der anderen Ansicht nicht, ob in den USA Gebühren erhoben werden oder eine betriebswirtschaftliche Sicht, sondern eine Beurteilung nach der allgemeinen Verkehrsauffassung[1272]. Nach der allgemeinen Verkehrsauffassung sei die Vervielfältigung eines Werkes auf dem Server zum Zweck der öffentlichen Zugänglichmachung nur eine rein intern wirkende, vorbereitende Handlung, die allenfalls Kosten verursache, vielleicht Gewinnerwartungen wecke, keinesfalls jedoch als solche geldwerte Vorteile generiere bzw. generieren könne. Sowohl beim Streaming als auch bei Download-Angeboten werde der wirtschaftliche Wert erst durch die öffentliche Zugänglichmachung feststellbar bzw. realisierbar.[1273] Die öffentliche Zugänglichmachung sei zwar wirtschaftlich die bedeutsame Handlung, technisch jedoch uneigenständig, wodurch auch diese Nutzung keine Nutzungsart darstelle[1274]. Zudem wird auf die Lizenzierungspraxis der GEMA hingewiesen und ausgeführt, dass die wirtschaftlich-technische Einheit des Nutzungsvorgangs, die zum Postulat einer nicht aufspaltbaren einheitlichen Nutzungsart führt, im Gesetz bereits in § 42a UrhG angelegt sei[1275].

Darüber hinaus wird mit der Gefahr der doppelten Inanspruchnahme argumentiert[1276]. „Noch nie musste ein Bahnreisender mit gültigem Fahrschein auch eine Bahnsteigkarte lösen.“[1277]

Das Unionsrecht spricht dieser Ansicht zufolge im Unterschied zu der erstgenannten Ansicht nicht gegen die Unmöglichkeit der Aufspaltung. Es könne nicht davon ausgegangen werden, dass sich die Kommission bewusst mit den Voraussetzungen der Einräumung eines gegenständlich wirkenden Nutzungsrechtes bzgl. einer Nutzungsart auseinandersetzen wolle. Zudem sei die Empfehlung unverbindlicher Natur.[1278] Auch aus den GEMA-Entscheidungen der Kommission[1279] kann nach dieser Ansicht kein anderer Schluss gezogen werden[1280]. Insbe-

1271 *Ullrich*, ZUM 2010, 311 (314 ff.); ausführlich hierzu ZUM 2010, 311 (315 ff.).

1272 *OLG München*, ZUM 2010, 709 (712).

1273 *Ullrich*, ZUM 2010, 311 ( 316).

1274 *Ullrich*, ZUM 2010, 311 (317 f.).

1275 *Schaefer*, ZUM 2010, 150 (152).

1276 *LG München*, ZUM 2009, 788 (793); *Schaefer*, ZUM 2010, 150 (152).

1277 *Schaefer*, ZUM 2010, 150 (152).

1278 *Ullrich*, ZUM 2010, 311 (319).

1279 *Kommission*, Ent. v. 2.6.1971, ABl. L134 v. 6.7.1972, S. 15 – GEMA-I; Ent. v. 6.7.1972, ABl. L166 v. 24.7.1972, S. 22 – GEMA-II.

1280 *v. Albrecht*, K&R 2009, 661 (662); *Ullrich*, ZUM 2010, 311 (313, 319); *Schaefer*, ZUM 2010, 150 (153).

sondere die Spartenausnahmen legten nichts anderes nahe. Die Sparten würden eben nicht dem „Zuschnitt“ der Verwertungsrechte folgen. Dort sei bspw. das „mechanische Recht“ als Sparte aufgeführt, ungeachtet der Tatsache, dass es Vervielfältigungsrecht und Verbreitungsrecht umfasst.[1281] Die in der GEMA-II-Entscheidung[1282] getroffenen Aussagen stünden vollumfänglich mit der deutschen Rechtsprechung und Lehre im Einklang[1283]. Die Kommission habe in den GEMA-Entscheidungen[1284] zum Ausdruck gebracht, dass es bei einer Nutzungsart auf die wirtschaftlich bedeutsame Handlung ankommt[1285].

Aus den urheberrechtlichen Schranken kann sich nach dieser Ansicht nichts anderes ergeben[1286]. § 55 UrhG bringe selbst dann, wenn man den Bereich der ephemeren Vervielfältigung als integralen Bestandteil der Rundfunksendung verstehe, nur eben deren Zusammengehörigkeit innerhalb der Nutzungsart zum Ausdruck. Man könne diese Regelung sogar als Bestandteil einer „Untrennbarkeits-Regel“ auffassen, die als Teil des Urhebervertragsrechts denkbar sei. Ebenso sei es dem Gesetzgeber bei §§ 52a und 52b UrhG vor allem an einer Klarstellung gelegen.[1287] Zuletzt wird darauf verwiesen, dass die Aufspaltung der für die Online-Nutzung benötigten Rechte in angloamerikanischen Ländern aufgrund des Schutzlandprinzips nicht relevant für die Beurteilung nach deutschem Recht sei[1288]. Zudem könne eine andere Beurteilung zu einer unübersichtlichen Rechtslage und einer nicht akzeptablen Beeinträchtigung der Verkehrsinteressen führen[1289]. Dabei wird bei der möglichen Beeinträchtigung der Verkehrsinteressen auf wahrnehmungsrechtliche Bedenken gegen die Aufspaltbarkeit von Teilnutzungsrechten bei einheitlicher Nutzungsart hingewiesen.[1290] Gegen eine Aufspaltbarkeit sprechen dieser Ansicht zufolge sowohl der Abschlusszwang nach § 11 WahrnG[1291] als auch die Tarifierungsgrundsätze in § 13 Abs. 3 WahrnG[1292]. Der Abschlusszwang werde unterlaufen, wenn die GEMA es zuließe, dass einzelne Rechte, die für die Nutzung in einer einheitlichen Nutzungsart erforderlich sind, teils von der GEMA, teils über eine Agentur wahrgenommen würden. Der

1281 *Schaefer*, ZUM 2010, 150 (153).

1282 *Kommission*, Entscheidung v. 6.7.1972, ABl. L166 v. 24.7.1972, S. 22 – GEMA-II.

1283 *v. Albrecht*, K&R 2009, 661 (662).

1284 *Kommission*, Entscheidung v. 2.6.1971, ABl. L134 v. 6.7.1972, S. 15 – GEMA-I; Entscheidung v. 6.7.1972, ABl. L166 v. 24.7.1972, S. 22 – GEMA-II.

1285 *Ullrich*, ZUM 2010, 311 (318).

1286 *Schaefer*, ZUM 2010, 150 (152 f.); *Ullrich*, ZUM 2010, 311 (319).

1287 *Schaefer*, ZUM 2010, 150 (153).

1288 *OLG München*, ZUM 2010, 709 (712); *LG München*, ZUM 788 (793).

1289 *OLG München*, ZUM 2010, 709 (712).

1290 *OLG München*, ZUM 2010, 709 (712); *Schaefer*, ZUM 2010, 150 (153).

1291 Siehe oben Kap. 1, D.1.4.a).

1292 Siehe oben Kap. 1, D.1.4.b).

Rechteinhaber könne über das Teilrecht, welches nicht von der GEMA wahrgenommen werde, ein Verbotsrecht ausüben, was § 11 WahrnG ihm bewusst vorenthalte.[1293] Das könne auch dazu führen, dass Nutzungsinteressenten in attraktiven Einzelfällen für diese Teilrechte unter Verweis auf dieses Verbotsrecht zur Kasse gebeten würden[1294]. Darüber hinaus seien nach § 13 Abs. 3 WahrnG Berechnungsgrundlage für die Vergütung die geldwerten Vorteile, die durch die Verwertung erzielt werden bzw. andere durch die Verwertung erzielten geldwerten Vorteile. Der durch die Verwertung erzielte geldwerte Vorteil sei jedoch nicht für jedes der hier in Rede stehenden Rechte getrennt kalkulierbar. Deshalb könnten rechtlich selbstständige Verwertungsrechte nur gemeinsam wahrgenommen werden.[1295]

Nach dieser Ansicht ist eine getrennte Einräumung der Vervielfältigungsrechte und des Rechts der öffentlichen Zugänglichmachung nicht möglich.

(3) Stellungnahme

Die erstgenannte Ansicht geht davon aus, dass eine getrennte Einräumung schon deshalb möglich ist, weil zwei Verwertungsrechte betroffen sind und dass es um die Frage der Aufspaltbarkeit erst dann geht, wenn die Verwertungsrechte weiter aufgespaltet werden sollen. Erst dann gelangt § 31 Abs. 1 UrhG dieser Ansicht nach zur Anwendung. Eine derartige Eingrenzung des Anwendungsbereichs des § 31 Abs. 1 UrhG ist im Gesetz jedoch nicht vorgesehen. § 31 Abs. 1 UrhG bestimmt, dass der Urheber „einem anderen das Recht einräumen kann, das Werk auf einzelne oder alle Nutzungsarten zu nutzen“. Damit wird durch den Gesetzeswortlaut die Grenze der Einräumung von Nutzungsrechten deutlich. Die Untergrenze ist danach eine einzelne Nutzungsart. Der Begriff der Nutzungsart ist gerade nicht deckungsgleich mit dem Begriff des Verwertungsrechtes. Vielmehr wird damit eine bestimmte Art und Weise der wirtschaftlichen Nutzung[1296] bezeichnet. Anhaltspunkt für die Zulässigkeit der getrennten Rechtseinräumung ist also das Vorliegen einer Nutzungsart und nicht, welche Verwertungsrechte betroffen sind. Dann aber kann der Schluss, eine Aufteilung anhand der Verwertungsrechte müsse stets zulässig sein[1297], nicht überzeugen. Auch leuchtet nicht ein, warum die Anforderungen, die an das Vorliegen einer Nutzungsart gestellt werden, nicht gelten sollen, sobald mehrere Verwertungsrechte betroffen sind. Die Frage nach einer möglichen getrennten Einräumung der Rechte der Online-

1293 *Schaefer*, ZUM 2010, 150 (153).
1294 *Schaefer*, ZUM 2010, 150 (154).
1295 *Schaefer*, ZUM 2010, 150 (154).
1296 *Nordemann*, in: Fromm/Nordemann, UrhR, § 31 UrhG Rn. 10.
1297 *Melichar*, ZUM 2010, 713 (713); *Jani*, ZUM 2009, 722 (726);

Nutzung kann mithin beantwortet werden, indem geprüft wird, ob die Vervielfältigung bei Online-Nutzungen durch den Upload und die öffentliche Zugänglichmachung des Werkes eigene Nutzungsarten darstellen. Dies tut die andere Ansicht und gelangt richtigerweise zu dem Ergebnis, dass weder die Vervielfältigung noch die öffentliche Zugänglichmachung für sich eine wirtschaftlich-technische Einheit bildet.

Die Argumente, welche die erstgenannte Ansicht hiergegen anbringt, sind nicht überzeugend. So bestünde das Risiko der doppelten Inanspruchnahme schon deshalb nicht, weil die Verwertungsrechte trennscharf voneinander abgegrenzt werden könnten. Dabei wird verkannt, dass es bei dem Problem der doppelten Inanspruchnahme eben nicht darum geht, ob für bspw. ein betroffenes Verwertungsrecht auch nur einmal gezahlt wird, sondern darum, ob für einen einheitlichen Nutzungsvorgang mehrmals gezahlt werden muss. Diese Gefahr bestünde durchaus, wenn die beiden in Rede stehenden Rechte getrennt vergeben werden könnten. Ebenso wird die Gefahr der doppelten Inanspruchnahme übersehen, wenn darüber hinaus eine weitergehendere – nahezu grenzenlose – Aufspaltbarkeit angenommen wird. Damit wird ein wesentliches Interesse der Verwerter außer Acht gelassen und fälschlicherweise der Schluss gezogen, es bestehe gar kein Bedürfnis, die Aufspaltbarkeit von Nutzungsrechten zu begrenzen[1298].

Auch der Verweis auf das Gemeinschaftsrecht überzeugt nicht. Das Abstellen auf die Empfehlung der Kommission erscheint schon aus dem Grund fraglich, da die dort verwendeten Definitionen in dieser nicht denen des deutschen UrhG entsprechen und aufgrund der Vielzahl an Übersetzungen der Empfehlung auch nicht stichhaltig genug sind. Darüber hinaus sprechen die GEMA-Entscheidungen für die letztgenannte Ansicht. Insbesondere die Definition der Kommission „Nutzungsarten im Sinne dieser Entscheidung sind alle wirtschaftlich trennbaren Formen der Ausübung des Urheberrechts unter Berücksichtigung der Unterschiede der nationalen Gesetzgebungen über das Urheberrecht"[1299] macht dies deutlich. Auch die Schrankenregelungen stellen klar, dass bestimmte Formen der Verwertung nicht voneinander zu trennen sind und können die Argumentation der erstgenannten Ansicht nicht stützen. Der Verweis auf die Praxis der Vergabe im angloamerikanischen Ausland ist schließlich ebenfalls verfehlt, da das deutsche Urheberrecht anzuwenden ist[1300]. Vor diesem Hintergrund kann auch die Ansicht, Nutzungsrechte seien beliebig aufspaltbar, nicht überzeugen. Zumal der Vertreter dieser Ansicht selbst feststellt, dass so Splitterrechte entstehen können.

1298 *Schindler*, S. 149.

1299 *Kommission*, Entscheidung v. 6.7.1972, ABl. L 166 v. 24.7.1972, S. 22 (22) – GEMA II.

1300 Siehe oben.

Die Rechtssicherheit soll insoweit mit der Einführung von Publizitätserfordernissen wie der Schriftform gestützt werden[1301]. Solche Publizitätsanforderungen sind im UrhG aber gerade nicht vorgesehen. Dadurch wird einmal mehr deutlich, dass eine freie Vergabe zu Lasten der Rechtsicherheit gehen kann. Dementsprechend ist der anderen Ansicht zu folgen. Eine getrennte Einräumung der Online-Nutzungsrechte, also der Vervielfältigungsrechte und des Rechts der öffentlichen Zugänglichmachung, ist demnach nicht möglich.

cc) Ergebnis

Vervielfältigungsrechte und das Recht der öffentlichen Zugänglichmachung können bei Online-Nutzungen mithin nicht wirksam getrennt eingeräumt werden.

dd) Folgen

Fraglich ist, wie sich das gefundene Ergebnis auf die Modelle auswirkt.

(1) Modelle 1 bis 3

Die Modelle 1 bis 3 sind auf Verlage ausgerichtet. Die Initiativen, die diesen Modellen zugeordnet werden können, wurden von Verlagen initiiert. Sie beruhen auf der eingangs dargestellten Entwicklung der Herausnahmen der mechanischen Vervielfältigungsrechte durch die großen Musikverlage aus dem System der Gegenseitigkeitsverträge. Realisiert wurden die Herausnahmen der Rechte in unterschiedlicher Form[1302]. Möglich ist zunächst eine Beendigung der Wahrnehmungsverträge durch eine teilweise Kündigung der Wahrnehmungsverträge zwischen den Subverlagen und den nationalen Verwertungsgesellschaften. Die Kündigung bezieht sich dann lediglich auf die Vervielfältigungsrechte. Dass eine solche teilweise Kündigung grundsätzlich zulässig ist, zeigt § 10 Abs. 2 BerV der GEMA[1303], der eine solche teilweise Kündigung bei den Rechten, die die Online-Nutzung betreffen, zulässt[1304].

1301 *Schindler*, S. 175.

1302 Wie die Rechte im jeweiligen Fall rechtlich aus den Verwertungsgesellschaften herausgenommen wurden, wurde von den Verlagen und Verwertungsgesellschaften nicht publik gemacht. Allerdings kann insofern auf die Entscheidung der *Europäischen Kommission* v. 22.5.2007, Fall COMP/M.4404 – Universal/BMG Music Publishing und das Urteil des *LG München* v. 25.6.2009, ZUM 2009, 788 zurückgegriffen werden.

1303 Abgedruckt im GEMA-Jahrbuch 2010/2011, S. 167 ff.

1304 In dem Urteil des *LG München* wird von einer „teilweise(n) Kündigung der Verträge der EMI-Subverlage gegenüber der GEMA“ gesprochen, *LG München*, ZUM 788 (791).

Darüber hinaus kann eine Herausnahme der Vervielfältigungsrechte auch auf andere Weise realisiert werden. Regelmäßig sehen die Wahrnehmungsverträge, die zwischen Verwertungsgesellschaften und Subverlagen geschlossen werden, eine generalklauselartige Einbringung der von den Subverlagen gehaltenen Rechte vor. Daher ist eine Herausnahme auch bereits ohne eine teilweise Kündigung und Beendigung der Wahrnehmungsverträge möglich, indem die Musikverlage die Subverlagsvereinbarung beschränken oder kündigen. Die Rechte werden so „automatisch" aus den lokalen Verwertungsgesellschaften herausgelöst, da diese nur für das Repertoire, das diese Subverlage vertreten, „Lizenzen" erteilen und Lizenzgebühren einziehen können.[1305]

Nach der Herausnahme der Vervielfältigungsrechte wurden die mechanischen Vervielfältigungsrechte durch die Verlage bzw. deren Subverlage an Gesellschaften – sei es an eigens hierfür gegründete Unternehmen oder an Verwertungsgesellschaften – zur Verwaltung übertragen.

Bereits die „isolierte Rückholung" der mechanischen Rechte aus den Verwertungsgesellschaften könnte nach dem hier gefundenen Ergebnis unwirksam sein[1306]. Fraglich erscheint dies allerdings insoweit, als bei einer (teilweisen) Beendigung von Wahrnehmungsverträgen davon ausgegangen wird, dass die darin ursprünglich übertragenen Rechte automatisch, also gerade ohne gesonderte Rechtseinräumung, zurückfallen[1307]. In diesem Fall wird von einer Durchbrechung des Abstraktionsprinzips ausgegangen. Die Durchbrechung des Abstraktionsprinzips wird dabei dann angenommen, wenn der Wahrnehmungsvertrag der Verwertungsgesellschaft einen solchen automatischen Rückfall ausdrücklich vorsieht, wie es bspw. bei der GEMA in § 11 BerV der Fall ist. Entsprechend entschied auch der BGH[1308]. Erlischt ein Wahrnehmungsvertrag danach bspw. durch Beendigung desselben, so erlischt auch das der Rechteübertragung zugrundeliegende Geschäftsbesorgungsverhältnis mit der Wirkung, dass das Wahrnehmungsrecht endet, ohne dass es einer Rückübertragung der urheberrechtlichen Befugnisse auf den Urheber oder sonst Urheberberechtigten (z. B. Erben, Verlag) bedarf[1309].

---

1305 *Kommission*, Entscheidung v. 22.5.2007, Fall COMP/M.4404 – Universal/BMG Music Publishing, Rn. 169.

1306 *v. Albrecht*, K&R 2009, 661 (663); *Schaefer*, ZUM 2010, 150 (Fn. 17).

1307 *Schack*, Rn. 592; *Staudt/Czapla*, in: Kreile u. a., Recht und Praxis der GEMA, Kap. 10 Rn. 370; *Mauhs*, S. 81 ff.; *Schulze*, in: Dreier/Schulze, UrhG, Vor § 31 Rn. 131.

1308 *BGH*, GRUR 1966, 567 (569) – GELU; *BGH*, GRUR 1982, 308 (309) – Kunsthändler.

1309 *BGH*, GRUR 1966, 567 (569) – GELU; *BGH*, GRUR 1982, 308 (309) – Kunsthändler; *Schulze*, in: Dreier/Schulze, UrhG, Vor § 31 Rn. 131; Kritisch *Schack*, Rn. 592, 1348.

Es ist jedoch bereits umstritten, ob dies auch für die Beendigung von Wahrnehmungsverträgen gilt, die eine solche Klausel nicht vorsehen[1310]. Darüber hinaus ist strittig, ob das Abstraktionsprinzip generell im Urheberrecht eingeschränkt anzuwenden ist. Die Befürworter dieser Einschränkung stützen sich dabei insbesondere auf die Zweckübertragungsregel in § 31 Abs. 5 UrhG und auf weitere Vorschriften[1311], in denen deutlich werde, dass jede Nutzungsrechteübertragung von einer immanenten kausalen Zweckbindung geprägt sei[1312]. Die Gegner dieser Ansicht führen an, dass es sich hierbei um Ausnahmevorschriften handele, welche die Geltung des Abstraktionsprinzips in allen anderen Fällen gerade unterstreiche. Diese Ansicht führt vor allem eine Verbesserung des Verkehrsschutzes ins Feld.[1313] Eine Entscheidung des Streits ist jedoch hier nicht erforderlich, wenn ohnehin die Rechteeinräumung des Verlags auf seinen Subverlag oder die Rechteeinräumung durch den Subverlag oder den Verlag auf die jeweilige Gesellschaft unwirksam wäre. Bei den Initiativen der Modelle 1 bis 3 hat eine getrennte Einräumung der Vervielfältigungsrechte, also ohne die für eine Online-Nutzung ebenfalls erforderlichen Aufführungsrechte, stattgefunden. Somit ist diese Rechteeinräumung nach dem hier gefundenen Ergebnis unwirksam.[1314] Die Entscheidung des Streites ist dadurch hier überflüssig. Die Auswirkungen auf die Modelle 1 bis 3 ändern sich nicht. Die einzelnen Subverlage haben die entsprechenden Rechte nicht erlangt. Diese können also, aufgrund eines fehlenden ausschließlichen Nutzungsrechts weder Lizenzen an den mechanischen Vervielfältigungsrechten der Verlage vergeben, noch können sie Ansprüche nach §§ 97 ff. UrhG geltend machen. Schließlich sind sie nicht Inhaber der Rechte geworden und können diese dementsprechend auch nicht ausüben. Infolgedessen sind auch die einzelnen Initiativen nicht handlungsfähig. Auch eine Einräumung durch den Verlag selbst ist nach dem hier gefundenen Ergebnis nicht möglich.

---

1310 Hierfür *Mauhs*, S. 81 ff.; A.A. *Schack*, Rn. 589 ff.

1311 §§ 40 Abs. 3, 41 Abs. 4, 42 Abs. 5 UrhG, § 9 VerlG.

1312 *OLG Brandenburg*, NJW-RR 1999, 839 (840); *OLG Hamburg*, GRUR 2002, 335 (336 f.); *OLG Karlsruhe*, NJOZ 2007, 2089 (2092); *Schricker/Loewenheim*, in: Schricker/Loewenheim, UrhR, Vor § 28 Rn. 59 f; *Schulze*, in: Dreier/Schulze, UrhG, § 31 Rn. 18; *Wandtke/Grunert*, in: Wandtke/Bullinger, UrhR, Vor §§ 31 ff. UrhG Rn. 49 ff.; *Loewenheim/J. B. Nordemann*, in: Loewenheim, Hdb. d. UrhR, § 26 Rn. 3 und Rn. 31; *Kraßer*, GRUR Int 1973, 230 (235 ff.); *Wallner*, ZIP 2004, 2073 (2078); *Ulmer*, UrhR, S. 390 ff.; *Wendt/Härle*, GRUR 1997, 96 (98 f.).

1313 *Schwarz/Klingner*, GRUR 1998, 103 (105); *Kellenter*, in: Keller u. a., FS für Tilmann, S. 807 (817, 821 ff.); *Grützmacher*, CR 2004, 814 (815); *Stickelbrock*, WM 2004, 549 (559 ff.); *v. Gamm*, Einf. Rn. 70; *Schack*, Rn. 589 f.; zum Streitstand ausführlich *Srocke*, GRUR 2008, 867; *Lisch*, S. 144 ff.; *Nolden*, S. 45 ff.

1314 *OLG München*, ZUM 2010, 709 (712); *LG München*, ZUM 2009, 788 (792).

Festzuhalten ist insofern, dass eine getrennte Wahrnehmung der Aufführungsrechte und der mechanischen Vervielfältigungsrechte nach deutschem Recht nicht zulässig ist. Die Verlage müssten sich insofern entscheiden, ob sie die beiden Rechte einheitlich wieder von Verwertungsgesellschaften wahrnehmen lassen oder ob sie beide Rechte selbst, d. h. individuell, wahrnehmen.[1315] Dies wäre allerdings mit einigem administrativen Aufwand verbunden.

(2) Modell 4

Dem Modell 4 sind Initiativen zuzuordnen, die zum Teil aus Vereinbarungen mit Verlagen bestehen und zum Teil mit anderen Verwertungsgesellschaften kooperieren.

Die Herausnahmen der Rechte durch die beteiligten Verlage wurden dabei wie geschildert realisiert. Hinsichtlich der Beendigung der Wahrnehmungsverträge dieser Verlage existieren die erörterten Möglichkeiten.[1316] Auch hier ist der jeweilige Subverlag nicht Inhaber der Rechte geworden. Es können somit keine Lizenzen an den mechanischen Vervielfältigungsrechten der Verlage, die an der Initiative beteiligt sind, vergeben werden. Dies gilt auch, wenn kein Subverlag beteiligt ist[1317].

Lediglich die Vergabe von europaweiten Lizenzen an dem Repertoire der Verwertungsgesellschaften, die sich der Initiative angeschlossen haben, ist möglich.

(3) Modell 5

Modell 5 beruht nicht auf einer Initiative der Verlage, sondern wurde von den beteiligten Verwertungsgesellschaften ins Leben gerufen, um europaweite Lizenzen für das heimische Repertoire der beteiligten Verwertungsgesellschaften vergeben zu können. Es steht daher keine getrennte Vergabe von mechanischen Vervielfältigungsrechten und Aufführungsrechten durch die hinter den Initiativen stehenden Verwertungsgesellschaften im Raum. Vielmehr sollen sowohl bei Armonia als auch beim Nordic model einheitliche Lizenzen vergeben werden, die dementsprechend Aufführungsrechte und mechanische Vervielfältigungsrechte abdecken.

1315 *Schaefer*, ZUM 2010, 150 (155).

1316 Siehe oben Kap. 2, C.III.1.b)dd)(1).

1317 Siehe oben Kap. 2, C.III.1.b)dd)(1).

ee) Fazit

Die Initiativen der Modelle 1 bis 3 sind nach dem deutschen UrhG nicht zur Vergabe von Lizenzen oder zur Geltendmachung von urheberrechtlichen Ansprüchen befugt. Dies gilt auch für Modell 4, allerdings nur bezogen auf die Vereinbarungen zwischen der zuständigen Verwertungsgesellschaft und den Verlagen. Die Vereinbarungen unter den Verwertungsgesellschaften können insofern rechtlich nicht beanstandet werden. Modell 5 ist dementsprechend vollständig handlungsfähig.

## 2. Praktische Fragestellungen

Darüber hinaus stellen sich in dem System der Rechtewahrnehmung, das sich seit der Empfehlung entwickelt hat, auch praktische Fragestellungen. Hier taucht zunächst die Frage auf, wie mit dem Problem der split copyrights umzugehen ist. Zudem stellt sich die Frage nach der Tarifierung und zu guter Letzt erscheint fraglich, ob die Verwertungsgesellschaften – wie von der Kommission bezweckt – in diesem System in Wettbewerb zueinander treten.

*a) Split copyrights*

Ein mögliches Problemfeld stellen zunächst die sog. split copyrights dar. Damit wird der Umstand beschrieben, dass die Rechte an einem bestimmten Werk nicht bei einem einzigen Musikverlag, sondern bei mehreren liegen. Das ist bspw. dann der Fall, wenn ein Musikwerk aus selbstständigen Stücken verschiedener Textdichter und Komponisten zusammengesetzt ist, die wiederum jeweils eigene Verlagsverträge abgeschlossen haben. Die beschriebene Rechteaufspaltung kann auch durch die Nutzung vorbestehender Werke im Wege des Samplings entstehen, wie es im HipHop verbreitet ist.[1318] Werke, an denen split copyrights bestehen, machen dabei ca. 20–30 Prozent der Verlagskataloge aus[1319]. Dabei sind split copyrights vor allem für Nutzer problematisch. Für den Nutzer stellt sich die Frage, wer und wie viele Personen Rechte an den entsprechenden Werken haben und/oder ob Streitigkeiten hinsichtlich dieser Rechte bestehen. Im herkömmlichen System der Gegenseitigkeitsverträge spielten diese Fragestellungen keine bedeutende Rolle, da in diesem System das Weltrepertoire abgedeckt wurde. Fragen hinsichtlich der Rechtsinhaberschaft wurden daher nur bei der Aus-

1318 *Alich*, GRUR Int 2008, 996 (1005).

1319 *Kommission*, Entscheidung v. 22.5.2007, Fall COMP/M.4404 – Universal/BMG Music Publishing, Rn. 280.

schüttung relevant und konnten dort geklärt werden.[1320] Anders ist dies jedoch, wenn eine Lizenzierung einzelner Repertoires erfolgt. Hierdurch entsteht das Risiko, nicht alle Rechte vollständig erworben zu haben und dadurch Schadensersatzansprüchen ausgesetzt zu sein.[1321] Dieses Risiko kann der Nutzer verringern, indem er von allen infrage kommenden Initiativen Lizenzen einholt[1322]. Dies würden Nutzer wohl ohnehin tun, um ein möglichst breites Repertoire anbieten zu können. Es bleibt jedoch eine weitere Gefahr bestehen: Nutzer können Zahlungsansprüchen verschiedener Initiativen für die gleiche Werknutzung ausgesetzt sein, ohne nachvollziehen zu können, ob diese gerechtfertigt sind.[1323]

Problematisch wird die gespaltene Rechtsinhaberschaft wie beschrieben, wenn nicht das Weltrepertoire, sondern begrenzte Repertoires lizenziert werden. Dies ist bei sämtlichen hier beschriebenen Modellen der Fall. So nehmen die Initiativen, die den Modellen 1 bis 4 angehören, regelmäßig die Rechte eines bestimmten Verlages wahr. Lediglich IMPEL und PEL nehmen die Rechte mehrerer Verlage wahr. Auch dann taucht das Problem der split copyrights jedoch auf, da die Repertoires begrenzt sind. Das gilt auch für Armonia und Nordic model. Diese lizenzieren jeweils das Repertoire der Verwertungsgesellschaften, die ihnen angeschlossen sind. Hier findet ebenfalls keine Lizenzierung des Weltrepertoires statt. Allerdings dürfte das Problem hier abgemildert sein, da nicht nur ein einzelner oder mehrere Verlage vertreten werden, sondern auch eine Vielzahl nationaler Künstler. Bei sämtlichen Modellen besteht das Risiko, dass der Nutzer für die gleiche Nutzung mehrfach in Anspruch genommen wird.

Fraglich ist, wie die Initiativen mit diesem Problem in der Praxis umgehen. Nach Angaben der STIM nimmt die CELAS bspw. nur die Rechte an solchen Werken wahr, die zu 100 Prozent EMI zugeordnet werden können. Werke an denen Rechte verschiedener Verlage bestehen, sind im System der Gegenseitigkeitsverträge verblieben. Auch Warner/Chappell Music hat diesen Angaben zufolge lediglich solche Werke herausgenommen, an denen der Verlag die Rechte zu 100 Prozent besitzt.[1324] Wie dies von den anderen Verlagen gehandhabt wird, ist jedoch nicht geklärt. Zudem erscheint ohnehin fraglich, ob die Problemstellung der split copyrights dadurch gelöst ist. Denn hierfür müsste der Nutzer über entsprechende Informationen verfügen. Er muss wissen, welche Werke zu 100 Prozent bei den Verlagen liegen und welche Werke von den Initiativen verwaltet werden. Angaben über die Werke, welche durch die Initiativen verwaltet

1320 *Alich,* GRUR Int 2008, 996 (1006).

1321 *Alich,* GRUR Int 2008, 996 (1006); *Hauptmann*, in: Kölner Tage zum Urheber- und Medienrecht, S. 25 (35); *Poll,* ZUM 2008, 500 (506).

1322 *Müller,* ZUM 2009, 121 (127).

1323 *Alich,* GRUR Int 2008, 996 (1006).

1324 *STIM,* Stellungnahme zur Empfehlung v. 17.1.2007, S. 2 f.

werden, können Nutzer über Datenbanken der einzelnen Initiativen abfragen. Allerdings nur, soweit eine Initiative über eine solche Datenbank verfügt, was nicht bei sämtlichen Initiativen der Fall ist. Für die Öffentlichkeit sind diese Informationen nicht einsehbar, da regelmäßig ein entsprechender Login benötigt wird, um auf die Online-Datenbanken zugreifen zu können.[1325] Das deutsche WahrnG gibt den Nutzern zudem den § 10 WahrnG an die Hand, wenn ein Sachzusammenhang zu Deutschland besteht. Diese Regelung sieht eine Auskunftspflicht vor. § 10 WahrnG würde nach dem oben gefundenen Ergebnis jedoch nur gegenüber den Initiativen CELAS und PAECOL, also solchen Initiativen gelten, die in Deutschland ansässig und Verwertungsgesellschaften i. S. d. WahrnG sind. Zudem tauchen auch dann die beschriebenen Rechtsschutzlücken[1326] auf, sodass auch dieses gesetzliche Mittel lückenhaft ist. Darüber hinaus gibt es im Hinblick auf die übrigen Initiativen nicht in allen Ländern vergleichbare Regelungen. Insgesamt herrscht somit im Bereich der split copyrights Rechtsunsicherheit.

*b) Tarifierung*

Eine weitere Fragestellung in praktischer Hinsicht taucht im Zusammenhang mit der Tarifierung der einzelnen Initiativen der verlagsspezifischen Modelle 1 bis 3 auf. Derzeit werden die Tarife bei sämtlichen Initiativen nach dem Bestimmungslandprinzip[1327] festgelegt[1328]. Allerdings wird mit Blick auf GEMA darauf hingewiesen, dass dies nur eine Übergangslösung ist[1329]. Vielmehr sei mit einer Festlegung eines europaweit einheitlichen oder zumindest regionenbezogenen Tarifs zu rechnen[1330]. Die Tarife werden dann von den Initiativen bzw. von den hinter den Initiativen stehenden Verlagen selbst festgelegt. Dadurch stellt sich die Frage nach der Gefahr missbräuchlicher Tariffestlegung. Diese Gefahr entsteht durch diverse Faktoren. Zunächst sind Musikwerke grundsätzlich nicht ersetzbar. Zudem halten die großen Verlage und damit auch die jeweiligen Initiativen eine Vielzahl an Werken in einer Hand. Die einzelnen großen Musikverlage, welche zudem noch mit Tonträgerherstellern verbunden sind, verfügen über eine große Marktmacht.[1331] Dieser Gefahr wird bei der kollektiven Rechtewahrnehmung durch entsprechende Regelungen in den nationalen Wahrnehmungs-

1325 Siehe oben Kap. 2, C.I.1., 2. und 8.
1326 Siehe oben Kap. 2, C.III.1.b)ee).
1327 Siehe oben Kap. 2, A.II.1.a)cc)(1).
1328 Siehe oben Kap. 2, C.I.1. – 8.
1329 *Alich,* GRUR Int 2008, 996 (1005).
1330 *Alich,* GRUR Int 2008, 996 (1005).
1331 *Alich,* GRUR Int 2008, 996 (1005).

rechten entgegengewirkt. In Deutschland stellt § 13 WahrnG sicher, dass Tarife angemessen sind[1332]. In England wacht das Copyright Tribunal über die Angemessenheit von Tarifen[1333]. Fällt eine Initiative wie bspw. die CELAS unter das nationale Wahrnehmungsrecht, ergeben sich dennoch Rechtsschutzlücken. Denn die jeweils geltenden Wahrnehmungsgesetze sind auf Sachverhalte, die sich in anderen Ländern abspielen, aufgrund des Territorialitätsprinzips[1334] nicht ohne weiteres anwendbar[1335].[1336] Die Kontrolle der Tarife durch die nationalen Wahrnehmungsrechte ist also fragmentarisch. Es existiert keine zuverlässige Tarifkontrolle über die Wahrnehmungsrechte. Dem Nutzer bleibt im Falle missbräuchlicher Tarifgestaltung lediglich ein Rückgriff auf Art. 102 AEUV. Dies würde zunächst das Vorliegen einer marktbeherrschenden Stellung erfordern und sodann eine missbräuchliche Ausnutzung dieser[1337]. Bereits das Vorliegen einer marktbeherrschenden Stellung erscheint bei den Initiativen fraglich[1338]. Selbst wenn eine solche vorläge, müsste zudem der Nachweis der Missbräuchlichkeit erbracht werden. Dies dürfte bereits aus dem Grunde schwierig sein, dass bei einem europaweit einheitlichen Tarif die Möglichkeit fehlen würde, diesen mit anderen Tarifen zu vergleichen. Ein Vergleich der Tarife der verschiedenen Initiativen würde daran scheitern, dass diese jeweils unterschiedliche Repertoires vertreten. Entscheiden sich die Initiativen, den Tarif nicht mehr nach dem Bestimmungslandprinzip festzusetzen, besteht somit insbesondere aufgrund fehlender zuverlässiger europaweiter Tarifkontrollmechanismen die Gefahr missbräuchlicher Tariffestsetzung.

Einmal mehr wird deutlich, dass eine Vereinheitlichung des Wahrnehmungsrechtes, insbesondere die Festlegung einer Tarifkontrolle, in Europa dringend von Nöten ist.

#### *c) Wettbewerb*

Darüber hinaus stellt sich die Frage, ob die Verwertungsgesellschaften in dem System der Rechtewahrnehmung, das sich seit der Empfehlung der Kommission entwickelt hat, in praktischer Hinsicht in Wettbewerb zueinander treten. Wettbewerb um Rechteinhaber war ein zentrales Ziel der Kommission. Ein Wettbe-

1332 Siehe oben Kap. 1, D.I.4.b).

1333 Sec. 116 ff. Copyright, Designs and Patents Act 1988, konsolidierte nicht offizielle Fassung vom 3.5.2007.

1334 Siehe oben Kap. 1, F.II.1.

1335 *Himmelmann,* in: Kreile u. a., Recht und Praxis der GEMA, Kap. 18 Rn. 215 f.

1336 Siehe oben Kap. 2, C.III.1.a)dd).

1337 *Loewenheim,* in: Loewenheim, Hdb. d. UrhR, § 58 Rn. 6.

1338 So auch *Alich,* GRUR Int 2008, 996 (1005).

werb um die Nutzer wurde von der Kommission in der Empfehlung hingegen nicht beabsichtigt. Ein solcher findet unter den Initiativen auch nicht statt, da sämtliche Initiativen auf ein bestimmtes Repertoire spezialisiert sind. So nehmen die Initiativen des Modells 1 ausschließlich das Repertoire der Verlage wahr, die hinter den Initiativen stehen. Das folgt aus dem Umstand, dass die Verlage bislang ausschließlich eine Verwertungsgesellschaft bzw. Initiative mit der Wahrnehmung ihrer Rechte betraut haben. Ob sich dies noch ändern wird und dadurch ein Nutzer sich an mehrere Initiativen wenden kann, um ein bestimmtes Repertoire nutzen zu können, bleibt abzuwarten. Das gilt ebenso für die Modelle 2 und 4. Auch bei Modell 3 scheidet ein Wettbewerb zu den übrigen Initiativen aufgrund der Repertoiregebundenheit aus. Allerdings könnte bei diesem Modell ein Wettbewerb unter den beteiligten Verwertungsgesellschaften möglich bleiben. Denn den Nutzern steht es dort offen, sich zumindest eine der beteiligten Verwertungsgesellschaften auszusuchen. Unter den PEDL angeschlossenen Verwertungsgesellschaften ist eine Konkurrenz um die Nutzer daher grundsätzlich möglich. Allerdings nur im Rahmen der von Warner/Chappell Music festgelegten Konditionen. Daher wird sich ein Wettbewerb nicht auf den Preis der Lizenzen auswirken, da dies nicht im Interesse von Warner/Chappell Music liegt. Möglich wäre es für eine Verwertungsgesellschaft allerdings, sich durch einen besseren Service hervorzuheben. Auch hier ist der Wettbewerb jedoch durch die einheitlichen Bedingungen, denen sich die Verwertungsgesellschaften bei PEDL unterworfen haben, begrenzt. Bei Modell 5 konkurrieren die Initiativen nicht um Nutzer, da sie ebenfalls unterschiedliche Repertoires anbieten. Armonia vertritt das Repertoire von SACEM, SGAE und SIAE, während das Nordic model auf das nordisch-baltische Repertoire spezialisiert ist. Ein Wettbewerb um Nutzer ist in einer beschränkten Form im System der Rechtewahrnehmung, das sich seit der Empfehlung der Kommission entwickelt, lediglich bei Modell 3 möglich.

Infrage steht, ob unter den Verwertungsgesellschaften ein solcher Wettbewerb um Rechteinhaber stattfindet. Eine Bewegung in diese Richtung hat bislang vor allem im Hinblick auf die angloamerikanischen und die lateinamerikanischen Verlage und deren mechanische Vervielfältigungsrechte stattgefunden. Für die übrigen Verlage ist eine Herausnahme der Rechte aus dem System der Gegenseitigkeitsverträge faktisch nicht zu verwirklichen[1339]. Für die kleinen Urheber ist eine Wahrnehmung ihrer Rechte durch eine andere Verwertungsgesellschaft nicht attraktiv[1340]. Ein Wettbewerb der Verwertungsgesellschaften ist daher von vornherein auf die angloamerikanischen und lateinamerikanischen Verlage begrenzt. In den ersten Monaten und Jahren, die auf die Empfehlung folgten, stan-

1339 Siehe oben Kap. 2, C. 2.; Kap. 2, B.III.3.b)bb).

1340 Siehe oben Kap. 2, B.III.3.b)bb).

den die Verwertungsgesellschaften in Konkurrenz zueinander. Die Verlage hatten nach der Herausnahme ihrer Rechte aus den Verwertungsgesellschaften die freie Wahl zwischen den im EWR agierenden Verwertungsgesellschaften. Ein Wettbewerb um diese Verlage hat in diesem Zeitraum stattgefunden. Mittlerweile haben die großen angloamerikanischen Musikverlage EMI Music Publishing, Warner/Chappell Music, Sony/ATV, Universal Music Publishing und die unabhängigen Verlage in Großbritannien sowie Peermusic ihre Rechte in Kooperation mit einzelnen Verwertungsgesellschaften in Initiativen eingebracht. Daher erscheint fraglich, ob der von der Kommission postulierte Wettbewerb um Rechteinhaber noch stattfindet. Dies hängt insbesondere davon ab, ob die Initiativen bzw. Verwertungsgesellschaften exklusiv zur Rechtevergabe ermächtigt wurden. Denn dann wäre es dem Verlag nicht mehr möglich, auch eine andere Gesellschaft zu ermächtigen. Ein Wettbewerb um die Rechte bzw. den Verlag wäre dann ausgeschlossen. Ob eine exklusive Vergabe stattgefunden hat, hängt von dem Vertrag ab, den der jeweilige Verlag mit der Gesellschaft oder Verwertungsgesellschaft geschlossen hat. Da die Verträge jedoch nicht offengelegt wurden, kann lediglich auf die Informationen der Gesellschaften selbst zurückgegriffen werden. Danach ist bei CELAS und PAECOL die Rechteeinräumung nicht-exklusiver Art[1341]. Bei PEDL kann auf eine nicht-exklusive Rechteeinräumung durch Warner/Chappell Music aus den Umständen geschlossen werden. Schließlich hat Warner/Chappell Music mehrere Verwertungsgesellschaften zur Verwaltung seiner Rechte ermächtigt, was nur bei einer nicht-exklusiven Rechteeinräumung möglich ist. Bei PEL ist dieser Schluss nicht zwingend. Zwar hat Sony/ATV neben PEL auch PAECOL mit der Verwaltung seiner Rechte betraut, allerdings wurden PAECOL die Rechte am angloamerikanischen Repertoire eingeräumt[1342], während PEL bzw. SGAE hinsichtlich der lateinamerikanischen Rechte ermächtigt wurde[1343]. Bei den übrigen Initiativen der Modelle 1 und 2 ist unklar, ob eine exklusive oder nicht-exklusive Rechteeinräumung stattgefunden hat. Eine exklusive Rechteeinräumung würde die Ziele der Kommission, nämlich einen Wettbewerb um Rechteinhaber, in jedem Fall für den Geltungszeitraum des Vertrages konterkarieren. Bei nicht-exklusiver Einräumung der Rechte ist ein Wettbewerb unter den Verwertungsgesellschaften zumindest theoretisch noch möglich, da der Verlag auch einer anderen Verwertungsgesellschaft Rechte einräumen kann. Dennoch ist dies bislang nicht geschehen. Bei den Modellen 1, 2 und 4 sind die Verlage bislang den mit einer Verwertungsgesellschaft – oder bei CELAS zwei Verwertungsgesellschaften – gegründeten Initiativen „treu“

1341 Siehe oben Kap. 2, C.I.2. und 6.

1342 Siehe oben Kap. 2, C.I.6.

1343 Siehe oben Kap. 2, C.I.8.

geblieben und haben keine weitere Gesellschaft ermächtigt. Bei Modell 3 wurden mehrere Verwertungsgesellschaften mit der Rechtevergabe betraut. Hier hat somit in jedem Fall keine exklusive Rechtevergabe stattgefunden. Warner/Chappell Music kann auch weitere Verwertungsgesellschaften ermächtigen, wodurch ein Wettbewerb unter den Verwertungsgesellschaften möglich bleibt. Die Initiativen des Modells 5 sind nicht darauf ausgelegt um die großen Verlage zu konkurrieren, sondern beziehen sich auf das nationale Repertoire der jeweiligen Verwertungsgesellschaften. Hier findet also kein Wettbewerb um Rechteinhaber statt.

Zusammenfassend lässt sich festhalten, dass ein Wettbewerb unter Verwertungsgesellschaften um Rechteinhaber lediglich im Hinblick auf die anglo- und lateinamerikanischen Musikverlage offensteht. Ein Wettbewerb unter den Verwertungsgesellschaften bleibt nur dann möglich, wenn die Rechteeinräumung durch die Verlage nicht-exklusiv ist. Eine nicht-exklusive Rechtevergabe erfolgte durch EMI Music Publishing, Sony/ATV und Warner/Chappell Music. Wie die Rechteeinräumung bei den anderen Verlagen erfolgte, ist aufgrund der mangelnden Transparenz unklar. So oder so scheint sich die Mehrzahl[1344] der Verlage jedoch bereits auf bestimmte Verwertungsgesellschaften festgelegt zu haben. Der von der Kommission bezweckte Wettbewerb um Rechteinhaber findet demnach nur begrenzt statt. Zum einen begrenzt auf angloamerikanische und lateinamerikanische Musikverlage und zum anderen dadurch, dass sich die Mehrzahl der Verlage bereits für eine Kooperation mit bestimmten Verwertungsgesellschaften entschieden hat. Die Kommission hat ihr in der Empfehlung anvisiertes Ziel demnach nur begrenzt erreicht.

### *d) Europaweite Lizenzierung durch die Initiativen begrenzt auf das Repertoire der Verlage*

Zudem stellt sich die Frage, ob die europaweite Lizenzierung von Online-Musikrechten vorangetrieben wurde.

Die Mehrzahl der Initiativen vertritt Repertoire der angloamerikanischen Verlage. PEL repräsentiert lateinamerikanisches Repertoire. Lediglich Armonia und Nordic model sind auf einheimisches Repertoire ausgerichtet. Diese Initiativen haben jedoch noch keine europaweite Lizenz vergeben[1345]. Mithin können europaweite Lizenzen über die Initiativen nur an dem populären, regelmäßig anglo-

1344 Die Independents in Großbritannien auf IMPEL zusammen mit PRS for Music, EMI Music Publishing auf CELAS zusammen mit GEMA und PRS for Music, Peermusic auf PEL zusammen mit SGAE, Universal Music Publishing Group auf DEAL zusammen mit SACEM.

1345 Siehe oben Kap. 2, C.I.1. und 5.

amerikanischen Repertoire erworben werden. Daher können ca. 25 Prozent des europäischen Repertoires nicht auf EU-Ebene über die Initiativen erworben werden, sondern lediglich über das System der Gegenseitigkeitsverträge. Insoweit wurde durch das geschilderte System der Rechtewahrnehmung über die Initiativen im Hinblick auf das Nischenrepertoire keine europaweite Lizenzierung ermöglicht. Für Nutzer bedeutete dies zunächst aufgrund der territorialen Begrenzung der Gegenseitigkeitsverträge, dass sie, um das Nischenrepertoire europaweit anbieten zu können, eine Vielzahl an Verwertungsgesellschaften kontaktieren mussten. Dies wiederum konnte für Nutzer, die nicht auf das Weltrepertoire angewiesen sind, ein Grund sein, dieses Repertoire nicht anzubieten. Dadurch hätte zum einen das Angebot gegenüber den Verbrauchern von Nischenrepertoire geschmälert werden können. Zum anderen wären die Urheber benachteiligt worden, die dem kontinentaleuropäischen Nischenrepertoire zuzuordnen sind. Damit wäre dieser Umstand auch zu Lasten der kulturellen Vielfalt gegangen. Für Nutzer, die das Weltrepertoire anbieten müssen, bedeutete die begrenzte Möglichkeit der europaweiten Lizenzierung über die Initiativen eine Verkomplizierung[1346]. Fraglich erscheint, ob sich hieran durch das CISAC-Verfahren etwas geändert hat. In Reaktion auf die CISAC-Entscheidung der Kommission haben die Verwertungsgesellschaften die Gegenseitigkeitsverträge, welche auf dem CISAC-Standardvertrag beruhen, neu verhandelt. Danach wurde eine europaweite Lizenzierung auch im Bereich der Gegenseitigkeitsverträge ermöglicht. Internationale Anbieter müssen aufgrund der bilateral verhandelten Verträge jedoch nach wie vor mit mehreren Verwertungsgesellschaften verhandeln, da sich die Verwertungsgesellschaften nicht lückenlos gegenseitig zur Vergabe von Rechten ermächtigt haben.[1347] Insofern haben die neu verhandelten Verträge zu keiner wesentlichen Erleichterung geführt. Darüber hinaus beziehen sich die Änderungen lediglich auf die Gegenseitigkeitsverträge, welche auf dem CISAC-Standardvertrag beruhen. Die Lizenzierung des Nischenrepertoires ist demnach nach wie vor diffizil.

Ob auch das einheimische Nischenrepertoire letztlich einer europaweiten Lizenzierung über Initiativen zugeführt werden kann, bleibt dabei abzuwarten. In Deutschland ist aufgrund der fehlenden Möglichkeit der getrennten Einräumung von Vervielfältigungsrecht und dem Recht der öffentlichen Zugänglichmachung die europaweite Lizenzierung über die Initiativen der Modelle 1 bis 4 zudem nicht zulässig.

1346 Siehe unten Kap. 2, C.IV.3.

1347 Siehe oben Kap. 2, B.IV.5.

Die europaweite Lizenzierung wurde mithin grundsätzlich vorangetrieben. Sie hat jedoch nicht zu einer Vereinfachung des Lizenzerwerbs für europaweit agierende Nutzer geführt.

*e) Fazit*

Im System der Rechtewahrnehmung im EWR, welches sich seit der Empfehlung der Kommission entwickelt hat, taucht eine Reihe praktischer Probleme auf. Die Gefahr missbräuchlicher Tarifierung verdeutlicht, dass eine einheitliche, europaweite Regelung unverzichtbar ist. Zudem wird klar, dass zentrale, mit der Empfehlung verfolgte Ziele, nicht erreicht wurden. So findet Wettbewerb um Rechteinhaber nur begrenzt statt und die europaweite Lizenzierung über die Initiativen ist auf das Repertoire latein- und angloamerikanischer Musikverlage begrenzt.

## IV. Auswirkungen

Seit der Empfehlung sind mittlerweile bereits fünf Jahre vergangen. Deutlich wird durch die vorangegangene Darstellung, dass das System der Wahrnehmung der Onlinerechte im EWR einige Schwachstellen sowohl rechtlicher als auch praktischer Art aufweist. Darüber hinaus stellt sich die Frage, wie sich das System auf die an der Rechtewahrnehmung Beteiligten und auf die kulturelle Vielfalt auswirkt und welche der oben erörterten möglichen Auswirkungen der Empfehlung[1348] bereits eingetreten sind.

### 1. Verwertungsgesellschaften

Zunächst bleibt festzuhalten, dass die von den Musikverwertungsgesellschaften im konventionellen System vertretenen Rechteinhaber durch die Herausnahmen der Verlage weniger geworden sind und das über das traditionelle System wahrgenommene Repertoire insbesondere um das wirtschaftlich wertvolle Repertoire geschmälert wurde. Der Wettbewerb der Verwertungsgesellschaften um Rechteinhaber[1349] ist bislang vor allem zugunsten der großen Verwertungsgesellschaften, zu denen GEMA, PRS for Music und SACEM gehören, verlaufen. Kleinere Verwertungsgesellschaften sind weitgehend nicht an den Initiativen beteiligt. Es

1348 Siehe oben Kap. 2, B.III.3.b).

1349 Siehe oben Kap. 2, C.III.2.c).

besteht also die Gefahr, dass diese von dem Markt der Online-Lizenzierung verdrängt werden. Kleinere Verwertungsgesellschaften werden teilweise als Subagenten für die Initiativen tätig[1350]. Das verdeutlicht, dass kein gleichberechtigtes Verhältnis mehr unter den einzelnen Verwertungsgesellschaften existiert. Dadurch, dass das wirtschaftlich wertvolle Repertoire in Initiativen ausgelagert wurde, verringert sich vor allem das Geschäftsvolumen der kleineren Verwertungsgesellschaften. Ein effektives Funktionieren dieser wird dadurch – trotz eventueller Subagententätigkeiten – immer schwieriger.[1351] Kleine Verwertungsgesellschaften haben demnach im aktuellen System eine schwächere Position inne.

An den einzelnen Initiativen sind stets – zumeist die großen – Verwertungsgesellschaften beteiligt. Die Verlage sind demnach noch nicht zu einer komplett individuellen Wahrnehmung übergegangen. Dies liegt daran, dass die für eine Online-Lizenz notwendigen Aufführungsrechte noch stets bei den Verwertungsgesellschaften liegen und eine Kooperation mit den Verwertungsgesellschaften dadurch naheliegt. Zudem verfügen die Verwertungsgesellschaften nach wie vor über effektive Kontrollmechanismen, welche sich die Verlage zunutze machen können.

Neben den hier im Fokus stehenden Musikverwertungsgesellschaften könnten die geschilderten Entwicklungen in anderen Bereichen auftreten. Auch in den Bereichen Literatur und Film besteht schließlich ein Bedürfnis nach Mehrgebietslizenzen[1352]. Die gegründeten Initiativen, die sich dadurch auszeichnen, dass sie Online-Rechte europaweit und zumeist auf ein bestimmtes Repertoire begrenzt vergeben, könnten dabei insbesondere für Verlage aufgrund der wirtschaftlichen Vorteile[1353] Vorbildcharakter haben. Wie sich dies auf die vorhandenen Verwertungsgesellschaften auswirkt und welches Modell sich hier entwickeln wird, bleibt dabei abzuwarten. In jedem Fall wird die Entwicklung nicht analog zur Entwicklung im Musiksektor verlaufen, da sich die Bereiche Literatur und Film deutlich von diesem unterscheiden[1354].

---

1350 Siehe oben Kap. 2, C.I.2.

1351 *Guibault/van Gompel*, in: Gervais, Collective Management of Copyright and Related Rights, 2. Aufl., S. 135 (162).

1352 *Kommission,* Mitteilung an das Europäische Parlament, den Europäischen Wirtschafts- und Sozialausschuss und den Ausschuss der Regionen über kreative Online-Inhalte im Binnenmarkt v. 3.1.2008, KOM (2007) 836 endg. (im Folgenden: Mitteilung über kreative Online-Inhalte), Ziff. 2.2.

1353 Siehe unten Kap. 2, C.IV.2.

1354 *Kommission,* Creative Content in a European Digital Single Market: Challenges for the Future – Reflection Document of DG INFSO and DG MARKT v. 22.10.2009, abrufbar un-

## 2. Musikverlage, Urheber und Leistungsschutzberechtigte

Agiert haben bislang vor allem die angloamerikanischen und z. T. die lateinamerikanischen Musikverlage, indem sie ihre mechanischen Rechte aus dem traditionellen System der Gegenseitigkeitsverträge herausgelöst und in die Initiativen eingebracht haben. Denn nur für diese Verlage ist die Herausnahme der Rechte auch praktisch umsetzbar gewesen[1355]. Diese profitieren durch die Wahrnehmung ihrer Rechte in den Initiativen auch wenn sie die Tarifierung nach dem Bestimmungsland[1356] beibehalten. Zunächst bezahlen sie geringere Verwaltungskosten schon durch den Wegfall des doppelten Verwaltungskostenabzugs[1357]. Des Weiteren entfällt für sie auch der Abzug für kulturelle und soziale Zwecke[1358], der von den meisten kontinentaleuropäischen Verwertungsgesellschaften erhoben wird. Zudem müssen sie mit ihrem wirtschaftlich wertvollen Repertoire nicht mehr die kleineren Rechteinhaber subventionieren.[1359] Die großen Musikverlage profitieren demnach durch die Auslagerung ihrer Rechte in die Initiativen von den Vorteilen der individuellen Rechtewahrnehmung und denen der kollektiven Rechtewahrnehmung. Schließlich müssen sie kleinere Künstler nicht mehr unterstützen oder sich an der Förderung kulturell bedeutender Werke beteiligen. Sie unterliegen – nach der Einschätzung des DPMA – nicht dem WahrnG, sodass sie in der Praxis auch den dort vorgesehenen Kontrahierungszwängen[1360], der Aufsicht[1361] und den sonstigen Pflichten[1362] nicht nachkommen müssen. Dennoch profitieren sie von der Tätigkeit der Verwertungsgesellschaften, die nach wie vor in die Lizenzierung der Aufführungsrechte involviert sind und – zumindest bei CELAS – auch Know-How beisteuern[1363].

Für die kontinentaleuropäischen Verlage ist eine Herausnahme ihrer Rechte faktisch nicht praktikabel[1364]. Für Urheber, die keinem Verlag angehören, steht ohnehin lediglich ein Wechsel zu einer anderen Verwertungsgesellschaft offen. Die Gründung einer eigenen Initiative dürfte wirtschaftlich für diese nicht renta-

ter: ec.europa.eu/avpolicy/other_actions/content_online/index_de.htm (letzter Abruf am 25.1. 2011) (im Folgenden: Kreative Online-Inhalte – Reflektions-Papier), S. 6. ff.

1355 Siehe oben Kap. 2, C.

1356 Siehe oben Kap. 2, A.II.1.a)cc)(1).

1357 Siehe oben Kap. 2, A.II.1.a).

1358 Siehe oben Kap. 1, D.I.4.d).

1359 Siehe oben Kap. 1, D.I.3.

1360 Siehe oben Kap. 1, D.I.4.a)

1361 Siehe oben Kap. 1, D.II.1)a).

1362 Siehe oben Kap. 1, D.I.4.

1363 Siehe oben Kap. 2, C.I.2.

1364 Siehe oben Kap. 2, C.

bel sein und die übrigen Initiativen unterliegen nur dann einem Kontrahierungszwang, wenn sie als Verwertungsgesellschaft eingeordnet werden. Der Wechsel zu einer anderen Verwertungsgesellschaft ist jedoch in der Regel nicht attraktiv für einen Urheber[1365]. Urheber und kontinentaleuropäische Musikverlage werden daher bei den traditionellen Verwertungsgesellschaften bleiben. Vor der Neuverhandlung der Gegenseitigkeitsverträge in Folge des CISAC-Verfahrens stand ihnen dadurch nicht die Möglichkeit offen, ihr Repertoire einer europaweiten Lizenzierung zuzuführen. Dies stellte im Wettbewerb um die Nutzer einen Nachteil dar. Mittlerweile ist eine europaweite Lizenzierung zwar möglich, jedoch hat diese im Bereich des nationalen Repertoires der Verwertungsgesellschaften keine wesentlichen Vorteile für die Nutzer gebracht. Mithin bestehen die möglichen Wettbewerbsnachteile nach wie vor. Darüber hinaus werden Urheber und kontinentaleuropäische Musikverlage durch den Austritt der Verlage mit dem wirtschaftlichen Repertoire in dem Maße benachteiligt, wie die ausgetretenen Verlage von der Herausnahme profitieren. Auf die Benachteiligung der mittleren und kleineren Urheber wies daher auch der ECSA in einem offenen Brief hin[1366].

### 3. Nutzer

Für die Nutzer hat sich entgegen der Zielsetzung der Kommission seit Erlass der Empfehlung und seit dem CISAC-Verfahren das Einholen von Lizenzen in vielerlei Hinsicht verkompliziert. Zunächst existiert durch die Herausnahmen der Verlage kein One-Stop-Shop für das Weltrepertoire mehr[1367]. Darüber hinaus müssen sich die Nutzer, um über sämtliches Repertoire, also auch das nationale Repertoire der Verwertungsgesellschaften, verfügen zu können, auf unterschiedliche Systeme einstellen. Das Repertoire, das bei den Verwertungsgesellschaften verblieben ist, wird weiterhin über das System der Gegenseitigkeitsverträge lizenziert.[1368] Diese wurden z. T. neu verhandelt, was die Einholung einer Lizenz für die Nutzer zusätzlich verkompliziert. Es hat also eine Fragmentierung des Rechteerwerbsmarktes stattgefunden[1369]. Um das nationale Repertoire der Verwertungsgesellschaften anbieten zu können, müssen sich die Nutzer im Bereich der Aufführungsrechte auf die neu verhandelten Gegenseitigkeitsverträge einstel-

1365 Siehe oben Kap. 2, B.III.3.b)bb).

1366 Heise online – Meldung v. 4.7.2008, abrufbar unter: www.heise.de/newsticker/meldung/Musikkomponisten-gegen-EU-Auflagen-fuer-Rechteverwerter-183898.html (letzter Abruf am 25.1.2011).

1367 *Grewenig,* ZUM 2011, 27 (28).

1368 *Kommission,* Kreative Online-Inhalte – Reflektions-Papier, S. 6.

1369 *Grewenig,* ZUM 2011, 27 (28).

len. Im Bereich der mechanischen Vervielfältigungsrechte ist es bei den traditionellen, auf dem BIEM-Standardvertrag beruhenden, Gegenseitigkeitsverträgen geblieben. Das Repertoire der angloamerikanischen und z. T. der lateinamerikanischen Musikverlage erlangen die Nutzer hingegen in der Regel ausschließlich über die Initiativen. Hierzu müssen die Nutzer zunächst herausfinden, welche Initiative das Repertoire welches Verlages lizenziert. Dies wird durch die stetigen Veränderungen und Neugründungen von Initiativen erschwert. Hinzu kommt die Möglichkeit der Verlage, bei nicht-exklusiver Rechtevergabe mehrere Initiativen gleichzeitig mit der Lizenzierung zu beauftragen und/oder territoriale Begrenzungen vorzusehen. Auch aufgrund dieser Verkomplizierung und dem damit verbundenen Administrationsaufwandes erhöhen sich die Kosten auf Seiten der Nutzer. Hinzu kommt eine potentielle Erhöhung der Tarife, sobald die Verlage die Tarife nicht mehr auf Grundlage des Bestimmungslandprinzips[1370] festlegen. Darüber hinaus besteht aufgrund der split copyrights[1371] für die Nutzer die Gefahr der doppelten Inanspruchnahme. Es herrscht Rechtsunsicherheit[1372]. Schließlich ist strittig, ob die zumindest in Deutschland ansässigen Initiativen Verwertungsgesellschaften i. S. v. § 1 WahrnG sind. Schwerer wiegt allerdings die Unsicherheit hinsichtlich der getrennten Einräumung der Online-Rechte. Mithin haben sich die Entwicklungen seit der Empfehlung der Kommission zu Ungunsten der Nutzer ausgewirkt und dürften deren Chancen verringern, legale und profitable Online-Musik-Dienste zu entwickeln[1373].

## 4. Kulturelle Vielfalt

Die oben geschilderten Gefahren für die kulturelle Vielfalt der Musik in Europa bleiben[1374]. In dem System der Rechtewahrnehmung, dass sich seit der Empfehlung entwickelt hat, werden die kleineren Verwertungsgesellschaften von einigen wenigen großen Konglomeraten derjenigen Verwertungsgesellschaften, welche die Online-Musikrechte der Majors lizenzieren dürfen, überrannt[1375]. Kleinere und mittlere Verwertungsgesellschaften werden geschwächt und mit ihnen regionaltypische und/oder nicht populäre Künstler und Musikverlage, welche in

1370 Siehe oben Kap. 2, A.II.1.a)cc)(1).

1371 Siehe oben Kap. 2, C.III.2.a).

1372 *Grewenig,* ZUM 2011, 27 (28).

1373 *Kommission,* Kreative Online-Inhalte – Reflektions-Papier, S. 12; Ähnlich *Gyertyánfy,* IIC 2010, 59 (86).

1374 Siehe oben Kap. 2, B.III.3.b)dd).

1375 *Guibault/van Gompel,* in: Gervais, Collective Management of Copyright and Related Rights, 2. Aufl., S. 135 (165).

ihren nationalen Verwertungsgesellschaften verbleiben. Diese werden voraussichtlich über geringere Einnahmen verfügen, was den Anreiz, musikalische Werke zu schaffen, verringert und sich dadurch negativ auf die kulturelle Vielfalt in Europa auswirkt.[1376] Die Gefahren für die kulturelle Vielfalt werden dadurch verstärkt, dass die Einholung einer europaweiten Lizenz für das nationale Nischenrepertoire der Verwertungsgesellschaften bislang nur teilweise, im Hinblick auf die Aufführungsrechte, realisiert wurde und darüber hinaus diffizil erscheint. Für europaweit agierende Nutzer könnte dieses Repertoire dadurch unattraktiv werden. Dies kann dazu führen, dass viele europäische Werke außerhalb der jeweiligen nationalen Märkte den privaten Nutzern nicht im Internet zur Verfügung stehen[1377]. Zudem werden die in Deutschland tätigen Initiativen derzeit vom DPMA nicht als Verwertungsgesellschaften eingeordnet. Dies hat zur Folge, dass sie nicht dem WahrnG unterliegen, also auch nicht denjenigen Regelungen, welche die kulturelle Vielfalt fördern sollen[1378]. Auch die kulturelle Vielfalt kann somit unter dem derzeitigen System der Rechtewahrnehmung leiden. Gerade diese jedoch macht Europa aus[1379]. Sie ist „als ein Menschheitswert ersten Ranges anzusehen“[1380] und muss erhalten und gestärkt werden.

## 5. Fazit

Gewinner des Systems, das sich seit der Empfehlung der Kommission entwickelt hat und nach wie vor entwickelt, sind die angloamerikanischen und z. T. die lateinamerikanischen Musikverlage. Die Nachsicht haben vor allem die Nutzer und kleineren Verwertungsgesellschaften. Damit einher geht auch die Benachteiligung kontinentaleuropäischer Musikverlage und Urheber. Insgesamt dürfte dadurch auch die kulturelle Vielfalt abnehmen. Es zeigt sich mithin, dass das derzeitige System der Wahrnehmung von Online-Musikrechten keinen angemessenen Ausgleich der Interessen der beteiligten Parteien schafft. Zudem wird deutlich, dass die mit der Empfehlung bezweckte Vereinfachung des Erwerbs von Online-Musikrechten für Nutzer nicht realisiert wurde.

---

1376 *ELIAMEP,* Study on collecting societies, S. 97 f.

1377 *Kommission,* Mitteilung über kreative Online-Inhalte, Ziff. 2.2.

1378 Siehe oben Kap. 1, E.

1379 *Kroes,* Rede v. 5. November 2010, SPEECH/10/619, S. 1, abrufbar unter: europa.eu/rapid/pressReleasesAction.do?reference=SPEECH/10/619 (letzter Abruf am 25.1.2011).

1380 *Dietz,* MR-Int 2008, 59 (59).

## V. Zusammenfassung

Das System der Rechtewahrnehmung im Online-Bereich ist seit der Empfehlung der Kommission durch eine Rechtewahrnehmung über Initiativen geprägt. Aufgrund der Empfehlung haben anglo- und lateinamerikanische Verlage im Online-Bereich ihr Repertoire hinsichtlich der mechanischen Vervielfältigungsrechte aus dem System der Gegenseitigkeitsverträge herausgenommen und einzelnen oder mehreren Verwertungsgesellschaften oder Unternehmen übertragen. Bestimmte Verwertungsgesellschaften haben Initiativen gegründet, jedoch ohne Beteiligung von Verlagen. Den Initiativen ist gemein, dass sie zum Zwecke der europaweiten Lizenzierung ins Leben gerufen wurden und dass sie auf ein bestimmtes Repertoire ausgerichtet sind.

Die Initiativen können in fünf Modelle der Rechtewahrnehmung unterteilt werden. Diese unterscheiden sich danach, ob eine Initiative verlags- und/oder verwertungsgesellschaftsgesteuert ist und nach ihrer jeweiligen Organisationsstruktur. Das erste Modell ist die verlagsspezifische Rechtewahrnehmung durch eine Initiative, hinter der eine juristische Person steht. Diesem Modell werden die Initiativen CELAS, PAECOL und IMPEL zugeordnet. Modell 2 umfasst die verlagsspezifische Rechtewahrnehmung durch eine Initiative, die auf Vereinbarungen zwischen Verlag und Verwertungsgesellschaft beruht. Diesem Modell unterfällt die Initiative DEAL. Dem Modell 3 gehört die Initiative PEDL an. Es bezeichnet die verlagsspezifische Rechtewahrnehmung durch eine Initiative, die auf Vereinbarungen zwischen einem Verlag und mehreren Verwertungsgesellschaften beruht. Modell 4 ist dadurch gekennzeichnet, dass die Rechtewahrnehmung durch eine Initiative stattfindet, die auf Vereinbarungen zwischen Verlagen, Verwertungsgesellschaften und einer primär zuständigen Verwertungsgesellschaft beruht. Diesem Modell kann PEL zugeordnet werden. Die Initiativen Armonia und Nordic model gehören dem Modell 5 an, bei dem die Rechtewahrnehmung durch eine Initiative stattfindet, die auf Vereinbarungen zwischen Verwertungsgesellschaften beruht.

Die Modelle werfen rechtliche und praktische Fragen auf. In rechtlicher Hinsicht steht zunächst infrage, ob die Modelle und die entsprechenden Initiativen nach dem WahrnG beurteilt werden können und dessen Reglementierungen, also insbesondere den geregelten Rechten und Pflichten der Verwertungsgesellschaften und der Kontrolle durch das DPMA, unterliegen. Dies hängt davon ab, ob das WahrnG anwendbar ist und ob die Initiativen eines Modells Verwertungsgesellschaften i. S. v. § 1 Abs. 4 S. 1 i. V. m. Abs. 1 WahrnG darstellen. Aufgrund des Territorialitätsprinzips ist deutsches Recht auch auf solche Initiativen anwendbar, die ihren Sitz nicht in Deutschland haben. Der Anwendbarkeit der

Regulierungen des WahrnG steht jedoch die DLRL entgegen, wenn Initiativen nicht von Deutschland aus tätig werden, da die Regulierungen des WahrnG Beschränkungen im Sinne dieser Richtlinie darstellen. Eine Anwendbarkeit der Regulierungen des WahrnG auf die Initiativen der Modelle 2 bis 5 scheidet darüber hinaus aus, weil diese Initiativen keine Personen oder Personengemeinschaften nach § 1 Abs. 1 WahrnG sind. Aus Deutschland tätig werden in concreto derzeit die Initiativen CELAS und PAECOL des Modells 1. Bei diesen steht die DLRL einer Anwendbarkeit der Reglementierungen des WahrnG somit nicht entgegen. Darüber hinaus sind CELAS und PAECOL als Verwertungsgesellschaften einzuordnen, sodass sie den im WahrnG vorgesehenen Regelungen zur Erlaubnispflicht, Aufsicht und den übrigen Pflichten von Verwertungsgesellschaften unterliegen. Die restlichen derzeit existierenden Initiativen unterliegen nicht den Regelungen des WahrnG, sondern den jeweiligen nationalen Wahrnehmungsrechten. Aufgrund der fehlenden Vereinheitlichung des Wahrnehmungsrechtes in Europa hat dies Wettbewerbsnachteile für bestimmte Initiativen bzw. Verwertungsgesellschaften zur Folge und führt bei den Modellen 1 bis 3 dazu, dass Verlage sich einen Standort oder eine Verwertungsgesellschaft nach den für sie günstigsten Wahrnehmungsgesetzen aussuchen können. Zudem kann es zu Rechtsschutzlücken kommen.

Des Weiteren stellt sich die Frage, wie die getrennte Einräumung von Vervielfältigungsrechten und dem Recht der öffentlichen Zugänglichmachung zu beurteilen ist. Ob das Vervielfältigungsrecht und das Recht der öffentlichen Zugänglichmachung getrennt eingeräumt werden können, ist bei Online-Nutzungen umstritten. Insofern ist der Ansicht zu folgen, die eine getrennte Einräumung ablehnt, da ein einheitlicher Nutzungsvorgang gegeben ist. Dies führt dazu, dass eine isolierte Einräumung der mechanischen Vervielfältigungsrechte nach deutschem Recht nicht wirksam ist. Insofern sind die Initiativen der Modelle 1 bis 3 und teilweise des Modells 4 nach deutschem Recht nicht handlungsfähig. Das Problem der getrennten Einräumung von Vervielfältigungsrecht und dem Recht der öffentlichen Zugänglichmachung stellt sich nicht bei den Initiativen des Modells 5. Diese sind mithin auch nach deutschem Recht handlungsfähig.

Neben den rechtlichen Fragestellungen tauchen in praktischer Hinsicht Fragen auf. Zunächst stellt sich die Frage, wie mit Werken umzugehen ist, bei denen die Rechte nicht bei einem, sondern bei mehreren Musikverlagen liegen (split copyrights). Diese Frage taucht auf, da im Online-Bereich über die einzelnen Initiativen nicht mehr das Weltrepertoire lizenziert wird. Zum einen entsteht das Risiko, nicht alle Rechte vollständig erworben zu haben und dadurch Schadensersatzansprüchen ausgesetzt zu sein. Dieses Risiko lässt sich verringern, indem sich der Nutzer von allen bestehenden Initiativen Rechte einräumen lässt. Zum anderen besteht für Nutzer die Gefahr, Zahlungsansprüchen verschiedener Initiativen für die gleiche Werknutzung ausgesetzt zu sein, ohne nachvollziehen zu können, ob diese gerechtfertigt sind. Wie dieses Problem in der Praxis gelöst wird, ist fraglich. Eine Möglichkeit besteht darin, die Werke mit split copyrights nicht in die Initiativen einzubringen, sondern im System der Gegenseitigkeitsverträge zu belassen. Allerdings stellt dies nur eine befriedigende Lösung dar, sofern der Nutzer Informationen darüber erhält, welche Werke bei den Initiativen liegen. Bei einigen Initiativen stehen Nutzern Online-Datenbanken zur Verfügung. Zudem können Nutzer, soweit Initiativen als Verwertungsgesellschaften eingeordnet werden können und von Deutschland aus tätig sind, auf § 10 WahrnG zurückgreifen. Da Online-Datenbanken jedoch nicht bei allen Initiativen bestehen und das Mittel der Auskunftspflicht lückenhaft und nur bei wenigen Initiativen anwendbar ist, sind die Möglichkeiten, an Informationen zu gelangen, unzureichend. Insgesamt herrscht im Bereich der split copyrights Rechtsunsicherheit.

Des Weiteren stellt sich die Frage nach der Festlegung der Tarife. Derzeit werden Tarife bei den einzelnen Initiativen nach dem Bestimmungslandprinzip festgelegt. Zukünftig ist allerdings mit der Festlegung eines regionenbezogenen Tarifs zu rechnen. Die Tarife würden von den einzelnen Initiativen selbst festgesetzt werden. Dann besteht die Gefahr missbräuchlicher Preisfestlegung. Diese ergibt sich daraus, dass Musikwerke nicht ersetzbar sind und die Musikverlage über eine große Marktmacht verfügen. Eine zuverlässige Kontrolle über das Wahrnehmungsrecht ist nicht möglich. Ebenso erscheint ein Rückgriff auf Art. 102 AEUV unbefriedigend.

Daneben taucht die Frage auf, ob die Verwertungsgesellschaften in Wettbewerb zueinander treten. Ein Wettbewerb um Nutzer ist lediglich bei Modell 3 möglich. Der Wettbewerb ist dort jedoch aufgrund der einheitlichen Bedingungen, denen die an PEDL beteiligten Gesellschaften unterliegen, begrenzt. Ein Wettbewerb um Rechteinhaber, wie er in der Empfehlung postuliert wurde, findet lediglich im Hinblick auf die anglo- und lateinamerikanischen Musikverlage statt. Für kleinere Rechteinhaber ist ein Wechsel zu einer anderen Verwertungsgesellschaft regelmäßig nicht attraktiv. Für kontinentaleuropäische Musikverlage ist er faktisch nicht realisierbar. Auch ein Wettbewerb um anglo- und lateinamerikanische Musikverlage bleibt nur dann möglich, wenn die Rechteeinräumung durch die Verlage nicht-exklusiv ist. Eine solche Rechtevergabe erfolgte durch EMI Music Publishing, Sony/ATV und Warner/Chappell Music. Wie die Rechtevergabe bei den übrigen Verlagen erfolgte, ist unklar. Der von der Kommission anvisierte Wettbewerb um Rechteinhaber findet also nur begrenzt auf anglo- und lateinamerikanische Musikverlage statt. Zudem hat sich die Mehrzahl der Verlage bereits für eine bestimmte Kooperation entschieden.

Die europaweite Lizenzierung von Online-Musik wurde zwar vorangetrieben. Allerdings hat dies nicht zu einer Vereinfachung des Lizenzerwerbs für die Nutzer geführt. In Deutschland ist zudem aufgrund der fehlenden Möglichkeit der getrennten Einräumung von Vervielfältigungsrechten und dem Recht der öffentlichen Zugänglichmachung die europaweite Lizenzierung über die Modelle 1 bis 4 – die eben das anglo- und lateinamerikanische Repertoire repräsentieren – nicht zulässig. Hier kann somit ohnehin lediglich auf die mögliche europaweite Lizenzierung aufgrund der neuverhandelten Gegenseitigkeitsverträge verwiesen werden.

Das System der Rechtewahrnehmung im Online-Musik-Bereich, welches sich seit der Empfehlung entwickelt hat, wirkt sich in der Praxis unterschiedlich aus. Bei den Verwertungsgesellschaften kann festgestellt werden, dass die kleineren Verwertungsgesellschaften gegenüber den großen Verwertungsgesellschaften eine schwächere Position innehaben. Denn der Wettbewerb der Verwertungsgesellschaften um die Verlage ist vor allem zugunsten der großen Verwertungsgesellschaften ausgegangen. Insbesondere das wirtschaftlich wertvolle angloamerikanische Repertoire wurde den Verwertungsgesellschaften entzogen, wodurch sich deren Geschäftsvolumen verringert. Ein effektives Funktionieren wird dadurch insbesondere für kleine Verwertungsgesellschaften schwierig. Die anglo- und lateinamerikanischen Verlage, die ihre Rechte in Initiativen eingespeist haben, profitieren in mehrfacher Hinsicht von den aufgezeigten Entwicklungen. Sie müssen geringere Verwaltungskosten zahlen, es entfällt der Abzug für kulturelle und soziale Zwecke und sie müssen nicht mehr kleinere Rechteinhaber subventionieren. Sie profitieren von den Vorteilen der individuellen und kollektiven Rechtewahrnehmung gleichermaßen. Für kontinentaleuropäische Verlage ist eine Herausnahme der Rechte nicht praktikabel und für Urheber nicht attraktiv. Kontinentaleuropäischen Musikverlagen und Urhebern bleibt damit auch die europaweite Lizenzierung ihrer Werke über die Initiativen verwehrt. Das kann einen Wettbewerbsnachteil gegenüber den anglo- und lateinamerikanischen Verlagen darstellen. Auch die Nutzer werden im System der Rechtewahrnehmung im Online-Musik-Bereich benachteiligt. Zunächst existiert kein One-Stop-Shop für das Weltrepertoire. Darüber hinaus müssen sie sich auf unterschiedliche Systeme der Rechtewahrnehmung einstellen. Die Rechteeinräumung im System der Rechtewahrnehmung über die Initiativen wird zudem durch stetige Veränderungen verkompliziert. Darüber hinaus kann auf die Nutzer die Gefahr missbräuchlicher Tariffestlegung zukommen. Zudem ist der Umgang mit split copyrights ungeklärt, sodass insbesondere das Risiko einer doppelten Inanspruchnahme besteht. Es herrscht demnach schon insoweit Rechtsunsicherheit. Hinzu kommt, dass in Deutschland sowohl strittig ist, ob die in Deutschland ansässigen Initiativen dem WahrnG unterfallen, als auch, ob überhaupt eine getrennte Einräumung des Vervielfältigungsrechts und des Rechts auf öffentliche

Zugänglichmachung möglich ist. Unter den an der Rechtewahrnehmung beteiligten Parteien hat kein angemessener Interessenausgleich stattgefunden.

Auch auf die kulturelle Vielfalt wirken sich die Entwicklungen negativ aus. Für nationale Künstler verringert sich analog zu geringeren Ausschüttungen der Verwertungsgesellschaften an sie der Anreiz, musikalische Werke zu schaffen. Bzgl. der Nischenrepertoires ist im Bereich der mechanischen Vervielfältigungsrechte noch keine europaweite Lizenzierung möglich. Die europaweite Lizenzierung von heimischem Nischenrepertoire im Bereich der Aufführungsrechte, welche aufgrund der neuverhandelten Gegenseitigkeitsverträge möglich ist, hat den Erwerb von Lizenzen über dieses Repertoire nicht vereinfacht. Das kann dieses Repertoire unattraktiv für Nutzer machen und im Weiteren dazu führen, dass Nischenrepertoire auch für die privaten Nutzer nicht im Internet zur Verfügung steht. Darüber hinaus unterliegen die Initiativen nicht den Pflichten zur Förderung kulturell bedeutender Werke.

Die unbefriedigende Situation, insbesondere im Hinblick auf die fehlende Verfügbarkeit von europaweiten Lizenzen jeglicher Repertoires, hat auch die Kommission erkannt. In ihrem Abschlussbericht von Mai 2009 zur „Creative Content Online"-Strategie stellt die Kommission fest, dass ein Bedürfnis besteht, die grenzüberschreitende Lizenzierung im Musiksektor neu zu bewerten[1381]. In der 2006 angestrengten Initiative „Creative Content Online in the Single Market" möchte die Kommission die grenzüberschreitende Verfügbarkeit sämtlicher Online-Inhalte erleichtern. Es soll sichergestellt werden, dass alle an der Werkschöpfung Beteiligten eine angemessene Vergütung erhalten. Dabei wurde die multiterritoriale Lizenzierung als ein zentrales Thema identifiziert. In ihrem im Oktober 2009 veröffentlichten Diskussionspapier gibt die Kommission dabei Denkanstöße für mögliche Maßnahmen der EU und weist hierbei insbesondere auf einen Zugang der kommerziellen Nutzer auf Online-Inhalte auf multiterritorialer Basis und mit Rechtssicherheit und gerechten Tarifen hin. Dies soll durch einen modernisierten paneuropäischen und/oder multiterritorialen Lizenzierungsprozess erreicht werden. Auch die Möglichkeit einer weitergehenden Vereinheitlichung der einzelnen nationalen Urheberrechtsgesetze wird diskutiert[1382].

1381 *Kommission,* Final Report on the Content Online Platform v. Mai 2009, abrufbar unter: ec.europa.eu/avpolicy/other_actions/content_online/index_de.htm (letzter Abruf am 25.1. 2011), S. 3, wortwörtlich heißt es dort: „There is a need to reassess cross-border licensing in the music sector."

1382 *Kommission,* Kreative Online-Inhalte – Reflektionspapier, S. 15 ff.

Mittlerweile steht fest, dass das Wahrnehmungsrecht europaweit in Form einer Richtlinie geregelt werden soll.[1383]

1383 *Kommission,* Pressemitteilung v. 19.5.2010 (MEMO/10/200), abrufbar unter: europa.eu/rapid/pressReleasesAction.do?reference=MEMO/10/200&format=HTML&aged=0&language=EN&guiLanguage=en (letzter Abruf am 25.1.2011).

**Schriftenreihe zum Urheber- und Kunstrecht**

Herausgegeben von Thomas Hoeren

| | | |
|---|---|---|
| Band | 1 | Stefan Baufeld: Kulturgutbeschlagnahmen in bewaffneten Konflikten, ihre Rückabwicklung und der deutsch-russische Streit um die so genannte Beutekunst. 2005. |
| Band | 2 | Alexandra Kruczek: Die Bewertung der Kabelweitersenderechte der Sendeunternehmen in Deutschland und den USA. 2005. |
| Band | 3 | Larissa Marrder: Verwertung von Filmrechten in der Insolvenz. 2006. |
| Band | 4 | Felix Heinz Siegfried: Internationaler Kulturgüterschutz in der Schweiz. Das Bundesgesetz über den internationalen Kulturgütertransfer (Kulturgütertransfergesetz, KGTG). 2006. |
| Band | 5 | Karsten Lisch: Das Abstraktionsprinzip im deutschen Urheberrecht. 2007. |
| Band | 6 | Thomas Meschede: Der Schutz digitaler Musik- und Filmwerke vor privater Vervielfältigung nach den zwei Gesetzen zur Regelung des Urheberrechts in der Informationsgesellschaft. 2007. |
| Band | 7 | Thomas Hoeren / Bernd Holznagel / Thomas Ernstschneider (Hrsg.): Handbuch Kunst und Recht. 2008. |
| Band | 8 | Michael Nielen: Interessenausgleich in der Informationsgesellschaft. Die Anpassung der urheberrechtlichen Schrankenregelungen im digitalen Bereich. 2009. |
| Band | 9 | Urban von Detten: Kunstausstellung und das Urheberpersönlichkeitsrecht des bildenden Künstlers. 2010. |
| Band | 10 | Timo Prengel: Bildzitate von Kunstwerken als Schranke des Urheberrechts und des Eigentums mit Bezügen zum Internationalen Privatrecht. 2011. |
| Band | 11 | Christine Altemark: Wahrnehmung von Online-Musikrechten im Europäischen Wirtschaftsraum. Unter besonderer Berücksichtigung des Systems der Rechtewahrnehmung seit der Empfehlung der Kommission vom 18. Oktober 2005. 2011. |

www.peterlang.de

Printed by
CPI books GmbH, Leck